Springer-Lehrbuch

Springer-Verlag Berlin Heidelberg GmbH

Roland Gabriel
Heinz-Peter Röhrs

Datenbanksysteme

Konzeptionelle Datenmodellierung
und Datenbankarchitekturen

Zweite, verbesserte Auflage

Mit 134 Abbildungen

Springer

Prof. Dr. Roland Gabriel
Ruhr-Universität Bochum
Lehrstuhl für Wirtschaftsinformatik
Universitätsstr. 150
D-44801 Bochum

Dr. Heinz-Peter Röhrs
Königstr. 108
D-41564 Kaarst

Die Deutsche Bibliothek - CIP-Einheitsaufnahme

Gabriel, Roland:
Datenbanksysteme : konzeptionelle Datenmodellierung und Datenbankarchitekturen / Roland Gabriel ; Heinz-Peter Röhrs. - 2., verb. Aufl. - Berlin ; Heidelberg ; New York ; Barcelona ; Budapest ; Hong Kong ; London ; Mailand ; Paris ; Tokyo : Springer, 1995
(Springer-Lehrbuch)
ISBN 978-3-540-60079-4 ISBN 978-3-642-57747-5 (eBook)
DOI 10.1007/978-3-642-57747-5
NE: Röhrs, Heinz-Peter:

ISBN 978-3-540-60079-4

SPIN 10486703 42/2202-5 4 3 2 1 0 – Gedruckt auf säurefreiem Papier

Vorwort zur 2. Auflage

Bereits ein Jahr nach Erscheinen des vorliegenden Buches erscheint es in zweiter Auflage. Neben einigen kleinen Korrekturen und Änderungen für ein besseres Verständnis wurden Aktualisierungen im Text und in der Literatur vorgenommen.

Trotz der zur Zeit intensiv diskutierten ganzheitlichen Beschreibungsansätze zum Aufbau integrierter Informationssysteme auf der Basis von Geschäftsprozessen soll hier weiterhin die Datenmodellierung im Vordergrund stehen mit dem Ziel, ein Datenbanksystem zu entwickeln. Wir sehen hier immer noch einen Schwerpunkt der Anwendungssystementwicklung, wohl wissend, daß die Betrachtung von Funktionen, Abläufen bzw. Prozessen nicht unberücksichtigt bleiben darf. Zum Aufbau eines Fachkonzepts wird auch weiterhin neben der hier dominierenden Datenmodellierung die Funktions- und Kommunikationsmodellierung kurz beschrieben. In der vorliegenden zweiten Auflage wird das Kommunikationsstrukturmodell um die Ablauf- bzw. Prozeßmodellierung ergänzt.

Der angekündigte zweite Band ist zur Zeit in Arbeit und wird sich vor allem mit der Entwicklung, Auswahl und dem Einsatz von Datenbanksystemen auseinandersetzen, wobei der gesamte Life Cycle-Prozeß betrachtet wird.

Die Autoren bedanken sich bei den Lesern des Buches, die uns brauchbare Verbesserungsvorschläge machten. Dies gilt vor allem für unsere Studentinnen und Studenten und Mitarbeiterinnen und Mitarbeiter. Herrn cand. rer. oec. Carsten Dittmar, studentische Hilfskraft am Lehrstuhl Wirtschaftsinformatik, danken wir für die Unterstützung bei der technischen Erstellung der zweiten Auflage.

Bochum und Kaarst, im Frühjahr 1995

Roland Gabriel

Heinz-Peter Röhrs

Vorwort zur 1. Auflage

Die schnelle Verfügbarkeit der relevanten Information und ihre komfortablen Auswertungsmöglichkeiten sind für jedes Unternehmen eine notwendige Bedingung für ein erfolgreiches Arbeiten in einem stark wettbewerbsorientierten Markt. Leistungsfähige Computertechnologien mit ihren vielfältigen, benutzerfreundlichen Informationsverarbeitungs- und Kommunikationsmöglichkeiten bieten eine hervorragende Unterstützung, um die betriebswirtschaftlichen Ziele der Unternehmen in effizienter und effektiver Form zu erreichen.

Der Fortschritt bei den Informations- und Kommunikationstechnologien führte in den letzten Jahren zu einer wachsenden Dynamik der Hard- und Softwaremärkte. Trotz moderner Hardwaretechniken, wie z.B. Workstations, RISC-Systeme, Parallelcomputer, ISDN-Anlagen und Lokale Netze, und anspruchsvoller Softwaresysteme mit komfortablen Benutzerschnittstellen, die sich immer stärker auf Wissensbasierte Systeme stützen, wie z.B. Expertensysteme, Natürlichsprachliche Systeme oder Bildverarbeitende Systeme, haben die schon relativ "alten" Datenbanksysteme immer noch einen hohen Stellenwert in der praktischen Anwendung. Die neuen Technologien werden selbstverständlich beim Aufbau heutiger Datenbanksysteme genutzt, moderne Konzepte der Datenmodellierung und der Datenbankarchitekturen werden in modernen Systemen berücksichtigt und in der Praxis eingesetzt. Schon sehr früh in der noch jungen Computergeschichte wurden die Vorteile eines Datenbanksystems erkannt und ihr Einsatz in der Praxis realisiert. Da in Industrie und Verwaltung der Zugriff auf große Informationsmengen und ihre Auswertung nach unterschiedlichen Kriterien stets gegeben sind, nahmen die Datenbanksysteme sehr schnell eine zentrale Rolle in der betrieblichen Datenverarbeitung ein.

Der erfolgreiche Einsatz eines Datenbanksystems in der Praxis ist davon abhängig, inwieweit es gelingt, das gegebene Informationsproblem in einem Datenmodell abzubilden, das dann auf einem Rechner implementiert wird und in vielfältiger Form genutzt werden kann. Da in letzter Zeit immer umfangreichere und auch komplexere Informationsprobleme mit Hilfe eines Datenbanksystems gelöst werden sollen, ist ein systematischer Aufbau eine notwendige Voraussetzung. Im vorliegenden ersten Band einer zweiteiligen Lehrbuchreihe - beide Bände können unabhängig voneinander gelesen und bearbeitet werden - stehen somit auch die Informationsstrukturierung und die konzeptionelle Datenmodellierung im Vordergrund, die einer datenorientierten Vorgehensweise bei der Entwicklung einer Datenbank entsprechen. Ziel ist dabei der Aufbau eines unternehmensweiten Datenmodells (Unternehmensdatenmodell), der in Teil A abschließend behandelt wird. Danach werden in Teil B die wichtigsten Grundlagen der Datenbanksysteme vermittelt, wobei vor allem die Datenbankarchitektur vorgestellt und die Probleme der Datenintegrität und des Datenschutzes diskutiert werden. Grundlage für das Verständnis des Aufbaus und der Arbeitsweise eines Datenbanksystems bildet eine Einführung in die elementare Datenorganisation.

Ein zweiter Band behandelt einen in sich geschlossenen Problembereich; er befaßt sich in Teil C mit der Entwicklung, der Auswahl, der Integration und dem Einsatz von Datenbanksystemen (Data Engineering-Prozeß). Hier werden die unterschiedlichen Entwicklungsansätze, wie z.B. die datenorientierte, funktionsorientierte, datenflußorientierte, integrierende und objektorientierte Vorgehensweise diskutiert. Da Datenbanksysteme, die bereits seit den 50er Jahren genutzt werden, ständig weiterentwickelt werden, werden in Teil D neue Konzepte der Informationsspeicherung und moderne Datenbankarchitekturen vorgestellt.

Der vorliegende erste und auch der folgende (in Kürze erscheinende) zweite Band sind aus Lehrveranstaltungen an Hochschulen und aus langjährigen Erfahrungen mit großen Datenbanksystemen in der betrieblichen Praxis entstanden. Beide Bände können getrennt voneinander bearbeitet werden und entsprechen jeweils einer Lehrveranstaltung über Zweisemesterwochenstunden, die sich z.B. bezeichnen lassen als

- Datenbanksysteme I: Konzeptionelle Datenmodellierung und Datenbankarchitekturen

  und

- Datenbanksysteme II: Entwicklung, Auswahl und Einsatz von Datenbanksystemen.

Im Vordergrund stehen stets konkrete Anwendungsbeispiele, mit deren Hilfe die theoretischen Zusammenhänge erläutert werden. Jedes Kapitel schließt mit Übungsaufgaben und der Angabe ausgewählter Literaturquellen ab.

Das Buch wird vor allem den Studentinnen und Studenten der Wirtschaftsinformatik empfohlen, in deren Studium die Datenbanksysteme und insbesondere die Datenmodellierung eine bedeutende Rolle spielen. Den Praktikern soll das Werk zur besseren Durchführung ihrer Datenbank-Aufgaben und zur effizienten und wirtschaftlichen Lösung der Datenbank-Probleme dienen.

Die Autoren, die von der Hochschule und aus der Praxis kommen, möchten sich bei den studentischen Hilfskräften, Frau cand. rer. oec. Gabriele Schröder und den Herren cand. rer. oec. Wolfgang Laps und Frank Zentara bedanken. Sie haben mit großem Fleiß für die Textverarbeitung und Erstellung der Grafiken die Verantwortung übernommen. Eine hervorragende Unterstützung fanden wir auch bei der Sekretärin des Lehrstuhls Frau Beate Preuß, bei der wir uns auch recht herzlich bedanken.

Bochum und Kaarst, im Herbst 1993

Roland Gabriel

Heinz-Peter Röhrs

Inhaltsverzeichnis

Teil A Informationsstrukturierung und konzeptionelle Datenmodellierung

Teil B Grundlagen der Datenbanksysteme

0 Einleitung

Der Einsatz und die Nutzung von Datenbanksystemen spielen in der Praxis und damit in der betrieblichen Datenverarbeitung eine bedeutende Rolle. Neben der Erklärung grundlegender Begriffe der Informationssysteme und der Datenbanksysteme (Abschnitt 0.1) wird in der vorliegenden Einleitung das hier zugrunde gelegte Konzept mit seinen Lehrinhalten vorgestellt, das in diesem ersten und im folgenden zweiten Band behandelt wird. Ausgewählte Beispiele des Datenbankeinsatzes in unterschiedlichen Anwendungsbereichen sollen die große Bedeutung und die vielfältigen Nutzungsmöglichkeiten herausstellen (Abschnitt 0.2). Im Abschnitt 0.3 dieser Einleitung werden die Ziele des Buchs und die Vorgehensweise zur Stoffbehandlung vorgestellt. Ein Anwendungsbeispiel der Praxis, das im gesamten Buch als Erklärungsbeispiel dient, wird in Abschnitt 0.4 erläutert.

0.1 Die Bedeutung der "Konzeptionellen Datenmodellierung" und des Einsatzes von Datenbanken in der betrieblichen Praxis - Grundlegende Begriffserklärungen

Unsere Welt ist gekennzeichnet durch eine Menge von Gegenständen, Sachverhalten und Abläufen, die sich im Zeitablauf teilweise stark verändern können. Die Objekte der Welt und ihre Veränderungen lassen sich in unterschiedlicher und vielfältiger Form beschreiben. Die Angaben zu ihrer Beschreibung bezeichnet man als **Information**, die durch ihre Syntax (Zusammensetzung der Zeichen), ihre Semantik (inhaltliche Bedeutung) und ihre Pragmatik (Zweckorientierung) gekennzeichnet ist. Information besteht aus einer geordneten Folge von Zeichen, die sich nach bestimmten Regeln aus einem definierten Zeichenvorrat (z.B. Buchstaben, Ziffern, Sonderzeichen) erzeugen läßt (Syntax). Jede Information ist zweckorientiert (Pragmatik) und inhaltlich auch interpretierbar (Semantik).

> *Information ist Kenntnis über Sachverhalte und Vorgänge aufgrund bekannter oder unterstellter Abmachungen. Information wird als zweckbezogenes Wissen bezeichnet, das man beim Handeln im Hinblick auf gesetzte Ziele benötigt.*

Das Alltagsleben ist gekennzeichnet durch eine rege Generierung von Information und durch einen intensiven Austausch von Information, den man auch als **Kommunikation** bezeichnet. Kommunikative Prozesse sind sowohl im Privatbereich als auch im Arbeitsleben des Menschen gegeben.

Durch die Kommunikation erhält die Information ihre sprachliche Bedeutung (Semantik) und ihre Zweckorientierung (Pragmatik). Voraussetzung für die Kommunikation, d.h. für den zweckorientierten Austausch von Information ist, daß die Kommunikationspartner sowohl im syntaktischen Bereich die gleichen Zeichen kennen und benutzen, als auch im semantischen Bereich gleiche Bedeutungen mit den sprachlichen Gebilden (Folgen von Zeichen) verbinden.

Die zunehmende Vielfalt und die große Bedeutung der Information und Kommunikation in den letzten Jahren haben dazu geführt, daß man von einem Informationszeitalter spricht. Die "reale Welt" läßt sich als ein System verstehen, in dem Informationen gegeben sind, die sich in unterschiedlichen Formen darstellen, austauschen und übertragen lassen und sich im Zeitablauf verändern können. Ein durch Information und Kommunikation geprägtes System kann als **Informations- und Kommunikationssystem** bezeichnet werden, so z.B. eine Abteilung in einem Unternehmen bzw. das gesamte Unternehmen, eine politische Partei, eine wissenschaftliche Gesellschaft oder ein Verein.

Die Information kann im menschlichen Gedächtnis vorhanden sein und in mündlicher Form weitergegeben werden, aber auch in fixierter Form, so z.B. als Niederschrift von Text, Daten oder Grafik zugänglich sein. Die Information läßt sich über akustische Signale, z.B. als gesprochene Sprache, vermitteln und in dieser Form aufzeichnen. Weiterhin läßt sich Information in optischer Form durch das aufgenommene Bild festhalten und übertragen. Diese verschiedenen **Darstellungsarten von Information** lassen sich abspeichern, können somit langfristig verfügbar gehalten und weitergegeben werden.[1]

Zur Durchführung der anstehenden Aufgaben und zur Lösung der auftretenden Probleme muß der Mensch stets Informationen gewinnen und auf sie zugreifen, diese verarbeiten und ablegen bzw. weitergeben. Dies gilt sowohl für das Arbeitsleben einer Person als auch für ihr Privatleben. Schon früh entwickelte der **Mensch als Informationsverarbeiter** hierfür Hilfsmittel, so z.B. Papier und Bleistift, mit denen er Informationen aufzeichnen und damit langfristig speichern kann. Er muß auf diese wieder zugreifen können, um sie weiterzuverarbeiten. Informationen lassen sich z.B. in Aktenordnern und Büchern festhalten. Zur systematischen Informationsverarbeitung entwickelte man Anleitungen, Methoden und Formeln. Zur Informationsübertragung bzw. zur Kommunikation baute man das Briefpostwesen und später ein Telefonsystem auf.

Eine "Revolution der Informationsverarbeitung" schufen die **Elektronischen Rechenanlagen**, auch **Computer** genannt, die auch als Elektronische Informationsverarbeitungsanlagen oder Elektronische Datenverarbeitungsanlagen **(EDV-Anlagen)** bezeichnet werden. Sie werden seit den 50er Jahren kommerziell genutzt und sind heute für unser Wirtschaftsleben unentbehrlich geworden (eine

---

1 Vgl. Fischer (1992), S. 11-17.

Darstellung der historischen Entwicklung der Datenverarbeitung, insbesondere der Datenbanksysteme, erfolgt in Abschnitt 5.2).

Mit Hilfe der automatischen Informationsverarbeitungsanlagen, die EDV-Anlagen bzw. Computer genannt werden, lassen sich Informationen erfassen, verarbeiten, darstellen, speichern und weiterleiten bzw. übertragen.

Am Anfang der Automatisierung mußten die Informationen zur Verarbeitung formatiert werden, d.h. sie mußten in eine vorab genau festgelegte Struktur umgesetzt werden. Man sprach hierbei von **Daten**, entsprechend von Datenverarbeitung (DV) bzw. Datenverarbeitungsanlagen (DV-Anlagen). Dies sind Begriffe, die heute noch üblich sind, z.B. als **Elektronische Datenverarbeitung (EDV)**, obwohl es sich allgemein um Information bzw. um Informationsverarbeitung handelt.

Daten sind Informationen in einer maschinell verarbeitbaren Form.[2] *Daten sind an Datenträger gebunden, die zur materiellen Verkörperung oder dauerhaften Aufnahme von Daten geeignete physikalische Mittel sind.*

Die Information bzw. die Daten werden von Menschen manuell bzw. Maschinen automatisch auf Datenträgern aufgezeichnet, d.h. geschrieben, und lassen sich automatisch wieder auffinden und lesen. Datenträger sind beispielsweise Magnetplatten, Disketten und optische Speicherplatten; konventionelle Datenträger sind Lochkarten und Lochstreifen.[3]

Die zunehmende Leistungsfähigkeit der EDV-Anlagen läßt es zu, daß neben Daten auch Texte **(Textverarbeitung)** und Graphiken **(Graphische DV)** verarbeitet werden können. Moderne Datenverarbeitungsanlagen erlauben sogar die Verarbeitung von Bildern und Sprache, wobei zunächst lediglich die Umsetzung der optischen und akustischen Signale in digitale Form (Zeichen) gemeint ist. Die aktuellen Forschungen auf dem Gebiet der "Künstlichen Intelligenz" (KI-Forschung), die sich mit dem **Wissen** als Oberbegriff der Information[4] auseinandersetzt **(Wissensbasierte Systeme)**, streben eine inhaltsbezogene Bild- und Sprachverarbeitung an. Die Erweiterung der Datenverarbeitung in eine allgemeine **Symbolverarbeitung** rechtfertigt den Begriff Informationsverarbeitung, der heute auch gebräuchlich ist. Der Einsatz computergestützter informationsverarbeitender Systeme führte zu **computergestützten Informationssystemen** (computer based information system), bei denen der "Rechner" neben Mensch und Information eine wichtige Komponente darstellt.

---

2 Es handelt sich hierbei um eine spezielle Auslegung des Begriffs Daten. Damit sind alle Arten von Informationen, so z.B. auch Texte, Grafiken, Bilder und Sprache, die maschinell verarbeitbar sind, Daten.

3 Vgl. Hansen (1992), S. 153ff.

4 Häufig wird "Wissen" als Basisbegriff verstanden, der eine syntaktische und semantische Ebene aufweist. Information wird dann als zweckorientiertes Wissen bezeichnet (pragmatische Ebene).

Ein computergestütztes Informationssystem (CIS oder kurz IS genannt) besteht aus Menschen und Maschinen, die Information erzeugen und/oder benutzen und die durch Kommunikationsbeziehungen miteinander verbunden sind.[5]

Ein wirtschaftliches und erfolgreiches Handeln in Unternehmen ist im zunehmenden Maße von der Verfügbarkeit problemrelevanter Informationen abhängig, die durch ein **betriebliches Informations- und Kommunikationssystem** gewährleistet werden kann.

Ein betriebliches Informations- und Kommunikationssystem (BIKS oder IKS) dient zur Abbildung der Leistungsprozesse und Austauschbeziehungen im Betrieb und zwischen dem Betrieb und seiner Umwelt.[6]

Jedes Unternehmen bzw. jede Organisation läßt sich unabhängig vom Einsatz von EDV-Anlagen als IKS bezeichnen. Wenn wir von einem betrieblichen Informations- und Kommunikationssystem sprechen, so meinen wir hier ein computergestütztes System, das wir mit **IuK-System** abkürzen. Hiermit bezeichnen wir vor allem die Softwaresysteme bzw. Anwendungssysteme, die die Information darstellen und die entsprechenden Verarbeitungs- und Kommunikationsprozesse beinhalten. Im allgemeinen Sinne versteht man unter IuK-Systeme neben den Anwendungen mit ihren Informationen auch die Menschen und die Hardwaresysteme (EDV-Systeme)(vgl. die obige Erklärung eines CIS). Die DV-Systeme werden häufig zur Abgrenzung auch als **IuK-Techniken** bezeichnet. Das Unternehmen als informationsverarbeitendes System wird im ersten Kapitel behandelt, wobei vor allem das Büro als Informations- und Kommunikationssystem dargestellt wird.

Die Bedeutung der Information und der Kommunikation im Wirtschaftsleben wird immer stärker durch die Aufgaben des strategischen **Informationsmanagements** herausgestellt, dem u.a. die wichtige Aufgabe der langfristigen Gewährleistung der Infrastruktur der IuK-Systeme im Unternehmen zukommt und das die Bereitstellung der richtigen Information zur richtigen Zeit am richtigen Ort zu garantieren hat. Neben der eigentlichen **Informationsverarbeitung** bzw. -transformation sind die **Informationsspeicherung** und die **Kommunikation (Informationsübertragung)** wichtige Aufgaben der allgemeinen Informationsverarbeitung. Im vorliegenden Buch soll die Informations- bzw. Datenspeicherung im Vordergrund stehen, d.h. die Probleme der Ablage von Information auf geeigneten Speichermedien und des Wiedergewinnens der richtigen Information.

Die umfangreiche Menge von Information bzw. Daten, die in einem Betrieb vorhanden und als interne und externe Daten für ein erfolgreiches unternehmerisches Handeln wichtig ist, macht es notwendig, daß man Information systematisch ordnet und ablegt, langfristig speichert und gezielt und schnell auf sie zugreifen

---

5 Vgl. Hansen (1992), S. 68.
6 Vgl. Hansen (1992), S. 68; Ferstl/Sinz (1993), S. 1-9.

kann. Der Zugriff setzt voraus, daß die richtige Information verfügbar ist, daß man sie findet und sie sichtbar bzw. lesbar machen kann. Mit dieser Problematik beschäftigt sich die Datenbank-Forschung, die auch heute noch als einer der wichtigsten Bereiche der Informatik anzusehen ist. Eine effiziente (wirtschaftliche) und effektive (wirksame) Informationsverarbeitung in der betrieblichen Praxis stützt sich stets auf systematisch aufgebaute **Datenorganisationsformen**, die durch leistungsfähige, kommerziell verfügbare **Datenbanksysteme** gegeben sind.[7]

Ein Datenbanksystem besteht aus einer Datenbank, einem Datenbankverwaltungssystem und einer Kommunikationsschnittstelle (z.B. Datenbanksprachen). In einer Datenbank lassen sich umfangreiche Datenbestände (Informationsbestände) langfristig speichern und verwalten. Die gespeicherten Daten werden vom Datenbankverwaltungssystem verwaltet und kontrolliert. Das Arbeiten mit einer Datenbank wird über eine Kommunikationsschnittstelle weitgehend durch Datenbanksprachen gewährleistet.

Datenbanksysteme werden in unterschiedlichen Leistungsklassen (mit entsprechenden Preisen) von vielen Herstellern am Markt angeboten. Wenn man ein Datenbanksystem kauft, so erhält man ein Softwaresystem, das vor allem die Datenorganisation zum Aufbau einer Datenbank und zum Abspeichern der Daten zur Verfügung stellt. Weiterhin sind die notwendigen Verwaltungs- und Kontrollfunktionen durch das Datenbankverwaltungssystem und eine Kommunikationsschnittstelle zum Aufbau der Datenbank und zum Verarbeiten (z.B. Zugriff, Löschen, Verändern) der darin enthaltenen Daten gegeben. Um mit einem Datenbanksystem arbeiten zu können, müssen vorab noch die zu verarbeitenden Daten eingegeben werden, d.h. die Datenbank muß mit den Verarbeitungsdaten (z.B. betriebliche Problemdaten) gefüllt werden. Die auf dem Markt angebotenen Datenbanksysteme sind für unterschiedliche EDV-Anlagen verfügbar, d.h. sie sind häufig unter verschiedenen Betriebssystemen lauffähig. Datenbanksysteme lassen sich sowohl auf Groß- und Minirechnern als auch auf Kleinrechnern, d.h. auch auf Personal Computern (PC) einsetzen.

Aktive Forschungstätigkeiten im Datenbankbereich, die durch eine steigende Nachfrage der Praxis gefördert werden, schaffen stets komfortablere und leistungsfähigere Systeme. Der Einsatz der Datenbanksysteme ist in der Praxis weit verbreitet und für unterschiedliche Anwendungen sinnvoll (vgl. die Anwendungsbeispiele im folgenden Abschnitt 0.2). Hauptziele ihres Einsatzes sind die Speicherung, der Zugriff und die Verwaltung umfangreicher Datenbestände. Datenbanksysteme bieten neben Funktionen zur Ablage von und zum Zugriff auf Informationen auch Verarbeitungsleistungen, Kontrollfunktionen und eine benutzergerechte Dialog- bzw. Kommunikationsschnittstelle an. Der Einsatznutzen ist jedoch nicht nur von der Leistungsfähigkeit des gegebenen Datenbanksystems und der benutzten EDV-Anlage abhängig, sondern im starken Maße von den

---

7 Vgl. Hansen (1992), S.555ff.

Personen, die für den inhaltlichen Aufbau und die Entwicklung des Informationssystems verantwortlich sind, und auch von den Personen, die als Endbenutzer das System im praktischen Einsatz benutzen (vgl. Abschnitt 5.4).

Voraussetzung jedes Einsatzes von Datenbanksystemen in der betrieblichen Praxis ist eine systematische Entwicklung bzw. Aufbauarbeit, die vor allem durch die Strukturierung bzw. Modellierung der konkreten Anwendung gegeben ist. Der allgemeine Entwicklungsprozeß ist in der folgenden Abbildung 0/1 skizziert. Das gegebene "**Problem der Realität**" muß zunächst analysiert, strukturiert und modelliert werden, bevor ein brauchbares Informationssystem erstellt werden kann. In der aufgestellten Struktur bzw. in dem konstruierten Modell werden die relevanten Informationen zusammengestellt. Das reale Problem der Praxis, das sich durch die Informationen über die Sachverhalte und Vorgänge beschreiben läßt, kann man als **Datenmodell** formulieren. Das Ergebnis der Informationsstrukturierung und der Datenmodellierung bezeichnet man auch als **Konzeptionelles Modell** (conceptual model), das eine geeignete Abbildung der realen, beobachtbaren Welt darstellt. Die Bedeutung der konzeptionellen Datenmodellierung wird in dem vorliegenden Buch, wie im Titel bereits angekündigt, besonders herausgearbeitet. Das konzeptionelle Modell wird anschließend in ein konkretes **Datenbanksystem** umgesetzt (implementiert) und somit für unterschiedliche Benutzer bzw. Anwendungen (Programme) nutzbar gemacht (vgl. Abbildung 0/1).

Ein Datenbanksystem, das sich aus dem konzeptionellen Modell erstellen läßt, ist ein wichtiger Bestandteil eines betrieblichen Informations- und Kommunikationssystems. Wie später noch in Teil B zu zeigen ist, besteht ein Datenbanksystem aus den drei Komponenten: Datenbank, Datenbankverwaltungssystem und Datenbankkommunikationsschnittstelle. Gegenstand des vorliegenden Buches sind die in der Abbildung 0/1 gekennzeichneten Bereiche A (**Informationsstrukturierung und Datenmodellierung**) und B (**Datenbanksysteme und ihre Architekturen**). Die Bereiche C (**Datenbankimplementierung und Datenbankeinsatz**) und D (**Datenbankerweiteruungen**) werden in einem folgenden zweiten Band behandelt, der auch unabhängig vom ersten Band bearbeitet werden kann. Der zweite Band bezieht sich somit auf das Data Engineering (gesamte Entwicklungsprozeß, Auswahl und Beschaffung eines Datenbanksystems) und auf die Einsatzmöglichkeiten einer Datenbank. Weiterhin werden moderne DB-Konzepte und DB-Sprachen vorgestellt, die zur Zeit in Theorie und Praxis diskutiert werden.

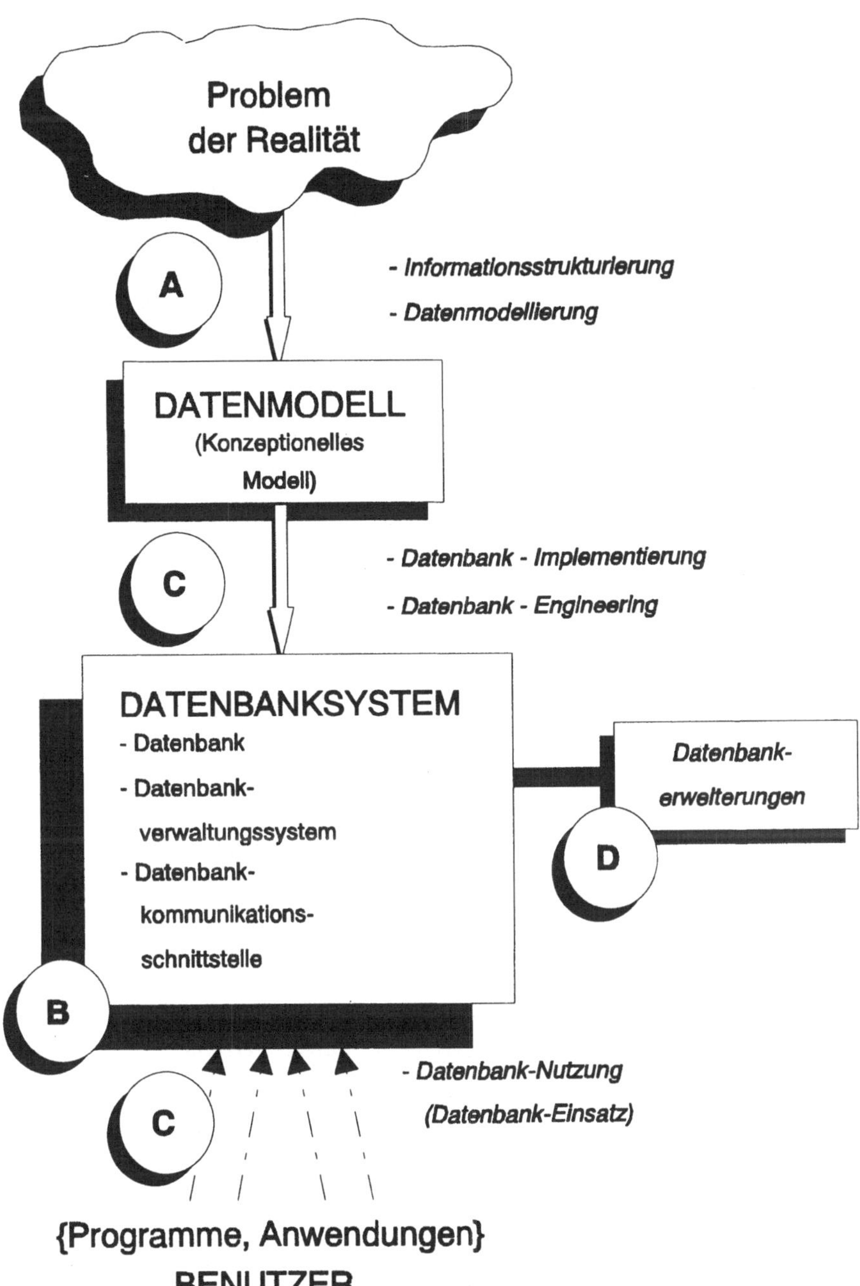

Abb. 0/1. Übersicht zur Entwicklung und Nutzung eines Datenbanksystems

0.2 Beispiele unterschiedlicher Anwendungsbereiche von Datenbanksystemen

In der Praxis werden computergestützte Informationssysteme auf der Basis von Datenbanksystemen in unterschiedlichen Anwendungsbereichen eingesetzt. Dies gilt für die gewerbliche Wirtschaft, die in den verschiedenen Branchen, wie z.B. Industrie, Handel, Banken, Versicherungen, Transport- und Reiseunternehmen, und in den Funktionsbereichen, wie z.B. Produktion, Beschaffung, Absatz oder Rechnungswesen, Datenbanksysteme zur besseren Durchführung ihrer Aufgaben einsetzen. Ebenso finden sich Informationssysteme in der öffentlichen Verwaltung und in öffentlichen Institutionen wie z.B. Schulen, Hochschulen, Museen und Forschungseinrichtungen, in Vereinen und auch im privaten Bereich. Im folgenden sollen einige Beispiele aus unterschiedlichen Anwendungsbereichen, die allgemein bekannt sind, kurz erläutert werden. Sie sollen bereits zu Beginn des Buches die Universalität des Einsatzes und die Bedeutung von Datenbanksystemen herausstellen.

Anwendungsbeispiel 1: **Datenbank eines Konzerns**, der weltweit mehrere Unternehmen besitzt und in unterschiedlichen Branchen tätig ist.

In der zentralen Datenbank lassen sich u.a. die wichtigsten Informationen aller Konzerngesellschaften speichern, so z.B. die Unternehmensdaten, Bilanzdaten und Unternehmenskennzahlen. Über gezielte Anfragen an die Datenbank lassen sich u.a. die Standorte und das entsprechende Angebot der Artikel oder der aktuelle Stand der Mitarbeiter anzeigen und die letzten Gewinnraten berechnen bzw. Produktivitätsvergleiche durchführen.

Anwendungsbeispiel 2: **Datenbank eines Industrieunternehmens,** das in einem mehrstufigen Produktionsprozeß mehrere Konsumgüter in vielen Varianten erstellt.

In der Datenbank, mit der die Produktionsplanung gesteuert und kontrolliert werden soll, sind u.a. die Informationen über die Mitarbeiter, über die eingesetzten Maschinen und über die zu produzierenden Produkte gespeichert. Ebenso sind Informationen über Zusammenhänge notwendig, so z.B. über die zwischen Maschinen und Produkten, bzw. Angestellten und Abteilungen. Interessante Anfragen an die Datenbank beziehen sich z.B. auf die Mitarbeiter, die einer bestimmten Gehaltsklasse angehören und ein vorgegebenes Mindestalter erreicht haben, oder auf die Produkte, die auf bestimmten Maschinen produziert werden können.

Anwendungsbeispiel 3: **Datenbank eines Großhandelsunternehmens**, das über ein Zentrallager und über mehrere dezentrale Auslieferungslager Einzelhandelsunternehmen mit zahlreichen Konsumprodukten beliefert.

In der Datenbank, mit der ein Lagerverwaltungssystem realisiert wird und mit der die Beschaffung vom Lieferanten und der Verkauf an die Kunden organisiert wird, sind Informationen über alle Artikel und ihre Lagerorte, über die Lieferanten und Kunden gespeichert. Notwendige Anfragen an die Datenbank sind z.B. das Suchen des Lagerortes, an dem das Produkt X gelagert ist, oder eines Lieferanten, der unter bestimmten Bedingungen liefern kann.

Anwendungsbeispiel 4: **Datenbank eines Bankinstituts**, das als eine Regionalbank an mehreren Standorten vertreten ist.

In der Datenbank werden u.a. die Informationen über Kunden mit ihren Girokonten und Sparguthaben gespeichert. Zugriffe auf die Datenbank fragen z.B. die Kontostände von Kunden ab oder führen Kontobewegungen durch. Gezielt lassen sich aus der Datenbank z.B. auch die gesamten Soll- und Habenbestände aufaddieren. Die Daten eines Bankinstituts unterliegen selbstverständlich einer strengen Geheimhaltungspflicht. Der Bankkunde hat nur Zugriffsrechte für seine eigenen Daten.

Anwendungsbeispiel 5: **Datenbank eines Energieversorgungsunternehmens**, das viele Haushalte und Unternehmen einer Region mit Strom versorgt.

In der Datenbank, auf deren Basis u.a. die monatlichen Abrechnungen durchgeführt werden, sind Informationen über die Kunden, ihre Stromabnahmestellen (Stromzähler) und ihren Verbrauchsmengen gespeichert. Abgefragt werden können z.B. die aktuellen Kontostände der Verbraucher und die letzten Zählerstände.

Anwendungsbeispiel 6: **Datenbank einer Kommunalverwaltung**, in der u.a. Informationen über die Einwohner gespeichert sind.

Mit der Datenbank lassen sich die Arbeiten des Einwohnermeldeamtes unterstützen. Diese Tätigkeiten beziehen sich z.B. auf An- und Abmeldungen der Personen, die den Wohnort wechseln, geboren oder gestorben sind. Gezielt kann auf Anschriften von Personen zugegriffen und können statistische Auswertungen für die Kommune durchgeführt werden.

Anwendungsbeispiel 7: **Datenbank einer Finanzbehörde**, zu der mehrere Finanzämter gehören.

Gespeichert sind die für das Besteuerungsverfahren relevanten Informationen über die Steuerpflichtigen und ihre Steuererklärungen. Die Datenbank ist Grundlage für die Festsetzung und Erhebung der Steuern sowie für die Erteilung entsprechender Bescheide, Zahlungshinweise bzw. Mahnungen.

Anwendungsbeispiel 8: **Datenbank des Kraftfahrtbundesamtes** in Flensburg.

In der Datenbank, die einen hohen Bekanntheitsgrad besitzt, werden u.a. Informationen über die Fahrzeughalter sowie auch Verkehrsverstöße gespeichert. Diese umfangreiche Datenbank mit Informationen über Millionen Kraftfahrzeuge erlaubt neben statistischen Auswertungen auch die gezielte Abfrage der Information eines bestimmten Führerscheinbesitzers bzw. Kraftfahrzeugs.

Anwendungsbeispiel 9: **Datenbank eines großen Flugunternehmens**, das weltweit Personen und Luftfracht transportiert.

Zur Durchführung der Flugreisen und Frachttransporte wird ein umfangreiches Informationssystem mit einer Datenbank aufgebaut, in der die geplanten Flüge mit ihren zahlreichen Abflug- und Zielorten, ihren Kapazitäten und ihren aktuellen Auslastungen gespeichert sind. Das Platzbuchungssystem erlaubt z.B. die Buchung bzw. Stornierung eines Fluges von vielen Orten aus, die im direkten Verbund mit der Datenbank des Flugunternehmens stehen. Das Datenbanksystem ist somit mit einem leistungsfähigen Kommunikationssystem verbunden, um die gegebenen Aufgaben durchzuführen (so z.B. in einem Reisebüro).

Anwendungsbeispiel 10: **Datenbank eines Handwerksbetriebes**, der gleichzeitig mehrere Handwerker, die in Arbeitsgruppen organisiert sind, an verschiedenen Stellen zur Arbeit einsetzt.

In der Datenbank sind u.a. die Daten der Handwerker gespeichert, so daß hiermit z.B. die Lohnabrechnung durchgeführt werden kann. Ebenso läßt sich die Beschaffung der zahlreichen Materialeinzelteile, die an den verschiedenen Orten zu bestimmten Zeiten benötigt werden, durchführen. Für die Kunden lassen sich vorab Angebote und nach durchgeführter Arbeit die Rechnungen erstellen.

Anwendungsbeispiel 11: **Datenbank eines Zahnarztes**, der ein computergestütztes Informationssystem nutzt.

In der Datenbank sind vor allem die Patientendaten gespeichert, d.h. neben Anschrift und Krankenkassenzugehörigkeit die Behandlungstermine und geleisteten Arbeiten, um letztlich die Honorarabrechnung durchzuführen. Die Daten über den Zustand der Zähne geben dem Zahnarzt auch während der Zahnbehandlung schnell die richtige Information.

Anwendungsbeispiel 12: **Datenbank einer Forschungseinrichtung**, die in der chemischen Industrie angesiedelt ist und in Kooperation mit mehreren Universitäten arbeitet.

In der Datenbank sind große Informationsbestände über chemische Stoffe und ihre Verbindungen abgespeichert, weiterhin die wichtigsten Forschungsergebnisse und vor allem Informationen über wissenschaftliche Veröffentlichungen, die weltweit erschienen sind.

Anwendungsbeispiel 13: **Datenbank einer Bibliothek**, die mehrere tausend Bücher besitzt.

In der Datenbank sind alle vorhandenen Bücher mit ihren wichtigsten Merkmalen, wie z.B. Signatur, Titel, Autor, Verlag, Verlagsort, Erscheinungsjahr und Kosten, gespeichert. Neben der gezielten Suche eines Buches läßt sich mit dem Datenbanksystem auch die Ausleihe organisieren. Hierzu müssen auch Informationen über die Benutzer der Bibliothek gespeichert werden.

Anwendungsbeispiel 14: **Datenbank eines Sportvereins**, der in einer Großstadt angesiedelt ist und ca. 5.000 Vereinsmitglieder betreuen muß, die in verschiedenen Sparten aktiv sind.

In der Datenbank sind Informationen über die Vereinsmitglieder, Sportstätten (Sportplätze und Turnhallen), Sportgeräte, Trainingstermine, Leistungsdaten, Sportergebnisse und geplante Sportfeste abgelegt. So lassen sich z.B. mit Hilfe der Datenbank die Beitragszahlungen regeln, Leistungs- und Ergebnisstatistiken aufstellen und Sportfeste organisieren.

Anwendungsbeispiel 15: **Datenbank der Gesellschaft für Informatik e.V.**, die als wissenschaftliche Vereinigung z.Zt. ca. 20.000 Mitglieder zu betreuen hat.

Eine nützliche Hilfe für die Verwaltung bietet hier eine Datenbank an, in der als Informationen Adressen und Mitgliedsstatus gespeichert sind, ebenso Tagungen und Kurse mit ihren Abrechnungen bzw. ihren Plandaten.

Anwendungsbeispiel 16: **Datenbank der Studentin Karin S.**

In der Datenbank in ihrem Homecomputer werden ihre Privatadressen sowie Angaben zu ihren privaten Büchern, zu den Briefmarken ihrer Sammlung und zu ihren Schallplatten bzw. Compact Discs gespeichert und verwaltet.

Anwendungsbeispiel 17: **Datenbank des Postbediensteten Werner M.**, der Beamter bei einer Direktion der Deutschen Post AG ist.

An seiner Arbeitsstelle hat er auf einem leistungsfähigen Rechner eine Datenbank über Angestellte seines Postbezirks und Investitionsobjekte angelegt. Herr M. hat sogar die Möglichkeit, von seinem eigenen PC, der zu Hause steht, über öffentliche Kommunikationsnetze auf seine am Arbeitsplatz eingerichtete Datenbank zuzugreifen (da er hierzu autorisiert ist).

Die angeführten Beispiele zeichnen sich dadurch aus, daß die Datenbanken einem Unternehmen, einer Institution, einem Verein oder einer Person gehören und daß nur ein bestimmter Benutzerkreis auf die gespeicherten Informationen zugreifen kann, der der entprechenden Institution angehört. Es handelt sich um sogenannte "interne" Datenbanken. Daneben gibt es auch noch sogenannte "öffentlich zugängliche" oder "externe" Datenbanken, die auch als Online-Datenbanken bzw. Informationsdienste bekannt sind. Hier kann jeder, i.d.R. gegen Gebühr, auf Informationen zugreifen und diese bei der Lösung seiner Probleme nutzen. Beispiele für Online-Datenbanken sind Informationssysteme, die Wirtschaftsdaten (z.B. über Branchendienste) oder technische Daten (z.B. in Form von Know-How-Datenbanken) enthalten. Die externen Datenbanken werden im zweiten Band behandelt.

Die aufgeführten siebzehn Beispiele sollen einen ersten Eindruck über die Anwendungsbreite und die vielfältigen Einsatzmöglichkeiten von Datenbanken vermitteln. Nach der nun folgenden Formulierung der Ziele des Buches und der Darstellung der Vorgehensweise wird ein weiteres Anwendungsbeispiel näher erläutert. Dieses wird uns dann im weiteren Verlauf des Buches als Erklärungsbeispiel begleiten und soll einen verständlichen Einstieg in die komplexe "Datenbank-Welt" gewährleisten.

0.3 Ziele des Buches und Vorgehensweise

Datenbanksysteme (DB-Systeme), die als spezielle computergestützte Informationssysteme zur Speicherung, Verwaltung und Abfrage von Informationen anzusehen sind, haben, wie in Abschnitt 0.1 herausgestellt und in 0.2 beispielhaft erläutert wurde, in der betrieblichen Praxis eine große Bedeutung. Der Einsatznutzen hängt im starken Maße von der Qualität der Informationsstrukturierung und der konzeptionellen Datenmodellierung ab. Hauptziel des vorliegenden **ersten Bandes** ist es, diese wichtigen Voraussetzungen des effizienten (wirtschaftlichen) und effektiven Einsatzes von DB-Systemen in anwendungsorientierter Form herauszuarbeiten und vorzustellen. Diese systematische Vorgehensweise, die sich an einem datenorientierten Entwicklungsansatz orientiert, wird im **Teil A** des Buches anhand konkreter Beispiele erläutert. In den Kapiteln 1 bis 4 werden vor allem der **Aufbau einer Informations- und Kommunikationsstruktur** und die **konzeptionelle Datenmodellierung** behandelt. Unabhängig von einem gegebenen Datenbanksystem und von Datenbanksystemkenntnissen werden hier die grundlegenden Methoden und Verfahren erklärt, die für den Anwendungsentwickler und auch für den Benutzer eines Informationssystems bzw. einer Datenbank unentbehrlich sind. Die Inhalte dieser Kapitel 1 bis 4 haben eine große praktische Bedeutung und sind durch den Entwicklungsprozeß vom realen Anwendungsproblem zum konkreten Datenmodell gekennzeichnet. Die Zusammenhänge werden in der folgenden Abbildung 0/2 erklärt, die dem Bereich A in Abb. 0/1 entspricht.

Anwendungsproblem
der Realität

A

- Kapitel 1
  Darstellung der betrieblichen Sachverhalte und Zusammenhänge
  – Darstellung der Informations- und Kommunikationssysteme im Unternehmen

- Kapitel 2
  Informationsstrukturierung
  – Entwurf der sachlogischen Informationsstrukturen (des Fachwissens) als Basis der formalen Datenmodellierung

- Kapitel 3
  Konzeptionelle Datenmodellierung
  – Umsetzung der Informationsstrukturen in ein formales Modell, das der nachfolgenden informationstechnischen Darstellung in einem DB-System dienen soll

- Kapitel 4
  Unternehmensdatenmodelle
  – ganzheitliche Darstellung des Fach- bzw. Anwendungswissens eines Unternehmens in einem geschlossenen Modell

Datenmodell

Abb. 0/2. Vom Anwendungsproblem zum Datenmodell (Übersicht zum Teil A)

Im **Teil B** des vorliegenden Buches werden die **Grundlagen der Datenbanksysteme** (DB-Systeme) vorgestellt, die in den Kapiteln 5 bis 9 das notwendige Wissen über diesen wichtigen Informatikbereich vermitteln sollen. Neben einer Einführung in die Datenbanktechnologie, die u.a. die historische Entwicklung aufzeigt und die gestellten Anforderungen an ein DB-System erläutert, werden auch die Benutzertypen eines Datenbanksystems vorgestellt (Kap. 5). In einem speziellen Kapitel (Kap. 6) werden die elementaren datenorganisatorischen Grundlagen vermittelt. In einem weiteren Kapitel (Kap. 7) werden Aufbau und Arbeitsweise eines Datenbanksystems behandelt. Wichtig für einen korrekten Einsatz sind insbesondere Kenntnisse über die Datenintegrität, die die Datenkonsistenz, die Datensicherheitsmaßnahmen und die Datenschutzproblematik beinhalten (Kap. 8). Eine kurze Darstellung des Einsatzes von Datenbanksystemen und ihrer Nutzungspotentiale folgen (Kap. 9). Eine Übersicht zu Teil B ist in der folgenden Abb.0/3 gegeben, die dem Bereich B in Abb. 0/1 entspricht.

Das in dem vorliegenden ersten Band erarbeitete Wissen soll in einem **zweiten Band** bei der **Entwicklung und dem Einsatz eines konkreten DB-Systems in der betrieblichen Praxis** genutzt werden. Beim Aufbau und bei der Auswahl eines DB-Systems, das sich als Data Engineering bzw. DB-Engineering verstehen läßt, wird das konzeptionelle Datenmodell in ein DB-System umgesetzt bzw. implementiert. Der gesamte Prozeß von der Bedarfsfeststellung bis zur Implementierung eines Datenbanksystems soll im **Teil C** beschrieben werden, wobei auch die unterschiedlichen Entwicklungsansätze, wie die datenorientierte, die funktionsorientierte, die datenflußorientierte und vor allem die objektorientierte Vorgehensweise analysiert und diskutiert werden. Weiterhin wird der Einsatz des DB-Systems behandelt, d.h. das Arbeiten mit dem System und insbesondere seine Wartung und Pflege im laufenden Betrieb (vgl. den Bereich C in Abb. 0/1). Der zweite Band widmet sich im **Teil D** den **DB-Erweiterungen und den Entwicklungstendenzen**. Hier werden u.a. 4GL-Systeme, verteilte Systeme, Non-Standard-Datenbanken und vor allem die Objektorientierten Datenbanken beschrieben und der Zusammenhang zu den Expertensystemen bzw. wissensbasierten Systemen aufgezeigt. Weiterhin wird ein Überblick über die aktuell angebotenen kommerziellen DB-Systeme und DB-Sprachen vorgestellt (vgl. den Bereich D in Abb. 0/1).

B

- Kapitel 5

  Grundlagen der DB-Technologien

- Kapitel 6

  Elementare Datenorganisation

- Kapitel 7

  Datenbankarchitektur und DB-Komponenten
  (DB-Schemata und Arbeitsweise)

- Kapitel 8

  Datenintegrität
  (Datenkonsistenz, -sicherheit, -schutz)

- Kapitel 9

  Einsatz der Datenbanksysteme und Nutzungspotentiale

Abb. 0/3. Beschreibung des Aufbaus und der Funktionsweise eines Datenbanksystems (Übersicht zum Teil B)

Die zwei Bände enthalten jeweils zwei in sich abgeschlossene Bereiche bzw. Teile, die auch getrennt und unabhängig voneinander gelesen und bearbeitet werden können. Voraussetzung für jeden DV-Einsatz ist eine systematische Vorarbeit, die als Informationsstrukturierung und konzeptionelle Datenmodellierung bezeichnet wird (Teil A). Allgemeines Datenbank-Wissen vermittelt der zweite Teil des ersten Bandes (Teil B). Dem an der Entwicklung und der Nutzung eines DB-Systems interessierten Anwender ist der dritte Teil zu empfehlen (Teil C). Die Anwendungsentwicklung, die durch die Nutzung mächtiger und benutzerfreundlicher Werkzeuge auch vom Anwender als sogenannter DV-Laie durchgeführt werden kann (für abgegrenzte, kleine Anwendungen), beschäftigt sich primär mit dem "Füllen der Datenbank" mit den konkreten Problemdaten des Anwendungsbereichs. Diese Tätigkeit setzt - wie wir bereits wissen - eine systematische Strukturierung und Modellierung voraus, die sich vor allem aus dem gegebenen Anwendungswissen ergeben. Im vierten Teil (Teil D) lassen sich nach Bedarf gezielt einzelne spezielle DB-Gebiete herausgreifen, die isoliert betrachtet werden können.

Das vorliegende Buch ist, ebenso wie der nachfolgende zweite Band, auch für den Anwender in der Praxis geschrieben, der sich bei zunehmendem DV-Einsatz und DB-Nutzung immer mehr mit der Anwendungsentwicklung und den Nutzungsmöglichkeiten auseinandersetzen muß, ohne selbst DV-Experte zu sein. Als Lehrbuch ist es für die Studierenden gedacht, die sich vor allem mit betriebswirtschaftlichen Fragestellungen beschäftigen, also für Wirtschaftswissenschaftler und Wirtschaftsinformatiker als zukünftige Datenbankanwender.

Damit die folgenden Beschreibungen und Darstellungen besser verstanden werden, sollen diese, wie bereits angekündigt, anhand eines durchgehenden Anwendungsbeispiels aus der Praxis erläutert werden. Dieses Beispiel soll im folgenden Abschnitt als "Problem der Realität" vorgestellt werden, für das ein konzeptionelles Datenmodell erstellt werden soll.

0.4 Vorstellung eines ausgewählten Anwendungsbeispiels als Erklärungsbeispiel: die Datenbank einer Volkshochschule

Zu Beginn dieses einleitenden Kapitels 0 haben wir erörtert, wie die "reale Welt" als Informations- und Kommunikationssystem beschrieben werden kann. Danach kann jedes konkrete, noch zu realisierende oder bereits existierende lokale Informations- und Kommunikationssystem in einer Unternehmung oder im Bereich der

Öffentlichen Verwaltung als Teil des globalen "Welt-Informations- und Kommunikationssystems" angesehen werden. Es bezieht sich auf einen Realitätsausschnitt, der häufig auch als sogenannte "Mini-Welt" bezeichnet wird (z.B. bei Wedekind[8]).

Unsere ausgewählte "Mini-Welt" soll nun, um ihre Aufgabe als Erklärungsbeispiel zu erfüllen, möglichst ohne weitere Zusatzinformationen aus sich heraus den Zielgruppen dieses Buches verständlich sein. Die Komplexität der vorhandenen Informationen und Kommunikationsbeziehungen soll einerseits gut beherrschbar sein, jedoch andererseits wiederum so umfangreich, daß alle relevanten Lehrinhalte im Rahmen der Themenstellung dieses Buches daran erläutert werden können.

Gewählt haben wir unter diesen Rahmenbedingungen eine "Mini-Welt" in Anlehnung an eine existierende, mittelgroße Volkshochschule, nachfolgend häufig kurz mit VHS bezeichnet. Basierend auf den Informationen, die sich aus deren ca. 150 Seiten starken Semesterprogramm der Jahre 1989 und 1994 ermitteln lassen, werden wir die VHS als Informations- und Kommunikationssystem kennenlernen.

Die Aufgabe der ausgewählten VHS besteht in der Erwachsenenbildung für die Bürger der Städte Kaarst und Korschenbroich (Nordrhein-Westfalen). Das Mindestalter für Teilnehmer ist auf 15 Jahre festgesetzt, so daß potentiell über 60.000 Bürger angesprochen sind, wenn zweimal im Jahr ein aktuelles Semesterprogramm veröffentlicht wird.

Angeboten werden in jedem Semester ca. 400 Veranstaltungen, die jeweils von durchschnittlich 12 Teilnehmern besucht werden. Die Veranstaltungen sind eindeutig den folgenden neun Fachbereichen zugeordnet:

- Politik und Gesellschaft,
- Persönlichkeitsbildung, Eltern- und Familienbildung,
- Sprache und Kommunikation,
- Kunst, Kultur und Kreativität,
- Mathematik, Naturwissenschaften, Technik,
- Gesundheit und Sport,
- Wirtschaft, Beruf, Kaufmännische Praxis,
- Bildungsberatung und Schulabschlüsse,
- Sonderprogramme in Altentagesstätten und -clubs.

Anmeldungen zu den Veranstaltungen können schriftlich oder persönlich an drei Anmeldestellen in den beiden beteiligten Städten vorgenommen werden. An den Anmeldestellen sind Bürokräfte tätig, die Angestellte der VHS sind und die Verwaltungsaufgaben durchführen. Damit eine angebotene Veranstaltung auch stattfinden kann, sind in der Regel mindestens 10 Teilnehmer erforderlich.

---

8 Vgl. Wedekind (1981).

Für die Durchführung der Veranstaltungen stehen der VHS keine eigenen Räume zur Verfügung. Sie finden deshalb meistens in Schulgebäuden der beiden Städte statt. Insgesamt verteilen sie sich derzeit auf über 20 Unterrichtsstätten, die Mehrzahl davon in Kaarst.

Das Dozentenverzeichnis weist 1994 im zweiten Semester ca. 200 Namen aus. Nahezu alle Dozenten arbeiten nebenamtlich bei der VHS. Als Dozenten tätig sind jedoch auch die hauptamtlichen Leiter der Fachbereiche und Fachgruppen.

Auch für einen Außenstehenden ist es gut nachvollziehbar, daß im beschriebenen System VHS zahlreiche Informationen erhoben, gespeichert und ausgewertet werden und daß vielfältige Kommunikationsprozesse ablaufen, die eine ordnungsgemäße Verwaltung und damit einen reibungslosen Arbeitsablauf der VHS gewährleisten sollen, d.h. letztlich auch für eine erfolgreiche Durchführung der angebotenen Kurse verantwortlich sind. Die VHS stellt als eine Organisationseinheit ein Informations- und Kommunikationssystem dar, das auch ohne Einsatz der elektronischen Datenverarbeitung funktionieren kann. Die Angestellten der VHS könnten auf der Basis manueller Informationsverarbeitungs- und konventioneller Kommunikationstechniken, wie z.B. Formulare, Karteikästen, Telefon und Briefpost, ihre Arbeiten erledigen.

Eine effizientere und effektivere Durchführung dieser Prozesse verspricht man sich durch die Anwendung der neuen IuK-Systeme bzw. -Techniken. Hierfür bietet sich vor allem der Einsatz eines Datenbanksystems an, das für die Aufgabenerfüllung der VHS ein hervorragendes Instrumentarium bildet. Die Funktionsfähigkeit des Datenbanksystems setzt eine entsprechende Hardwarekonfiguration (z. B. vernetzte Rechner) mit einem leistungsfähigen Betriebssystem voraus. Im Vordergrund der nachfolgenden Betrachtungen steht aus gegebenem Anlaß das zu erstellende Datenbanksystem als Softwaresystem, mit dem die grundlegenden Probleme der Informationsverarbeitung der VHS gelöst werden sollen.

0.5 Übungsaufgaben zu den grundlegenden Begriffen der Informationsverarbeitung

Aufgabe 0-1: Erläutern Sie die Begriffe "Information" und "Kommunikation" und versuchen Sie, die Zusammenhänge herauszuarbeiten. Geben Sie konkrete Beispiele.

Aufgabe 0-2: Was versteht man unter "Syntax", "Semantik" und "Pragmatik"?

Aufgabe 0-3: Welche unterschiedlichen Formen der Informationsdarstellung kennen Sie? Geben Sie jeweils ein Beispiel.

Aufgabe 0-4: Welche grundlegenden Funktionen lassen sich mit Hilfe der EDV-Anlagen durchführen? Geben Sie jeweils ein Anwendungsbeispiel.

Aufgabe 0-5: Was versteht man unter "Daten"? Grenzen Sie den Begriff gegenüber dem der "Information" ab.

Aufgabe 0-6: Was versteht man unter einem "Computergestützten Informationssystem" (CIS) und unter einem "Betrieblichen Informations- und Kommunikationssystem" (BIKS)? Geben Sie ein konkretes Beispiel und diskutieren Sie dabei die Einsatzmöglichkeiten eines BIKS.

Aufgabe 0-7: Welche Aufgaben soll das strategische Informationsmanagement übernehmen?

Aufgabe 0-8: Geben Sie eine erste Erklärung eines Datenbanksystems! Erläutern Sie seinen Aufbau und die Aufgaben seiner Komponenten.

Aufgabe 0-9: Diskutieren Sie die Entwicklung eines Datenbanksystems im groben Ablauf.

Aufgabe 0-10: Diskutieren Sie weitere Anwendungsbeispiele von Datenbanksystemen (im Vergleich zu den in Abschnitt 0.2 gegebenen Beispielen). Versuchen Sie dabei, die Vorteile des Datenbankeinsatzes gegenüber manueller Informationsverarbeitung herauszuarbeiten.

Aufgabe 0-11: Skizzieren Sie das ausgewählte Anwendungsbeispiel der Volkshochschule (von Abschnitt 0.4). Diskutieren Sie zunächst die Vorteile, die man sich durch den Einsatz eines Datenbanksystems in der VHS erhofft.

0.6 Ausgewählte Literatur zu Kapitel 0

Ferstl, O.K.; Sinz, E.J. (1993): Grundlagen der Wirtschaftsinformatik, Band 1, München, Wien 1993, S. 1-84.

Fischer, J. (1992): Datenmanagement, Datenbanken und betriebliche Datenmodellierung, München, Wien 1992, S. 1-30.

Hansen, H.R. (1992): Wirtschaftsinformatik I, 6. Auflage, Stuttgart, Jena 1992, S. 13 - 24, S. 67-76, S. 97-130.

Heinrich, L.J.; Lehner, F., Roithmayr, F. (1988): Informations- und Kommunikationstechnik, München 1988, S. 11-64.

Schlageter, G.; Stucky, W. (1983): Datenbanksysteme: Konzepte und Modelle, 2. Auflage, Stuttgart 1983, S. 13-26.

Schwarze, J. (1994): Einführung in die Wirtschaftsinformatik, 3. Auflage, Herne, Berlin 1994, S. 35-41, S. 141-188.

Wedekind, H. (1981): Datenbanksysteme I, 2. Auflage, Mannheim u.a. 1981, S. 23-64.

Zehnder, C.A. (1989): Informationssysteme und Datenbanken, 5. Auflage, Stuttgart 1989, S. 9-19.

Teil A Informationsstrukturierung und konzeptionelle Datenmodellierung

Im Teil A soll der Arbeitsprozeß vom "Problem der Realität" bis hin zum "Datenmodell", das als konzeptionelles Modell die Grundlage der Implementierung liefert, im Rahmen eines datenorientierten Entwicklungsansatzes aufgezeichnet werden (vgl. den Bereich A in Abb. 0/1 in Abschnitt 0.1). Zunächst wird die allgemeine Ausgangsproblematik durch die Darstellung eines Wirtschaftsunternehmens erklärt (Kapitel 1), dessen Verwaltungs-, Planungs- und Entscheidungsbereich als Informations- und Kommunikationssystem verstanden wird (vgl. die Begriffserklärungen in Abschnitt 0.1). Die entsprechenden Aufgaben der Informationsverarbeitung und -übertragung (Kommunikation) werden vorwiegend im Bürobereich durchgeführt, wobei hier immer mehr computergestützte Anwendungssysteme eingesetzt werden (Bürosysteme). Die Datenbanksysteme nehmen eine zentrale Rolle in einem integrierten Informations- und Kommunikationssystem ein. Neben der Datenbasis (Problemdaten der Unternehmung) werden weiterhin noch Modelle zur Informationsstrukturierung (betriebliche Anwendungsmodelle) und Methoden zur Informationsverarbeitung in einem Konzept zusammengefaßt. Sie werden in einem Programmsystem (Softwaresystem) abgebildet, damit sie mit Hilfe einer EDV-Anlage bearbeitet werden können.

Gegenstand eines ersten Arbeitsschritts (Arbeitsphase) im Datenbankentwicklungsprozeß ist eine systematische Informations- und Kommunikationsstrukturierung, die in Kapitel 2 behandelt wird. Ein wichtiges Ziel ist der Aufbau eines Informationsstrukturmodells, das zusammen mit einem Funktionsstruktur- und einem Kommunikationsstrukturmodell das zu entwickelnde Informations- und Kommunikationsstrukturmodell bildet.

In dem folgenden zweiten Arbeitsschritt (Arbeitsphase), der sich in der Regel durch einen fließenden Übergang aus dem ersten Schritt ergibt, wird auf der Basis des vorab gewonnenen Informationsstrukturmodells das konzeptionelle Datenmodell in Kapitel 3 erstellt. Zusammen mit dem Data Dictionary-System bildet das gewonnene Datenmodell, das sich an gegebenen unterschiedlichen Ansätzen zur Modellstrukturierung, wie z.B. hierarchische oder relationale Modelle, orientieren kann, die Grundlage für die spätere Implementierung einer Datenbank.

Immer wichtiger erscheint vielen Unternehmen, ein Gesamtkonzept zur betrieblichen Datenverarbeitung zu erarbeiten, das auf einem unternehmensweiten Datenmodell aufbaut. Die Vorstellung der Unternehmensdatenmodelle, die vor allem Ende der 80er und Anfang der 90er Jahre in der DV-Literatur in den Vordergrund gerückt und in der Praxis intensiv diskutiert wurden, sind Gegenstand des vierten Kapitels.

1 Das Unternehmen als informationsverarbeitendes System

Unternehmen oder Betriebe sind "in sich geschlossene, mit wirtschaftlichen Prozessen erfüllte Sozialgebilde im Dienste der menschlichen Bedarfsdeckung. Sie sind Organisationseinheiten der Wirtschaft."[1] Eine **Unternehmung** ist gekennzeichnet durch einen Güterstrom, der durch den Betrieb vom Beschaffungsmarkt zum Absatzmarkt fließt, und durch einen Geldstrom von Ein- und Auszahlungen in entgegengesetzter Richtung. Im Betrieb werden Produktionsfaktoren wie menschliche Arbeitskraft, Verbrauchsgüter (z.B. Rohstoffe, Teile) und Gebrauchsgüter (z.B. Maschinen, Einrichtungen) eingesetzt, um Sachgüter oder Dienstleistungen herzustellen und am Markt anzubieten. Ein Betrieb läßt sich durch seine Funktionsbereiche wie Planung, Kontrolle, Organisation, Finanzierung, Beschaffung, Fertigung und Absatz und die vielfältigen internen und externen Verbindungen beschreiben. Die Schnittstellen nach außen zum Beschaffungs- und Absatzmarkt, zum Finanz- und Arbeitsmarkt, zur öffentlichen Hand und zum sozialen und natürlichen Umfeld spielen eine immer größere Rolle bei zunehmendem Wettbewerb der Unternehmen auf internationaler Ebene.

Zur Bewältigung der vielfältigen Aufgaben in Unternehmen sind **Informationen**, d.h. zielgerichtetes Wissen über Sachverhalte und Abläufe notwendig (vgl. die Ausführungen in Abschnitt 0.1). Der Erfolg des wirtschaftlichen Handelns ist u.a. abhängig von der effizienten Auswertung der aktuellen und relevanten Information, d.h. von der Qualität der zu beschaffenden Information und von der Übertragung und Bereitstellung der richtigen Information zur richtigen Zeit am richtigen Ort. Die Bedeutung der Information wird von einigen Autoren in der Literatur besonders herausgestellt, indem sie sie als einen "Rohstoff" oder sogar als einen "Produktionsfaktor" bezeichnen. Die Planung, Steuerung und Kontrolle des betrieblichen Informations- und Kommunikationswesens, zu dem auch die entsprechenden Hilfsmittel und Techniken gehören, werden als Aufgaben des **Informationsmanagements** gesehen.[2] "Das ökonomische Gewicht von Informationsprozessen ist in der Wirtschaft so groß geworden, daß sie im Rahmen der Führungsaufgaben als eigenständige Teilfunktion behandelt werden."[3]

Informations- und Kommunikationsprozesse sind vor allem im **Büro** gegeben, das den Kernbereich der Informationsverarbeitung in Unternehmen darstellt. Informationsverarbeitungs- und Kommunikationsprozesse sind jedoch auch direkt in der Produktion (z.B. durch Produktionssteuerungssysteme, CNC-Maschinen

---

1 Busse von Colbe/Laßmann (1991), S. 15.
2 Vgl. z.B. Heinrich (1992); Biethahn/Muksch/Ruf (1994).
3 Busse von Colbe/Laßmann (1991), S. 9.

und Robotersysteme vor Ort in der Fabrik) und im gesamten Umfeld des Betriebes (z.B. durch Vertriebssysteme) vorhanden.

Im folgenden Abschnitt wird das Unternehmen als Informations- und Kommunikationssystem dargestellt. Danach wird die Durchführung betrieblicher Aufgabenstellungen mit Hilfe computergestützter Anwendungs- und Informationssysteme aufgezeigt. Als eine wichtige Basis für das entstehende computergestützte Informations- und Kommunikationssystem, in dem Hardware- und Softwarekomponenten zur zielgerechten Verarbeitung der Information unter der Verantwortung der Menschen vereint sind, wird das Datenbanksystem herausgestellt.

1.1 Informations- und Kommunikationssysteme im Bürobereich

Das **Büro** stellt den Bereich jedes Unternehmens dar, in dem die Informationsprozesse in koordinierter Form ablaufen, die zur Verwaltung, Planung, Steuerung und Kontrolle des Betriebsgeschehens notwendig sind. Eine besonders wichtige Rolle spielt das Büro im Dienstleistungs- und öffentlichen Verwaltungsbereich, da die Tätigkeiten dieser Wirtschaftseinheiten sich hauptsächlich auf Informations- und Kommunikationsprozesse stützen. Das Büro (Office) ist ein komplexes System, da hier Menschen unterschiedlicher Ausbildung, Erfahrung und Motivation verschiedene Aufgaben durchführen. Hierbei entstehen Verarbeitungsprozesse der betrieblichen Vorgänge, die unterschiedliche Bedeutung für das Unternehmensgeschehen haben und unterschiedlichen Schwierigkeitsgrad aufweisen bzw. Arbeitsaufwand bedingen. Die Vorgänge laufen teilweise überlappend und parallel ab und beschäftigen i.d.R. mehrere Büroangestellte. Die im Büro zu beschaffenden, zu verarbeitenden, abzulegenden und weiterzuleitenden Informationen sind unterschiedlicher Art wie z.B. **Daten** (im Sinne formatierter Informationen), **Texte**, **Grafiken**, **Bilder** und auch **Sprache**. Man spricht allgemein von einem **Informationsobjekt** bzw. **Objekt**. Die Objekte sind gekennzeichnet durch ihre Struktur (Syntax) und ihren Inhalt (Semantik). Zur systematischen Einordnung ist auch eine genaue, eindeutige Kennzeichnung des Objektes durch einen Namen notwendig. Ebenso muß bekannt sein, was mit dem Objekt geschehen soll (Pragmatik). Zur Darstellung, Verarbeitung, Speicherung und Übertragung sind Informationen auf einem Informationsträger abgebildet (vgl. auch die Ausführungen in Abschnitt 0.1).

In konventionellen Büros findet man als Informationsträger hauptsächlich Formulare und Karteikarten vor, die in Aktenordner und Karteikästen geordnet sind. Man spricht hierbei von dem "Papier-Büro". In den letzten Jahren werden immer mehr Informationen elektronisch gespeichert und verarbeitet. Ziel der Gestaltung des modernen Büros ist die Automatisierung und Verbesserung der Informationsprozesse, d.h. die Entwicklung zum "papierlosen Büro" bzw. zum "papierarmen Büro" (**office of the future**). Das Arbeiten mit multifunktionalen Techniken der Informationsverarbeitung und Kommunikation soll zu einem **integrierten Bürosystem** führen (**CIO: Computer Integrated Office**), entsprechend dem CIM-Konzept (CIM: Computer Integrated Manufacturing) im Produktionsbereich (factory of the future).

Das **Büro** als **Informations- und Kommunikationssystem (IKS)**[4] läßt sich beispielsweise formal durch seine Komponenten Verarbeitungsinstanzen (VI), Informationsspeicher (ISp) und Kommunikationskanäle (KK) definieren. Als computergestütztes System wird es häufig als **Büro-Informations- und Kommunikationssystem (BIKOS)** bezeichnet.[5] Es gilt somit:

BIKOS := {VI, ISp, KK}

Die **Verarbeitungsinstanzen (VI)** verstehen sich als Arbeitsplätze, an denen die Büroangestellten (Menschen als wichtige Systemkomponente) ihre Aufgaben verrichten, wobei sie sich entsprechender Hardware- und Softwaretechniken (IuK-Techniken als Systemkomponente) bedienen. Die **Informationsspeicher (ISp)** dienen als Datenträger bzw. Speichermedien der Ablage der Information, auf die stets zugegriffen werden kann. Die Information (als dritte Systemkomponente) läßt sich mit Hilfe von Informationsträgern (Datenträger, -speicher) längerfristig bewahren und stets sichtbar machen. Die **Kommunikationskanäle (KK)** verbinden die einzelnen Verarbeitungsinstanzen bzw. Informationsspeicher untereinander, so daß auch eine Informationsübertragung bzw. Kommunikation im System Büro realisiert werden kann. Die Kommunikationskanäle stellen eine besondere Form von IuK-Techniken dar, die im computergestützten System Büro besonders hervorgehoben werden sollen.

In der folgenden Abbildung 1/1 ist ein mögliches Bürosystem mit seinen Komponenten in Form eines Graphen skizziert, das aus sieben Verarbeitungsinstanzen VI_i (i=1,...,7) (als Quadrat dargestellt) und vier Informationsspeichern ISp_j (j=1,...,4) (als Kreis dargestellt) mit entsprechenden Verbindungen (Kommunikationskanäle KK als Kanten) besteht. So hat z.B. der Arbeitsplatz VI_1 direkt Zugriff auf die Informationsspeicher ISp_1 und ISp_2 und kann direkt mit den Arbeitsplätzen VI_2 und VI_3 kommunizieren. Es ist jedoch auch möglich, daß VI_1 mit VI_7 über VI_2 und VI_6 oder über VI_2, VI_5 und VI_6 kommuniziert. Ebenso sind Zugriffe, falls zugelassen, auf alle Informationsspeicher im Netz möglich. Das dargestellte System in Abb. 1/1 stellt sich als geschlossenes Netz dar, z.B. als ein Inhousenetz bzw. lokales Netz (LAN: **Local Area Network**).[6]

4 Vgl. Krallmann (1990).
5 Vgl. Gabriel et al. (1994); Hansen (1992), S. 785ff.
6 Vgl. z.B. Kauffels (1988).

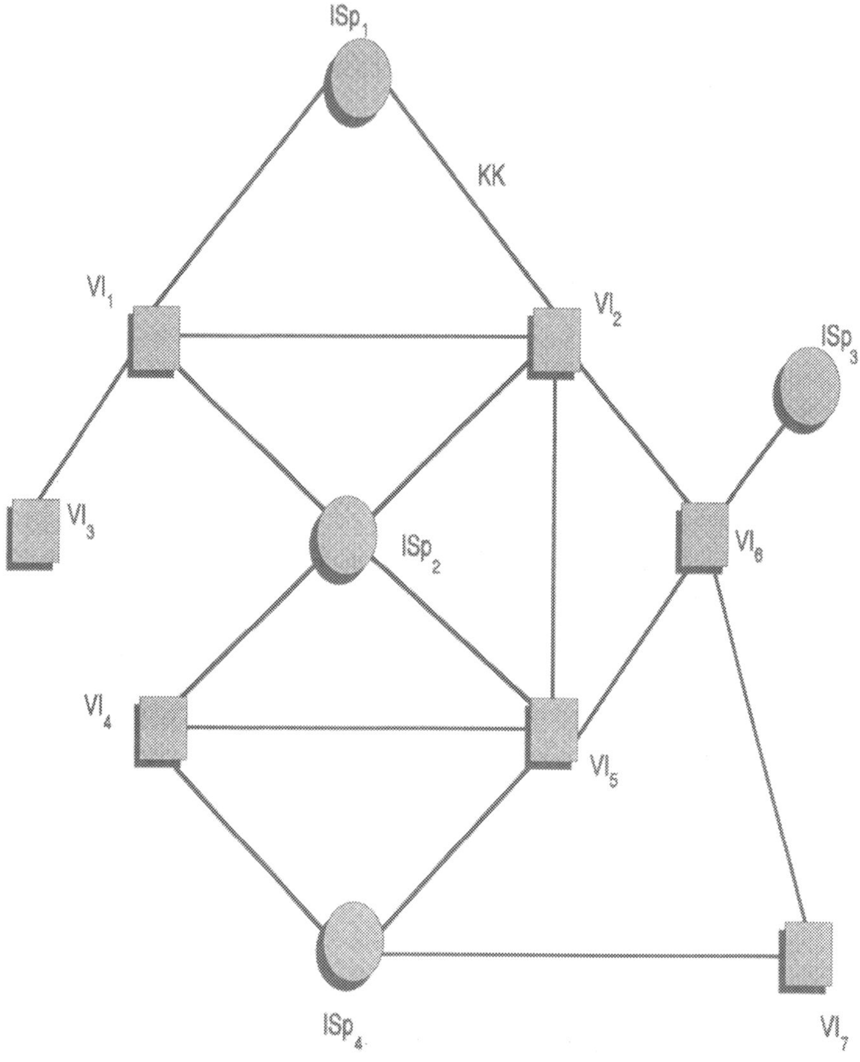

Abb. 1/1. Bürosystem mit seinen Komponenten VI, ISp und KK

Das System Büro hat natürlich auch Schnittstellen zu seiner Umwelt, wobei sowohl die Informationsspeicher (ISp) als auch die Verarbeitungsinstanzen (VI) als Schnittstellenkomponenten gelten können.

Bestehen **externe Kommunikationsschnittstellen**, d.h. Kommunikationskanäle nach außen, so sind Zugriffsmöglichkeiten auf externe Einheiten und auf weitere

Netze außerhalb des Unternehmens möglich, so z.B. über öffentlich zugängliche Netze (in Deutschland z.B. über Netze des Unternehmens Deutsche TELEKOM AG (früher Deutsche Bundespost)) auf Netze eigener bzw. fremder Unternehmen. So lassen sich z.B. lokale Netze eines Unternehmens verbinden, die an verschiedenen Orten installiert sind, oder es läßt sich der Zugriff auf eine externe Datenbank (Online-Datenbank) gewährleisten. Weltweit lassen sich beispielsweise Informationen über das Netz Internet austauschen, das z. Zt. als größtes Netzwerk der Welt gilt.

Der Einsatz mehrerer miteinander verbundener Informationsspeicher in einem vernetzten System kann in lokaler und nichtlokaler Umgebung als **Verteiltes Datenbanksystem** oder als **Verbund von selbständigen Datenbanksystemen** realisiert werden. Diese Konzepte und der Zugriff auf externe Datenbanken werden in Abschnitt 7.4 kurz vorgestellt und in Teil D im zweiten Band noch eingehend behandelt.

Betrachtet man eine bestimmte **Verarbeitungsinstanz VI_i**, so ist diese als der Arbeitsplatz eines Büroangestellten zu verstehen, der laut Stellenbeschreibung bestimmte Aufgaben durchzuführen hat. Die Bearbeitung einer Aufgabe basiert auf Informationen, die er von anderen Verarbeitungsinstanzen (VI) (aber auch von außen) erhält oder die er von Informationsspeichern (ISp) abruft. Der Büroangestellte weiß i.d.R., welche Informationen er benötigt, wie er die Informationen zu interpretieren hat, wie er die Informationen und zu welchem Zweck er sie zu verarbeiten hat und wohin er die Informationen bzw. die verarbeiteten Informationen weiterleiten soll. Dieses Wissen kann der Verarbeitungsinstanz auch mitgeteilt werden, so z.B. in Form spezieller Anweisungen. Häufig wird dieses Wissen nicht explizit sondern in indirekter Form mitgeteilt. So weiß der Bearbeiter beispielsweise, wie er eine Information zu interpretieren und zu verarbeiten hat, wenn sie in einem speziellen Formular gegeben ist (z.B. Formular A oder Formular B).

Die Instanzen VI^0 (Quellen) und eventuell die Informationsspeicher ISp liefern somit eine Informationsmenge x, die in VI_i verarbeitet wird und als transformierte Informationsmenge y an weitere Instanzen VI^* (Senken) weitergeleitet oder eventuell in ISp wieder abgespeichert wird. In der folgenden Abbildung 1/2 ist dieser Zusammenhang für eine ausgewählte Verarbeitungsinstanz VI_i dargestellt, in der eine Inputinformation x durch die Funktion f in eine Outputinformation y transformiert wird. Die Abbildung 1/2 läßt sich auch in Form der konventionellen Formular- bzw. Belegverarbeitung erklären, die häufig im Büro abläuft: Die Person in VI_i findet von ihren Kollegen Belege x vor, verarbeitet diese und gibt sie in verarbeiteter Form y an die nächsten Kollegen weiter. Zur Verarbeitung benötigt die Person in VI_i zusätzliche Informationen, die entweder an ihrem Arbeitsplatz (z.B. in Aktenordnern) oder in besonderen Informationsspeichern (z.B. allgemein zugängliche Aktenschränke oder Archive) abgespeichert sind.

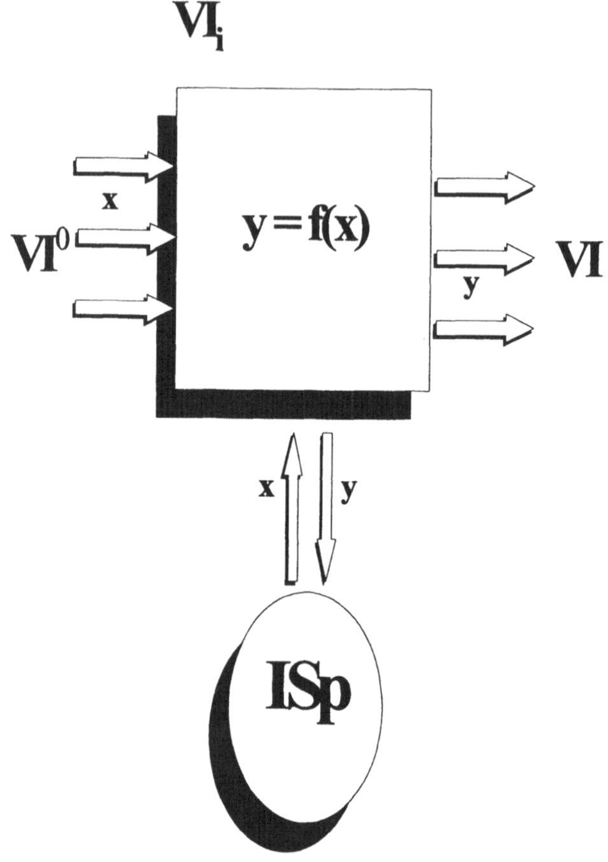

Abb. 1/2. Informationsverarbeitung in einer Verarbeitungsinstanz VI_i

Das dargestellte Konzept eines BIKOS bildet die Grundlage eines **verteilten Verarbeitungssystems**, d.h. einer Vorgangsbearbeitung, die von mehreren Personen (z.B. in einer Gruppe) durchgeführt wird. Dabei werden die Informationen computerunterstützt verarbeitet und weitergeleitet. Die Informationen lassen sich als Objekte interpretieren, die neben den eigentlichen Daten auch Wissen zur weiteren Verarbeitung enthalten. Dieses Konzept wird später bei den objektorientierten Modellierungsansätzen (vgl. Abschnitt 3.3.3) und bei den objektorientierten Datenbanken (in Band II) noch erläutert. Verteilte Datenverarbeitungssysteme (Distributed Data Processing Systems) werden in Zukunft eine große Bedeutung erlangen, so z.B. in Form von **Workflow-Systemen**, mit denen sich Geschäftsprozesse und Vorgangsketten abbilden lassen.[7]

Neben allgemeinen Bürosystemen (und auch Produktions- und logistischen Systemen) werden zur Zeit spezielle Anwendungssysteme unter der Bezeichnung **Groupware** zusammengefaßt, worunter man Konzepte wie beispielsweise "Computer Supported Cooperative Work" (CSCW)[8], "Group Decision Support Systems", "Group Communication Support", "Work Group Computing" oder "Computer Aided Team" (CATeam) versteht[9].

Der Aufbau eines funktionsfähigen verteilten computergestützten Bürosystems ist aufwendig und schwierig. Am Markt werden computergestützte **Bürosysteme** von mehreren Herstellern bzw. Anbietern mit unterschiedlichen Leistungsmerkmalen angeboten, die zum Aufbau genutzt werden können (Bürosystemprodukte). Voraussetzung für die Erfüllung der Anforderungen ist eine systematische Vorgehensweise in der Konzeptionsphase, d.h. bei der Büromodellierung, die hier nicht mehr weiter verfolgt wird. Im Vordergrund dieses Buches steht die Informationsstrukturierung und konzeptionelle Datenmodellierung, die auch bei der Bürosystementwicklung wichtig sind, da Datenbanken eine grundlegende Komponente eines computergestützten Bürosystems darstellen.

In unserem Beispiel ist die Volkshochschule auch als eine Unternehmung zu verstehen, die sich als Informations- und Kommunikationssystem abbilden läßt (vgl. die Beschreibung der VHS in Abschnitt 0.4 und die Abbildungen 1/1 und 1/2). Betrachtet man den Verwaltungsbereich der VHS, der als Büro organisiert ist, so sind hier Mitarbeiter vorhanden, die bestimmte Aufgaben ausführen. So nimmt z.B. eine erste Person (Verarbeitungsinstanz VI_1) die Anmeldung der Kursinteressenten an, d.h. sie speichert die notwendigen Informationen der konkreten Anmeldung ab und greift hierfür auf Informationen zu, die in einem Speicher bereits abgelegt sind. Der/die Angestellte schaut z.B. nach, welche Kurse angeboten werden, zu welcher Zeit sie durchgeführt werden und ob überhaupt noch Kursplätze frei sind. Eine zweite Person VI_2 übernimmt die Informationen der Anmeldungen, um die Teilnahmerechnungen zu erstellen und um die Bankeinzüge durchzuführen. Eine dritte Person VI_3, der Leiter der VHS, benötigt z.B. die Informationen um weitere Planungen durchzuführen. Die computergestützte Durchführung setzt voraus, daß eine Informations- und Kommunikationsinfrastruktur mit entsprechenden vernetzten Verarbeitungssystemen und Informationsspeichern und einer funktionsfähigen Software (z.B. in Form vernetzter Personal Computer in einem LAN) vorhanden ist. Die **Datenbank** als leistungsfähiger Informationsspeicher (ISp) spielt hierbei, wie im folgenden noch zu sehen ist, eine besondere Rolle. Das gesamte System läßt sich auch als computergestütztes Bürosystem (BIKOS) kennzeichnen.

---

7 Vgl. z.B. die Beiträge in Heilmann (1994) und Ferstl/Sinz (1993a).

8 Vgl. die Beiträge in Hasenkamp/Kirn/Syring (1994).

9 Vgl. hierzu Krcmar (1988).

1.2 Durchführung betrieblicher Aufgabenstellungen mit Hilfe computergestützter Anwendungs- und Informationssysteme

Computergestützte Informations- und Kommunikationssysteme (IuK-Systeme), wie sie hier (in Abschnitt 0.1) bereits dargestellt wurden, werden in Unternehmen eingesetzt, um betriebliche Aufgaben durchzuführen mit dem Ziel, ein effizientes und effektives Arbeiten zu gewährleisten. Die Nutzung der neuen Hardware- und Softwaretechniken soll langfristig die Unternehmensziele sichern (strategische Ziele und Aufgaben) und die tägliche Arbeit unterstützen (administrative bzw. operative Ziele und Aufgaben). Neben den IuK-Techniken spielen die **betrieblichen Anwendungssysteme** eine besondere Rolle, da sie die gegebenen Probleme abbilden und ihre Lösung unterstützen. Sie werden häufig allgemein als **Informationssysteme** oder **Anwendungssoftwaresysteme** bezeichnet.[10] Die vielfältigen Ausprägungen dieser Systeme, die von einfachen Abfragesystemen bis hin zu komplexen und anspruchsvollen Planungssystemen reichen, sind nicht einfach zu klassifizieren. In der Literatur sind eher verwirrende Begriffsbezeichnungen gegeben, die nicht eindeutig beschreibbar und abgrenzbar sind.

Eine brauchbare Klassifikation wird von Mertens[11] vorgeschlagen, nach der ein System der betriebswirtschaftlichen Datenverarbeitung in Unternehmen aus vier Teilsystemen besteht, die zu einem integrierten Gesamtsystem zu verknüpfen sind:

1) **Administrationssysteme (Operationssysteme),**
2) **Dispositionssysteme,**
3) **Planungssysteme und**
4) **Kontrollsysteme.**

Die **Administrationssysteme** sind Anwendungssoftwaresysteme, die insbesondere die Massendaten verarbeiten und damit ein hohes Rationalisierungspotential aufweisen. Beispiele hierfür sind in der Durchführung der Finanzbuchhaltung, der Kostenrechnung und der Auftragsbearbeitung gegeben. **Dispositionssysteme** verstehen sich als "einfache" Planungssysteme, d.h. sie werden eingesetzt, um gut strukturierte Probleme zu lösen, die teilweise schon als Routineaufgaben anzusehen sind. Grundlage der Dispositionssysteme sind Berechnungsverfahren. Beispiele für Dispositionssysteme sind einfache Lagerhaltungssysteme, übersichtliche Tourenplanungssysteme und Produktionsplanungssysteme bei gut strukturierten Produktionsabläufen.

Planungssysteme haben die Aufgabe, anspruchsvolle und komplexe Probleme zu lösen. Sie bilden die Weiterentwicklung der Dispositionssysteme und stützen

---

10 Vgl. z.B. die Beiträge in Kurbel/Strunz (1990), S. 29-196.

11 Vgl. Mertens (1991), S. 1.

sich auf (aufwendige) Algorithmen. Planungssysteme werden von Fachleuten eingesetzt, die über das spezielle Problemwissen und Problemlösungswissen verfügen. Methodische Unterstützungen hierfür bieten die Entscheidungstheorie und das Operations Research (OR) an, die sich auch mit stochastischen und schlecht strukturierten Problemstellungen auseinandersetzen. Planungssysteme werden auch als **Entscheidungsunterstützungssysteme (Decision Support Systeme : DSS)** bezeichnet. **Kontrollsysteme** dienen der Überwachung und der Kontrolle und basieren auf Informationssystemen.

Das betriebliche Geschehen, das gut strukturierbar ist und auf Routinetätigkeiten aufbaut, läßt sich durch Administrations- und Dispositionssysteme unterstützen. Die entsprechenden Softwaresysteme lassen sich relativ gut aufbauen und integrieren. Die Planungssysteme stellen dagegen anspruchsvolle und komplexe Systeme dar, da sie versuchen, schlecht strukturierbare Probleme zu lösen, die fallweise auftreten. In diese Gruppe lassen sich auch die **Wissensbasierten Systeme (WBS)** bzw. **Expertensysteme (XPS)** einordnen, die ebenso der Planung und Entscheidungsvorbereitung dienen.[12]

Die Bezeichnung **Informationssystem** wird als Softwaresystem sehr allgemein verwendet, so z.B. als **Management-Informationssystem** oder auch als **Datenbanksystem**. Informationssysteme dienen als Informationsquelle, deren sich sowohl die Administrations- und Dispositionssysteme als auch die Planungs- und Kontrollsysteme bedienen, die selbst als Informationssysteme bezeichnet werden können.

Für alle Anwendungssysteme gilt die Notwendigkeit, auf eine korrekte **Datenbasis** zugreifen zu können. Die Funktionsfähigkeit und Brauchbarkeit der betrieblichen Anwendungssysteme ist somit von den verfügbaren Problemdaten abhängig. Eine wichtige Komponente eines betrieblichen Informationssystems ist somit die Datenbasis, die die Daten bzw. das Wissen zur Problemlösung enthält. Daten müssen zur Verarbeitung in ihrer Struktur festgelegt werden. Hierbei kann es sich um einfache und komplexe **Datenmodelle** für Datenbankanwendungen handeln, um anspruchsvolle **Wissens(repräsentations)modelle** für den Einsatz von Wissensbanken oder Expertensystemen oder um **Funktions- bzw. Ablaufmodelle**, wie sie zur Lösung von Optimierungs- bzw. Simulationsproblemen beim Operations Research benötigt werden. Es ist sinnvoll, neben der **Datenbasis** eine **Modellbasis** einzurichten. Die Auswertung bzw. Berechnung der Datenmodelle, Wissens- und OR-Modelle geschieht über besondere Lösungsverfahren bzw. Algorithmen. Auch hier sind von einfachen Zugriffs-, Manipulations- und Auswertungsverfahren bis hin zu komplexen Inferenzverfahren und mathematischen Algorithmen sehr unterschiedliche Techniken denkbar, die sich in einer **Methodenbasis** abspeichern lassen. Eine Zusammenstellung der drei Komponenten in einem betrieblichen Informations- und Anwendungssystem ist in der folgenden Abbildung 1/3 gegeben. Eine getrennte Haltung der Systemkomponenten

[12] Vgl. z.B. Gabriel (1992); Kurbel (1989).

fördert die Flexibilität. In der Regel sind jedoch bestimmte Modelle und Methoden in einem System zusammengefaßt, das dann als Spezialsystem gilt.

Der **Benutzer** eines betrieblichen Informations- und Anwendungssystems, der sehr unterschiedliche Aufgaben durchführen kann, arbeitet über eine Benutzerschnittstelle (Mensch-Maschine-Kommunikationsschnittstelle) mit dem System. Die Informationen, die z.B. in einer Datenbank gespeichert und verwaltet werden, lassen sich abrufen und bedarfsgerecht zusammenstellen. Sie lassen sich weiterhin in ein Modell, das in der Modellbasis gegeben ist, einbinden und durch Methoden, die in der Methodenbasis vorliegen, auswerten. Spezielle Modelle bilden die Wissensmodelle, spezielle Methoden hierfür sind die Inferenzverfahren, die bei Expertensystemen eingesetzt werden. Wünschenswert wäre, daß der Benutzer seine Probleme über die Benutzeroberfläche in natürlichsprachlicher Form beschreiben kann und das System selbständig eine Problemlösung herleiten und diese auch über Erklärungsmöglichkeiten anbieten kann.

Ein computergestütztes betriebliches Informations- und Kommunikationssystem kann aus einem einzigen (übersichtlichen) Programm, aber auch aus einer Menge komplexer Programmsysteme bestehen. Ziel ist der Aufbau eines **Unternehmensmodells**, in dem die vielfältigen betrieblichen Anwendungssysteme in integrierter Form zusammengefaßt werden. Die **Integration der Softwaresysteme**, die sich nicht nur auf die **Datenintegration** bezieht, sondern auch auf **Modell- und Methodenintegration**, stellt eine anspruchsvolle Anforderung dar. Sie wird deshalb bei der Darstellung von **Unternehmensmodellen** in Kapitel 4 noch diskutiert.

Als Merkmale, die die **integrierte Datenverarbeitung** kennzeichnen, führt Mertens an:

1) "Es werden umfangreiche und sorgfältig durchdachte Abstimmungen zwischen den einzelnen Datenverarbeitungsaufgaben vorgenommen.
2) Es wird angestrebt, die Verbindung zwischen den einzelnen Programmen möglichst weitgehend den elektronischen Datenverarbeitungsanlagen zu übertragen und hierbei menschliche Interventionen zu vermeiden.
3) In Verfolgung der in den Punkten 1) und 2) genannten Ziele werden die Informationen, die in die Rechenanlage einzugeben sind, möglichst früh in maschinell lesbarer Form gewonnen und zwischen den einzelnen Auswertungen gespeichert."[13]

---

[13] Mertens (1988), S. 1.

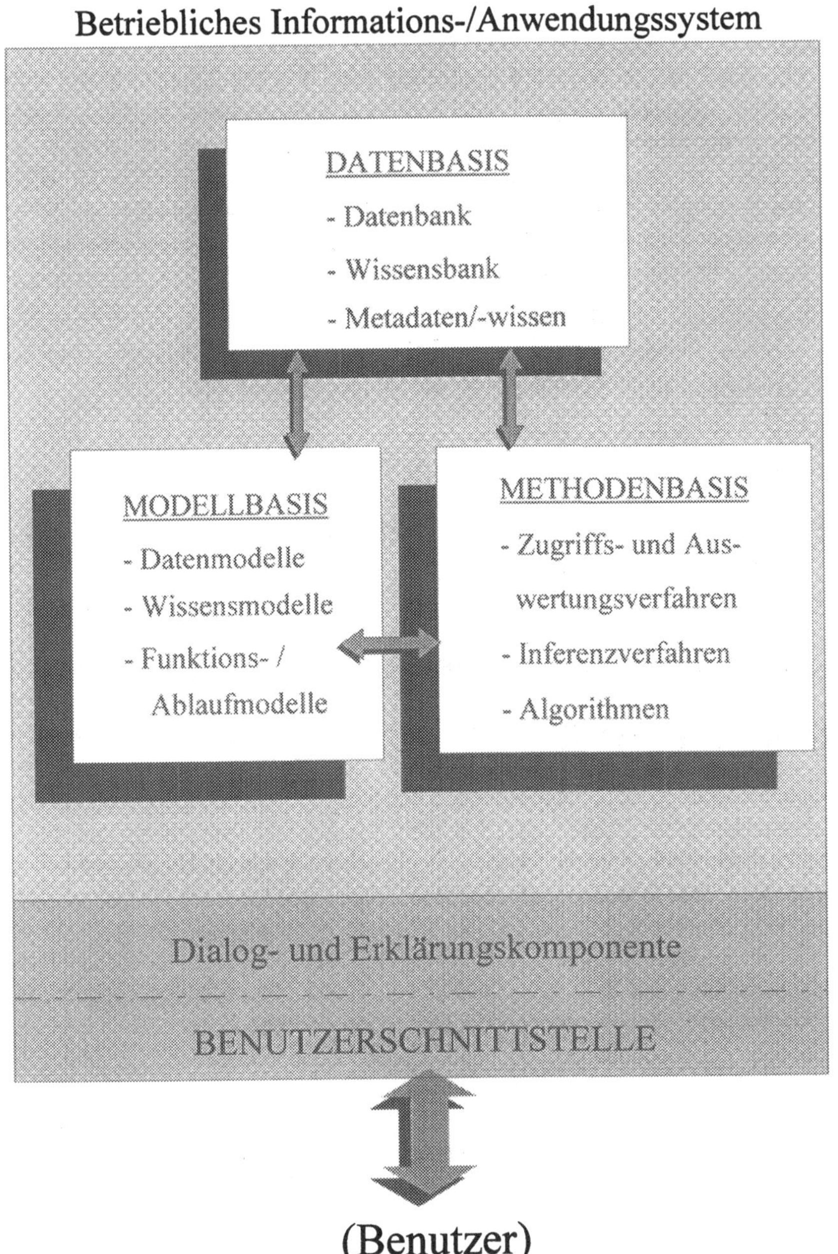

Abb. 1/3. Komponenten eines betrieblichen Informations- und Anwendungssystems

Als Integrationsgegenstände werden bei Mertens[14] die Datenintegration, die Funktions-, die Methoden- und die Programmintegration genannt. Bei der Funktionsintegration werden die einzelnen Aufgaben (Funktionen, Prozesse bzw. Vorgänge) miteinander abgestimmt. Die Programmintegration bezieht sich auf die Abstimmung einzelner Programme, die als Softwarebausteine zu verstehen sind. Das Ziel ist bereits die DV-technische Realisierung der verschiedenen Komponenten. Im Vordergrund steht im folgenden die Datenintegration, die beim Aufbau einer Datenbank erfüllt wird und in der Realisierung eines Unternehmensdatenmodells eine ideale Lösung erreicht.

Voraussetzung für den Betrieb eines funktionsfähigen und zufriedenstellenden Anwendungssystems ist eine systematische Vorgehensweise bei der Entwicklung und Wartung, die im folgenden Abschnitt kurz vorgestellt wird.

1.3 Entwicklung und Einsatz betrieblicher Anwendungs- und Informationssysteme

Die Durchführung der Aufgaben im Unternehmen, das man als informationsverarbeitendes System darstellen kann, läßt sich, wie oben dargestellt, durch den Einsatz computergestützter Anwendungs- und Informationssysteme unterstützen. Ein modernes computergestütztes **Informations- und Kommunikationssystem (IuK-System)** besteht u.a. aus Hardwarekomponenten (z.B. EDV-Anlagen bzw. Personal Computer, Kommunikationseinrichtungen und Vernetzungssysteme) und aus Softwarekomponenten. Neben der Systemsoftware (Betriebssysteme und systemnaher Software, wie z.B. Editoren, Testprogramme und Übersetzer) ist für uns als Anwender vor allem die **Anwendungssoftware** wichtig, d.h. die Programmsysteme, die die konkreten betrieblichen Aufgaben lösen. Der Einsatz der Anwendungssoftware setzt die Planung und die Entwicklung bzw. den Kauf (die Beschaffung) der obigen Komponenten voraus, d.h.

- der Hardware und Systemsoftware und
- der Anwendungssoftware,

die dann in eine Unternehmensorganisation integriert werden müssen. Im dabei entstehenden **soziotechnischen System** sind auch **Menschen** vorhanden, die ihre **Aufgaben** mit Hilfe der **Techniken (IuK-Techniken)** ausführen.

Ausgangspunkt der Planung ist die konkrete betriebliche Problemstellung und die Zielfestlegung (betriebliche Realität). Wird das Ziel des Einsatzes eines computerunterstützten Informations- und Kommunikationssystems verfolgt, so

---

[14] Vgl. Mertens (1991), S. 1ff.

muß, unabhängig von der Größe des Einsatzbereichs, ein Anwendungskonzept erstellt werden, das sich aus einer detaillierten Anforderungsanalyse ergibt. Das Ergebnis ist ein **Anwendungsmodell**, auch Fach- bzw. Anwendungskonzept genannt, in dem

- die **Anwendungssysteme**, d.h. die möglichen Administrations-, Dispositions-, Kontroll-, Planungs- und Informationssysteme spezifiziert werden, die die Durchführung der Arbeitsvorgänge gewährleisten sollen. Weiterhin ist auch
- das **Organisationskonzept** (Aufbau- und Ablauforganisation) festzulegen.

Nach einer Durchführbarkeitsstudie, die vor allem eine Wirtschaftlichkeitsanalyse enthalten sollte, wird die systemtechnische Realisierung bzw. der Kauf des Systems angestrebt. Die Bestimmung der notwendigen technischen Infrastruktur und des Funktionsablaufs der Hard- und Softwaresysteme findet sich im **Systemkonzept**. Dieses ist Grundlage der konkreten Umsetzung (Einrichtung der Systeme und **Implementierung**) im Unternehmen. Die **Integration** der Informations- und Anwendungssysteme soll zu einem reibungslosen Einsatz führen, der neben Leistungskriterien auch wirtschaftliche und soziale Aspekte berücksichtigen muß.[15]

Im folgenden wollen wir uns auf die Softwarekomponenten beschränken, die am Markt gekauft und/oder selbst entwickelt werden. Die Entwicklung und Wartung von Software wird im **Software Engineering** wissenschaftlich behandelt. Das Software Engineering[16] stellt Prinzipien, Methoden und Werkzeuge zur Verfügung, die eine erfolgreiche Entwicklung und wirtschaftliche Nutzung garantieren sollen.[17] Große computergestützte Systeme werden im Rahmen eines **Projektmanagements** abgewickelt. Dabei spielen die Kriterien der **Softwarequalität, -sicherheit** und **-wirtschaftlichkeit** eine bedeutende Rolle. Da ein konventionelles Softwareprodukt aus einer Ablaufstruktur und aus Daten besteht, müssen beide Teile in einem Entwicklungsansatz, der sich durch ein Phasenkonzept erklären läßt, beachtet werden. Wichtig ist, daß auch der spätere Benutzer bei der Entwicklung beteiligt wird (**Partizipation**).[18]

Zum Aufbau **Wissensbasierter Systeme** werden ähnliche Vorgehensweisen vorgeschlagen, die im **Knowledge Engineering** zusammengefaßt sind. Hier steht die **Wissensmodellierung** im Vordergrund, die beim Aufbau der Wissensbasis vorausgesetzt wird. Besonders wichtig ist hier die Pflege und Weiterentwicklung der Wissensbasis, da das vorhandene Wissen auch während der Nutzung des Systems im Betrieb stets aktualisiert werden muß.[19]

---

15 Vgl. z.B. Heinrich (1990); Knittel (1995).

16 Vgl. z.B. Balzert (1992); Pomberger (1990); Pomberger/Blaschek (1993); Schumann/Schüle/Schumann (1994).

17 Vgl. z.B. Gabriel (1990).

18 Vgl. Mumford/Welter (1984).

19 Vgl. z.B. Gabriel (1992), S. 203ff.

Die gleichen Bedingungen, die für den Aufbau eines (konventionellen) Programmsystems (z.B. mit Hilfe einer Programmiersprache) und eines Wissensbasierten Systems (z.B. mit Hilfe eines Entwicklungssystems) gegeben sind, sollten auch beim **Aufbau einer Datenbank** gelten, in der die relevanten Informationen eines Anwendungsbereichs gespeichert und verwaltet werden. Die Entwicklung bzw. der Aufbau einer Datenbank sollte ebenso in einer systematischen Vorgehensweise durchgeführt werden, d.h. es sollten Prinzipien zugrundegelegt und Methoden bzw. Werkzeuge eingesetzt werden. Stehen bei der Entwicklung von Programmsystemen leistungsfähige Programmiersprachen und Entwicklungstools und beim Aufbau wissensbasierter Systeme benutzerfreundliche Entwicklungssysteme und Shells zur Verfügung, so wird auch die **Datenbankentwicklung** durch komfortable und leistungsfähige Datenbanksysteme unterstützt, die kommerziell für die verschiedenen Rechner bzw. Betriebssysteme und in unterschiedlicher Leistungsfähigkeit am Markt angeboten werden. Diese **Datenbanksysteme** enthalten verständlicherweise noch keine Problemdaten des Anwendungsbereichs. Sie sind anwendungsunabhängig und mit den Entwicklungssystemen vergleichbar, die die Modellstrukturen zum Aufbau und Funktionen bzw. Methoden zur Verarbeitung zur Verfügung stellen. Das Softwaresystem "Datenbanksystem" muß noch mit Daten gefüllt werden, damit es als Anwendungssystem genutzt werden kann. Mit dem Aufbau eines Datenbanksystems im Rahmen eines Entwicklungsprozesses (**Data Engineering** oder **Data Base Engineering**), der auch die Beschaffung eines Datenbanksystems mit einschließt, beschäftigt sich der Teil C des zweiten Bandes (vgl. hierzu die Einordnung von Bereich C in Abb. 0/1). Einen Überblick über den gesamten Entwicklungsprozeß eines Datenbanksystems (Data Engineering) gibt die folgende Abb. 1/4, die sich an einem Software Engineering-Konzept orientiert.

Ausgangspunkt ist die **betriebliche Problemstellung**, die sich vorwiegend als ein "Datenproblem" bzw. "Informationsproblem" darstellt. **Ziel** ist die Lösung dieses datenorientierten Problems mit Hilfe eines **Datenbanksystems**. Dabei werden allgemeine Kenntnisse über die Einsatzvorteile und über den Aufbau und die Arbeitsweise eines Datenbanksystems vorausgesetzt (diese grundlegenden Kenntnisse sollen mit Hilfe des vorliegenden Buches auf jeden Fall erreicht werden).

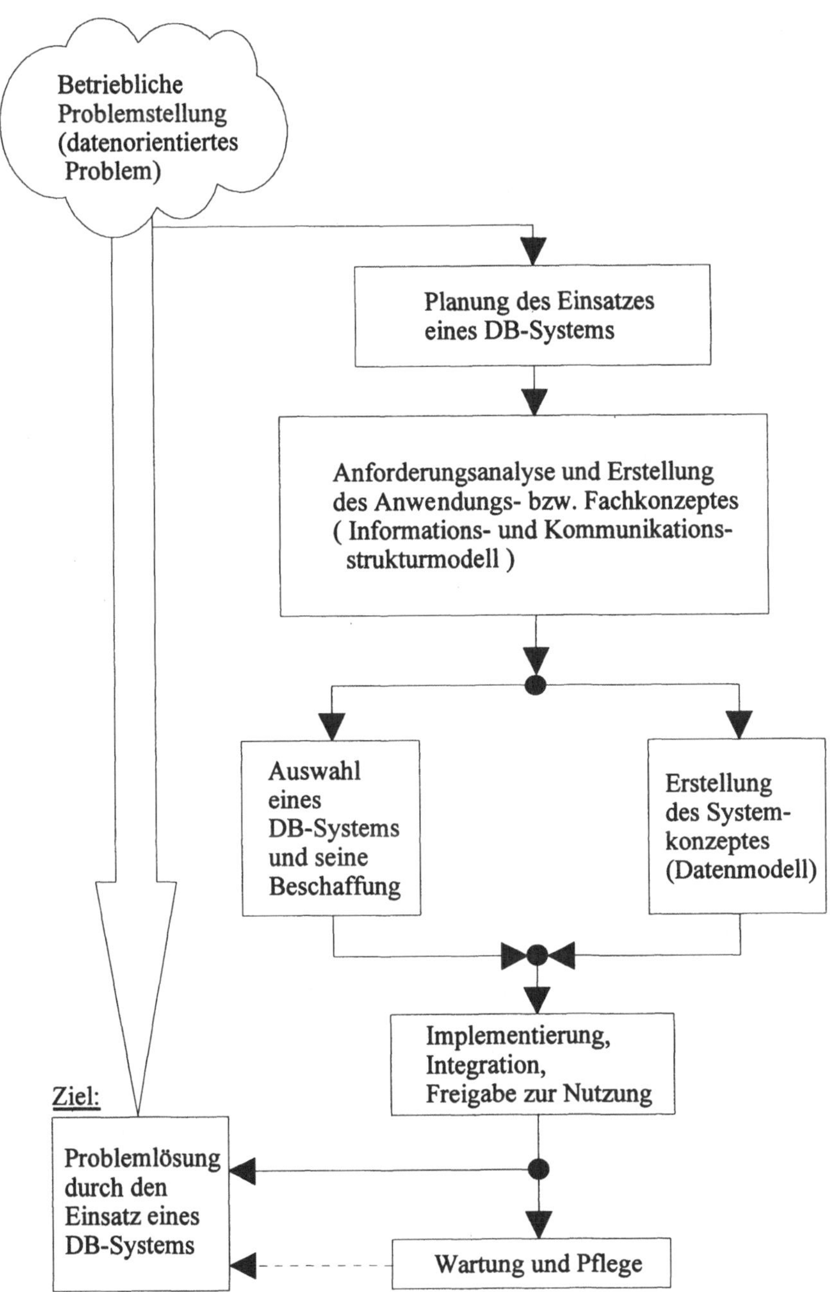

Abb. 1/4. Entwicklungsprozeß eines Datenbanksystems (Data Engineering)

Der **Entwicklungsprozeß** beginnt mit der **Planung** des Einsatzes eines Datenbanksystems und der Vorgehensweise (i.d.R. im Rahmen eines Projekts). Zunächst muß eine **Anforderungsanalyse** erstellt werden, die zu einem **Anwendungs- bzw. Fachkonzept** führt. Danach läßt sich das **Systemkonzept** als **Datenmodell** ableiten. Parallel hierzu kann ein Datenbanksystem ausgewählt und beschafft werden. Dieser **Auswahlprozeß** soll sich am Anwendungskonzept orientieren. Je nachdem, welche Ziele im Vordergrund stehen, kann der Auswahlprozeß die Datenmodellierung stärker beeinflussen (so soll beispielsweise bei Auswahl eines relationalen Datenbanksystems auch ein relationales Datenmodell erstellt werden)[20], oder die Datenmodellierung bestimmt den Auswahlprozeß (d.h. erst nach Fertigstellung eines Datenmodells wird ein Datenbanksystem gekauft). Das Vorhandensein eines Datenmodells und eines Datenbanksystems erlaubt die **Implementierung** und die **Einführung in den Betrieb**. Während des Einsatzes muß das Datenbanksystem gewartet und gepflegt werden (**Wartung und Pflege**).

Im Vordergrund steht in den folgenden Kapiteln die betriebliche Problemstellung, d.h. die Information bzw. die Daten, die zunächst strukturiert werden und in ein Datenmodell eingehen. Wir haben es somit bei der Datenbankentwicklung mit einem **Data Engineering** bzw. **Information Engineering** zu tun (analog dem Software- bzw. Knowledge Engineering). Gegenstand der nächsten Kapitel im Teil A sind die beiden wichtigen Arbeitsbereiche, die beim Aufbau eines Datenbanksystems im Rahmen eines datenorientierten Entwicklungsansatzes zu beachten sind:

1) Die **Informationsstrukturierung**, d.h. die Bildung von Informationsobjektklassen und die Beschreibung ihrer Verknüpfungen zur Entwicklung eines Informations- und Kommunikationsstrukturmodells als Anwendungs- bzw. Fachkonzept (Kapitel 2).
2) Die **konzeptionelle Datenmodellierung** bzw. Erstellung eines konzeptionellen Datenmodells, das als formales Modell bzw. Systemkonzept in ein ausgewähltes Datenbanksystem implementiert werden kann (Kapitel 3).

Eine übersichtliche Ordnung der vielfältigen Informationen, die zu ihrer Verarbeitung und Verwaltung notwendig ist, wird durch ein **Data Dictionary-System** gewährleistet (Abschnitt 3.4). Ein umfassender Entwicklungsansatz, der die Integrationsziele berücksichtigen soll, wird durch den Aufbau eines **Unternehmensdatenmodells** gegeben (Kapitel 4).

Die in den folgenden Kapiteln 2 bis 4 behandelten Problembereiche lassen sich in den Entwicklungsprozeß (vgl. Abb. 1/4) einordnen. Die Informationsstrukturierung (Kapitel 2) führt zum Anwendungskonzept, die konzeptionelle Datenmodellierung (Kapitel 3) zum Systemkonzept. Der gesamte Entwicklungsprozeß in

---

20 Relationale Datenmodelle werden später im Abschnitt 3.3.1 behandelt.

Form eines Data Engineering-Konzepts ist Gegenstand des zweiten Bandes (Teil C), in dem vor allem auf den Beschaffungsprozeß eines Datenbanksystems, die Implementierung und Integration und auf die Wartung und Pflege des Systems während der Nutzung eingegangen wird. Beide Bände lassen sich sehr gut durch eine praktische Übung ergänzen, in der auch die Implementierung eines Datenbanksystems am Rechner realisiert werden kann.

Ein moderner und auch erfolgreicher Entwicklungsansatz zum Aufbau von Datenbanken, wie auch für jegliche Art von Softwaresystemen, stellt die objektorientierte Vorgehensweise dar.[21] Neben der Festlegung der einzelnen Objekte und ihrer Attribute wird jeder Objekttyp weiterhin durch Operatoren (Methoden) sowie durch Nachrichtendefinitionen spezifiziert. Objektorientierte Datenbanken werden kurz in Kapitel 3 vorgestellt, der objektorientierte Entwicklungsansatz sowie allgemeine evolutionäre und partizipative Strategien werden im zweiten Band diskutiert.

[21] Vgl. Ferstl/Sinz (1993), S.135ff.; Kemper/Moerkotte (1993); die Beiträge in Heilmann (1989) und in Heilmann(1993).

1.4 Übungsaufgaben zur Entwicklung und zum Aufbau computergestützter Informations- und Kommunikationssysteme

Aufgabe 1-1: Wodurch ist die Komplexität eines Büros bedingt?

Aufgabe 1-2: Was versteht man allgemein unter dem Begriff "Informationsobjekt" bzw. "Objekt"? Geben Sie Beispiele hierfür.

Aufgabe 1-3: Geben Sie eine formale Beschreibung des Systems "Büro" und erläutern Sie seine Komponenten.

Aufgabe 1-4: Beschreiben Sie das Konzept eines "Verteilten Verarbeitungssystems".

Aufgabe 1-5: Diskutieren Sie den Aufbau und die Arbeitsweise eines Büros anhand eines konkreten Beispiels aus der Praxis (z.B. Büro im Finanzamt oder in einer Gemeindeverwaltung, Büro eines Autohändlers und einer Reparaturwerkstatt, Reisebüro).

Aufgabe 1-6: Erörtern Sie die Begriffe "Administrationssystem", "Dispositionssystem", "Planungssystem" und "Kontrollsystem". Grenzen Sie die Begriffe voneinander ab und geben Sie jeweils ein Anwendungsbeispiel.

Aufgabe 1-7: Beschreiben Sie die Komponenten eines betrieblichen Informations- bzw. Anwendungssystems und erläutern Sie ihre Zusammenhänge (Vgl. Abb. 1/3).

Aufgabe 1-8: Diskutieren Sie das Konzept der "Integrierten Datenverarbeitung" und erläutern Sie die unterschiedlichen Integrationsformen.

Aufgabe 1-9: Skizzieren Sie den Entwicklungsprozeß eines Softwaresystems, der durch Methoden und Techniken des Software Engineering unterstützt wird.

Aufgabe 1-10: Erläutern Sie kurz die Begriffe "Software Engineering", "Knowledge Engineering" und "Data Engineering" bzw. "Data Base Engineering".

Aufgabe 1-11: Diskutieren Sie den allgemeinen Entwicklungsprozeß eines einsatzfähigen Datenbanksystems anhand der gegebenen Abbildung 1/4 und gehen Sie dabei vor allem auf das Fachkonzept und das Systemkonzept ein.

1.5 Ausgewählte Literatur zu Kapitel 1

Balzert, H. (1992): Die Entwicklung von Software-Systemen, Mannheim u.a. 1992.

Biethahn, J.; Muksch, H.; Ruf, W. (1994): Ganzheitliches Informationsmanagement, Band 1, 3. Auflage, München, Wien 1994.

Busse von Colbe, W.; Laßmann, G. (1991): Betriebswirtschaftstheorie, Band 1, 5. Auflage, Berlin u.a. 1991.

Ferstl, O.K.; Sinz, E.J. (1993): Grundlagen der Wirtschaftsinformatik, Band 1, München, Wien 1993.

Ferstl, O.K.; Sinz, E.J. (1993a): Geschäftsprozeßmodellierung, in: Wirtschaftsinformatik 35, 1993, S. 589-592.

Fischer, J. (1992): Datenmanagement, Datenbanken und betriebliche Datenmodellierung, München, Wien 1992.

Gabriel, R. (1990): Software Engineering, in: Kurbel, K; Strunz, H. (1990): Handbuch Wirtschaftsinformatik, Stuttgart 1990, S. 257 ff.

Gabriel, R. (1992): Wissensbasierte Systeme in der betrieblichen Praxis; Hamburg, New York u.a. 1992.

Gabriel, R.; Begau, K.; Knittel, F.; Taday, H. (1994): Büroinformations- und -kommunikationssysteme, Heidelberg 1994.

Hansen, H.-R. (1992): Wirtschaftsinformatik I, 6. Auflage, Stuttgart, Jena 1992.

Hasenkamp, U.; Kirn, S.; Syring, M. (Hrsg.) (1994): CSCW - Computer Supported Cooperative Work, Bonn, Paris 1994.

Heilmann, H. (Hrsg.) (1989): Handbuch der modernen Datenverarbeitung (HMD), Heft 145, Objektorientierte Systementwicklung, 26. Jg., 1989.

Heilmann, H. (Hrsg.) (1993): Theorie und Praxis der Wirtschaftsinformatik (HMD), Heft 170, Objektorientiertes Software Engineering, 30. Jg., 1993.

Heilmann, H. (Hrsg.) (1994): Theorie und Praxis der Wirtschaftsinformatik (HMD), Heft 176, Workflow Management, 31. Jg., 1994.

Heinrich, L.J. (1990): Der Prozeß der Systemplanung und -entwicklung, in: Kurbel, K.; Strunz, H. (Hrsg.): Handbuch Wirtschaftsinformatik, Stuttgart 1990, S.199ff.

Heinrich, L.J. (1992): Informationsmanagement, 4. Auflage, München, Wien 1992.

Hoffmann, F. (1984): Computergestützte Informationssysteme, München 1984.

Jacob, H.; Becker, J.; Krcmar, H. (1991): Integrierte Informationssysteme, Wiesbaden 1991.

Kauffels, F.-J. (1988): Lokale Netze, 3. Auflage, Pulheim 1988.

Kemper, A.; Moerkotte, G. (1993): Basiskonzepte objektorientierter Datenbanksysteme, in: Informatik-Spektrum, Bd. 16, Heft 2, 1993, S. 69-80.

Knittel, F. (1995): Technikgestützte Kommunikation und Kooperation im Büro, Entwicklungshindernisse, Einsatzstrategien, Gestaltungskonzepte, Wiesbaden 1995.

Krallmann, H. (1990): Büroinformations- und Kommunikationssysteme (BIKOS), in: Kurbel, K.; Strunz, H. (Hrsg.): Handbuch Wirtschaftsinformatik, Stuttgart 1990, S. 543ff.

Krcmar, H. (1988): Computerunterstützung in Gruppen, Neue Entwicklungen bei Entscheidungsunterstützungssystemen, in: Information Management 3, 1988, S. 8-14.

Kurbel, K. (1989): Entwicklung und Einsatz von Expertensystemen, Berlin, Heidelberg 1989.

Kurbel, K; Strunz, H. (Hrsg.) (1990): Handbuch Wirtschaftsinformatik, Stuttgart 1990.

Mertens, P. (1988): Industrielle Informationsverarbeitung 1, 7. Auflage, Wiesbaden 1988.

Mertens, P. (1991): Integrierte Informationsverarbeitung 1, 8. Auflage, Wiesbaden 1991.

Mertens, P.; Griese, J. (1991): Integrierte Informationsverarbeitung 2, 6. Auflage, Wiesbaden 1991.

Mertens, P.; Bodendorf, F.; König, W.; Picot, A.; Schumann, M. (1991): Grundzüge der Wirtschaftsinformatik, Berlin u.a. 1991.

Mumford, E.; Welter, G. (1984): Benutzerbeteiligung bei der Entwicklung von Computersystemen, Berlin 1984.

Österle, H. (1981): Entwurf betrieblicher Informationssysteme, München, Wien 1981.

Pomberger, G. (1990): Methodik der Softwareentwicklung, in: Kurbel, K.; Strunz, H (Hrsg.): Handbuch Wirtschaftsinformatik, Stuttgart 1990, S.215ff.

Pomberger, G.; Blaschek, G. (1993): Software Engineering, Prototyping und objektorientierte Software-Entwicklung, München, Wien 1993.

Reusch, P.J.A. (1984): Aufbau und Einsatz betrieblicher Informationssysteme, Mannheim u.a. 1984.

Scheer, A.-W. (1990): EDV-orientierte Betriebswirtschaftslehre, 4. Auflage, Berlin u.a. 1990.

Schumann, M.; Schüle, H.; Schumann, U. (1994): Entwicklung von Anwendungssystemen, Berlin u.a. 1994.

Wedekind, H. (1976): Systemanalyse, München 1976.

2 Systematische Informations- und Kommunikationsstrukturierung

Im vorhergehenden Abschnitt 1.3 haben wir den Entwicklungsprozeß eines Datenbanksystems vom Problem über den Entwurf bis zum Einsatz eines Anwendungssystems diskutiert und dabei die Bedeutung der Informationsstrukturierung und Datenmodellierung beim datenorientierten Ansatz herausgearbeitet (vgl. auch Abb. 1/4). Wir werden nun unter Nutzung des in Abschnitt 0.4 eingeführten VHS-Beispiels die Vorgehensweise bei der Fachkonzepterstellung detailliert darstellen. Ausgangspunkt sind bei der dazu erforderlichen Analyse des Realitätsausschnitts, der das konkrete Problem beinhaltet, konsequenterweise die gegebenen Informationen und nicht deren Gewinnung bzw. Verarbeitung. So werden wir als Schwerpunkt Informationsobjekte, Informationsobjektklassen und deren Beziehungen zueinander herausarbeiten und sie im Informationsstrukturmodell zusammenfassen. Das gewonnene **Informationsstrukturmodell (ISM)** und das bei dieser (datenorientierten) Vorgehensweise nur zweitrangige **Funktionsstrukturmodell (FSM)** bilden zusammen mit dem **Kommunikationsstrukturmodell (KSM)** das **Informations- und Kommunikationsstrukturmodell (IKSM)**, das das Kernstück des Fachkonzepts darstellt (Abschnitt 2.3).

Es ist selbstverständlich, daß vorab eine Problemanalyse, in der u. a. die Zielsetzung der Datenbankentwicklung und des -einsatzes genau spezifiziert werden, und eine Anforderungsanalyse durchgeführt werden. Die Ergebnisse dieser Arbeitsbereiche, die im zweiten Band behandelt werden, bestimmen das weitere Vorgehen und somit auch die hier zu behandelnde Informations- und Kommunikationsstrukturierung, d. h. die Festlegung des Anwendungs- bzw. Fachkonzepts durch das Informations- und Kommunikationsstrukturmodell (IKSM).

Die nachfolgenden Abschnitte werden in ausführlicher Form zunächst mit der Bildung von Informationsobjektklassen die Grundlage zum Aufbau eines Informations- und Kommunikationsstrukturmodells legen (Abschnitt 2.1) und dann die möglichen und im gegebenen Zusammenhang relevanten Beziehungen zwischen Informationsobjektklassen behandeln (Abschnitt 2.2). Eine systematische Informations- und Kommunikationsstrukturierung ist die Basis einer erfolgreichen konzeptionellen Datenmodellierung, die dann im dritten Kapitel behandelt wird.[1]

---

1 Vgl. hierzu z.B. Fischer (1992), S. 77ff.

2.1 Bildung von Informationsobjekten und -klassen

Die Bildung von Informationsobjekten und ihre Zusammenfassung zu Informationsobjektklassen setzt die Beschreibung und Abgrenzung des zu behandelten Realitätsausschnitts (der Miniwelt) voraus. Die Beschreibung der Objekte wird über Merkmale, die sich in Merkmalsklassen einordnen lassen, vorgenommen. Im folgenden zu behandelnde Probleme sind die Darstellung und die Identifikation der Informationsobjekte und die konstruktive Vorgehensweise.

2.1.1 Realitätsausschnitt "Anmeldeformular"

Erster Schritt bei der Entwicklung des Informationsstrukturmodells (ISM) ist, nachdem das zu behandelnde Problem der Realität analysiert wurde, das Herausarbeiten und Spezifizieren der **Informationsobjekte (IOs)** und **Informationsobjektklassen (IOKs)**. Wir werden diesen Schritt anhand des konkreten VHS-Beispiels kennenlernen. Die Analyse soll sich zunächst mit der Anmeldung der Teilnehmer zu den Kursen eines Semesters beschäftigen. Dazu betrachten wir die in Abb. 2/1 dargestellten Anmeldeformulare der VHS, die einen ersten Realitätsausschnitt beschreiben.

Erkennbar aus den Formularen ist u.a., daß sich Frau Lerneifrig für die 2 Kurse mit den Kursnummern 4219 und 4228 angemeldet hat. Für Herrn Wissensdurst können wir u.a. die Aussage "Herr Wissensdurst meldet sich an, und seine Anmeldung betrifft die Kurse mit den Nummern 4226, 4227 und 4228." ableiten.

Weiter ersehen wir aus dem Anmeldeformular, daß Frau Lerneifrig mit Vornamen Lisa heißt, in der Schulstraße 13 in 41564 Kaarst wohnt, telefonisch unter der Nummer 0211/333 zu erreichen ist und daß sie eine Kontoverbindung angegeben hat, von der die VHS die fälligen Kursgebühren einziehen lassen darf. Herr Wissensdurst hat seinen Namen, Vornamen, seine Anschrift und Telefonnummer, jedoch keine Kontoverbindung angegeben, da er die Kursgebühr bar einzahlen möchte. Die Anmeldeformulare liefern weiterhin u.a. die Information über das Geburtsjahr der Teilnehmer und geben das Anmeldedatum an.

Anmeldung – Bitte in Druckbuchstaben ausfüllen **Volkshochschule Kaarst-Korschenbroich**

Familienname, Vorname: LERNEIFRIG, LISA
Semester: 942 Teilnehmer-Nr.:
Geburtsjahr: 66
Straße und Hausnummer: SCHULSTR. 13
oder, falls belegt!
Kursnummer: 4219 Kursnummer:
Postleitzahl: 41564 Wohnort: KAARST
Kursnummer: 4228 Kursnummer:
Telefon: Vorwahl: 0211 Rufnummer: 333
Kursnummer: Kursnummer:

Ich ermächtige die VHS widerruflich, die von mir zu entrichtenden **Gebühren mittels Lastschrift einzuziehen.** Wenn mein Konto die erforderliche Deckung nicht aufweist, besteht seitens des kontoführenden Kreditinstituts keine Verpflichtung zur Einlösung.

Kontonummer: 123456 Bankleitzahl: 11122233 Geldinstitut: NOTGROSCHEN
Kontoinhaber (wenn nicht Teilnehmer) mit Familienname, Vorname, Anschrift:

Zahlungsart: 3 (1 = bar, 2 = Scheck, 3 = Abbuchung)
Ermäßigung: (01 = Schüler(in), 02 = Student(in), 03 = Auszubildende(r), 04 = Wehr- und Ersatzdienstleistender, 08 = Sozialhilfeempfänger(in), Familienpaß, Kaarst-Paß)
Bei Ermäßigungen bitte Nachweise, ggfls. in Kopie beifügen!

Mit der Anmeldung wird das Einverständnis erklärt, daß die VHS die Daten der Anmeldung zu statistischen Zwecken verarbeitet und ausgewertet.

Anmeldedatum: Tag 01 Monat 09 Jahr 94
Unterschrift des Anmeldenden
Unterschrift des Kontoinhabers (wenn nicht Teilnehmer)

Anmeldung – Bitte in Druckbuchstaben ausfüllen **Volkshochschule Kaarst-Korschenbroich**

Familienname, Vorname: WISSENSDURST, WILLI
Semester: 942 Teilnehmer-Nr.:
Geburtsjahr: 54
Straße und Hausnummer: STUDIENSTR. 1
oder, falls belegt!
Kursnummer: 4226 Kursnummer:
Postleitzahl: 41460 Wohnort: NEUSS
Kursnummer: 4227 Kursnummer:
Telefon: Vorwahl: 0202 Rufnummer: 222
Kursnummer: 4228 Kursnummer:

Ich ermächtige die VHS widerruflich, die von mir zu entrichtenden **Gebühren mittels Lastschrift einzuziehen.** Wenn mein Konto die erforderliche Deckung nicht aufweist, besteht seitens des kontoführenden Kreditinstituts keine Verpflichtung zur Einlösung.

Kontonummer: Bankleitzahl: Geldinstitut:
Kontoinhaber (wenn nicht Teilnehmer) mit Familienname, Vorname, Anschrift:

Zahlungsart: 1 (1 = bar, 2 = Scheck, 3 = Abbuchung)
Ermäßigung: (01 = Schüler(in), 02 = Student(in), 03 = Auszubildende(r), 04 = Wehr- und Ersatzdienstleistender, 08 = Sozialhilfeempfänger(in), Familienpaß, Kaarst-Paß)
Bei Ermäßigungen bitte Nachweise, ggfls. in Kopie beifügen!

Mit der Anmeldung wird das Einverständnis erklärt, daß die VHS die Daten der Anmeldung zu statistischen Zwecken verarbeitet und ausgewertet.

Anmeldedatum: Tag 01 Monat 09 Jahr 94
Unterschrift des Anmeldenden

Abb. 2/1. Ausgefüllte Anmeldeformulare zum VHS-Beispiel

2.1.2 Informationsobjekte, Merkmale und Merkmalsklassen

Die Anmeldeformulare der beiden Personen stellen einen ersten Realitätsausschnitt dar, der uns einige Informationen über die gegebene Problemstellung liefert. Um ein Informationsstrukturmodell (ISM) aufzubauen, das letztlich ein notwendiger Bestandteil eines funktionsfähigen Informations- und Kommunikationssystems (IKS) der VHS sein soll, müssen die relevanten Informationsobjekte und ihre Beziehungen herausgearbeitet und näher beschrieben werden. Tatsächlich haben wir mit den Anmeldeformularen schon eine gut strukturierte Vorlage, die in der Realität häufig erst zu erarbeiten ist, wenn man vor der Ersteinführung eines rechnergestützten Informationssystems steht.

In unserem Beispielfall suchen wir nun zunächst auf der Basis der Anmeldeformulare nach **Informationsobjekten (IOs)**. Kandidaten für IOs findet man, wenn man die den Realitätsausschnitt beschreibenden Aussagen auf für die Lösung der Problemstellung relevante Substantive hin untersucht (Abb. 2/2).

Allgemein kann man als IOs Objekte der Wahrnehmung oder Vorstellung bezeichnen, die von Menschen beschrieben und unterschieden werden können und die in Bezug auf die Lösung der gegebenen Problemstellung von Bedeutung sind (relevante Informationsobjekte).

Aus den Aussagen in Abb. 2/2 bzw. den Anmeldeformularen in Abb. 2/1 lassen sich z.B. folgende Objekte als relevante IOs bezeichnen:

- FRAU LERNEIFRIG und HERR WISSENSDURST
- FRAU LERNEIFRIGS ANMELDUNG und HERRN WISSENSDURSTS ANMELDUNG
- Die KURSE 4219, 4226, 4227, 4228.

Wir werden später sehen, daß es sinnvoll ist, auch FRAU LERNEIFRIGS KONTOVERBINDUNG und das KREDITINSTITUT NOTGROSCHEN als Informationsobjekte zu betrachten.

Die aus der Aufstellung in Abb. 2/2 nicht als IOs angesehenen Substantive, z.B. LISA, KAARST, SCHULSTRASSE, sollen hier die herausgearbeiteten IOs charakterisieren und werden deshalb als **Merkmale** bezeichnet. Gleichartige Merkmale, z.B. KAARST, NEUSS, werden als Ausprägungen einer gemeinsamen **Merkmalsklasse** aufgefaßt, die sinnvoll und bezogen auf das jeweilige IO eindeutig zu benennen ist. Für KAARST, NEUSS bietet sich beispielsweise im gegebenen Zusammenhang die Merkmalsklassenbezeichnung WOHNORT an (mehr zur Namensvergabe in Abschnitt 2.1.8). Als Klasse bezeichnen wir die Zusammenfassung gleichartiger Merkmale.

- FRAU LERNEIFRIG nimmt ihre ANMELDUNG vor.
- FRAU LERNEIFRIGS ANMELDUNG betrifft die KURSE mit den NUMMERN 4219 und 4228.
- FRAU LERNEIFRIG heißt mit VORNAMEN LISA, wohnt in 41564 KAARST in der SCHULSTRASSE 13, hat die TELEFONNUMMER 0211/333 und das GEBURTSJAHR 66.
- FRAU LERNEIFRIG HAT DAS KONTO 123456 beim KREDITINSTITUT NOTGROSCHEN mit der BANKLEITZAHL 11122233 und hat als ZAHLUNGSART 03 angegeben (Abbuchung).
- HERR WISSENSDURST nimmt seine ANMELDUNG vor.
- HERRN WISSENSDURSTS ANMELDUNG betrifft die KURSE mit den NUMMERN 4226, 4227 und 4228.
- HERR WISSENSDURST heißt mit VORNAMEN WILLI, wohnt in 41460 NEUSS in der STUDIENSTRASSE 1, hat die TELEFONNUMMER 0202/222 und das GEBURTSJAHR 54.
- HERR WISSENSDURST gibt als ZAHLUNGSART 01 an (bar).
- Die ANMELDUNG von FRAU LERNEIFRIG trägt das DATUM 01.09.94.
- Die ANMELDUNG von HERRN WISSENSDURST trägt das DATUM 01.09.94.

Abb. 2/2. Aussagen zum Realitätsausschnitt "Anmeldeformulare"

LISA, KAARST bzw. SCHULSTRASSE sollen für die gegebene Problemstellung Merkmale der Merkmalsklassen VORNAME, WOHNORT bzw. STRASSE sein und - neben anderen Merkmalen - zur Charakterisierung des IOs FRAU LERNEIFRIG dienen.

WILLI, NEUSS bzw. STUDIENSTRASSE sind ebenso Merkmale der Merkmalsklassen VORNAME, WOHNORT bzw. STRASSE und dienen - neben anderen Merkmalen - zur Charakterisierung des IOs HERR WISSENSDURST.

Natürlich handelt es sich auch bei den Namen LERNEIFRIG und WISSENSDURST um gleichartige Merkmale. Die zugehörige Merkmalsklasse wollen wir mit NACHNAME bezeichnen.

Alle Merkmale zusammen, die im gegebenen Zusammenhang ein IO charakterisieren, werden als **charakterisierende Merkmalskombination** bezeichnet. Die zugehörigen Merkmalsklassen zusammen bilden dann die **charakterisierende Merkmalsklassenkombination**.

Festzuhalten ist, daß für die Lösung der gegebenen Problemstellung stets relevante Informationsobjekte (mehr zur Relevanz der Informationsobjekte im Abschnitt 2.1.5) ausgewählt werden. Das Informationsobjekt wird durch Merkmale gekennzeichnet. Die Merkmale sind Ausprägungen der Merkmalsklassen, so z.B. LISA für die Merkmalsklasse VORNAME beim Informationsobjekt FRAU LERNEIFRIG.

2.1.3 Informationsobjektklassen und ihre Darstellung

Analog zur Bildung von Merkmalsklassen, die gleichartige Merkmale aufzeigen, bilden wir bei gleichartigen Informationsobjekten **Informationsobjektklassen (IOKs)**. Der Vorgang der IOK-Bildung wird auch **Generalisation** genannt. Informationsobjekte bezeichnen wir als gleichartig, wenn sie durch Merkmalskombinationen derselben Merkmalsklassenkombination charakterisiert werden. Die zu einer IOK gehörenden IOs bezeichnen wir - wieder analog zu den Merkmalsklassen und Merkmalen - auch als Ausprägungen der IOK. Jeder IOK geben wir dann einen sinnvollen und innerhalb des Informationsstrukturmodells eindeutigen Bezeichner bzw. Namen (vgl. Abschnitt 2.1.8).

Bleiben wir bei unserem VHS-Beispiel und schränken uns auf den durch die Anmeldeformulare gegebenen Realitätsausschnitt ein (Abb. 2/1). So sind offenbar die sich anmeldenden Personen FRAU LERNEIFRIG und HERR WISSENSDURST gleichartige IOs und damit Ausprägungen einer IOK, der wir zunächst hilfsweise den Bezeichner PERSONEN geben (mehr zur Namensvergabe in Abschnitt 2.1.8). Zur Schreibweise wollen wir verabreden, jede IOK-Bezeichnung in Großbuchstaben zu schreiben und, wenn in Verbindung mit der aktuellen Aufgabenstellung erforderlich, die charakterisierende Merkmalsklassenkombination in runden Klammern dahinterzusetzen. Auf der Basis der bisherigen Analyse ergeben sich daraus eindeutig nachvollziehbar die drei folgenden IOKs mit ihren Merkmalsklassen:

PERSONEN (NAME, VORNAME, ANSCHRIFT, TELEFONNUMMER, GEBURTSJAHR, ERMÄSSIGUNG)

ANMELDUNGEN (ANMELDEDATUM, ZAHLUNGSART)

KURSE (KURSNUMMER, BETRAG)

Durch die Merkmalsklasse ANSCHRIFT werden die oben betrachteten Merkmalsklassen WOHNORT und STRASSE mit den Merkmalsklassen POSTLEITZAHL und HAUSNUMMER in einer Einheit zusammengefaßt.

Wie bereits in Abschnitt 2.1.2 angedeutet, werden wir zusätzlich die beiden IOKs

KONTOVERBINDUNGEN (KONTONUMMER, BANKLEITZAHL, KONTOINHABER)

KREDITINSTITUTE (BANKLEITZAHL, GELDINSTITUTSNAME)

für das zu planende Informationsstrukturmodell (ISM) vorsehen.

Wenn es gilt, auch die konkret vorhandenen Informationsobjekte mit anzugeben, d.h. die Ausprägungen der Merkmalsklassen einer IOK, wollen wir IOKs als zweidimensionale **Tabellen** darstellen. Die Spaltenüberschriften der Tabellen sind die Bezeichner der Merkmalsklassen der die IOK charakterisierenden Merkmalsklassenkombination, und jede Zeile (außer der Überschriftenzeile) enthält die Ausprägungen der Merkmalsklassen für genau ein IO der IOK. Aufbauend auf den Anmeldeformularen in Abb. 2/1 und der oben gegebenen Definition für die IOK PERSONEN zeigt Abb. 2/3 die dazugehörige Tabelle für die zwei gegebenen Personen. Die Tabelle besteht somit aus sechs Spalten, entsprechend den sechs Merkmalsklassen des Informationsobjektes PERSONEN, und, neben der Überschriftenzeile, zwei Zeilen, entsprechend den beiden gegebenen Personen. Die Tabelle PERSONEN läßt sich als erweiterte Adressenliste verstehen. Ein Zusammenhang zu den IOKs ANMELDUNGEN und KURSE ist in der vorliegenden Tabelle nicht gegeben.

Offenkundig ist die Anzahl der konkreten IOs einer IOK variabel und damit auch die Anzahl der Zeilen der Tabelle. Sie ist im gegebenen Fall abhängig von der Anzahl der angemeldeten Personen. Wir wollen die IOK PERSONEN als Sammlung der Angaben zu den Personen verstehen, die sich für mindestens einen VHS-Kurs angemeldet haben, deren Anmeldung akzeptiert worden ist und die diese Anmeldung nicht widerrufen haben. Mit jedem Posteingang hofft die VHS, daß weitere Anmeldungen eingehen. Geht ein Anmeldeformular einer bei der VHS noch nicht geführten Person ein und kann die Anmeldung seitens der VHS akzeptiert werden, so ist in der IOK-Tabelle PERSONEN eine zusätzliche Zeile mit den aus dem neuen Anmeldeformular übernommenen Angaben aufzunehmen. Würden die Angaben einer sich anmeldenden Person aufgenommen werden, die sich bereits für einen anderen Kurs angemeldet hat und damit schon in der Tabelle erfaßt ist, so hätte man die Informationen doppelt gespeichert, d.h. zwei Zeilen der Tabelle PERSONEN wären identisch bzw. eine Zeile ist redundant. Redundanz möchte man beim Aufbau von Tabellen verhindern. Die Stornierung einer Anmeldung hingegen führt zur Streichung einer Zeile, falls die Person nicht für andere Kurse angemeldet ist.

NAME	VOR-NAME	ANSCHRIFT	TELEFON-NUMMER	GE-BURTS-JAHR	ERMÄ-ßIGUNG
Lern-eifrig	Lisa	41564 Kaarst Schulstr. 13	0211/333	66	--
Wissens-durst	Willi	41460 Neuss Studienstr. 1	0202/222	54	--

Abb. 2/3. IOK-Tabelle PERSONEN

Die Spalten einer Tabelle sind vorher festgelegt und daher für eine bestimmte Zeit statisch, d.h. sie werden in Anzahl, Anordnung und Bezeichnung nach der Ursprungsfestlegung nicht mehr durch den normalen Geschäftsbetrieb der VHS verändert, der z.B. Anmeldungen, Stornierungen, Zahlungseingänge, Mahnungen, Prüfungen, Teilnahmebestätigungen etc. umfaßt.

Veränderungen grundsätzlicher Art im betrachteten Realitätsausschnitt müssen jedoch auch im ISM nachvollzogen werden. So könnte z.B. die VHS ab dem kommenden Semester für ihre Teilnahmestatistik eine Aufteilung in Teilnehmer und Teilnehmerinnen anstreben. Im Anmeldeformular würde eine entsprechende Möglichkeit zum Ankreuzen geschaffen. Für das ISM müßte die vorhandene IOK-Tabelle PERSONEN dann einmalig um eine zusätzliche Spalte mit beispielsweise der Bezeichnung GESCHLECHT erweitert werden. Für den Geschäftsbetrieb im kommenden Semester wäre die Tabelle dann in der erweiterten Form (der Spalten) erneut statisch.

2.1.4 Identifikation von Informationsobjekten

Wenn die Eintragungen in jeder Zeile der Tabelle, d.h. die jeweiligen Ausprägungen der charakterisierenden Merkmalsklassenkombination, immer genau ein Informationsobjekt beschreiben sollen, müssen sich je zwei Zeilen, d.h. auch je zwei charakterisierende Merkmalskombinationen an mindestens einer Stelle voneinander unterscheiden. Die für die Eindeutigkeit schließlich verantwortlichen Merkmalsklassen bezeichnen wir als **identifizierende Merkmalsklassenkombination**. Die identifizierende Merkmalsklassenkombination kann aus einer einzigen Merkmalsklasse bestehen, sie kann auch mehrere Merkmalsklassen der Informationsobjektklassen (IOK) enthalten.

Für die IOK-Tabelle PERSONEN in Abb. 2/3 kann solange die Merkmalsklasse NAME als identifizierende Merkmalsklasse dienen, bis sich eine weitere Person mit dem Namen Wissensdurst bzw. Lerneifrig anmeldet. Dann wird es notwendig, eine identifizierende Merkmalsklassenkombination zu bilden, die z.B. aus den zwei Merkmalsklassen NAME und VORNAME besteht. Diese kann wiederum gleiche Ausprägungen für verschiedene Personen aufweisen, so daß die identifizierende Merkmalsklassenkombination erweitert werden muß, z.B. um die Merkmalsklasse WOHNORT.

Selbstverständlich läßt sich prinzipiell eine identifizierende Merkmalsklassenkombination auch einelementig festlegen, d.h. sie kann künstlich festgelegt werden. Dies ist besonders oft dann der Fall, wenn sich auf natürliche Weise keine identifizierende Merkmalsklassenkombination aufgrund der gewählten charakterisierenden Merkmalsklassenkombination ergibt, weil in mindestens einem Fall zwei zugehörige Ausprägungen der Merkmalsklassenkombinationen gleich sind. Die für den Kraftfahrzeugschein vorgesehenen Daten über ein Kraftfahrzeug sind beispielsweise für alle Fahrzeuge eines Herstellers, Typs und Baujahrs identisch. Deshalb wird zur Sicherstellung der Eindeutigkeit mit der Fahrgestellnummer eine zusätzliche identifizierende Merkmalsklasse neu gebildet und die charakterisierende Merkmalsklassenkombination entsprechend erweitert. Die zugehörige Tabelle bekommt also eine zusätzliche Spalte. Durch eine eindeutige Kennzeichnung wird sichergestellt, daß in dieser Spalte nur unterschiedliche Merkmale vorhanden sind.

Weitere Beispiele für **künstlich geschaffene identifizierende Merkmalsklassen** sind die Vergabe einer Matrikelnummer zur eindeutigen Identifizierung der einzelnen IOs der IOK STUDENTEN einer Hochschule, da nur durch mehrere der natürlicherweise vorhandenen Merkmalsklassen gemeinsam eine Identifizierung garantiert werden kann, die sehr aufwendig ist. Dies gilt ebenso für Versicherungsnummern, Steuernummern, Kraftfahrzeugkennzeichen oder Personalnummern, die alle künstliche, identifizierende Merkmalsklassen darstellen und zur Vereinfachung der Verarbeitung dienen.

Bei den auf der Basis der Anmeldeformulare (vgl. Abb. 2/1) gebildeten IOKs und deren charakterisierende Merkmalsklassenkombinationen ANMELDEDATUM und ZAHLUNGSART (vgl. Abschnitt 2.1.3) ergibt sich bei der oben definierten IOK ANMELDUNGEN der Zwang zur Erweiterung der charakterisierenden Merkmalsklassenkombination zum Zweck der eindeutigen und auch schnell durchführbaren Identifikation einer Anmeldung. Im Beispiel sind beide Anmeldeformulare mit demselben Anmeldedatum 1.9.94 versehen und unterscheiden sich lediglich durch die Zahlungsart. Eine Übereinstimmung sowohl bei Zahlungsart als auch bei Anmeldedatum ist jedoch im normalen Geschäftsbetrieb der VHS sehr wahrscheinlich. Zur Identifikation bietet sich an, jede eingehende Anmeldung mit einer aufsteigend vergebenen laufenden Nummer zu versehen, der ANMELDENUMMER, und diese künstlich geschaffene Merkmalsklasse in die Merkmalsklassenkombination der IOK ANMELDUNGEN aufzunehmen. Die in Abschnitt 2.1.3 vorgenommene Definition der IOK ANMELDUNGEN würde sich somit ändern in

ANMELDUNGEN (ANMELDENUMMER, ANMELDEDATUM,
ZAHLUNGSART).

Bei der IOK PERSONEN sind, wie oben bereits erwähnt, die im Beispiel betrachteten konkreten IOs (hier nur zwei Personen) offenbar unterscheidbar (vgl. Tabelle in Abb. 2/3). Tatsächlich könnte es jedoch auch hier bei vielen Personen theoretisch zu einer vollständigen Übereinstimmung zweier Merkmalskombinationen kommen. Denken wir z.B. an ein Studentenwohnheim in Bochum, in dem zwei Personen namens Paul Schmitz wohnen, die beide im Jahr 1968 geboren wurden und dasselbe Etagentelefon benutzen. Darüberhinaus sind zur Identifikation bei der IOK PERSONEN i.d.R. mehr als zwei Merkmalsklassen erforderlich. Aufgrund der aufwendigen Vorgehensweise ist es günstig, hier eine zusätzliche künstliche Merkmalsklasse einzuführen und deren Merkmale identifizierend zu vergeben. Im betrieblichen Bereich kennt man derartige künstliche Merkmalsklassen beispielsweise unter der Bezeichnung PERSONALNUMMER, im Bereich der Steuerverwaltung als STEUERNUMMER und im Bereich der Hochschule als MATRIKELNUMMER. Für unser VHS-Beispiel bietet sich die TEILNEHMERNUMMER zur eindeutigen Identifikation eines Teilnehmers an.

2.1.5 Relevanz von Informationsobjekten und Merkmalsklassen

FRAU LERNEIFRIGS ANMELDUNG und HERRN WISSENSDURSTS ANMELDUNG sind für uns Informationsobjekt-Kandidaten mit besonderer Relevanz für den Betrieb der VHS. Wir fassen sie auf als Ausprägungen der IOK ANMELDUNGEN. Die Tabelle ANMELDUNGEN, die in Abschnitt 2.1.4 zur eindeutigen Identifikation erweitert wurde, hat z.B. folgendes Aussehen (vgl. Abb. 2/4) für die beiden Anmeldungen mit den vergebenen Nummern 124 und 126:

ANMELDE-NUMMER	ANMELDE-DATUM	ZAHLUNGS-ART
124	01.09.94	03
126	01.09.94	01

Abb. 2/4. IOK-Tabelle ANMELDUNGEN

Offensichtlich sind auch KURSE relevante Objekte für den VHS-Betrieb. Sie sind identifizierbar durch die Merkmalsklasse KURSNUMMER (mehr dazu in den Abschnitten 2.1.8 und 2.2).

Warum aber sind die Informationsobjekt-Kandidaten KAARST und NEUSS nicht als IOs in das zu entwickelnde ISM für die VHS aufgenommen worden? Zweifellos besitzen doch auch diese IO-Kandidaten charakterisierende Merkmalskombinationen mit Merkmalsklassen, wie z.B. Einwohnerzahl und Fläche. Damit ließen sie sich als IOs der IOK WOHNORT auffassen. Doch bei der Bildung von Merkmalsklassen interessieren uns für das zu entwickelnde Informationsstrukturmodell (ISM) nur diejenigen, die für den betrachteten Realitätsausschnitt und für die Lösung der gegebenen Problemstellung relevant sind. Für den Betrieb der VHS ist es zwar relevant zu wissen, daß Frau Lerneifrig in Kaarst und Herr Wissensdurst in Neuss wohnt, aber alle Merkmalsklassen einer IOK WOHNORT (z.B. EINWOHNERZAHL und FLÄCHE) sind für das gegebene Problem unerheblich. Wenn jedoch von einer IOK keine Merkmalsklassen für das gegebene Problem relevant sind, kann das Objekt allenfalls als Merkmalsklasse einer anderen Informationsobjektklasse im Informationsstrukturmodell vorkommen.

In ähnlicher Form gilt es, die vielfältigen Merkmalsklassen für alle IOK-Kandidaten auf ihre Relevanz im konkreten Anwendungsfall zu untersuchen, d.h. festzulegen, ob sie eigenständige Informationsobjektklassen sind mit entsprechenden Merkmalsklassen oder lediglich eine Merkmalsklasse eines IOK, die nicht mehr weiter zu beschreiben ist. Schließlich können Frau Lerneifrig und Herr Wissensdurst wie alle IOs der IOK PERSONEN mit "weit mehr Merkmalen aufwarten", als wir bisher betrachtet haben. Beispielhaft erwähnen wollen wir hier nur die Haarfarbe, die Schuhgröße, die Körpergröße. In der Realität sind dies alles wichtige Merkmalsklassen von Personen, im betrachteten Realitätsausschnitt für die VHS jedoch ohne Belang, da es keine Funktion gibt, die einen entsprechenden Informationsbedarf für die konkrete Aufgabenstellung der VHS aufweist.

Den Verzicht auf im gegebenen Zusammenhang irrelevanten Details nennt man **Abstraktion**, unabhängig davon ob bei IOKs oder Merkmalsklassen. Der Abstraktionsprozeß hat beim Aufbau eines Informationsstrukturmodells (ISM), wie bei jeder Art von Modellierung, eine große Bedeutung.

2.1.6 Aggregation und Behandlung fehlender Merkmale

Wir sprechen von einer **Merkmalsklassengruppe**, wenn mehrere Merkmalsklassen logisch so zusammengehören, daß es einen semantisch sinnvollen gemeinsamen Oberbegriff gibt. Die Bildung von Merkmalsklassengruppen bezeichnet man auch als **Aggregation**. Insbesondere liegt eine Merkmalsklassengruppe immer dann vor, wenn zu mehreren Merkmalsklassen einer IOK zu jedem IO entweder alle Merkmale vorhanden sind oder kein Merkmal vorhanden ist. So ließe sich z.B. die Merkmalsklasse ANSCHRIFT in der IOK PERSONEN als Merkmalsklassengruppe mit den Merkmalsklassen POSTLEITZAHL, WOHNORT, STRASSE, HAUSNUMMER verstehen. Ebenso ließen sich die Merkmalsklassen KONTONUMMER, BANKLEITZAHL, GELDINSTITUT, KONTOINHABER (vgl. Abb. 2/1) als Merkmalsklassengruppe mit dem Oberbegriff KONTOVERBINDUNG auffassen, da für eine Person entweder zu allen 4 Merkmalsklassen Merkmale vorhanden sein müssen (ZAHLUNGSART = 03) oder zu keiner der 4 Merkmalsklassen ein Merkmal vorliegt (ZAHLUNGSART = 01).

Wir wünschen uns in einem Informationsstrukturmodell möglichst wenig Merkmalsklassen, bei denen IOs ggf. keine Merkmale haben. Eine in diesem Sinn "optimale" IOK liegt demnach vor, wenn die charakterisierende Merkmalsklassenkombination zugleich als eine einzige Merkmalsklassengruppe aufgefaßt werden kann. Zu den Merkmalsklassen, die zur identifizierenden Merkmalsklassenkombination gehören, müssen zu jedem IO zu jedem Zeitpunkt konkrete Merkmalsausprägungen vorhanden sein. Merkmalsklassen, die nicht der identifizierenden Merkmalsklassenkombination und auch keiner Merkmalsklassengruppe angehören, dürfen auch dann Bestandteil der charakterisierenden Merkmalsklassenkombination einer IOK sein, wenn nicht zu jedem Zeitpunkt für alle IOs Merkmalsausprägungen vorhanden sind. Merkmalsklassengruppen, die nicht zur identifizierenden Merkmalsklassenkombination gehören, sollten immer dann als eigene IOK geführt und mit der Ausgangs-IOK verknüpft werden, wenn es mindestens eine Funktion gibt, deren Informationsbedarf mit der neuen IOK ohne Rückgriff auf die Ausgangs-IOK befriedigt werden kann. Mehr zur Verknüpfung von IOKs folgt im Abschnitt 2.2.

Damit darf die Merkmalsgruppe KONTOVERBINDUNGEN nicht innerhalb der charakterisierenden Merkmalsklassenkombination, z.B. der IOK PERSONEN, geführt werden, sondern, wie bereits im Abschnitt 2.1.3 erklärt, als eigene IOK des Informationsstrukturmodells für die VHS (die Begründung für die im Abschnitt 2.1.3 vorgenommene Absplittung einer weiteren IOK KREDITINSTITUTE von der IOK KONTOVERBINDUNGEN wird im Abschnitt 2.1.8 gegeben). Die Tabelle für die IOK KONTOVERBINDUNGEN mit dem einzigen aus den beiden Anmeldeformularen in Abb. 2/1 übernehmbaren IO zeigt die Abb. 2/5. Sie zeigt eine Tabelle mit einer Zeile, da nur für die Person Lisa Lerneifrig eine Kontoverbindung existiert.

KONTONUMMER	BANKLEITZAHL	GELDINSTITUT	KONTOINHABER
123456	11122233	Notgroschen	Lerneifrig Lisa

Abb. 2/5. Die IOK-Tabelle KONTOVERBINDUNGEN

Betrachten wir ein typisches Beispiel für das mögliche Fehlen eines Merkmals bei einem oder mehreren IOs einer IOK, bezogen auf eine nicht einer Merkmalsklassengruppe zuordbaren Merkmalsklasse. Bei unserem bisherigen VHS-Beispiel (vgl. Abb. 2/1) ist dies die Telefonnummer. Nicht alle Haushalte besitzen ein Telefon, und außerdem ist nicht jeder bereit, seine Telefonnummer bekanntzugeben. In diesem Fall würde sich allerdings durch eine Verselbständigung zur eigenen IOK eine IOK ergeben, die durch nur eine einzige Merkmalsklasse charakterisiert wäre. Eine Verknüpfung mit entsprechendem Aufwand zur IOK PERSONEN wäre jedoch gleichwohl erforderlich. Da zudem eine Funktion, bei der die Telefonnummer einer Person ohne Zugriff auf andere Daten zur Person benötigt wird, nicht realistisch ist, soll die TELEFONNUMMER als Merkmalsklasse zur IOK PERSONEN erhalten bleiben.

Aus fachlicher Sicht kann man mehrere Gründe unterscheiden, weshalb zu einer Merkmalsklasse oder einer Merkmalsklassengruppe kein(e) Merkmal(e) vorhanden ist (sind). So kann zur Merkmalsklasse TELEFONNUMMER keine Angabe vorliegen, weil (noch) kein Telefonanschluß vorhanden ist, weil die Telefonnummer absichtlich nicht angegeben oder weil die Telefonnummer fehlerbedingt nicht erfaßt oder nicht gespeichert wurde. Bei der IOK KURSE ist ein Merkmal zur Merkmalsklasse UNTERBRINGUNG in einem Hotel fachlich nicht relevant, wenn es sich nicht um eine mehrtägige externe Veranstaltung handelt. In der Praxis wird die Differenzierung zumeist auf die beiden Fälle

- Merkmal für dieses IO irrelevant oder
- Merkmal z.Zt. (noch) unbekannt

beschränkt.[2]

2.1.7 Atomizität der Merkmale und Wiederholgruppen

Bei der Gestaltung des Informationsstrukturmodells (ISM) muß in Absprache gemeinsam mit den späteren Anwendern entschieden werden, wie "tief" wir bei der Charakterisierung von IOKs gehen. Bei der Festlegung der IOKs mit ihren Merkmalsklassen soll jedes Merkmal als unteilbar betrachtet werden, d.h. weitere Beschreibungen des Merkmals sind nicht relevant für die gegebene Problemstellung. Eine Merkmalsklasse kann von einer Funktion nur insgesamt oder gar nicht genutzt werden. Die Praxisrelevanz bzw. der Informationsbedarf der Funktionen sind wichtigstes Entscheidungskriterium für die Realisierung möglicher Verfeinerungen bei komplexen Merkmalsklassen.

Betrachten wir zunächst Merkmalsklassengruppen, wie wir sie als logisch zusammengehörige Merkmalsklassen unterschiedlicher Bedeutung mit gemeinsamem Oberbegriff in Abschnitt 2.1.6 kennengelernt haben. Die IOK-Tabelle PERSONEN in Abb. 2/3 zeigt mehrere für eine solche Betrachtung geeignete Merkmalsklassen. So ist die Merkmalsklasse ANSCHRIFT **atomar**, d.h. das Modell sagt aus, daß im Realitätsausschnitt die Anschrift nur als Ganzes verwendet wird, obwohl sie sich aus Postleitzahl, Wohnort, Straße und Hausnummer zusammensetzt. Schon für eine einfache logistische oder marktbezogene Fragestellung wie "Wieviel Teilnehmer kommen in diesem Semester aus Neuss?" ist damit die Antwort nicht direkt ableitbar. Will man aber eine derartige Antwort beispielsweise computergestützt ermöglichen, muß die Merkmalsklasse ANSCHRIFT als Merkmalsklassengruppe mit dem Oberbegriff ANSCHRIFT und den selbständigen Merkmalsklassen POSTLEITZAHL, WOHNORT, RESTANSCHRIFT gesehen werden. Soll einmal ein Standardstraßenverzeichnis z.B. der Deutschen Bundespost maschinell genutzt werden, muß auch noch die Merkmalsklasse RESTANSCHRIFT als Merkmalsklassengruppe aufgefaßt und in die selbständigen Merkmalsklassen STRASSE und HAUSNUMMER zerlegt werden. Nur wenn zweifelsfrei keine Funktion erkennbar ist, die nur Teile einer Merkmalsklasse - auffaßbar als Merkmalsklassengruppe - benötigt, kann auf eine weitere Zerlegung von Merkmalsklassen verzichtet werden. Als Beispiel sei in der betrachteten Tabelle der IOK PERSONEN die Telefonnummer genannt, die logisch aus der Vorwahl und der Rufnummer innerhalb des durch die Vorwahl

2 Vgl. auch Vinek et al. (1982), S. 210.

bestimmten Ortsnetzes besteht. Sie könnte danach als Merkmalsklassengruppe aufgefaßt werden, die aber in unserem VHS-Beispiel nur ganzheitlich, also atomar, verwendet wird.

Eine andere Form der Merkmalsklassengruppe ist die sogenannte **Wiederholgruppe**, bei der mehrere logisch zusammengehörige Merkmalsklassen gleicher Bedeutung eine komplexe Merkmalsklasse bilden. Betrachten wir dazu das Beispiel auf der Basis der beiden VHS-Anmeldeformulare in Abb. 2/1. Jedes Anmeldeformular läßt die Belegung von bis zu drei Kursen zu. Deren Kursnummern lassen sich logisch als Merkmale der Anmeldungen auffassen. Die resultierende Tabelle der erweiterten IOK ANMELDUNGEN hätte dann - unterstellt Lisas Anmeldung erhielte die Anmeldenummer 124, Willis Anmeldung die Anmeldenummer 126 - das Aussehen wie in Abb. 2/6.

ANMELDE-NUMMER	ANMELDE-DATUM	ZAHLUNGS-ART	KURS-NUMMER
124	01.09.94	03	4219, 4228
126	01.09.94	01	4226, 4227, 4228

Abb. 2/6. Erweiterte IOK-Tabelle ANMELDUNGEN mit komplexer Merkmalsklasse KURSNUMMER (Wiederholgruppe)

Die Merkmalsklasse KURSNUMMER enthält offenbar mehrere inhaltlich unterscheidbare Merkmale bei beiden IOs, d.h. in jeder Zeile. Auf Grund der **Atomizitätsregel** für Merkmale ist jedoch eine Nutzung einzelner Kursnummern in dieser Form durch Funktionen nicht möglich. Tatsächlich wird diese Funktion aber im VHS-Betrieb unbedingt benötigt, z.B. um Teilnehmerlisten zu erstellen, Teilnahmegebühren zu ermitteln usw. Den Ausweg aus dieser Situation bietet die von uns bereits in Abschnitt 2.1.3 vorgesehene Bildung einer gesonderten IOK mit der Bezeichnung KURSE und ihre Verknüpfung mit den IOKs ANMELDUNGEN bzw. PERSONEN (mehr zu Verknüpfungen in Abschnitt 2.2). Eine systematische Vorgehensweise bei der Tabellengestaltung wird in Form der IOK-Definitionsregeln in Abschnitt 2.2.5 eingehend behandelt.

2.1.8 Konstruktive Vorgehensweise und Namensvergabe

Bei der bisherigen Betrachtung der Informationsobjektklassen und Merkmalsklassen ist implizit auch eine vernünftige konstruktive Vorgehensweise dargestellt worden. Man beginnt damit, von **(relevanten) Belegen** des betroffenen Realitätsausschnitts IOs, IOKs und deren Merkmalsklassen in den **ISM-Entwurf** aufzunehmen. Dabei werden die vorläufigen Bezeichner weitestgehend aus dem Beleg übernommen bzw. aus diesem abgeleitet. Nun müssen unbedingt die möglichst aufgrund der vorliegenden Belege bzw. ISM-Entwurfsdokumente strukturierten Gespräche mit den Fachleuten geführt werden, die im betroffenen Realitätsausschnitt im Hinblick auf die gegebene Problemstellung eine Rolle spielen.

Dabei geht es zunächst um die Prüfung der aus den Belegen übernommenen und ggf. interpretierten Informationen, die im zu entwickelnden Informationsstrukturmodell als IOKs vorkommen. Diese Prüfung bezieht sich auf Übereinstimmung der ISM-Angaben mit der Wirklichkeit. Insbesondere gilt es, eine Ergänzung der charakterisierenden Merkmalsklassenkombinationen um die nicht aus den Belegen erkennbaren oder übernommenen, aus fachlicher Sicht jedoch relevanten Merkmalsklassen vorzunehmen. Die Gespräche können ferner zur Änderung der Zuordnung von Merkmalsklassenkombinationen oder Merkmalsklassen durch Bildung und geeignete Verknüpfung gesonderter IOKs führen.

Ein Beispiel für die Bildung einer gesonderten IOK ergibt sich bei der Prüfung der IOK KONTOVERBINDUNGEN (Abb. 2/5). Die Aussage der VHS-Verantwortlichen dazu lautet, daß tatsächlich über 90% der Konten von den ortsansässigen Instituten Notgroschen und Vielgeld geführt werden. Eine Realisierung wie in Abb. 2/5 würde demnach eine Mehrfachführung von Ausprägungen derselben Merkmalskombination BANKLEITZAHL, GELDINSTITUT für zahlreiche IOs zur Folge haben. Eine derartige Mehrfachführung von Merkmalen bezeichnen wir auch als **Redundanz**. Ein Ziel bei der Entwicklung des ISM ist aber, Redundanz auf das unumgängliche Maß zu beschränken. Als Konsequenz teilen wir zunächst die IOK KONTOVERBINDUNGEN (vgl. Abb. 2/5 in Abschnitt 2.1.6) in zwei IOKs, und zwar in eine neue IOK KONTOVERBINDUNGEN und in eine IOK KREDITINSTITUTE.

KONTOVERBINDUNGEN (KONTONUMMER, KONTOINHABER)

KREDITINSTITUTE (BANKLEITZAHL, GELDINSTITUT)

Wir verzichten somit in der neuen IOK KONTOVERBINDUNGEN zunächst auf die Merkmalsklassenkombination BANKLEITZAHL und GELDINSTITUT. Es ergeben sich zwei getrennte Tabellen (Abb. 2/7), wobei direkt auffällt, daß wir noch eine Verbindung zwischen den Tabellen schaffen müssen. Die Tabellen müssen so miteinander verknüpft werden, daß jeder Kontonummer der IOK KONTOVERBINDUNGEN stets genau eine Bankleitzahl der IOK KREDIT-

INSTITUTE zugeordnet ist. Diesem Problem der Verknüpfungen widmen wir uns im folgenden Abschnitt 2.2.

KONTO-NUMMER	KONTOINHABER
123456	Lerneifrig Lisa

BANKLEITZAHL	GELDINSTITUT
11122233	Notgroschen

Abb. 2/7. IOK-Tabellen KONTOVERBINDUNGEN und KREDITINSTITUTE

Die semantisch und pragmatisch korrekte **Bezeichnerwahl** wollen wir am Beispiel der IOK PERSONEN betrachten. Zweifellos ist dieser Begriff als Oberbegriff für die personenbezogenen Daten aus den Anmeldeformularen korrekt. Tatsächlich spielen im VHS-Betrieb jedoch auch weitere Personen eine wichtige Rolle, zum Beispiel die Dozenten und Angestellten, die jedoch andere relevante Merkmalsklassen als künftige Kursteilnehmer aufweisen. Ziel der Namensvergabe ist es nun, für IOKs den engsten Oberbegriff zu finden, d.h. die Interpretierbarkeit so weit wie möglich zu beschränken. Auch hier kann ohne das Gespräch mit den Fachverantwortlichen eine Festlegung an der Intention der Anwender vorbeigehen. Die mögliche Entscheidung, die bisherige IOK PERSONEN nunmehr als IOK TEILNEHMER zu führen, scheint auf den ersten Blick naheliegend. Tatsächlich handelt es sich jedoch zunächst nur um Teilnahmewillige, die erst nach Aufnahme zum Teilnehmer werden. Es hängt von der Entscheidung der VHS ab, ob sie auch die Daten eines Teilnahmewilligen, zum Beispiel für Werbezwecke, speichern will, auch wenn keine Teilnahme zustande kommt. Dann würden ggf. als gesonderte IOKs TEILNAHMEWILLIGE und TEILNEHMER zu betrachten sein. Wichtig ist dann wiederum, daß die Merkmale einer Person im Hinblick auf die angestrebte Redundanzarmut möglichst zu jedem Zeitpunkt nur einmal, d.h. als TEILNAHMEWILLIGE oder als TEILNEHMER, jedoch nicht in beiden IOKs als IO vorkommen dürfen.

Allgemein gilt es, die ggf. aus mehreren Quellen stammenden Begriffe als Basis für das ISM zu präzisieren und zu vereinheitlichen. Es müssen Synonyme (z.B. Anmeldungsformular, Anmeldungskarte) und Homonyme (z.B. Ort statt Wohnort oder Kursort) beseitigt werden.

2.1.9 Zusammenfassung der Bildung von Informationsobjekten (IOs) bzw. -klassen (IOKs)

Zusammenfassend können wir bisher zur Bildung von Informationsobjekten bzw. -klassen mit ihren Merkmalsklassen festhalten:

- ein **Informationsobjekt (IO)** ist ein relevantes Objekt des untersuchten Realitätsausschnitts, z.B. die Person Frau Lerneifrig, der Kurs 4219, das Kreditinstitut Notgroschen;
- gleichartige **Informationsobjekte (IOs)** lassen sich in einer **Informationsobjektklasse (IOK)** zusammenfassen, die einen Namen zur Kennzeichnung erhält, z.B. die Personen Frau Lerneifrig und Herr Wissensdurst in der IOK mit dem Namen PERSONEN, die Kurse 4219 und 4226 in der IOK mit dem Namen KURSE;
- eine Informationsobjektklasse (IOK) läßt sich durch **Merkmalsklassen** kennzeichnen, z.B. die IOK PERSONEN durch die Merkmalsklassen NAMEN, VORNAMEN, ANSCHRIFT und TELEFONNUMMER;
- die **Ausprägungen der Merkmalsklassen** stellen individuelle bzw. objektbezogene Merkmale dar und kennzeichnen ein bestimmtes Informationsobjekt der Informationsobjektklasse, z.B. die Person mit dem NAMEN "Lerneifrig", dem VORNAMEN "Lisa", der ANSCHRIFT "41564 Kaarst, Schulstraße 13" und der TELEFONNUMMER "0211/333" kennzeichnet das Informationsobjekt "Person Frau Lerneifrig", das der IOK PERSONEN angehört;
- eine **Ausprägung einer Informationsobjektklasse**, die durch ihre Merkmalsklassen gekennzeichnet ist, bestimmt ein Informationsobjekt, z.B. eine Ausprägung der IOK PERSONEN bestimmt eine Person, z.B. die "Person Frau Lerneifrig";
- alle Merkmalsklassen, die eine Informationsobjektklasse charakterisieren, werden als **charakterisierende Merkmalsklassenkombination** bezeichnet;
- die Merkmalsklassen, die ein Informationsobjekt eindeutig kennzeichnen, bezeichnen wir als **identifizierende Merkmalsklassenkombination** (sie kann aus einer oder aus mehreren Merkmalsklassen bestehen);
- zur eindeutigen Festlegung und Kennzeichnung und auch zur Vereinfachung wird häufig für ein Informationsobjekt eine **künstliche, identifizierende Merkmalsklasse** festgelegt, i.d.R. eine eindeutige Nummer, z.B. Autonummer, Matrikelnummer, Personalnummer, Teilnehmernummer;
- es werden nur Informationsobjektklassen gebildet, die für das gegebene Problem als Objekt mit seinen Merkmalen relevant sind (**relevante Informationsobjektklassen**);

- Merkmalsklassen, die logisch zusammengehören, lassen sich zu Merkmalsklassengruppen zusammenfassen (**Aggregation**);
- die **Atomizitätsregel** läßt keine Wiederholgruppen zu, d.h. mehrere Ausprägungen eines Merkmals eines Informationsobjekts innerhalb einer IOK sind nicht erlaubt.

Die Bildung von Informationsobjekten bzw. -klassen mit ihren Merkmalsklassen soll stets gemeinsam mit dem späteren Benutzer des aufzubauenden Informationssystems durchgeführt werden. Der Benutzer besitzt i. d. R. Anwendungs- und Problemwissen und kann deshalb den Entwickler des Systems hervorragend bei seiner Arbeit unterstützen.

2.2 Verknüpfungen von Informationsobjektklassen

Die einzelnen Informationsobjekte, die sich zwar in Klassen einordnen und durch Merkmale kennzeichnen lassen (vgl. Abschnitt 2.1), liegen bisher in isolierter Form vor (vgl. hierzu das Beispiel in Abb. 2/7). Die Beziehungen zwischen den einzelnen Objekten und die Beziehungsstrukturen sind nun zu analysieren und zu formalisieren. Es ist wichtig, die Beziehungen bzw. Verknüpfungen zu qualifizieren und zu typisieren. Problematisch ist die Darstellung komplexer Beziehungsstrukturen.

2.2.1 Verknüpfung: Begriff und Darstellung

Mit der Beschreibung der Informationsobjektklassen (IOKs) und ihrer charakterisierenden Merkmalsklassenkombinationen, die sich jeweils in einer Tabellenstruktur darstellen lassen, ist eine notwendige Basis für den Aufbau eines Informationsstrukturmodells (ISM) gegeben. In einem nächsten Schritt ist es nun wichtig, die logischen Beziehungen zwischen IOKs zu analysieren und zu beschreiben.

Wie schon die Bildung und Charakterisierung von IOKs in Abschnitt 2.1 zeigte, gibt es offenbar zahlreiche logische Verbindungen zwischen IOKs. Analog zur Herleitung von IOs/IOKs bzw. Merkmalen/Merkmalsklassen können wir dabei von **Beziehungsklassen** und deren konkreten Ausprägungen, den Beziehungen, sprechen. Tatsächlich wollen wir nachfolgend auf diese sprachlich etwas künstlich wirkende Differenzierung immer dann verzichten, wenn daraus keine Mißverständnisse entstehen können, und jeweils den Begriff Beziehung anstelle des Begriffs Beziehungsklasse verwenden. Dabei können alle Beziehungen jeweils aus bilateralen Beziehungen, d.h. aus Beziehungen zwischen genau zwei IOKs, abgeleitet werden. Eine für das ISM **relevante Beziehung** zwischen zwei IOKs wollen wir **Verknüpfung** nennen. Es gilt also, alle Verknüpfungen - hier bezogen auf das VHS-Beispiel - zu finden, zu charakterisieren und darzustellen. Zuvor erweitern wir jedoch unseren bisher auf den Anmeldeformularen in Abb. 2/1 basierenden Realitätsausschnitt um einen Auszug aus dem Kursprogramm 1989 (Abb. 2/8), in dem einige Kurse genauer beschrieben werden. Wir erhalten somit weitere Informationen über die relevanten Objekte und ihre Verknüpfungen, die beim Aufbau eines ISM zu berücksichtigen sind.

72 Kunst, Kultur und Kreativität

Gitarre für Anfänger I Lutz Gottschalk Einführung in die Grifftechnik, Liedbegleitung, einfache Akkorde. Zusätzliche Kosten von DM 4,– entstehen für Arbeitsmaterialien. Vorkenntnisse sind nicht erforderlich! Höchstteilnehmerzahl: 12	**4219** 12 x montags 18.00 - 19.30 Uhr Beginn: 28. August KLEINENBROICH Hauptschule Dionysiusstraße Raum 018 DM 66,–; 24 UStdn.
Gitarre für Anfänger II Elvira Mörsdorf Schwerpunkte: Grundlagen der Barré-Technik; Septimakkorde; verschiedene Schlagtechniken. Zusätzliche Kosten von DM 4,– entstehen für Arbeitsmaterialien. Vorkenntnisse sind erforderlich! Höchstteilnehmerzahl: 12	**4220** 12 x mittwochs 20.00 - 21.30 Uhr Beginn: 30. August KAARST Hauptschule Schulzentrum Raum 201 DM 66,–; 24 UStdn.
Gitarre für Anfänger II Wolfgang Weiß Schwerpunkte: Grundlagen der Barré-Technik; Septimakkorde; verschiedene Schlagtechniken. Zusätzliche Kosten von DM 4,– entstehen für Arbeitsmaterialien. Vorkenntnisse sind erforderlich! Höchstteilnehmerzahl: 12	**4221** 12 x donnerstags 18.15 - 19.45 Uhr Beginn: 31. August KORSCHENBROICH Hauptschule Don-Bosco-Str. 2 Raum Z 2 DM 66,–; 24 UStdn.
Gitarre für Anfänger III Elvira Mörsdorf Schwerpunkte: Erweiterung der Barré-Technik; Einführung verschiedener Picking-Techniken. Zusätzliche Kosten von DM 4,– entstehen für Arbeitsmaterialien. Vorkenntnisse sind erforderlich! Höchstteilnehmerzahl: 12	**4222** 12 x dienstags 18.15 - 19.45 Uhr Beginn: 29. August KAARST Hauptschule Schulzentrum Raum 201 DM 66,–; 24 UStdn.

Abb. 2/8. Auszug aus dem Kursprogramm des VHS-Beispiels

Gitarre für Anfänger IV Elvira Mörsdorf Schwerpunkte: Erweiterung der Picking-Techniken an Beispielen aus Klassik, Folk, Country-Western, Ragtime. Zusätzliche Kosten von DM 4,– entstehen für Arbeitsmaterialien. Vorkenntnisse sind erforderlich! Höchstteilnehmerzahl: 12	**4223** 12 x dienstags 20.00 - 21.30 Uhr Beginn: 29. August **KAARST** Hauptschule Schulzentrum Raum 201 DM 66,–; 24 UStdn.
Gitarre für Anfänger IV Lutz Gottschalk Schwerpunkte: Erweiterung der Picking-Techniken an Beispielen aus Klassik, Folk, Country-Western, Ragtime. Zusätzliche Kosten von DM 4,– entstehen für Arbeitsmaterialien. Vorkenntnisse sind erforderlich! Höchstteilnehmerzahl: 12	**4224** 12 x mittwochs 18.15 - 19.45 Uhr Beginn: 30. August **BÜTTGEN** Hauptschule Hubertusstraße 22 Raum 002 DM 66,–; 24 UStdn.
Gitarre für Fortgeschrittene II Wolfgang Weiß Zusätzliche Kosten von DM 4,– entstehen für Arbeitsmaterialien. Vorkenntnisse sind erforderlich! Höchstteilnehmerzahl: 12	**4225** 12 x mittwochs 20.00 - 21.30 Uhr Beginn: 30. August **KORSCHENBROICH** Hauptschule Don-Bosco-Str. 2 Raum Z 2 DM 66,–; 24 UStdn.
Gitarrenspielkreis Elvira Mörsdorf Instrumentalstücke aus Folk und Klassik; Übungen zur vokalen und instrumentalen Liedinterpretation. Vorkenntnisse sind erforderlich! Teilnahme nur nach Absprache mit der Kursleiterin (Tel. 0 21 01/3 78 88). Höchstteilnehmerzahl: 12	**4226** 12 x montags 20.00 - 21.30 Uhr Beginn: 28. August **KAARST** Hauptschule Schulzentrum Raum 201 DM 66,–; 24 UStdn.
Gitarrenzirkel Lutz Gottschalk Der Kursus ist die Weiterführung des viersemestrigen Gitarrenlehrgangs und hat als Ziel, das bereits vorhandene Liedrepertoire und die damit verbundenen Kenntnisse und Fähigkeiten auszubauen. Hierzu dient Liedmaterial aus Klassik, Folk, Pop, der gehobenen Unterhaltungsmusik, der lateinamerikanischen Musik und des Jazz. Grundkenntnisse in den Bereichen: Schlagen, Zupfen, Barrégriffe sind unbedingt erforderlich! Höchstteilnehmerzahl: 12	**4227** 12 x mittwochs 20.00 - 21.30 Uhr Beginn: 30. August **BÜTTGEN** Hauptschule Hubertusstraße 22 Raum 002 DM 66,–; 24 UStdn.
Gitarrenspielkreis Wolfgang Weiß Instrumentalstücke aus Folk und Klassik; Übungen zur vokalen und instrumentalen Liedinterpretation. Vorkenntnisse sind erforderlich! Teilnahme nur nach Absprache mit dem Kursleiter (Tel. 0 21 01/3 02 14). Höchstteilnehmerzahl: 12	**4228** 12 x donnerstags 20.00 - 21.30 Uhr Beginn: 31. August **KORSCHENBROICH** Hauptschule Don-Bosco-Str. 2 Raum Z 2 DM 66,–; 24 UStdn.

Abb. 2/8. Auszug aus dem Kursprogramm des VHS-Beispiels (Fortsetzung)

Bisher haben wir die IOKs mit ihren Merkmalen und Ausprägungen isoliert betrachtet und jede für sich als Tabelle dargestellt (vgl. Abschnitt 2.1). Dabei haben wir festgestellt, daß wir eine Tabelle bezüglich einer IOK unterschiedlich aufbauen können, indem wir z.B. bestimmte Merkmalsklassen unterschiedlich den IOK's zuordnen. Wenn wir jetzt die Verknüpfungen der IOKs darstellen wollen, so sind in diesem Zusammenhang zunächst die charakterisierenden Merkmalsklassenkombinationen und die konkreten IOs von nachgeordneter Bedeutung. Deshalb reduzieren wir die IOK-Darstellung, d.h. die gesamte Tabelle, auf ein Rechteck, in dem der Name der IOK eingetragen wird.

Die Verknüpfung zwischen zwei IOKs stellen wir als eine verbindende Linie der beiden IOKs (Rechtecke) dar. Die Abbildung in einem Graphen zeigt die Informationsobjektklasse als Knoten (hier als Rechteck) und die Verknüpfung als Kante (Verbindungslinie; allgemeine graphentheoretische Grundlagen werden in Abschnitt 3.3.2.1 behandelt). In der Abbildung 2/9 sind die IOKs PERSONEN und KURSE miteinander verknüpft, da sie in einer logischen Beziehung zueinander stehen.

Abb. 2/9. Beispiel für eine Verknüpfung zweier IOKs

2.2.2 Qualifizierung und Typisierung von Verknüpfungen

Da zwischen zwei IOKs mehr als eine Beziehung möglich ist und da für zwei IOKs auch mehr als eine Beziehung als Verknüpfung in das ISM aufgenommen werden kann, ist es erforderlich, auch Beziehungen bzw. Verknüpfungen zu benennen bzw. zu kennzeichnen. Jeder **Name einer Verknüpfung** darf, bezogen auf je zwei verknüpfbare IOKs nur einmal vorkommen, d.h. er soll die Verknüpfung eindeutig bezeichnen. Wir schreiben den Verknüpfungsnamen an die Linie. Im Beispiel der folgenden Abb. 2/10 ist die Darstellung aus Abb. 2/9 um einen Verknüpfungsnamen ergänzt, da wir aus den möglichen Beziehungen zwischen den beteiligten IOKs, z.B.

- PERSONEN	entwickeln	KURSE
- PERSONEN	mögen	KURSE
- PERSONEN	hören	KURSE
- PERSONEN	halten	KURSE
- PERSONEN	beurteilen	KURSE
- PERSONEN	verwalten	KURSE
- PERSONEN	belegen	KURSE
- PERSONEN	beaufsichtigen	KURSE
- PERSONEN	betreuen	KURSE

eine als Verknüpfung ausgewählt und in das ISM übernommen haben.

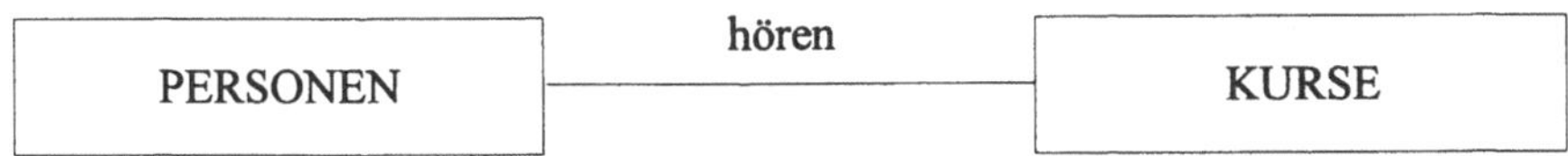

Abb. 2/10. Beispiel für eine benannte Verknüpfung

Die Formulierung und die Interpretation der benannten Verknüpfung ist in der Lesart von links nach rechts bzw. von oben nach unten (wie später noch dargestellt wird) vorzunehmen, und zwar in der Aktivform (Tatform). Für das Beispiel in Abb. 2/10 ergibt sich die verbale Formulierung "Personen hören Kurse" und nicht umgekehrt "Kurse hören Personen". Wenn eine Interpretation von rechts nach links vorgenommen werden soll, dann muß die Passivform (Leideform) gewählt werden. Für das Beispiel gilt: "Kurse werden gehört von Personen".

Die **Qualifizierung einer Verknüpfung** ist mit der Vergabe eines mnemotechnischen Namens jedoch noch nicht abgeschlossen. Zusätzlich müssen wir die **Art der Verknüpfung** bestimmen und darstellen. Wir müssen dies tun, weil wir im ISM schließlich nur ein Modell für einen Realitätsausschnitt bilden. Daraus jedoch müssen die für den späteren EDV-Einsatz relevanten Objekte und Strukturen eindeutig ableitbar sein. Es ist natürlich von großer Bedeutung, ob ein konkretes Informationsobjekt (IO) hinsichtlich einer Beziehung zwischen zwei IOKs immer genau mit einem IO der anderen IOK verknüpft ist oder mit mehreren IOs der anderen IOK verknüpft sein kann. Gehen wir einmal von der Situation aus, daß bei der VHS erwogen wird, eine Gebührenermäßigung zu geben, wenn Ehepartner im selben Semester am Kursprogramm teilnehmen. Dann sollte das ISM schon eindeutig beinhalten, daß bei uns ein Mann zu jedem Zeitpunkt immer nur mit einer Frau verheiratet sein darf und eine Frau immer nur mit einem Mann. Wichtig ist ferner, daß - um im Bild zu bleiben - nicht jede Frau und nicht jeder Mann zu jedem Zeitpunkt überhaupt verheiratet sein müssen. Allgemeingültiger ausgedrückt bedeutet dies, daß nach Aufteilung der IOK TEILNEHMER in zwei IOKs die Verknüpfung "verheiratet mit" zwischen den IOKs FRAUEN und MÄNNER zum Typ der 1:1-Verknüpfungen gehört und außerdem optional ist.

Wir wollen in der graphischen Darstellung Pfeilspitzen an den die Verknüpfungen repräsentierenden Linien zur anschaulichen Darstellung des **Verknüpfungstyps** verwenden. Zeigt auf eine IOK genau eine Pfeilspitze, so ist immer höchstens ein IO dieser IOK mit einem oder mehreren IOs der anderen IOK verknüpft. Zeigen auf eine IOK genau zwei Pfeilspitzen, so können ein oder mehrere IOs dieser IOK mit demselben IO der anderen IOK verknüpft sein. Damit haben wir eine einfache und sprechende Darstellungsmöglichkeit für die drei **Verknüpfungstypen 1:1, 1:N (oder N:1) und M:N**.

Weiterhin unterscheiden wir bei allen Verknüpfungstypen je IOK zwischen **festen Verknüpfungen** und **optionalen Verknüpfungen**. Die Optionalität wird dann im ISM durch den Buchstaben "o" - je nach konkreter Linienführung - unterhalb oder neben der oder den Pfeilspitzen dargestellt und bedeutet, daß es auch IOs der anderen IOK geben kann, die mit keinem IO der betroffenen IOK verknüpft sind. Für unser Ehe-Beispiel ist die entsprechende Darstellung in Abb. 2/11 als beidseitige optionale 1:1-Verknüpfung wiedergegeben.

Hier gilt, daß beide IOKs gleichberechtigt bezüglich der Verknüpfungsformulierung sind, d.h. die Verknüpfung ist von links nach rechts und von rechts nach links in der gleichen Terminologie "verheiratet mit" lesbar.

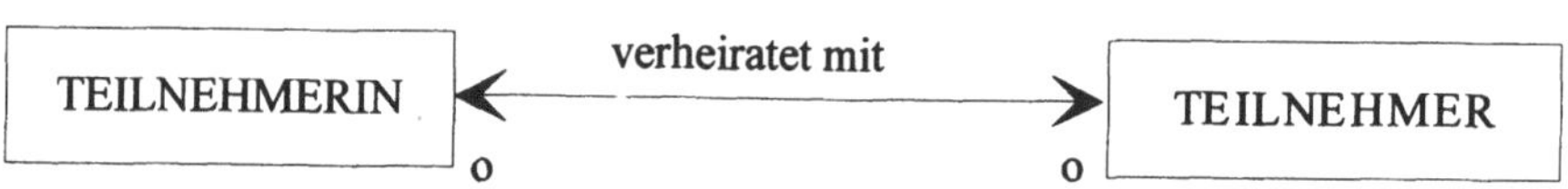

Abb. 2/11. Beispiel einer qualifizierten, beidseitig optionalen 1:1-Verknüpfung

In Abb. 2/12 sind Beispiele für die drei Beziehungstypen, zunächst mit jeweils festen Verknüpfungen, zusammengestellt. Versuchen Sie, die Beispiele zu formulieren und zu interpretieren.

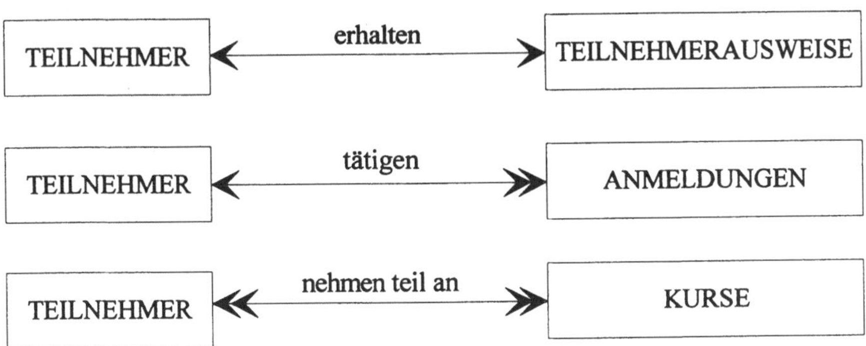

Abb. 2/12. Beispiele für eine feste 1:1-, 1:N-, und M:N-Verknüpfung

Für jeden Beziehungstyp ergeben sich nun zusätzliche Möglichkeiten bei Einbeziehung optionaler Verknüpfungen. Für den Beziehungstyp 1:1 sind Beispiele in Abb. 2/11 und 2/13, für 1:N bzw. N:1 in Abb. 2/14 und für M:N in Abb. 2/15 zusammengestellt. Dabei sind teilweise für uns neue IOKs gewählt worden, um die Beziehungstypen möglichst verständlich darstellen zu können. Für die geplante und ja auch bereits begonnene ISM-Entwicklung für das VHS-Beispiel auf der Basis des Realitätsausschnitts gemäß Abb. 2/1 und 2/8 werden sie nur zum Teil benötigt.

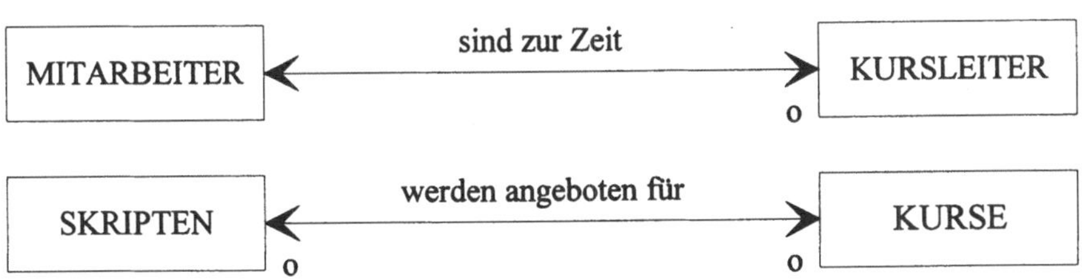

Abb. 2/13. Beispiele für optionale 1:1-Verknüpfungen

Die Optionalität bei der 1:1-Verknüpfung von MITARBEITER und KURSLEITER (Abb. 2/13) ergibt sich aus der Tatsache, daß es bei der VHS auch Mitarbeiter gibt, die keine Kurse leiten, z.B. Mitarbeiter im Sekretariat. Bei Mitarbeitern, die Kurse leiten, spricht man auch davon, daß sie die **Rolle** des Kursleiters spielen (mehr zur Rollenbildung in Abschnitt 2.2.3). In der VHS-Bibliothek sind Skripten für die angebotenen Kurse vorhanden. Für jeden laufenden Kurs gibt es entweder ein Skriptum oder keines. Es sind jedoch auch Skripten in der Bibliothek vorrätig, die einem Kurs entsprechen, der zur Zeit nicht angeboten wird.

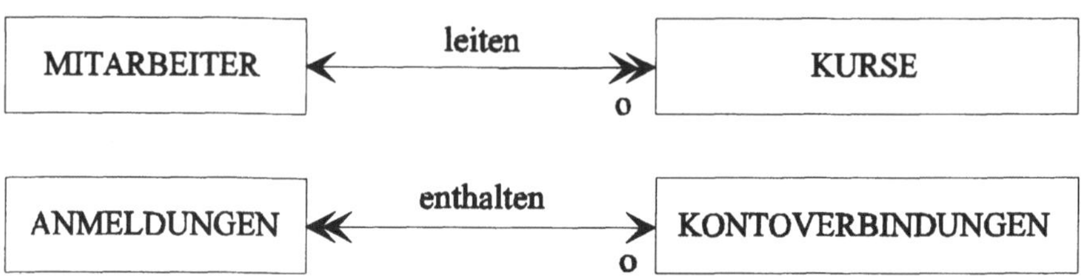

Abb. 2/14. Beispiele für optionale 1:N- bzw. N:1-Verknüpfungen

Die 1:N-Verknüpfungsklasse "leiten" zwischen den IOKs MITARBEITER und KURSE sieht - wie in Abb. 2/14 - dann keine feste Verknüpfung vor, wenn es sich beim Mitarbeiter nicht gleichzeitig um einen Kursleiter handelt.

Im Unterschied zur Abb. 2/13 wird hier jedoch nicht nur die Rolle KURSLEITER dargestellt, sondern mit der IOK KURSE verknüpft, wobei es demnach im VHS-Beispiel möglich ist, daß ein Mitarbeiter mehr als einen Kurs leiten kann. Ein Blick auf den Programmauszug in Abb. 2/8 bestätigt dies.

Zur bereits in Abschnitt 2.1 teilweise besprochenen Verknüpfung zwischen den IOKs TEILNEHMER und KONTOVERBINDUNGEN ist zu ergänzen, daß natürlich eine konkrete Kontoverbindung auch für mehrere Teilnehmer, z.B. Eheleute, gültig sein kann und daß nicht jeder Teilnehmer eine Kontoverbindung besitzen muß. Ein Teilnehmer könnte aber auch mehrere Kontoverbindungen haben. Deshalb enthält Abb. 2/14 beispielhaft die N:1-Verknüpfung zwischen ANMELDUNGEN und KONTOVERBINDUNGEN.

Bei den Beispielen für M:N-Verknüpfungen in Abb. 2/15 müssen wir den Unterschied zwischen Interessenten, die ja nicht unbedingt auch zum Teilnehmer werden müssen, und Teilnehmern beachten, um zu erkennen, warum es sich um zwei unterschiedliche Verknüpfungstypen handelt. Mehrere Teilnehmer sind nach gegebener Darstellung an mehreren oder an einem Kursangebot beteiligt (M:N-Verknüpfung), wobei umgekehrt an mehreren Kursangeboten mehrere, ein oder gar kein Teilnehmer beteiligt sein kann (optional).

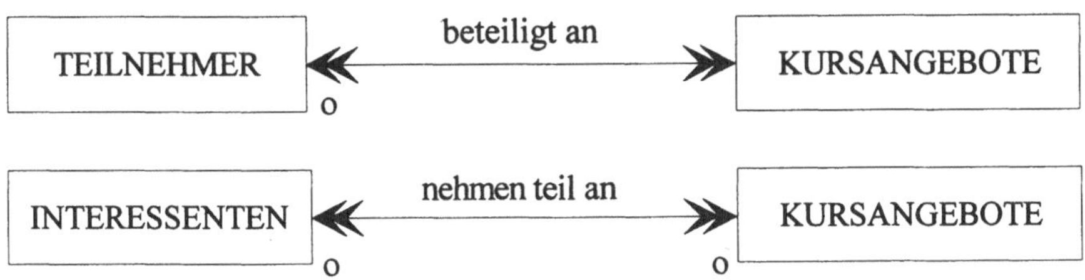

Abb. 2/15. Beispiele für optionale M:N-Verknüpfungen

2.2.3 Darstellungsalternativen bei komplexen Beziehungen

Ein Informationsstrukturmodell bietet i.d.R. mehrere Alternativen zur Darstellung desselben Realitätsausschnitts.

Im VHS-Beispiel haben wir die IOK PERSONEN sowie die IOK KURSE kennengelernt. Wir wollen KURSE im Gegensatz zu KURSANGEBOTE, wie schon implizit in Abschnitt 2.2.2 praktiziert, in dem Sinn verstanden wissen, daß jedes zugehörige IO erst dann dazukommt, wenn der entsprechende Kurs tatsächlich stattfindet, also genügend Teilnehmer sich dazu angemeldet haben und angenommen werden. Dabei kann eine konkrete Person (IO der IOK PERSONEN) nun auf verschiedene Weise mit einem konkreten Kurs (IO der IOK KURSE) verknüpft sein. Wir wollen uns auf die beiden Verknüpfungsmöglichkeiten "nehmen teil an" und "bieten an" beschränken. Die erste Darstellungsmöglichkeit für diesen Sachverhalt besteht in der Form einer **Mehrfachverknüpfung**, wie sie in der Abb. 2/16 dargestellt wird.

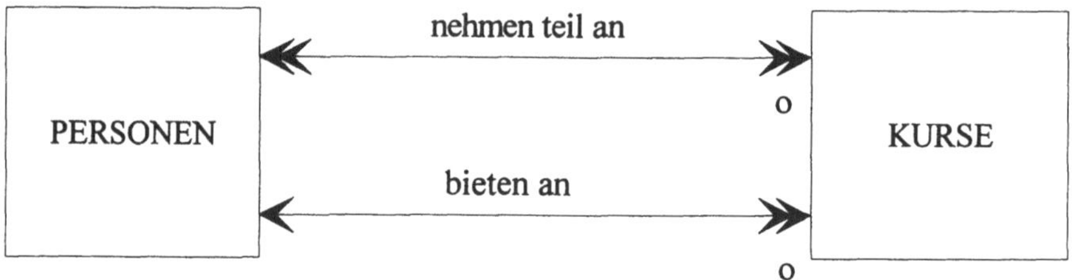

Abb. 2/16. Mehrfachverknüpfung zwischen den IOKs PERSONEN und KURSE

In diesem Beispiel wird übrigens auch wieder deutlich, wie wichtig die gemeinsame Erarbeitung des Fachkonzepts und damit auch des ISM durch Anwender und Entwickler des Informationssystems ist. Die Zahl der Dozenten für einen beliebigen Kurs ist in diesem ISM-Beispiel auf genau einen festgelegt (1:N-Verknüpfung). Das hat durchaus eine praktische, insbesondere wirtschaftliche Bedeutung, denn ein Doppelpfeil bei "bieten an" in Richtung PERSONEN (M:N-Verknüpfung) würde zwei oder mehr Dozenten je Kurs zulassen mit entsprechend anderer Kostenverteilung und anderen Honorarabrechnungsverfahren für die VHS.

Eine zweite und dritte Möglichkeit zur Darstellung dieses Realitätsausschnitts basieren jeweils auf der rollenspezifischen IOK-Bildung. Denn offenbar kann ja sogar dieselbe Person an einem oder mehreren Kursen teilnehmen (Teilnehmerrolle) und einen oder mehrere andere Kurse leiten (Kursleiterrolle).

Dem kann Rechnung getragen werden durch Zerlegung der IOK PERSONEN in die beiden unabhängigen IOKs TEILNEHMER und MITARBEITER. Das resultierende ISM ist in Abb. 2/17 dargestellt.

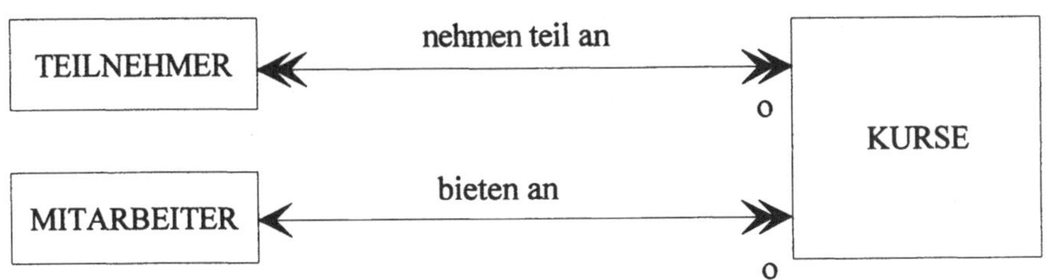

Abb. 2/17. ISM mit rollenspezifischen unabhängigen IOKs

Da nicht jeder VHS-Mitarbeiter auch aktuell Kurse anbietet, ist eine weitere Zerlegung der IOK MITARBEITER in die beiden - dann jedoch voneinander abhängigen - IOKs MITARBEITER und KURSLEITER möglich (vgl. Abb. 2/18). Dabei ist die IOK KURSLEITER einerseits optional mit der IOK MITARBEITER (1:1) und andererseits mit der IOK KURSE (N:1) so verknüpft, daß daraus deutlich wird, daß jeder Mitarbeiter keinen, einen oder mehrere Kurse anbieten kann. Die IOK KURSLEITER "erbt" dabei die bei der IOK MITARBEITER festgelegten Merkmalsklassen, da ja jeder Kursleiter zwingend auch Mitarbeiter ist, ggf. ergänzt um die nur für die aktuellen Kursleiter erforderlichen Merkmalsklassen (z.B. Angaben zu Sprechstunde, Honorar). Die entsprechenden Zusammenhänge zeigt die Abb. 2/18. Die Verknüpfung von Kursen mit Kursleitern ist damit von einer optionalen zu einer festen N:1-Verknüpfung geworden.

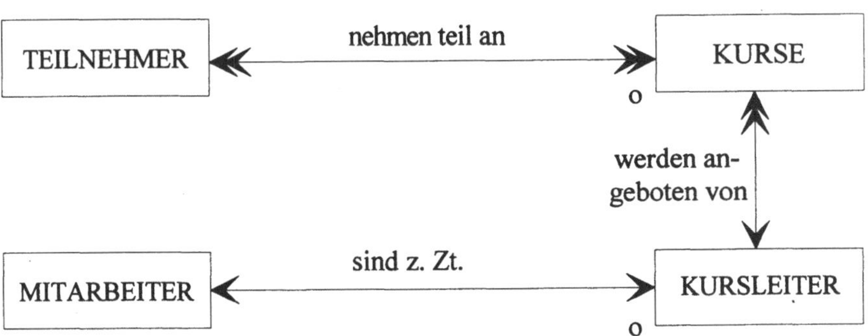

Abb. 2/18. ISM mit rollenspezifischen abhängigen IOKs

2.2.4 Relevanz von Verknüpfungen

Reale Beziehungen zwischen IOKs gibt es je nach Sichtweise mitunter viele. Im Zusammenhang mit dem Beispiel der VHS-Anmeldeformulare haben wir die IOK PERSONEN und die IOK KURSE kennengelernt. Nun kann es sein, daß Person A in der VHS von Person B als Dozent unterrichtet wird, Person C Teilnehmer eines Kurses und mit Person B befreundet ist oder Person D dem Dozenten X ein Haus verkauft hat. Berücksichtigung bei der Entwicklung des ISM finden jedoch, in Analogie zu der Definition von IOKs und ihren Merkmalsklassen, nur die für den jeweiligen Realitätsausschnitt und für die Lösung der gegebenen Problemstellung **relevanten Beziehungen**, die wir als **Verknüpfungen** bezeichnen.

Je nach Sichtweise der für die ISM-Gestaltung zuständigen Personen ist eine Verknüpfung ggf. auch als IOK modellierbar und umgekehrt, d.h. eine Verknüpfung kann als Objekt gesehen werden und umgekehrt. Als Beispiel betrachten wir die Anmeldung zur VHS. Anmeldungen können, wie bisher in unseren ISM-Ansätzen, als eigene IOK betrachtet werden, aber auch als Beziehung zwischen den IOKs PERSONEN und KURSE. Eine Definition als IOK ist dabei immer dann erforderlich, wenn es eine zugehörige charakterisierende Merkmalsklassenkombination gibt, die im gegebenen Zusammenhang relevant ist und nicht sinnvoll einer oder mehreren anderen IOKs zugeordnet werden kann. Ansonsten liegt die Entscheidung in der Verantwortung der ISM-Modellierer.

2.2.5 Merkmalsklassenzuordnung bei verknüpften Informationsobjektklassen

Wir können Merkmalsklassen danach unterscheiden, ob sie nur charakterisierend oder auch identifizierend sind (vgl. Abschnitt 2.1.4). Wir bezeichnen als nicht-identifizierend, bezogen auf unser ISM, die Merkmalsklassen, die bei keiner IOK zur identifizierenden Merkmalsklassenkombination gehören. Derartige **nicht-identifizierende Merkmalsklassen** haben dann ausschließlich eine beschreibende Wirkung, bezogen auf das IOK, zu dessen charakterisierender Merkmalsklassenkombination sie gehören. Betrachten wir die IOK-Tabelle DOZENTEN in Abb. 2/19, so ist offensichtlich die DOZENTENNUMMER die **identifizierende Merkmalsklasse** dieser IOK. Die TEILNEHMERNUMMER ist identifizierende Merkmalsklasse der IOK TEILNEHMER in Abb. 2/19. Alle übrigen Merkmalsklassen in Abb. 2/19 gehören in keiner der beiden IOKs zu den identifizierenden Merkmalsklassen. Gemäß unserer obigen Definition können wir sie als nicht-identifizierend bezeichnen.

Nach dieser Klassifikation der Merkmalsklassen und deren Erläuterung wollen wir anhand von Beispielen die IOK-Definitions-Regeln (IOK-DR) erklären. Diese

Regeln dienen einem systematischen und redundanzfreien Aufbau der Informationsobjektklassen (IOKs). Zunächst soll die einfache erste Regel (IOK-DR.1) behandelt werden:

IOK-DR.1: Jede nicht-identifizierende Merkmalsklasse darf nur bei einer IOK zur charakterisierenden Merkmalsklassenkombination gehören.

Sehen wir uns zur Erläuterung von IOK-DR.1 wieder die Abb. 2/19 an. Wir stellen fest, daß bei der IOK DOZENTEN und bei der IOK TEILNEHMER Merkmalsklassen vorhanden sind, um Name, Vorname und Telefonnummer der Dozenten bzw. der Teilnehmer zu berücksichtigen. Die entsprechenden Merkmalsklassen sind, wie wir oben gesehen haben, nicht-identifizierend. Die Betrachtung der konkreten Ausprägungen dazu zeigt, daß es bei der gegebenen VHS offenbar möglich ist, daß Dozenten nicht nur selbst Kurse leiten, sondern, wie Lutz Gottschalk, auch im selben Semester an anderen Kursen teilnehmen. Lutz Gottschalk ist somit Dozent und Teilnehmer und wird in beiden Tabellen geführt. Damit wird nicht nur der Verstoß gegen die Regel IOK-DR.1 deutlich, sondern wir erkennen auch dessen Auswirkungen: Merkmale eines IO sind mehrfach in verschiedenen IOKs vorhanden. Das bereits im Abschnitt 2.1.8 genannte Ziel, bei der ISM-Entwicklung Redundanz zu vermeiden, wird verfehlt. Die beiden Tabellen erfüllen nicht die oben aufgestellte IOK-Definitionsregel 1 (IOK-DR.1).

DOZENTEN

DOZENTEN-NUMMER	NAME	VORNAME	TELEFON-NUMMER	FACHBEREICH-NUMMER
25	Gottschalk	Lutz	123	4
41	Mörsdorf	Elvira	888	4
27	Weiß	Wolfgang	30204	4

TEILNEHMER

TEIL-NEHMER-NUMMER	NAME	VORNAME	TELEFON-NUMMER	ERMÄSSIGUNG
124	Lerneifrig	Lisa	333	---
126	Wissensdurst	Willi	222	---
101	Gottschalk	Lutz	123	1

Abb. 2/19. Die nicht IOK-DR.1-gerechten IOKs DOZENTEN und TEILNEHMER

Die Lösung liegt in der Bildung einer zusätzlichen IOK, die wir bereits mehrmals in anderem Zusammenhang beispielhaft verwendet haben: die IOK PERSONEN. Die Abb. 2/20 zeigt die Aufteilung der beiden Tabellen von Abb. 2/19 in die drei Tabellen PERSONEN, DOZENTEN und TEILNEHMER. Die Regel IOK-DR.1 wird somit eingehalten und die Redundanz vermieden. "Erkauft" worden ist dies mit der Bildung einer weiteren künstlichen Merkmalsklasse zur Identifikation der IOK PERSONEN, der PERSONENNUMMER. Über die identifizierende Merkmalsklasse PERSONENNUMMER muß die Verknüpfung der Tabellen vorgenommen werden, d.h. jeder Dozentennummer und jeder Teilnehmernummer in den IOKs DOZENTEN bzw. TEILNEHMER muß eine Personennummer zugeordnet werden. Bei den dargestellten Tabellen in der Abb. 2/20 ist noch keine Verknüpfungsvorschrift angegeben.

PERSONEN

PERSONEN-NUMMER	NAME	VORNAME	TELEFON-NUMMER
201	Gottschalk	Lutz	123
6775	Mörsdorf	Elvira	888
3714	Weiß	Wolfgang	30204
8231	Lerneifrig	Lisa	333
8234	Wissensdurst	Willi	222

DOZENTEN

DOZENTEN-NUMMER	FACHBEREICH-NUMMER
25	4
41	4
27	4

TEILNEHMER

TEIL-NEHMER-NUMMER	ERMÄ-SSIGUNG
124	---
126	---
101	1

Abb. 2/20. Abgeleitetes, IOK-DR.1-gerechtes ISM

Die beiden optionalen 1:1-Beziehungsstrukturen sind in der folgenden Abb. 2/21 dargestellt. Nicht jede Person ist Dozent, jedoch jeder Dozent eine Person und entsprechend ist nicht jede Person ein Teilnehmer, jedoch jeder Teilnehmer eine Person.

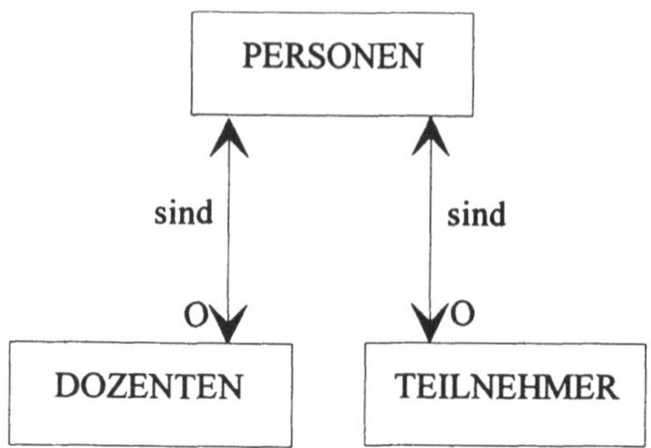

Abb. 2/21. Beziehungsstrukturen

Zur Darstellung einer weiteren IOK-Regel soll zunächst der Begriff der Abhängigkeit, bezogen auf Merkmalsklassen, definiert werden.

> *Eine Merkmalsklasse (oder Merkmalsklassenkombination) B heißt* ***abhängig*** *von einer anderen Merkmalsklasse (oder einer anderen Merkmalsklassenkombination) A innerhalb einer Informationsobjektklasse, wenn es zu jedem Merkmal in A immer genau ein Merkmal in B gibt.*

Damit gilt unmittelbar, daß alle Merkmalsklassen einer IOK von der identifizierenden Merkmalsklasse (oder der identifizierenden Merkmalsklassenkombination) der IOK abhängig sind.

Die zweite IOK-Regel besagt nun:

IOK-DR.2: Keine nicht-identifizierende Merkmalsklasse (oder nicht-identifizierende Merkmalsklassenkombination) darf von einer anderen nicht-identifizierenden Merkmalsklasse (oder nicht-identifizierenden Merkmalsklassenkombination) derselben IOK abhängen.

Betrachten wir zur Erläuterung dieser zweiten Regel die IOK DOZENTEN in Abb. 2/20, so ist IOK-DR.2 hier offenbar allein deswegen erfüllt, weil es nur **eine** nicht-identifizierende Merkmalsklasse (die FACHBEREICHNUMMER) in der charakterisierenden Merkmalsklassenkombination dieser IOK gibt. Abb. 2/22 zeigt die IOK DOZENTEN in einer um zwei weitere Merkmalsklassen erweiterten Form. Für die Merkmalsklasse EINSTELLDATUM gilt offenbar IOK-DR.2 weiterhin, denn die zugehörigen Merkmale werden ausschließlich durch die Merkmale zur Merkmalsklasse DOZENTENNUMMER identifiziert.

Die Merkmalsklasse FACHBEREICHBEZEICHNUNG ist jedoch abhängig von der Merkmalsklasse FACHBEREICHNUMMER, d.h. es gibt eine Abhängigkeit zwischen zwei nicht-identifizierenden Merkmalsklassen und somit eine Verletzung von IOK-DR.2. Wir sehen auch, daß diese Verletzung von IOK-DR.2 im Beispiel zu einer dreifachen Aufzeichnung der Bezeichnung des Fachbereichs 4 geführt hat. Damit ist erneut das für die ISM-Entwicklung globale Ziel der Redundanzvermeidung verfehlt.

DOZENTEN

DOZENTEN-NUMMER	FACHBEREICH-NUMMER	EINSTELL-DATUM	FACHBEREICH-BEZEICHNUNG
25	4	01.04.80	Kunst, Kultur und Kreativität
41	4	15.09.87	Kunst, Kultur und Kreativität
27	4	01.03.85	Kunst, Kultur und Kreativität

Abb. 2/22. Beispiel für eine IOK, die gegen IOK-DR.2 verstößt

Eine Lösung für das am Beispiel der Abb. 2/22 erkannte Problem zeigt die Abb. 2/23. Hier sehen wir, daß die Verletzung der Regel IOK-DR.2 die Definition der zusätzlichen IOK FACHBEREICHE zur Folge hat. Beide IOKs entsprechen nunmehr der Regel IOK-DR.2. Die IOK FACHBEREICHE besteht im Beispiel aus zwei Merkmalsklassen und enthält lediglich ein IO, das den Fachbereich "4" mit der Bezeichnung "Kunst, Kultur und Kreativität" darstellt. Eine Verknüpfung der beiden IOKs muß noch vorgenommen werden, da jeder Dozent einem Fachbereich angehört (vgl. die skizzierte 1:N-Beziehungsstruktur in Abb. 2/23: "FACHBEREICHE haben DOZENTEN").

FACHBEREICHE

FACHBEREICH-NUMMER	FACHBEREICH-BEZEICHNUNG
4	Kunst, Kultur und Kreativität

DOZENTEN

DOZENTEN-NUMMER	EINSTELL-DATUM
25	01.04.80
41	15.09.87
27	01.03.85

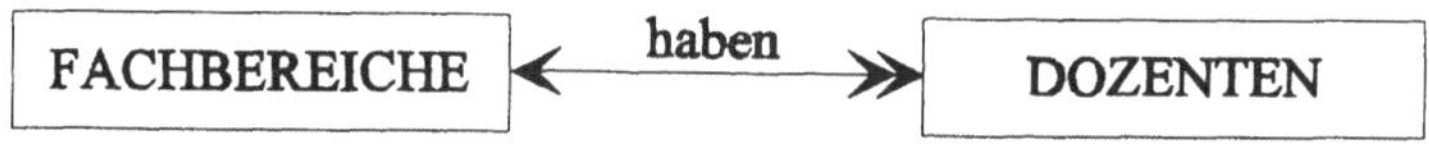

Abb. 2/23. Abgeleitete, IOK-DR.2-gerechte IOKs mit entsprechender 1:N-Beziehungsstruktur

Die dritte und letzte Regel zur IOK-Definition und damit gleichzeitig zur Zuordnung von Merkmalsklassen zu IOKs lautet:

IOK-DR.3: Jede nicht-identifizierende Merkmalsklasse (oder Merkmalsklassenkombination) darf nur von der vollständigen identifizierenden Merkmalsklassenkombination abhängen, nicht jedoch von einem Teil derselben.

Damit steht fest, daß IOK-DR.3 automatisch immer dann erfüllt ist, wenn eine IOK mit einer einzelnen identifizierenden Merkmalsklasse vorliegt (viele IOK's weisen in der Tat nur eine identifizierende Merkmalsklasse auf, die künstlich geschaffen wurde). Zur Erläuterung von IOK-DR.3 wollen wir deshalb die IOK KURSBELEGUNGEN in Abb. 2/24 betrachten, die durch eine Merkmalsklassenkombination identifiziert wird.

KURSBELEGUNGEN

TEILNEHMER-NUMMER	NACHNAME	KURS-NUMMER	NOTE
124	Lerneifrig	4219	2
126	Wissensdurst	4226	1
126	Wissensdurst	4227	5
126	Wissensdurst	4228	3

Abb. 2/24. Die IOK-Tabelle KURSBELEGUNGEN

Die identifizierende Merkmalsklassenkombination besteht offenbar aus den beiden Merkmalsklassen TEILNEHMERNUMMER und KURSNUMMER. Die Merkmalsklasse NOTE hängt von der vollständigen identifizierenden Merkmalsklassenkombination ab, ist also gemäß IOK-DR.3 korrekt zugeordnet. Die Merkmalsklasse NACHNAME hingegen hängt bereits von der Merkmalsklasse TEILNEHMERNUMMER ab, was eine Zuordnung zur IOK KURSBELEGUNGEN verbietet. Tatsächlich "gehört" der NACHNAME natürlich zur Person (vgl. IOK PERSONEN in Abb. 2/20). Wir können auch an diesem Beispiel erkennen, welche Wirkung eine Verletzung einer Regel, in diesem Fall von IOK-DR.3, hat: Die Merkmale zur Merkmalsklasse NACHNAME werden mehrfach aufgeführt. Das Globalziel zur ISM-Gestaltung, die Vermeidung von Redundanz, wird nicht erreicht.

Die Beachtung aller drei IOK-Definitionsregeln führt damit zwangsläufig zu einem hinsichtlich der Merkmale möglichst **redundanzfreien Informationsstrukturmodell (ISM)**. Gleichzeitig wird eine logische, der Realität entsprechende Zuordnung der Merkmalsklassen zu IOKs erreicht. Das heißt wiederum, daß bei einer logisch sauberen Vorgehensweise bei der IOK-Bildung auch ohne besondere Berücksichtigung die Regeln in den meisten Fällen automatisch erfüllt sein werden. Die Vorteile einer redundanzfreien Modellierung werden wir später noch eingehend im dritten Kapitel erkennen.

2.2.6 Konstruktive Vorgehensweise

Die Festlegung von Verknüpfungen paßt sich in die bisher dargestellte Vorgehensweise zur Entwicklung eines Informationsstrukturmodells (ISM) ein (vgl. Abschnitt 2.1.8). Es werden aus Belegen und aus Interviews mit Verantwortlichen bzw. Betroffenen Aussagesätze abgeleitet, wie wir sie bereits in Abb. 2/2 beispielhaft dargestellt haben. Wenn daraus durch Analyse der relevanten Substantive die IOKs bestimmt sind, gilt es anschließend, durch Analyse der Verben die Beziehungen herauszuarbeiten, von denen dann die relevanten als Verknüpfungen in das ISM eingehen. Interessant sind dabei natürlich nur noch Verben, die eine Beziehung zwischen den als IO festgelegten Substantiven beschreiben. Aus den Aussagen der Abb. 2/2 fallen demnach beispielsweise die Verben "heißt", "wohnt" und "hat" der dritten Aussage aus der weiteren Betrachtung heraus. Das Verb "betrifft" in der zweiten Aussage stellt jedoch eine Beziehung zwischen IOs, im konkreten Fall z.B. zwischen "FRAU LERNEIFRIGS ANMELDUNG" und "KURS 4219" her und wird dementsprechend weiter in die ISM-Entwicklung einbezogen.

Auf diese Art und Weise kommen wir zu einer Sammlung von Verben, die Beziehungen herstellen. Betrachten wir dazu als aktuelles Beispiel die aus dem Anmeldeformular (Abb. 2/1) bzw. dem Programmausschnitt (Abb. 2/8) herausgearbeiteten Aussagen mit beziehungstragenden Verben:

- Ein Teilnehmer kann mehrere Kurse belegen (z.B. Herr Wissensdurst zwei Gitarrenspielkreise (4226 und 4228) und den Gitarrenzirkel (4227)).
- Ein Kurs findet mehrfach statt (z.B. der Gitarrenspielkreis zweifach, und zwar montags (4226) und donnerstags (4228) an verschiedenen Orten und von unterschiedlichen Dozenten).
- Ein Kurs kann von mehreren Dozenten angeboten werden (z.B. Gitarre für Anfänger II von Elvira Mörsdorf (4220) und von Wolfgang Weiß (4221) an verschiedenen Orten und zu unterschiedlichen Zeiten).

Bei näherer Betrachtung der drei Aussagen fällt auf, daß sie jeweils nur eine Verknüpfungsrichtung abdecken. Tatsächlich muß man sich jedoch immer um Aussagen zu beiden Verknüpfungsrichtungen bemühen.

Im Beispiel können wir mit Blick auf den Realitätsausschnitt gemäß den Abbildungen 2/1 und 2/8 leicht folgende zusätzliche Aussagen ergänzen:

- Ein Kurs kann von mehreren Teilnehmern belegt werden (z.B. bei den Kursen mit den Nummern 4219 bis 4228 jeweils maximal 12).
- An einem Termin können (an verschiedenen Orten) mehrere Kurse stattfinden (z.B. mittwochs von 20 Uhr bis 21:30 Uhr die Kurse mit den Nummern 4220, 4225 und 4227).
- Ein Dozent kann mehrere Kurse anbieten (z.B. Elvira Mörsdorf die Kurse Gitarre für Anfänger II, Gitarre für Anfänger III und Gitarrenspielkreis, die natürlich zu verschiedenen Zeiten stattfinden).

Damit ergeben sich in allen 3 Fällen M:N-Verknüpfungen zwischen den jeweiligen IOKs, die durch Doppelpfeile in beiden Richtungen in Abb. 2/25 dargestellt werden.

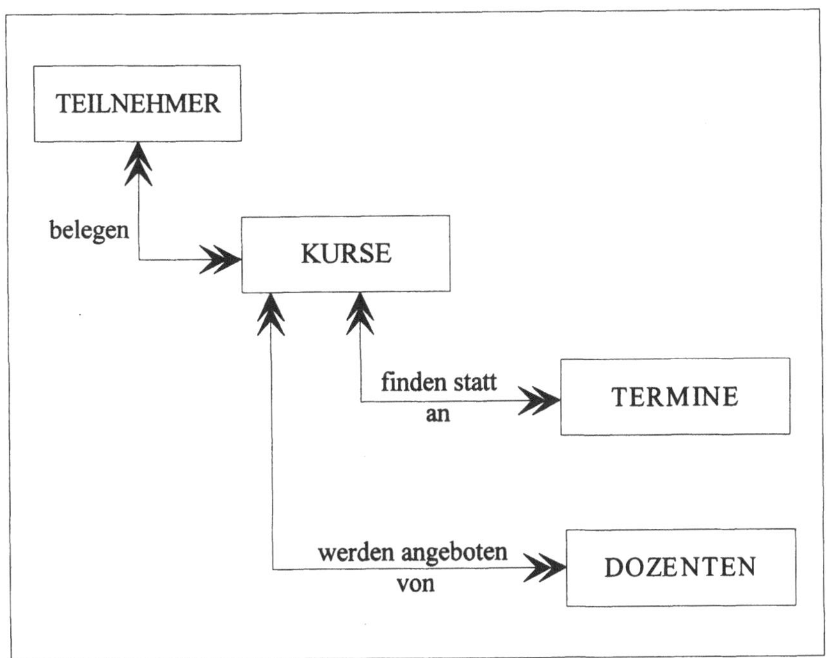

Abb. 2/25. Beispiel eines Informationsstrukturmodells

Ein weiteres Hilfsmittel zur Qualitätssicherung beim ISM - in diesem Fall mit Blick auf die Vollständigkeit und Widerspruchsfreiheit der Verknüpfungen - ist die **Verknüpfungsmatrix**. Die Verknüpfungsmatrix (ein Beispiel enthält Abb. 2/26) gibt einen kompakten Überblick über alle IOKs und deren Verknüpfungen.

Grundsätzlich sollte sie Feld für Feld überprüft werden. Besonderes Augenmerk ist dann jedoch von den ISM-Verantwortlichen auf die IOKs zu richten, die mit keinem anderen IOK verknüpft sind (leeres Feld), und auf die IOKs, die mehrfach mit denselben anderen IOKs verknüpft sind (mehrere Eintragungen in einem Matrixfeld).

	TEILNEHMER	KURSE	DOZENTEN
TEILNEHMER		M:N (1)	
KURSE		M_0:N_0 (2)	M_0:N (3) M_0:N_0 (4)
DOZENTEN			

(1) belegen
(2) sind Voraussetzungen für
(3) werden aktuell angeboten von
(4) können gehalten werden von

Abb. 2/26. Beispiel für eine Verknüpfungsmatrix

2.2.7 Zusammenfassung der Verknüpfungen von Informationsobjektklassen (IOKs)

Zusammenfassend lassen sich folgende Aussagen bezüglich der Verknüpfungen von IOK's festhalten:

- zwischen den Informationsobjekten (IOs) bzw. Informationsobjektklassen (IOKs) existieren **Beziehungen**, die sich auch in Klassen (**Beziehungsklassen**) einteilen lassen;
- **relevante** Beziehungen bzw. Beziehungsklassen bezeichnen wir als **Verknüpfungen**;
- zwischen zwei IOK's können mehrere Verknüpfungen existieren;
- Verknüpfungen, die zwei IOKs miteinander in Beziehung setzen, werden mit einem eindeutigen **Namen** gekennzeichnet; weiterhin ist zur Qualifizierung der **Verknüpfungstyp** (1:1, 1:N bzw. M:N) festzulegen; man unterscheidet weiterhin zwischen **festen** und **optionalen Verknüpfungen**;
- eine **Verknüpfung** läßt sich auch als **Informationsobjektklasse** definieren und umgekehrt;

- beim Aufbau von verknüpften Informationsobjektklassen sind **Definitionsregeln** zu beachten (IOK-DR.1 - IOK-DR.3), um ein redundanzfreies Informationsstrukturmodell zu erhalten;
- zum Aufbau eines Informationsstrukturmodells können neben der **graphischen Darstellung** der Beziehungsstrukturen (mit Knoten und Pfeilen) auch **Verknüpfungsmatrizen** (Tabellen) genutzt werden, die eine systematische Entwicklung gewährleisten sollen.

Die Festlegung von Verknüpfungen der IOK's soll stets gemeinsam mit dem späteren Benutzer des aufzubauenden Informationssystems durchgeführt werden (ebenso wie die Bildung der IOK's selbst).

2.3 Entwicklung eines Informations- und Kommunikationsstrukturmodells (IKSM)

Ziel beim Aufbau eines Datenbanksystems im Rahmen einer datenorientierten Vorgehensweise ist zunächst die Entwicklung eines allgemeinen Informations- und Kommunikationsstrukturmodells (IKSM), das eine wichtige Basis für ein betriebliches computergestütztes Informations- und Kommunikationssystem (IKS) darstellt. Das Datenbanksystem soll als ein Anwendungssystem Informationen bzw. Daten speichern, verwalten, verarbeiten und weiterleiten können. Kernkomponente eines IKSM ist das Informationsstrukturmodell (ISM), das in den vorhergehenden Abschnitten 2.1 und 2.2 aufgebaut wurde und im folgenden Abschnitt 2.3.1 zusammengefaßt wird. Das ISM stellt die Datenbasis eines Anwendungssystems dar, die bereits in einem Modell strukturiert ist, so daß auch hiermit eine erste Modellbasis vorliegt, z.B. in Form einer graphischen Beziehungsstruktur. Zur Verarbeitung der Daten ist ein Programmsystem (Methodenbasis) notwendig, das zunächst in einem Funktionstrukturmodell (FSM) festgelegt wird (vgl. Abschnitt 2.3.2). Zur korrekten Weiterleitung der Informationen in einer Organisation (z.B. in einem Bürosystem) wird als eine dritte Komponente eines IKSM ein Kommunikationsstrukturmodell (KSM) vorgeschlagen (vgl. Abschnitt 2.3.3). Die Zusammenfassung der drei Komponenten in einem IKSM (vgl. Abschnitt 2.3.4) stellt die Grundlage eines betrieblichen Informations- und Kommunikationssystems (IKS) dar, das die Arbeiten in einem Büro unterstützen soll (vgl. hierzu auch die Ausführungen in Kapitel 1, insbesondere Abb. 1/3). Ein Konzept eines IKS, das aus den Komponenten Informationen, IuK-Systeme / -Techniken und Menschen besteht, wird abschließend in Abschnitt 2.3.5 vorgestellt.

2.3.1 Das Informationsstrukturmodell (ISM)

Mit der Definition der Informationsobjektklassen (IOKs), ihrer Merkmalsklassen und mit der Festlegung der Verknüpfungen der IOKs haben wir das **Informationsstrukturmodell (ISM)** festgelegt. Es handelt sich hierbei um ein vorerst statisches Modell, das einen Realitätsausschnitt ("Mini-Welt") als statisches System mit seinen Elementen und Beziehungen beschreibt. Eine formale Darstellung des ISM läßt sich, wie gezeigt, durch Graphen oder Tabellen realisieren.

Wir haben gesehen, daß es sich schon bei einer anscheinend einfachen Anwendung wie im gegebenen VHS-Beispiel bereits um eine anspruchsvolle und aufwendige Arbeitsphase handelt. Diese Erkenntnis soll die Notwendigkeit einer sorgfältigen Vorgehensweise betonen und auf die große Bedeutung der Tätigkeiten in diesem Arbeitsbereich hinweisen. Vor allem sollen die späteren Benutzer in diesen Strukturierungsprozeß miteinbezogen werden (Partizipation der Benutzer), damit das zu entwickelnde System auch akzeptiert wird.

Zusammenfassend lassen sich die wichtigsten Tätigkeiten wie folgt auflisten, die in den vorhergehenden Abschnitten 2.1 und 2.2 eingehend beschrieben wurden:

- Festlegung des Realitätsausschnitts, der Ziele und der Vorgehensweise der Informationsstrukturierung (Planung);
- Definition der Informationsobjekte (IOs) und ihrer Merkmale (Problemanalyse; vgl. Abschnitt 2.1.2);
- Definition der Informationsobjektklassen (IOKs) unter Berücksichtigung
  - der Herleitung der charakterisierenden und identifizierenden Merkmalsklassenkombinationen (vgl. Abschnitt 2.1.4),
  - der Darstellung der relevanten Informationsobjekte (vgl. Abschnitt 2.1.5),
  - der vollständigen Auflistung der Merkmalsklassen (vgl. Abschnitt 2.1.6) und
  - der Herleitung atomarer Merkmale (vgl. Abschnitt 2.1.7);
- Definition der Verknüpfungen zwischen den ausgewählten Informationsobjektklassen unter Berücksichtigung
  - der Qualifizierung der Verknüpfungen (vgl. Abschnitt 2.2.2),
  - der Darstellungsalternativen von Verknüpfungen (vgl. Abschnitt 2.2.3)
  - der Relevanz von Verknüpfungen (vgl. Abschnitt 2.2.4) und
  - der Merkmalsklassenzuordnung in Form der IOK-Definitionsregeln (vgl. Abschnitt 2.2.5).

Die Erstellung eines Informationsstrukturmodells (ISM) ist die Basis des weiter zu entwickelnden Datenmodells (vgl. Kapitel 3) und entspricht einer **datenorientierten Vorgehensweise** beim Aufbau eines computergestützten Anwendungssystems. Der Übergang zum Datenmodell, z.B. über ein Entity-Relationship-Modell zu einem relationalen Modell, ist fließend.[3]

Dieses "statische" ISM soll als Grundlage der weiteren Informationsverarbeitung in einer Organisation genutzt werden, d.h. die herausgearbeiteten Informationsobjekte mit ihren Verknüpfungen sollen aufgaben- und problembezogen weiterverarbeitet werden. Die Informationsverarbeitung läuft in einem zeitlichen Prozeß ab und läßt sich durch eine Transformation der gegebenen Information und auch durch eine Kommunikation realisieren. Die Inhalte im ISM ändern sich somit im Zeitablauf (dynamischer Aspekt). Die neuen Zustände des ISM sind gekennzeichnet durch abgeleitete Ergebnisse, die am Erstellungsort gegeben sind, aber auch an einen anderen Ort übertragen werden können. Die Generierung der neuen Zustände eines ISM erfolgt durch die Ausführung von Funktionen, die im nächsten Abschnitt behandelt werden sollen.

2.3.2 Das Funktionsstrukturmodell (FSM)

Wir haben bisher bei der ISM-Entwicklung für unser VHS-Beispiel die Information konsequent in den Mittelpunkt gestellt (streng datenorientierte Sicht), den Funktionsbegriff jedoch nur bei wenigen Gelegenheiten erwähnt. Tatsächlich gehören natürlich für einen EDV-Einsatz und damit zum Fachkonzept auch die Funktionen, die die Verarbeitung der Information festlegen. Wenn wir bisher den Funktionsbegriff verwendet haben, so geschah es immer im Zusammenhang mit der Relevanz von Merkmalsklassen und/oder Informationsobjektklassen. Nur wenn es Funktionen mit entsprechendem Informationsbedarf gibt, besitzen die entsprechenden IOKs und Merkmalsklassen ihre ISM-Berechtigung.

Der Begriff Funktion, der in der Mathematik streng formal benutzt wird, bedeutet "Verrichtung". Im Zusammenhang mit Informationssystemen verstehen wir unter einer Funktion eine durch die EDV-Anlage ausgeführte oder unterstützte Tätigkeit (Operation). Dabei liefert eine Funktion aufgrund der ihr mitgegebenen

---

3 Vgl. Ferstl / Sinz (1993), S. 88ff. und das folgende 3. Kapitel.

Informationen wieder Informationen zurück. Die Funktion "arbeitet" demnach auf bzw. mit den Informationsobjektklassen (IOK's) des Informationsstrukturmodells (vgl. Abb. 2/27), d.h. mit ihren Merkmalen und Verknüpfungen.

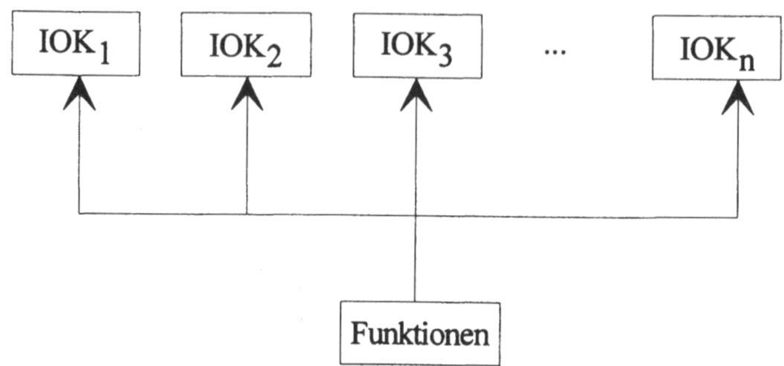

Abb. 2/27. Zusammenwirken von Funktionen mit IOKs

Eine Funktion F transformiert somit ein Informationsobjekt als Eingabeinformation (IO) in ein Informationsobjekt als Ausgabeinformation (IO'), die man auch als transformierte Information bezeichnen kann (vgl. Abb. 2/28).

$$\{IO\} \longrightarrow F \longrightarrow \{IO'\}$$

Abb. 2/28. Transformationsfunktion F

Eine Folge von Funktionen bzw. Verarbeitungsschritten läßt sich als Verfahren bzw. formal als Algorithmus definieren. Eine Folge von Funktionen beschreibt folglich einen Verarbeitungsprozeß bzw. Ablauf und besitzt somit eine dynamische Eigenschaft. Der Verarbeitungsprozeß wird in der Datenverarbeitung durch ein Programm festgelegt.

Ein zu entwickelndes Anwendungssystem, das eine bestimmte Aufgabe bearbeiten bzw. ein gegebenes Problem mit Hilfe der EDV lösen soll, besteht aus Daten und Programmen. In der Programmierung, die durch Methoden und Techniken des Software Engineering unterstützt wird, muß man sich mit den Informationsobjekten der Problemstellung (Daten) und mit den Ablauf- bzw. Kontrollstrukturen (Programm im engeren Sinn) beschäftigen. Beide Bestandteile sind in der prozeduralen Programmierung wichtig, wobei in Abhängigkeit vom Anwendungsbereich entweder der Datenteil überwiegt (z.B. bei kaufmännischen Anwendungen, die in der Sprache COBOL programmiert werden können) oder der Prozedurteil (z.B. bei mathematischen Anwendungen, die in den Programmiersprachen FORTRAN oder PASCAL geschrieben werden können). Für unsere Datenbank-Anwendungen stehen naturgemäß die Daten im Vordergrund, für die zunächst einfache Verarbeitungsfunktionen und -prozesse beschrieben werden.

Stehen bei der Entwicklung eines Anwendungssystems die Daten im Vordergrund, so spricht man von einer **datenorientierten Vorgehensweise** (vgl. die ISM-Entwicklung in Abschnitt 2.2 und 2.3.1); stehen die Funktionen im Vordergrund, so bezeichnet man die Vorgehensweise als **funktionsorientierten Ansatz.** Hier legt man zunächst die Verarbeitungschritte bzw. den Verarbeitungsprozeß fest und bestimmt anschließend die benötigten Daten. Unsere Vorgehensweise zum Aufbau einer Datenbank entspricht einem datenorientierten Ansatz.[4]

Die Modularisierung als ein wichtiges allgemeines Prinzip der Entwicklung von Software für Informationssysteme[5] wird unterstützt durch die Erarbeitung eines hierarchischen **Funktionsstrukturmodells**. Dabei wird, beginnend bei der die Gesamtleistung des Informationssystems aus funktionaler Sicht beschreibenden TOP-Funktion in der Wurzel, der Funktionsbaum solange in Teilfunktionen zergliedert, bis in seinen Blättern nur noch sogenannte elementare Funktionen enthalten sind. Unter einer elementaren Funktion verstehen wir dabei eine im gegebenen Zusammenhang nicht mehr sinnvollerweise zergliederbare Funktion. Dieser Entwurfansatz wird als "TOP-DOWN-Approach" bezeichnet. Eine Beschreibung der Baumstruktur erfolgt später in Kapitel 3 (in Abschnitt 3.3.2.1).

Die **Funktionsstrukturmodellierung** führt nicht zwangsläufig immer zum gleichen Ergebnis, wenn sie von unterschiedlichen Personen vorgenommen wird. Zu einer Aufgabenstellung sind i.d.R. mehrere **Funktionsbäume** möglich. Für das bisher betrachtete VHS-Beispiel kann sich beispielsweise ein Funktionsbaum gemäß Abb. 2/29 ergeben. Dabei ist die Zergliederung bis zur Elementarfunktionsebene nur in einem Zweig des Baums beispielhaft ausgeführt, und zwar für den Informationsdienst, der die allgemeinen Informationen über die VHS enthält. Der hier dargestellte Funktionsbaum beschreibt die Funktionen auf einer Metaebene, d.h. vorerst noch als ein Funktionsstrukturmodell, das zur Implementierung weiter spezifiziert werden muß.

4 Vgl. Vetter (1990a).

5 Vgl. Gabriel (1990), S. 263ff.

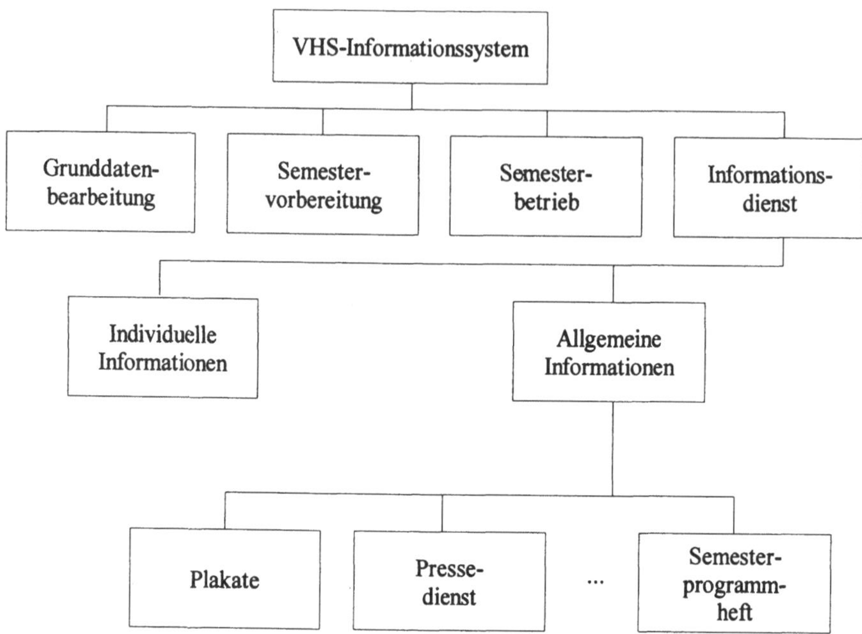

Abb. 2/29. Funktionsbaum des VHS-Beispiels mit einem Elementarfunktionszweig

Das Zusammenspiel zwischen IOKs und Funktionen wollen wir auf dieser Betrachtungsebene in Form von **Verwendungsmatrizen** darstellen. Es sollten jedoch innerhalb eines Hauses stets einheitliche Darstellungsformen angestrebt werden. Abb. 2/30 enthält beispielhaft einen Ausschnitt einer derartigen Verwendungsmatrix. Dabei wird die Verwendungsart durch den Buchstaben "l" für lesend und/oder den Buchstaben "s" für schreibend gekennzeichnet. Die IOK-Namen und Elementarfunktionsnamen stehen in den Zeilen und Spalten, wie z.B. in Abb. 2/30 dargestellt.

Die gewählte Funktion ANMELDUNGSBEARBEITUNG umfaßt die Annahme, ggf. Speicherung und (positive oder negative) Bestätigung einer eingegangenen Anmeldung. Bei der STORNOBEARBEITUNG wird eine bereits bestätigte Anmeldung zu einem Kurs storniert und die Stornierung dem Stornierenden bestätigt. Die IOKs basieren auf den Darstellungen der Abb. 2/2 bzw. 2/8 in Verbindung mit der Anwendung der Verknüpfungsvorgehensweise gemäß Abschnitt 2.2.

Die hier dargestellten Funktionen weisen bereits auf betriebliche Vorgänge hin (Metaebene); sie lassen sich bei der weiteren Vorgehensweise in Teilfunktionen zergliedern, die in einer geordneten Folge gegeben sein müssen. Die Folge der Teilfunktionen, die recht komplex sein kann, beschreibt einen dynamischen Ablauf bzw. Verarbeitungsprozeß, der sich durch ein Programmsystem abbilden läßt. Das Programmsystem bzw. die Funktionen lassen sich z.B. mit Hilfe der

Technik "Strukturierte Analyse" (SA) beschreiben, modellieren und später implementieren.

Werden die Funktionen in Form eines Programms nicht mehr an einem Arbeitsplatz bzw. von einer einzigen Verarbeitungsinstanz verarbeitet, sondern an mehreren Arbeitsplätzen bzw. von mehreren Verarbeitungsinstanzen, so liegt ein verteiltes Verarbeitungssystem vor, das sich als Prozeß- bzw. Kommunikationsmodell beschreiben läßt.

IOK \ Funktion	ANMELDUNGS-BEARBEITUNG	STORNO-BEARBEITUNG	.....
FACHBEREICHE			
DOZENTEN			
KURSE	1		
KURSANGEBOTE	1	1	
KURSORTE			
KURSBELEGUNGEN	1 s	1 s	
TEILNEHMER	1 s	1 s	
ANGESTELLTE	1 s	1 s	
KONTOVERBINDUNGEN	1 s	1 s	
BANKLEITZAHLEN	1		
GEBÜHREN	1		

Abb. 2/30. Ausschnitt der Verwendungsmatrix des VHS-Beispiels

2.3.3 Das Kommunikationsstrukturmodell (KSM)

Eine einzelne Funktion wird in einer Unternehmung stets von einer einzelnen Instanz, d.h. einer Organisationseinheit, einem Mitarbeiter oder auch von einem Anwendungssystem bzw. -prozeß, ausgeführt.

Mehrere Funktionen, die in einem geschlossenen Programmsystem gegeben sind, lassen sich auch von einer einzelnen Instanz ausführen, sie können sich aber auch auf mehrere Instanzen verteilen und dort ausgeführt werden. Wir haben es somit mit einem Vorgang (bestehend aus mehreren Funktionen) zu tun, an dessen Ausführung mehrere Instanzen (z.B. Angestellte) beteiligt sind. Es handelt sich dabei um einen verteilten Verarbeitungsprozeß, der Kommunikation, Koordination und Kooperation voraussetzt. Wir wollen hier von einem Prozeß- bzw. Kommunikationsstrukturmodell sprechen.

Schwerpunkte der heutigen Forschung und Untersuchung in Unternehmen sind die Analyse und Konstruktion von Gestaltungsansätzen von Geschäftsprozessen. "Die zugehörigen Modelle, Methoden und Tätigkeiten werden unter dem Begriff Geschäftsprozeßmodellierung (business process modelling) zusammengefaßt. Die Geschäftsprozeßmodellierung ist wiederum Voraussetzung für eine Geschäftsprozeß"optimierung" (business process redesign)."[6]

Im Fall der VHS wird die Anmeldungs- und auch die Stornobearbeitung von der Geschäftsstelle bzw. einem Angestellten wahrgenommen. Funktionen können jedoch auch von außenstehenden Personen ausgeführt bzw. angestoßen werden, so z.B. bei einer Anmeldung eines Kursteilnehmers vor Ort im Büro oder von einem externen Ort über ein BTX-System (Bildschirmtext-System) bzw. über einen DATEX-J-Anschluß (von zu Hause).

Die Nutzung eines Informationssystems in einer Organisation, bei der die gespeicherten Informationsobjekte mit ihren Merkmalen und Verknüpfungen durch die definierten Funktionen verarbeitet und durch Prozesse bzw. Verarbeitungsabläufe realisiert werden, setzt Kommunikation voraus. Kommunikation läuft zwischen Menschen, zwischen Informationsverarbeitungssystemen und zwischen Menschen und Systemen ab. Wir betrachten hier hauptsächlich die Kommunikation zwischen Systemen und zwischen Mensch und Informationsverarbeitungssystem, d.h. die **Mensch-Maschine-Kommunikation**, die über eine **Benutzerschnittstelle** realisiert wird. Über ein System läßt sich schließlich auch in direkter oder indirekter Form die **Mensch-Mensch-Kommunikation** durchführen. Es lassen sich Kommunikationsmöglichkeiten in lokalen Umgebungen (z.B. lokale Netze in einem Unternehmen) und über weite Distanzen (z.B. Fernübertragungswege der TELEKOM AG) unterscheiden. Kommunikationstätigkeiten sind notwendig, um Informationen beschaffen, versenden und austauschen zu können (vgl. auch Abschnitt 1.1).

Bei einer Kursanmeldung zur VHS (vgl. Abbildung 2/31) wird von einer bzw. einem Angestellten die Anmeldungsbearbeitungsfunktion aufgerufen. Hierdurch wird ein bestimmter, genau festgelegter Vorgang initiiert. Die Funktion greift auf die Daten des gewünschten Kurses zu und gibt nach Verarbeitung ein entsprechendes Ergebnis aus, z.B. eine Bestätigung für den Teilnehmer, falls die Bedingungen erfüllt sind, oder eine Absage. Bei einer Bestätigung werden automatisch weitere Funktionen aufgerufen, die durch Kommunikation mit weiteren Datenbeständen oder Personen realisiert werden. So wird z.B. eine Kurs-Teilnehmerliste für den Dozenten erstellt, ein VHS-Teilnahme-Ausweis für den Teilnehmer und der Einzug der Kursgebühren vom Geldinstitut, das der Kursteil-

---

6 Ferstl/Sinz (1993a), S. 589.

nehmer angegeben hat, vorbereitet bzw. ausgeführt. Wir sehen, daß sowohl interne als auch externe Kommunikationsprozesse ablaufen können, die durch Funktionen initiiert werden und einen Geschäftsprozeß (Vorgang) beschreiben.

Funktionen können demnach mit Menschen, mit anderen Funktionen und mit Informationsobjekten kommunizieren. Aus Sicht der Kommunikation sind Informationsobjekte jedoch passive Kommunikationspartner, während die Funktionen und die o.g. Instanzen zu den aktiven Kommunikationspartnern zählen. Informationsobjekte im Sinne eines "Objektorientierten Ansatzes" sind jedoch aktive Partner, da sie Methoden und vor allem Kommunikationsschnittstellen zum Austausch von Nachrichten enthalten (dieser Ansatz wird kurz in Abschnitt 3.3.3 beschrieben).

Die Kommunikation zwischen Kommunikationspartnern kann beschrieben werden durch Angaben zu den Partnern selbst, zur Kommunikationsform und zum Informationsmedium.

Als Informationsmedien in Kommunikationsbeziehungen kommen Schrift, Bild oder Sprache in Betracht. Bei der Schrift können wir dann weiter unterscheiden nach formatierten und formatfreien (unformatierten) Informationen. Weitergehende, insbesondere technische Details spielen in dieser Phase des Entwicklungsprozesses für Informationssysteme noch keine Rolle.

Bei der Kommunikationsform unterscheiden wir die einseitige Kommunikation (z.B. Brief) von der interaktiven Kommunikation (z.B. Telefonat), die im weiteren auch häufig als Dialog bezeichnet wird.

Zum Kommunikationsinhalt wollen wir je nach Detaillierungsstufe wie in Abb. 2/30 nur den Zugriffstyp (lesend, schreibend) von Funktionen auf Informationsobjektklassen oder auch die betroffenen Merkmalsklassen angeben, die zwischen Funktion und Informationsobjektklasse ausgetauscht werden (können).

Die Ausführung von Funktionen kann von externen Ereignissen, wie z.B. der Ausführung anderer Funktionen abhängen. Es ergeben sich danach ggf. Funktionsketten oder Funktionsnetze. Werden Funktionen, insbesondere Elementarfunktionen, Informationsobjekte, zwischen kommunizierenden Partnern austauschbare Informationen und alle im gegebenen Zusammenhang relevanten Kommunikationspartner in einer Darstellung zusammengefaßt, so spricht man auf der hier gegebenen Betrachtungsebene von einem **Kommunikationsdiagramm**. Ein Beispiel für ein derartiges Kommunikations(-teil-)diagramm für das VHS-Beispiel zeigt die Abb. 2/31 für den Vorgang Kursanmeldung. Der Vorgang läßt sich auch als Geschäftsprozeß bezeichnen, der sich nach einer ersten Strukturierung auch modellieren läßt (Geschäftsprozeßmodellierung bzw. business process modelling).

Der Vorgang "Kursanmeldung" wird durch einen Angestellten der VHS angestoßen, nachdem sich ein Teilnehmer angemeldet hat. Der Vorgang greift auf die Informationsobjektklasse (IOK) "Kurse" zu. Nach der Aktivität "Eintragung" erfolgt durch das System eine "Überprüfung", die entweder zu einer "Absage" oder zu einer "Bestätigung" führt. Das Ergebnis wird dem Teilnehmer mitgeteilt. Bei einer Bestätigung wird die "Teilnehmerliste" erweitert und ein "Teilnehmerausweis" für den sich anmeldenden Teilnehmer ausgestellt. Die Bestätigung führt weiterhin zu einem neuen Vorgang, der die Abwicklung der Zahlung der Kursgebühren beinhaltet. Die durchgezogenen Linien kennzeichnen den logischen Ablauf der Aktivitäten, die unterbrochenen Linien geben Informationsflüsse an.

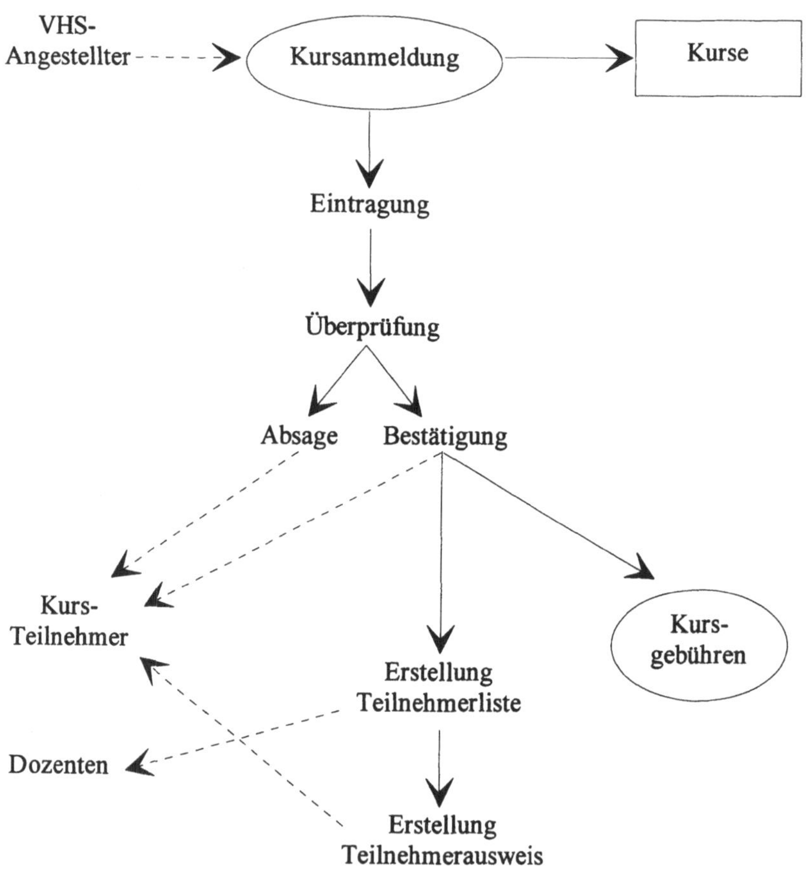

Abb. 2/31. Kommunikations(-teil-)diagramm für das VHS- Beispiel Kursanmeldung

Kommunikationsstrukturmodelle (KSM) haben die Aufgabe, Prozeß- bzw. Kommunikationsabläufe in einer Organisation zu beschreiben, die auf Informations- bzw. Datenflüssen basieren. Beschreibungsmöglichkeiten sind beispielsweise durch Datenflußansätze gegeben, wie z.B. SADT (Structured Analysis and

Design Technique)[7] und auf weiteren Betrachtungsebenen die Strukturierte Analyse (SA).[8] Grundlegende Konzepte zum Aufbau von Informationsflüssen bzw. Kommunikationsabläufen bieten Petri-Netze[9] und Informationskontrollnetze (Information Control Nets - ICN), mit dem sich allgemein Vorgangsbearbeitungsprozesse in Bürosystemen modellieren lassen. Es läßt sich bereits an dieser Stelle leicht feststellen, daß zwischen den Strukturmodellen ISM, FSM und KSM enge Beziehungen und Verflechtungen bestehen. Die Integration in einem geschlossenen gemeinsamen Strukturmodell ist sinnvoll. Ein ganzheitlicher Strukturierungsansatz zur Entwicklung eines integrierten Informationssystems ist sehr zu empfehlen.

2.3.4 Die Zusammenfassung der Komponenten zu einem Informations- und Kommunikationsstrukturmodell (IKSM)

Die oben getrennt vorgestellten drei Strukturmodelle, das **Informationsstrukturmodell (ISM**, vgl. Abschnitt 2.3.1), das **Funktionsstrukturmodell (FSM**, vgl. Abschnitt 2.3.2) und das **Kommunikationsstrukturmodell (KSM**, vgl. Abschnitt 2.3.3), lassen sich in einem Gesamtmodell zusammenstellen, das wir als **Informations- und Kommunikationsstrukturmodell (IKSM)** bezeichnen. Dieses Gesamtmodell IKSM, bei dem hier das Informationsstrukturmodell im Vordergrund steht, dient als erste Abbildung eines Realitätsausschnitts zum Aufbau eines Anwendungs- bzw. Fachkonzepts (hier für eine Datenbank), das noch unabhängig vom EDV-Einsatz zu sehen ist. Bei der Entwicklung der einzelnen Komponenten haben wir durch die systematische Vorgehensweise bereits schon wichtige Bedingungen zur automatischen Informationsverarbeitung und Kommunikation berücksichtigt. Dies gilt vor allem für die redundanzfreie Darstellung der Informationsobjektklassen. In der folgenden Abbildung 2/32 soll das **Gesamtmodell IKSM** mit seiner Ableitung aus dem gegebenen Problem der Realität dargestellt werden.

---

7 Vgl. Balzert (1982), S. 111ff.
8 Vgl. Ferstl/Sinz (1993), S.130ff.
9 Vgl. Ferstl/Sinz (1993), S. 19ff.

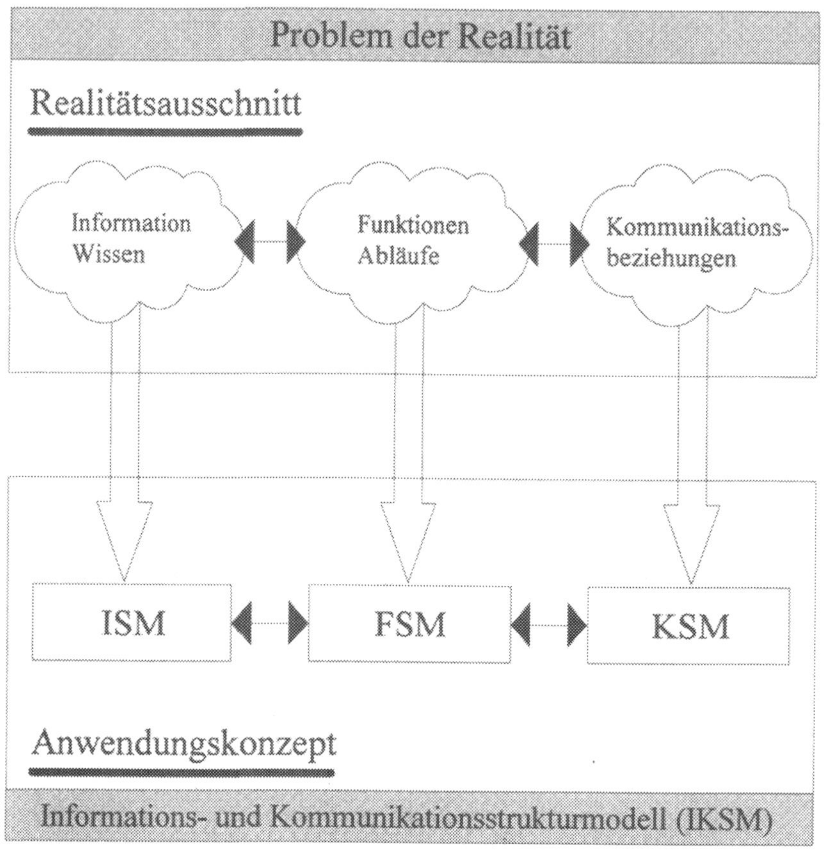

Abb. 2/32. Das Informations- und Kommunikationsstrukturmodell (IKSM), abgeleitet aus dem Problem der Realität

Kernkomponenten des Anwendungskonzepts IKSM sind:

1) das **Informationsstrukturmodell (ISM)**, gegeben durch die relevanten Informationsobjektklassen und deren Verknüpfungen, die aus den vorhandenen **Informationen** bzw. dem **Wissen** des definierten Realitätsausschnitts abgeleitet werden;
2) das **Funktionsstrukturmodell (FSM)**, das die Funktionen, Abläufe und Verarbeitungsprozeduren des realen Problems beschreibt, die auf den Informationsobjektklassen definiert sind, und
3) das **Kommunikationsstrukturmodell (KSM)**, das die Kommunikationsbeziehungen durch die Prozeß- und Kommunikationsstrukturen zwischen den Instanzen, d.h. zwischen Menschen, Informationen und Informationsverarbeitungssystemen beschreibt.

Auf die starke Verzahnung der drei Kernkomponenten wurde bereits schon in Abschnitt 2.3.3 hingewiesen. Primär aus didaktischen Gründen wurde zunächst an einer getrennten Darstellung noch festgehalten, die eine hilfreiche Sicht auf **Daten** bzw. **Informationen,** auf **Funktionen** bzw. **Prozesse** und auf **Kommunikationsabläufe** gewährleisten. Hierbei steht, wie bereits schon an vielen Stellen betont wurde, die datenorientierte Sichtweise, d.h. der Aufbau des Informationsstrukturmodells im Vordergrund. Eine Verschmelzung der drei Sichten läßt sich in hervorragender Form durch **objektorientierte Ansätze**[10] erreichen, die sich ja gerade durch die gleichzeitige Sicht von **Informationen, Methoden** (Funktionen) und **Nachrichten** (Kommunikation) auszeichnen. Objektorientierte Entwicklungsansätze, die auch beim Aufbau von Datenbanksystemen eine große Rolle spielen, werden im zweiten Band im Rahmen des Data Engineering behandelt.

Das IKSM soll als ein erstes Anwendungs- bzw. Fachkonzept die Grundlage für ein computergestütztes Informations- und Kommunikationssystem (IKS) bieten (vgl. hierzu die Ausführungen in Kapitel 1 und die Abb. 1/1 und 1/4). Das allgemeine Konzept eines IKS, das beim Aufbau eines realen technischen Systems zur Orientierung dienen soll, wird im folgenden Abschnitt dargestellt.

2.3.5 Das allgemeine Konzept eines computergestützten Informations- und Kommunikationssystems (IKS)

Jede Organisation, sei es eine Unternehmung, eine Verwaltung im öffentlichen Bereich, ein Verband oder ein Verein, läßt sich, unabhängig von ihrer Größe, als **Informations- und Kommunikationssystem (IKS)** beschreiben. In der Einleitung (Abschnitt 0.1) haben wir bereits ein betriebliches IKS dadurch beschrieben, daß es zur Abbildung der Leistungsprozesse und Austauschbeziehungen im Betrieb und zwischen dem Betrieb und seiner Umwelt dient und daß es aus **Menschen** und **Information** besteht. Die Informationen werden ziel- und aufgabengerecht verarbeitet und ausgetauscht. Die Verarbeitungs- und Übertragungsprozesse lassen sich durch EDV-Systeme ausführen (computergestützte Informations- und Kommunikationssysteme), die wir auch als **IuK-Systeme bzw. -Techniken** bezeichnen. Das Zusammenspiel der drei Komponenten eines **IKS (Informationen, Menschen und IuK-Systeme bzw. -Techniken)** wird in der folgenden Abb. 2/33 skizziert.

---

[10] Vgl. Ferstl/Sinz (1993), S. 135ff.; Heilmann (1993); Kemper/Moerkotte (1993); Vetter (1993).

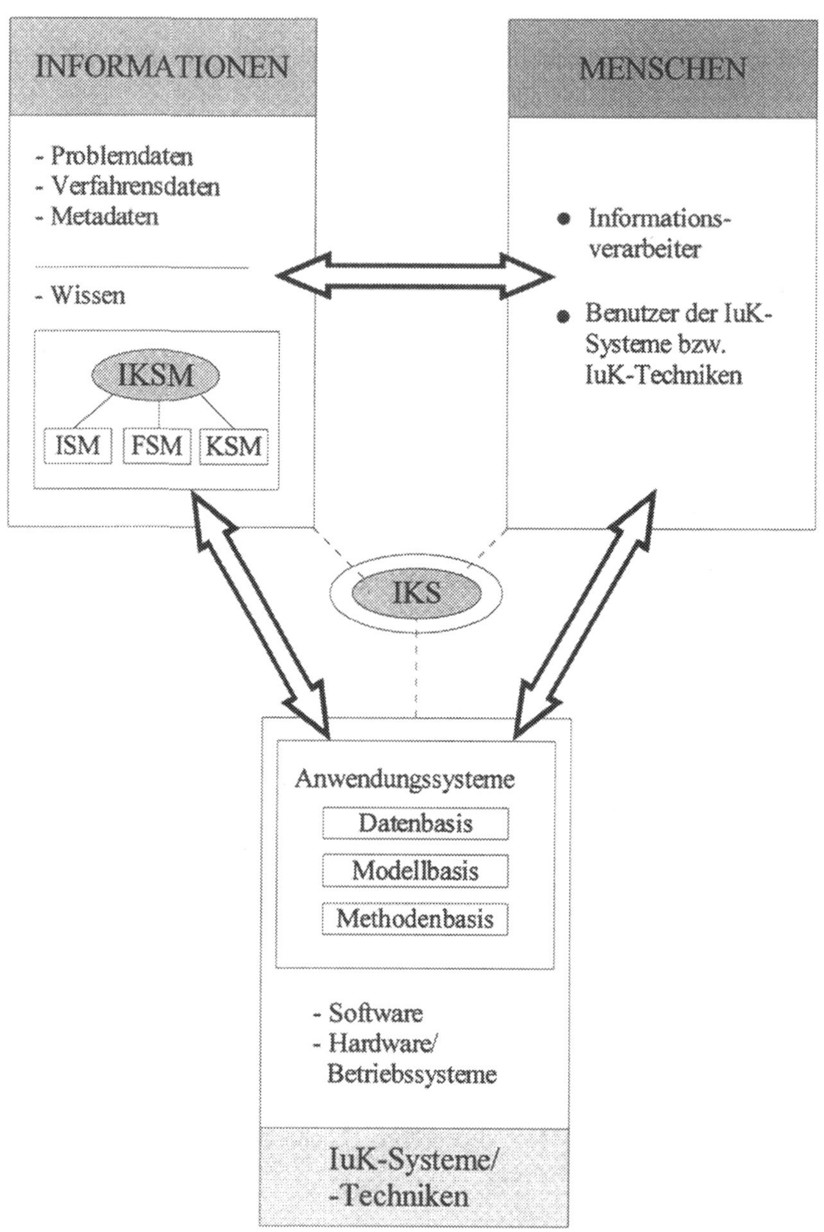

Abb. 2/33. Allgemeines Konzept eines Informations- und Kommunikationssystems (IKS)

Die **Informationen** stellen die Problemdaten dar, enthalten jedoch auch Informationen zur Verarbeitung der Daten (Verfahrensdaten, Metadaten). Allgemein könnte man die Informationen auch als Wissen über die Aufbau- und Ablauforganisation einer Unternehmung bezeichnen. Die eigentlichen Problemdaten lassen sich auf einer ersten Stufe einer systematischen Aufbereitung, die in den vorhergehenden Abschnitten auch vorgestellt wurde, in einem **Informationsstrukturmodell (ISM)** festhalten. Verfahren, Abläufe, Prozeduren, Prozesse und Kommunikationsbeziehungen werden durch das **Funktionsstrukturmodell (FSM)** bzw. das **Kommunikationsstrukturmodell (KSM)** in systematischer Form festgelegt. Die gesamte Komponente Informationen ist über das **Informations- und Kommunikationsstrukturmodell (IKSM)** als ein erstes Anwendungskonzept für den Einsatz der EDV-Anlagen bzw. IuK-Systeme in geeigneter Form aufbereitet, d.h. das entsprechende Problem der Realität wird durch den Aufbau eines ersten Anwendungskonzepts (hier als IKSM bezeichnet) einer Lösung näher gebracht (vgl. hierzu auch Abb. 2/32 und die Darstellung des Entwicklungsprozesses in Abb. 1/4).

Die **IuK-Systeme/-Techniken** stellen die zweite Komponente des IKS dar. Sie sollen eine effiziente und wirtschaftliche Ausführung der Informationsverarbeitung und der Kommunikation gewährleisten. Die technischen Grundlagen bilden hierbei die vielfältigen Hardwaresysteme, wie vor allem Rechner unterschiedlicher Leistungsfähigkeit, Speichersysteme, Übertragungseinrichtungen (z.B. lokale Netze und Datenfernübertragungssysteme), Drucksysteme, Bildschirme und Datenerfassungsgeräte. Geeignete Systemprogramme der DV-Anlagen, insbesondere das Betriebssystem, gewährleisten den korrekten Ablauf der Anwendungsprogramme. Betriebliche Anwendungssoftwaresysteme stützen sich auf die drei Softwaresysteme Datenbasis, Modellbasis und Methodenbasis (vgl. Abb. 1/3 und die Ausführungen in Abschnitt 1.2), die aus der systematischen Aufbereitung der Informationen (z.B. über ein IKSM) entstanden sind.

Die **Menschen** als dritte Komponente eines IKS planen, steuern und kontrollieren die Informationsverarbeitungs- und Kommunikationsprozesse, um ihre Arbeiten im Unternehmen sachgerecht auszuführen. Sie sind einerseits Informationsverarbeiter, die die relevanten Informationen aufbereiten, verarbeiten, speichern und weiterleiten. Andererseits sind die Menschen Benutzer der IuK-Systeme bzw. -Techniken, die sich durch den Einsatz geeigneter Anwendungssysteme bei ihrer Arbeit unterstützen lassen. Sie arbeiten über geeignete Oberflächen bzw. Kommunikationsschnittstellen mit dem technischen System. Die Menschen tragen auch Verantwortung für die korrekte Informationsverarbeitung, die eine systematische Aufbereitung voraussetzt, und für den sinnvollen Einsatz der IuK-Systeme. Leitende Angestellte bzw. Führungskräfte entscheiden über den Aufbau und den Einsatz der IuK-Systeme im Rahmen des strategischen Informationsmanagements. Informationsverarbeitung findet auf allen Hierarchieebenen eines Unternehmens statt und für operative, administrative und strategische Aufgabenausführungen. Beim Menschen in Unternehmungen, der über Anwendungswissen (Problemwissen) verfügt, wird bei Nutzung von IuK-Systemen ein bestimmtes technisches Wissen vorausgesetzt. Beim Aufbau und der Integration von IuK-Systemen soll der Benutzer miteinbezogen werden (Partizipation).[11]

Die **systematischen Informations- und Kommunikationsstrukturierung** (Kapitel 2), die mit dem Aufbau eines Informations- und Kommunikationsstrukturmodells (IKSM) endet und ein erstes Konzept für ein computergestütztes Informations- und Kommunikationssystem vorlegt, liefert eine nützliche Grundlage für das weitere Arbeiten. Unabhängig vom später zu erfolgenden EDV-Einsatz haben wir die Informationen aufbereitet und ein **Anwendungs- bzw. Fachkonzept** entwickelt. Dieses Konzept, das wir als IKSM aufgebaut haben, bietet selbstverständlich die Basis zur Erstellung des **Systemkonzepts**, wobei hier das Datenmodell im Vordergrund steht, das im folgenden dritten Kapitel behandelt wird.

Die Informations- und Kommunikationsstrukturierung gilt auch als ein hervorragendes **Instrument zur Analyse der Informationsverarbeitungs- und Kommunikationsprozesse** in Unternehmen, mit dem Schwachstellen aufgedeckt und Verbesserungen durchgeführt werden. Unabhängig von einer angestrebten Automatisierung der Informationsverarbeitung und von einem Einsatz der IuK-Systeme/-Techniken lassen sich Informations-, Funktions und Kommunikationsanalyse zum Aufbau bzw. zur Verbesserung einer Unternehmensorganisation nutzen. Bei der Verbesserung der Prozesse spricht man von einer Geschäftsprozeß"optimierung" im Rahmen eines "business process redesign", wobei der Optimierungsbegriff als Verbesserung eines Zustandes zu deuten ist. "Die Umgestaltung und Weiterentwicklung bestehender betrieblicher Informations- und Kommunikationssysteme (IKS) ist ein wichtiges Aufgabengebiet in Praxis und Forschung der Wirtschaftsinformatik. Derzeit werden hierzu verschiedene Reengineering-Ansätze diskutiert, die ... . Das Spektrum möglicher Umgestaltungsmaßnahmen reicht von der einfachen Nachdokumentation und Restrukturierung alter Programmsysteme bis hin zur vollständigen Überarbeitung des eigentlichen Unternehmensziels oder Geschäftszwecks."[12] Ein Ansatz ist das Business Process Reengineering.[13] Viele Unternehmensberater sehen hier ein interessantes Arbeitsfeld, in dem sie erfolgreich tätig sind.

Mit der Datenmodellierung, die im folgenden Kapitel 3 behandelt wird, betreten wir bereits den EDV-Bereich, d.h. die Komponente IuK-Systeme/-Techniken in unserem IKS tritt stärker hervor (vgl. Abb. 2/33, ebenso die Ausführungen zum Entwicklungsprozeß in Abschnitt 1.3 und die Abb. 1/4). Im Vordergrund unserer weiteren Betrachtungen steht das Informationsstrukturmodell (ISM), das zum Aufbau einer Datenbasis genutzt wird. In der Praxis geht die Informationsstrukturierung (vgl. Kap. 2) i.d.R. fließend in die Datenmodellierung (vgl. Kap. 3) über.

---

11 Vgl. Mumford/Welter (1984).

12 Pietsch/Steinbauer (1994), S. 502.

13 Vgl. Pietsch/Steinbauer (1994).

2.4 Übungsaufgaben zur Informations- und Kommunikationsstrukturierung

Aufgabe 2-1: Beschreiben Sie den Unterschied zwischen einem Informationsobjekt und einer Informationsobjektklasse und geben Sie ein Anwendungsbeispiel.

Aufgabe 2-2: Beschreiben Sie die Ihnen bekannten Informationsobjektklassen STUDENTEN und VORLESUNGEN der Hochschule durch problemrelevante Merkmalsklassen.

Aufgabe 2.3: Geben Sie Beispiele für die Aggregation von Merkmalsklassen.

Aufgabe 2-4: Qualifizieren Sie die folgenden Verknüpfungen zwischen Informationsobjektklassen aus verschiedenen Anwendungsbereichen und erläutern Sie Ihre Festlegungen:

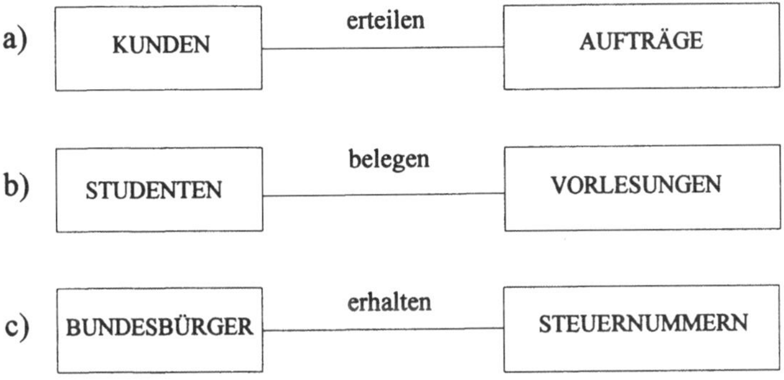

Aufgabe 2-5: Überlegen Sie sich ein Beispiel dafür, daß eine Verknüpfung zwischen zwei Informationsobjektklassen in einem anderen Zusammenhang als eigene Informationsobjektklasse modelliert werden kann.

Aufgabe 2-6: Erklären Sie die IOK-Definitionsregeln anhand eines ausgewählten Beispiels.

Aufgabe 2-7: Überprüfen Sie den folgenden Ausschnitt eines Informationsstrukturmodells und korrigieren Sie die Ihrer Meinung nach vorhandenen Fehler. Begründen Sie Ihre Entscheidung.

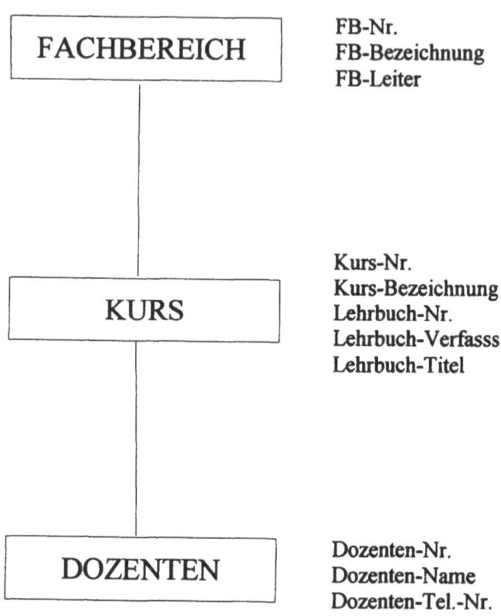

Aufgabe 2-8: Der Vorsitzende eines Turnvereins schreibt: "Unser Verein hat 195 Mitglieder, 162 davon sind aktiv und nehmen auch meistens am Training teil. Das Training findet für die männlichen Mitglieder dienstags und donnerstags in der Kaiserhalle statt. Die weiblichen Mitglieder können montags in der Kaiserhalle und freitags in der Stadionhalle trainieren. Für das Training sind unsere drei Trainer, Herr Reck, Frau Boden und Herr Bock zuständig." Entwickeln Sie ein Informationsstrukturmodell für den Trainingsbetrieb und stellen Sie dar, ob und ggf. welche weiteren Informationen Sie benötigen.

Aufgabe 2-9: Geben Sie an, in welchem Zusammenhang Informationsobjektklassen und Funktionen stehen. Geben Sie ein Anwendungsbeispiel.

Aufgabe 2-10: Zergliedern Sie die Funktion GRUNDDATENBEARBEITUNG des VHS-Beispiels (vgl. Abb. 2/29) bis auf die Ebene der Elementarfunktionen.

Aufgabe 2-11: Beschreiben Sie die Zusammenhänge des Funktionsstrukturmodells (FSM) und des Kommunikationsstrukturmodells (KSM).

Aufgabe 2-12: Erstellen Sie ein Informationsstrukturmodell für das VHS-Beispiel auf der Basis der Informationen aus den Abb. 2/2 und 2/8, ggf. ergänzt um entsprechend begründete zusätzliche Festlegungen.

Aufgabe 2-13: Überlegen Sie, welche Kommunikationsform(en) und Informationsmedien für die Funktion INFORMATIONSDIENST im VHS-Beispiel in Frage kommen.

Aufgabe 2-14: Entwickeln Sie ein Kommunikationsstrukturmodell für eine VHS, die mit modernen Informations- und Kommunikationstechniken ausgerüstet ist. So sollen z.B. Informationen über ein BTX-System abrufbar sein und auch die Anmeldung soll über das BTX-System möglich sein. Welche Funktionen lassen sich für den Benutzer definieren, der an VHS-Kursen interessiert ist?

Aufgabe 2.15: Diskutieren Sie die grundlegenden Zusammenhðnge zwischen den Komponenten ISM, FSM und KSM in einem IKSM (vgl. Abb. 2/32). Wie lðÔt sich ein objektorientierter Ansatz verwirklichen?

Aufgabe 2-16: Welche Rolle spielt der Mensch innerhalb eines Informations- und Kommunikationssystems (IKS)? Was versteht man unter Partizipation?

2.5 Ausgewählte Literatur zu Kapitel 2

Ferstl, O.K.; Sinz, E.J. (1993): Grundlagen der Wirtschaftsinformatik, Band 1, München, Wien 1993.

Ferstl, O.K.; Sinz, E.J. (1993a): Geschäftsprozeßmodellierung, in: Wirtschaftsinformatik, 35. Jg., Heft 6, 1993, S. 589-592.

Fischer, J. (1992): Datenmanagement, Datenbanken und betriebliche Datenmodellierung, München, Wien 1992.

Gabriel, R. (1990): Software Engineering, in: Kurbel, K.; Strunz, H. (Hrsg.) (1990): Handbuch Wirtschaftsinformatik, Stuttgart 1990, 257 ff.

Hansen, H.-R. (1992): Wirtschaftsinformatik I, 6. Auflage, Stuttgart, Jena 1992, S. 95 ff.

Heilmann, H. (Hrsg.) (1989): Handbuch der modernen Datenverarbeitung (HMD), Heft 145, Objektorientierte Systementwicklung, 1989.

Heilmann, H. (Hrsg.) (1993): Theorie und Praxis der Wirtschaftsinformatik (HMD), Heft 170, Objektorientiertes Software Engineering, 30. Jg., 1993.

Mertens, P. (1991): Integrierte Informationsverarbeitung 1, 8. Auflage, Wiesbaden 1991.

Mertens, P.; Griese, J. (1991): Integrierte Informationsverarbeitung 2, 6. Auflage, Wiesbaden 1991.

Mumford, E.; Welter, G.: Benutzerbeteiligung bei der Entwicklung von Computersystemen, Berlin 1984.

Pietsch, W.; Steinbauer, D. (1994): Business Process Reengineering, in: Wirtschaftsinformatik, 36. Jg., Heft 5, 1994, S. 502-505.

Rauh, K.-H.; Stickel, E. (Hrsg.) (1992): Daten- und Funktionsmodellierung, Wiesbaden 1992.

Scheer, A.-W. (1991): Architektur integrierter Informationssysteme, Berlin u.a. 1991.

Scheer, A.-W. (1994): Wirtschaftsinformatik, Referenzmodelle für industrielle Geschäftsprozesse, 4. Auflage, Berlin u.a. 1994.

Vetter, M. (1990): Konzeptionelle Datenmodellierung, in: Kurbel, K.; Strunz, H. (Hrsg.) (1990): Handbuch Wirtschaftsinformatik, Stuttgart 1990, S. 383 ff.

Vetter, M. (1990a): Strategie der Anwendungssoftware-Entwicklung, 2.Auflage, Stuttgart 1990.

Vetter, M. (1993): Strategie der Anwendungssoftware-Entwicklung, 3.Auflage, Stuttgart 1993.

Vinek, G.; Rennert, P.F.; Tjoa, A.M. (1982): Datenmodellierung, Würzburg, Wien 1982.

3 Konzeptionelle Datenmodellierung

Der Entwurf, die Entwicklung und die Realisierung eines rechnergestützten Informationssystems bzw. Datenbanksystems stellen einen Abstraktions- und Konstruktionsprozeß über mehrere Ebenen dar. Im Kapitel 2 haben wir gezeigt, wie unmittelbar aus dem zu bearbeitenden Realitätsausschnitt die für die weiteren Entwicklungsschritte richtungsweisenden **Strukturmodelle** konstruiert werden können: **ISM** (Informationsstrukturmodell), **FSM** (Funktionsstrukturmodell) und **KSM** (Kommunikationsstrukturmodell), die sich in einem **IKSM (Informations- und Kommunikationsstrukturmodell)** zusammenfassen lassen (vgl. Abschnitt 2.3.4).

Die entwickelten Strukturmodelle sind anwendungsorientiert und, unabhängig von einem konkret später einzusetzenden Datenbanksystem, ein erster wichtiger Schritt zur Strukturierung des realen Problems. Ausgangspunkt ist die Festlegung von Informationsobjekten und Informationsobjektklassen und deren Verknüpfungen, die in einem Informationsstrukturmodell (ISM) festgehalten werden. Mit der Aufstellung eines ISM, eines FSM und eines KSM liegt eine erste formale Informationsverarbeitungs- und Kommunikationsstruktur vor und damit eine nützliche Basis für den weiteren Entwicklungsprozeß, bei dem der Formalisierungsgrad zunimmt. Wir nähern uns dabei immer mehr einem computergestützten Informationssystem bzw. Datenbanksystem, das schließlich auf einer Elektronischen Datenverarbeitungsanlage (EDV-Anlage) bei Einsatz eines entsprechenden Programmsystems genutzt werden kann.

Ein vorläufiges Konzept eines computergestützten **Informations- und Kommunikationssystems (IKS)**, bei dem neben der Information die Menschen als Informationsverarbeiter und Systembenutzer und die IuK-Systeme als Unterstützungssysteme eine Rolle spielen, haben wir am Ende des zweiten Kapitels (Abschnitt 2.3.5) kennengelernt.

Ein weiterer wichtiger Meilenstein in diesem Entwicklungsprozeß ist der Aufbau eines **konzeptionellen Datenmodells**, der im folgenden beschrieben wird. Das konzeptionelle Datenmodell wird aus dem Informations- und Kommunikationsstrukturmodell (IKSM) abgeleitet, wobei vor allem das Informationsstrukturmodell (ISM), d.h. die Datensicht, im Vordergrund steht. Da ein fließender Übergang zwischen Strukturierung (vgl. Kap. 2) und Modellierung (die hier in Kap. 3 behandelt wird) besteht und sich eine Trennlinie nicht genau festlegen läßt, wird in der wissenschaftlichen Literatur und in der praktischen Umsetzung in der Regel keine Unterscheidung vorgenommen. Man spricht deshalb häufig nur von der Datenmodellierung und schließt dabei die Informationsstrukturierung mit ein.

Vorgestellt werden nach einer Begriffserklärung verschiedene Arten der Datenmodellierung, wobei das **Relationenmodell** im Vordergrund steht. Weiterhin werden die **Data Dictionary-Systeme** als Unterstützungssysteme zur Datenmodellierung behandelt (auf die weiteren Vorteile der Data Dictionary-Systeme wird später beim Einsatz von Datenbanksystemen eingegangen).

Die konzeptionelle Datenmodellierung ist ein wichtiger Teilbereich der Modellierung betrieblicher Informationssysteme und stellt damit eine zentrale Aufgabe der Wirtschaftsinformatik dar. Auch ganzheitliche Prozeß- und Systementwicklungsansätze im Rahmen eines Business Engineering[1] bzw. einer Geschäftsprozeßmodellierung[2] sehen in der Datenmodellierung einen Schwerpunkt.

3.1 Begriffserklärung und Abgrenzung zur Informations- und Kommunikationsstrukturierung

Das im vorhergehenden zweiten Kapitel vorgestellte **Informationsstrukturmodell (ISM)** kann auch als **semantisches Datenmodell** verstanden werden. Als **Datenmodelle** werden in der allgemeinsten Form Beschreibungen verstanden, die jedoch noch nicht die Wirklichkeit beschreiben, sondern zunächst "ein Wissen über die lebensweltliche Bedeutung (Semantik) sowie über die maschinelle Repräsentation und Manipulation von Daten"[3] darstellen. Das **Schema**, das eine Ordnungsstruktur zur Verfügung stellt, soll gleichsam als Bindeglied zwischen der Realwelt einerseits und der Implementierung und Verarbeitung andererseits in einer bzw. mit Hilfe einer EDV-Anlage dienen. Bei semantischen Datenmodellen, wie sie erst gegen Ende der 70er Jahre verstärkt i.d.R. auf der Basis des **Entity-Relationship-Modells** (ER-Modell) von Chen[4] entwickelt worden sind, liegt der Schwerpunkt bei der Modellierung eindeutig auf der Seite der Realwelt[5]. Bei einem semantischen Datenmodell sind die vorgegebenen Strukturen bereits mit Daten der Realität gefüllt. Mit seiner Hilfe läßt sich - wie auch im Kapitel 2 anhand des VHS-Beispiels gezeigt - der Realitätsausschnitt im Rahmen der Informationsbedarfsanalyse bis zur Verabschiedung des Fachkonzepts präzise und weitgehend frei von technischen Details beschreiben. Die Vorgehensweise ist somit unabhängig von einem konkreten Datenbanksystem.

Ein **Entity-Relationship-Modell (ER-Modell)** wird in der Praxis sehr häufig zur Datenmodellierung eingesetzt. Als semantisches Datenmodell stellt es eine

---

1 Vgl. Österle (1995).
2 Vgl. Scheer (1994).
3 Luft (1990), S. 132.
4 Vgl. Chen (1980), Chen/Knöll (1991).
5 Vgl. Mayr/Dittrich/Lockemann (1987).

spezielle Ausprägung eines **Informationsstrukturmodells (ISM)** dar, wobei die Datenbankorientierung stärker im Vordergrund steht. Mit dem ER-Modell wird bereits eine konzeptionelle Datenmodellierung vorbereitet, die sich dann in einem konkreten Datenmodell widerspiegelt.

Die Datenmodellierung ist eine Entwurfstechnik, man spricht deshalb auch häufig bereits vom Datenbank8entwurf. Die Datenmodellierung umfaßt "die Bestimmung der Diskurswelt und ihrer Gesetzmäßigkeiten und deren Umsetzung in eine formale Beschreibung."[6] Man benötigt deshalb Beschreibungsformalismen, die wir allgemein als Datenmodelle bezeichnen. Ein Beispiel für ein Datenmodell ist das hier in Kapitel 3 im Vordergrund stehende Relationale Modell, das sich leicht aus dem ER-Modell ableiten läßt.

Nach Lockemann und Radermacher[7] gehen Datenmodelle aus unterschiedlichen Sichtweisen hervor. Sie unterscheiden dabei

- die semantischen bzw. systemanalytischen Modelle, denen eine systemanalytische Sichtweise zugrundeliegt, so z.B. Semantische Netze und die Entity Relationship-Modelle;
- die softwaretechnischen Modelle aus der softwaretechnischen Sichtweise, wie z.B. abstrakte Datentypen und Petrinetze, und schließlich
- die logischen Datenmodelle, deren Hauptvertreter die relationalen Modelle darstellen.

Das ER-Modell benutzt als semantisches Modell eine eigene Modellsprache: Unterscheidbare Dinge bzw. Objekte werden als "**entities**" bezeichnet, die in einem "**entity type**" zusammengefaßt werden können. Zwischen den "entities" können Beziehungen bestehen, die "**relationships**", die wiederum in "**relationship types**" zusammengefaßt werden können. "Entities" und "relationships" besitzen Eigenschaften, die sogenannten Attribute. ER-Modelle lassen sich durch **ER-Diagramme** darstellen. Das ER-Modell ist somit als semantisches Modell ein ausgereiftes ISM, das die Basis zum Aufbau eines logischen Modells bildet. Das ER-Modell hat sich in letzter Zeit zu einem Standardmodell der semantischen Modellierung entwickelt, da es eine relativ einfache Struktur besitzt.[8]

---

6 Lockemann/Radermacher (1990), S. 4.

7 Vgl. Lockemann/Radermacher (1990), S. 7ff.

8 ER-Modelle sollen hier nicht weiter behandelt werden, da ihre Konzepte bereits Gegenstand von Kapitel 2 waren. Zu ER-Modellen bzw. zu ihren Erweiterungen vgl. z.B. Sinz (1990).

Die **konzeptionellen Datenmodelle**, die wir in diesem Kapitel betrachten werden, sind zwar ebenfalls noch unabhängig von der physischen Repräsentation der damit modellierten Daten und Datenbeziehungen, gehören jedoch nicht mehr zu den semantischen, sondern zu den **logischen Datenmodellen**, deren Ergebnisse häufig auch - besonders im Zusammenhang mit der Architektur von Datenbanksystemen (vgl. Kap. 5) - als **konzeptionelle Schemata** bezeichnet werden. Da mit einem solchen Modell die Konzeption für die möglichst gesamte Datenhaltung eines Unternehmens (vgl. hierzu die Beschreibung der Unternehmensdatenmodelle in Kapitel 4) noch immer auf logischer Ebene festgelegt wird, können die Begriffe logisches und konzeptionelles Modell u.E. durchaus gleichwertig verwendet werden.

Einen Überblick über den Entwicklungsprozeß und eine Einordnung des konzeptionellen Modells gibt Abb. 3/1.[9] Mit dem physischen Datenmodell, d.h. mit der Datenbank selbst, beschäftigen wir uns im zweiten Band. Dort wird der gesamte Entwicklungsprozeß behandelt (auch data engineering, data systems engineering oder database engineering genannt). Der gesamte Prozeß schließt auch den Einsatz mit Wartung und Pflege des Datenbanksystems mit ein und beinhaltet ebenso seine Validierung und Verifikation.

---

9 Eine ähnliche Vorgehensweise bei der Modellierung findet sich bei Lockemann/Radermacher (1990), S. 5f.

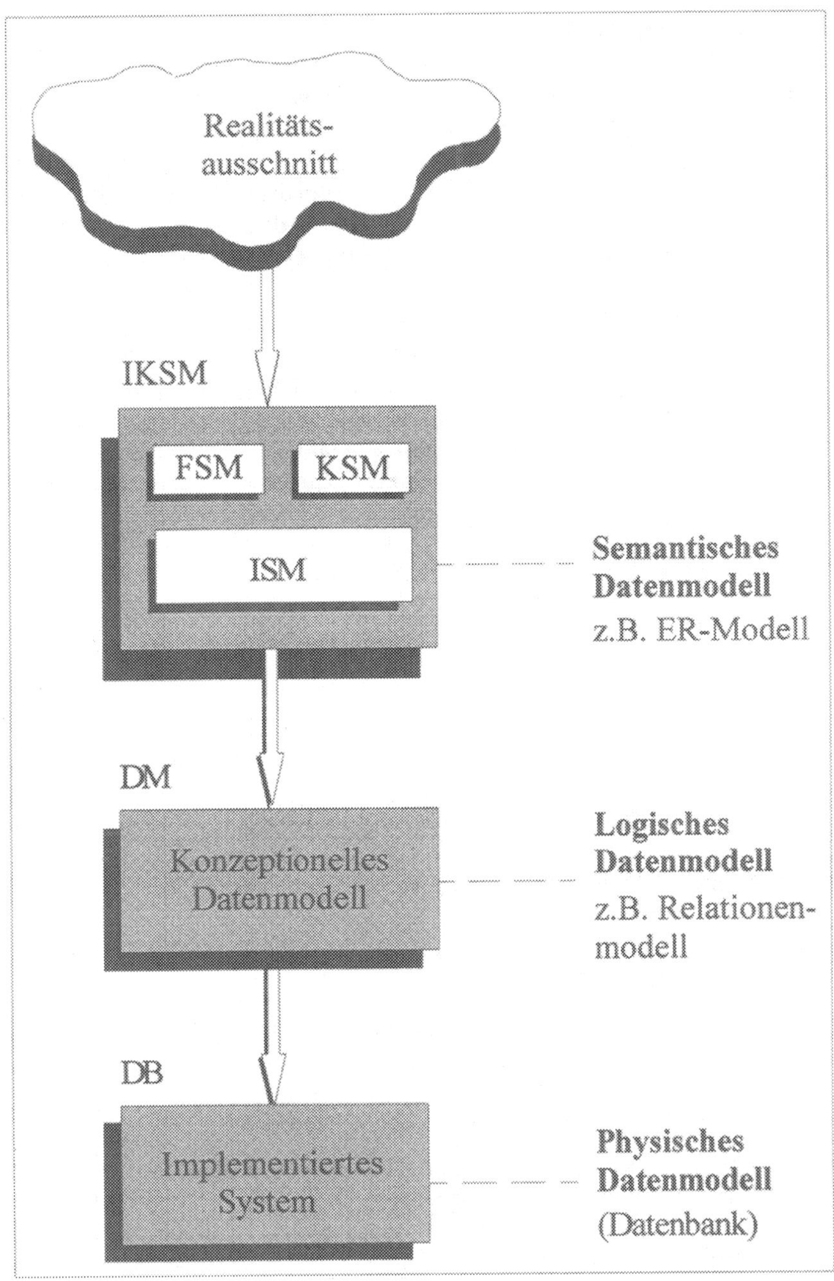

Abb. 3/1. Entwicklung eines Datenbanksystem-gestützten Informationssystems

Das logische Datenmodell (z.B. in Form eines Relationenmodells) läßt sich unmittelbar aus dem Informationsstrukturmodell (ISM) ableiten, das z.B. in gut aufbereiteter Form als ER-Modell vorliegt. Viele beim ISM zum Teil eher intuitiv eingehaltene Regeln werden wir entsprechend beim Aufbau eines Relationenmodells in Abschnitt 3.3 - jetzt mathematisch fundiert - wiedererkennen. Basis für das Verständnis und die konsequente Nutzung beliebiger konzeptioneller Datenmodelle ist jedoch der auf dem Datenbegriff aufbauende Begriff des Datenobjekts. Mit Datenobjekten befaßt sich deshalb ausführlich der Abschnitt 3.2. Im Abschnitt 3.4 werden wir dann mit der Vorstellung von Data Dictionary-Systemen die notwendigen Werkzeuge zur Beherrschung der sich aus der konsequenten konzeptionellen Datenmodellierung ergebenden Komplexität kennenlernen. Sie bilden gleichzeitig, wie Kapitel 4 zeigen wird, die Grundlage für die praktische Arbeit mit dem Ziel, unternehmensweite Datenmodelle aufzubauen. Sprachen wir bisher (in Kapitel 2) allgemein von Informationen und Informationsobjekten, so behandeln wir nun eine konkretere Repräsentationsform bezüglich der aufzubauenden Datenbanksysteme, nämlich die Daten und Datenobjekte.

3.2 Datenobjekte

In der Einleitung (Abschnitt 0.1) haben wir bereits Daten als "Information in einer maschinell verarbeitbaren Form" kennengelernt. Daten (von lat. datum = gegeben) sind Dinge, die durch Datenverarbeitungsanlagen (DV-Anlagen) verarbeitet werden. Die Verarbeitungsvorschriften werden durch Algorithmen bestimmt, die in der DV-Anlage durch Programme gegeben sind. Die Daten spielen (neben den Algorithmen) eine zentrale Rolle in der Informatik und vor allem in der Programmierung und sollen deshalb hier näher betrachtet werden.

Im November 1988 wurde vom Normenausschuß Informationsverarbeitungssysteme im Deutschen Institut für Normung e.V. die DIN 44300 mit dem Titel "Informationsverarbeitung - Begriffe" veröffentlicht, die wir im folgenden zugrunde legen. Danach sind **digitale Daten** sinngemäß Gebilde aus **Zeichen**, die Information darstellen, vorrangig zum Zweck der Verarbeitung oder als deren Ergebnis (vgl. [DIN 44300: 2.1.13, 2.1.14]). Die in den Daten vorkommenden Zeichen gehören einer bestimmten Zeichenmenge an, so z.B. der Menge der Ziffern, der Buchstaben oder der Sonderzeichen (man spricht auch von numerischen, alphabetischen und alphanumerischen Zeichen). Da die Zeichen diskrete Werte darstellen, nennt man sie auch digitale (ziffernhafte) Zeichen. Auch lassen sich Zeichen als Symbole verstehen, wobei auch eine Folge von Zeichen, d.h. Wörter und sogenannte Wortfolgen, als Symbole benutzt werden können.

Die Art des Aufbaus der digitalen Daten - nachfolgend immer nur als Daten bezeichnet - wird mit dem Begriff der **Daten-Bauart** beschrieben (vgl. [DIN 44300: 3.1]). Die Zusammenfassung von Daten, die Ausprägung einer mehr oder weniger komplexen Daten-Bauart sind, zu einer Einheit wird **Datenobjekt** genannt. Die Datenobjekthierarchie in Abb. 3/2 zeigt, daß Datenobjekte unterschiedliche Strukturen aufweisen und auch selbst wieder aus Datenobjekten bestehen können.

Datenfeld	"Eine Daten-Bauart, deren Ausprägungen in gegebenem Zusammenhang als elementar angesehen werden und die Informationen darstellen, die in demselben Zusammenhang ebenfalls als elementar angesehen wird".
Feldgruppe	"Eine Daten-Bauart, die durch Zusammenfassung von Datenfeldern oder von Datenfeldern und Feldgruppen oder von Feldgruppen zustande kommt. Die konstituierenden Daten-Bauarten können verschieden oder sich wiederholend gleich sein".
Satzart	"Eine Daten-Bauart, die Datenfelder oder Feldgruppen zu einer Einheit zusammenfaßt. Die Ausprägung einer Satzart heißt Datensatz".
Satzartgruppe	"Eine Daten-Bauart aus Satzarten zusammen mit einem besonderen Bildungsgesetz, das angibt, wie zulässige Ausprägungen der Satzartgruppe aus Ausprägungen der konstituierenden Satzarten entstehen. Die Ausprägung einer Satzartgruppe heißt Satzgruppe".
Datei	"Datenobjekt, das Ausprägung einer Daten-Bauart ist und das weiteren Vorschriften gen[illegible] [illegible] [illegible]aten-Bauart zusammen mit den weiteren Vorschriften heißt Dateityp. Für die Daten-Bauart ist bestimmend, daß Ausprägungen einer oder mehrerer Satzarten oder einer oder mehrerer Satzartgruppen oder Kombinationen davon zu einer Einheit zusammengefaßt werden. Die weiteren Vorschriften regeln nach Gesichtspunkten des Sachbezugs oder der Verarbeitungsweise, welche dieser Ausprägungen der Zusammenfassung unterworfen werden".

Abb. 3/2. Datenobjekthierarchie [Quelle: DIN 44300, Teil 3]

Bei den verschiedenen Datenobjekten innerhalb der Datenobjekthierarchie spricht man auch von Gattungen der Datenobjekte. Wir benutzen nun bereits DV-technische Fachbegriffe, die sich jedoch anschaulich an Beispielen erklären lassen.

Erinnern wir uns noch einmal an die Informationsobjektklassen (IOKs) aus dem Informationsstrukturmodell (ISM) in Kapitel 2. Aus der IOK TEILNEHMER können wir dann beispielhaft einmal konkrete Datenobjekte ableiten und deren Gattung entsprechend der in Abb. 3/2 gegebenen Definition festlegen (vgl. Abb. 3/3).

Datenobjekt	Gattung
IOK TEILNEHMER	Satzart
Teilnehmernummer	Datenfeld
Nachname	Datenfeld
Vorname	Datenfeld
Postleitzahl	Datenfeld
Ort	Datenfeld
Straße	Datenfeld

Abb. 3/3. IOK TEILNEHMER in Form von Datenobjekten

Offenbar kann man allgemein davon ausgehen, daß nach einer konsequenten ISM-Entwicklung die Umsetzung in Datenobjektgattungen relativ einfach ist. So entspricht einer IOK eine Satzart und einer Merkmalsklasse ein Datenfeld. Einem Informationsobjekt entspricht dann ein Datensatz als Ausprägung der Satzart. Aus einem ISM entwickelt sich zwangsläufig eine mehrstufige Datenobjekthierarchie. Die den Informationsobjekten (IOs) entsprechenden Datensätze können dann in einer Datei zusammengefaßt werden. Die Umsetzung der IOK TEILNEHMER führt also zu einer Teilnehmerdatei mit Datensätzen der Satzart Teilnehmer und den Datenfeldern Teilnehmernummer, Nachname, Vorname, Postleitzahl, Ort, Straße. Durch geeignete Zusammenfassungen von Datenfeldern lassen sich Feldgruppen definieren, so z.B. die Feldgruppe Anschrift mit den Datenfeldern Postleitzahl, Ort, Straße.

Verknüpfungen von Datenobjekten auf Dateiebene ergeben sich zunächst aus den bereits bekannten Verknüpfungen zwischen IOKs. Eine Methodik zur Zuordnung von Datenobjekten zu Satzarten und zur Verknüpfung von Dateien bzw. zur Auflösung von sogenannten komplexen Verknüpfungen wird in Abschnitt 3.3 behandelt.

Neben den bisher überwiegend betrachteten anwendungsorientierten Gesichtspunkten bei der Modellierung des Realitätsausschnitts und der folgenden Umsetzung in Datenobjekte ergibt sich nun eine zusätzliche Dimension in Form der sogenannten **Metadaten**. Mit Metadaten bezeichnet man Daten über Daten, d.h. höhere, klassifizierende, beschreibende Angaben zu jedem einzelnen Datenobjekt. Eine Klassifizierungsmöglichkeit in Form der Datenobjektgattung haben wir bereits kennengelernt. Datenobjekte treten entweder als Variablen oder als Konstanten auf. Einfache Datenobjekte lassen sich durch einen Namen, einen Wertebereich und durch ihren aktuellen Wert definieren. Der Wertebereich läßt sich durch den Datenobjekttyp bzw. Datentyp beschreiben. Die vollkommenste Sammlung aller sinnvollerweise für ein Datenobjekt festzuhaltenden Angaben in Form von Datenattributen enthält die 1985 herausgegebene DIN 66232 "Datendokumentation" [DIN 66232]. Die Wichtigkeit und Notwendigkeit der Metadaten werden wir später eingehend im Rahmen der Data Dictionary-Systeme behandeln (vgl. Abschnitt 3.4).

Aus der DIN-Norm läßt sich mit den Darstellungsmitteln für ISMs jetzt eine Metadaten-Beziehungsstruktur für Datenobjekte ableiten (vgl. Abb. 3/4). Datenobjekte lassen sich näher kennzeichnen durch Angabe ihrer

- Instanzen,
- Datentypen,
- Formate und
- Prüfbedingungen.

Dabei sind Instanzen jedwede aktiv auf die Datenobjekte wirkenden Einheiten, z.B. Organisationseinheiten, Dienststellen, Personen, IV-Verfahren, Programme. Der Datentyp dient zur Angabe des Typs des Datenobjekts bezogen auf den Dateninhalt, z.B. ganzzahlig, alphabetisch, Zeiger, Vektor, Datum, Uhrzeit. Mit Hilfe der Formatangabe kann für jede Verwendungsart des Datenobjekts, z.B. im Rahmen einer Bildschirmmaske, einer Druckliste, eines Formulars bzw. einer Datenbank, festgelegt werden, welche Darstellung jeweils im gegebenen Zusammenhang möglich ist. Eine Formatvorschrift für einen Zahlenwert könnte z.B. durch die Anzahl der Nachkommastellen gegeben sein. Die Prüfbedingungen dienen zur Erhaltung der Datenkonsistenz, hier beispielsweise zur Sicherung der Übereinstimmung der Werte gespeicherter Daten mit dem im modellierten Realitätsausschnitt tatsächlich zulässigen Wertebereich.

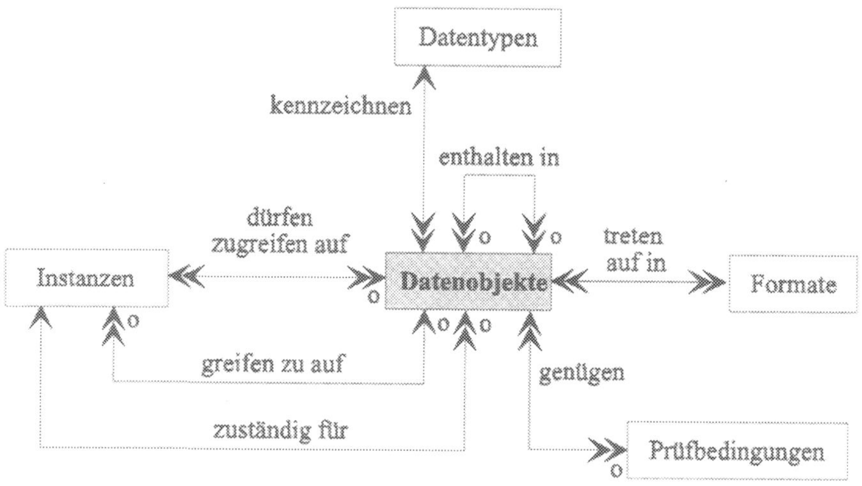

Abb. 3/4. Beispiel für Metadaten-Beziehungen gemäß DIN 66232

Betrachten wir zur Erläuterung der Abb. 3/4 erneut das VHS-Beispiel. Das Datenobjekt, das die Fälligkeit einer Kursgebühr bezeichnet, soll den Namen FÄLLIGKEIT erhalten. Dann ist die Instanz, die dafür zuständig ist, daß das Datenobjekt FÄLLIGKEIT einen korrekten Wert beinhaltet, der für den Teilnehmer zuständige VHS-Angestellte. Zugreifen dürfen jedoch auch der Buchhalter z.B. für Auskunftszwecke und das Lastschriftprogramm, das monatlich einmal eingesetzt wird, um Einzüge vorzubereiten. Die genannten Instanzen sind jedoch auch mit anderen Datenobjekten verknüpft. So ist der VHS-Angestellte auch für die Datenobjekte zur Teilnehmerkontoverbindung verantwortlich, auf die wiederum ebenfalls der Buchhalter zugreifen darf und das Lastschriftprogramm zugreift.

FÄLLIGKEIT ist vom Datentyp DATUM, der wiederum auch dem Datenobjekt ANMELDEDATUM zugeordnet ist. FÄLLIGKEIT kann auch als zusammengesetztes Datenobjekt betrachtet werden mit den "Unterobjekten" TAG, MONAT, JAHR. FÄLLIGKEIT selbst ist Bestandteil der Satzart KURSBELEGUNG.

Intern läßt sich das Fälligkeitsdatum zur besseren Sortier- und Vergleichsfähigkeit in der Form JJJJMMTT und auf der Auskunftsmaske für den Buchhalter in der besser lesbaren Form TT.MM.JJJJ ausweisen, wobei jeweils JJJJ für die Jahresangabe, MM für die Monatsangabe und TT für die Tagesangabe steht. Natürlich können beide Formate auch noch mit anderen Datenobjekten verknüpft sein.

Sogenannte Basisprüfbedingungen für FÄLLIGKEIT ergeben sich aus dem Datentyp selbst, z.B. muß die zweistellige Monatsangabe zwischen 1 und 12 liegen. Zusätzlich darf beispielsweise das Fälligkeitsdatum nicht vor dem

Anmeldedatum des Teilnehmers liegen. Auf der anderen Seite gelten für andere Datenobjekte vom Datentyp DATUM gleiche Basisprüfbedingungen.

Eine geläufige Einteilung der Datentypen im Zusammenhang mit der Programmierung (so z.B. in der Sprache PASCAL) ist die in elementare und strukturierte Datentypen. Die elementaren Datentypen sind die Zeichen (character), die Zahlen (ganze (integer) und reelle (real) Zahlen) und boole'sche Größen (boolean), mit den beiden Wahrheitswerten 'wahr' oder 'falsch'. Zu den strukturierten Datentypen gehören z.B. Felder (Arrays) und Sätze (Records).

Die DIN 66232 enthält insgesamt 36 Datenobjektattribute, die in die folgenden 8 Gruppen zusammengefaßt sind:

Bezeichnung, Bedeutung, Darstellung, Inhalt, Zugriff, Zuständigkeit, Sicherung, Zuordnung.

Die Verwaltung dieser Metadaten und insbesondere der Metadaten-Beziehungen ist eine Aufgabe, die ohne Automationsunterstützung in der Praxis nur geringe Aussicht auf Erfolg besitzt. Neben den von einigen DV-Abteilungen entwickelten eigenen Datenlexika gibt es als Standardsoftware für diese Aufgaben bereits seit den 60er Jahren sogenannte Data Dictionary-Systeme, auf die wir im Abschnitt 3.4 detailliert eingehen werden.

Daten werden durch ein Programm verarbeitet, d.h. durch Operatoren in einem definierten Ablauf manipuliert. Beschreibungselemente eines DV-Programms, das sich durch einen Algorithmus definieren läßt, sind einerseits die Datenobjekte und die Operatoren und andererseits die Ablaufstrukturen für die Beschreibung des Ablaufs. Die Definition der Manipulation (der Auswertung bzw. der Verarbeitung) der Daten läßt sich zunächst mit Hilfe des Funktionsstrukturmodells (FSM, vgl. Kapitel 2) festlegen, das die Beschreibung der Ablauf- bzw. Kontrollstrukturen mit den entsprechenden Operationen beinhaltet. Für die Datenbankbenutzung wurden, wie wir ,später im zweiten Band noch feststellen werden, spezielle Datenbanksprachen mit entsprechenden DB-Operatoren und DB-Kontrollstrukturen entwickelt.

3.3 Datenmodelle

Ein **konzeptionelles bzw. logisches Datenmodell**[10] ist formaler Rahmen und Bindeglied für die Umsetzung einer in einem semantischen Datenmodell beschriebenen Informationsstruktur in eine Darstellung für ein konkretes Datenbanksystem als physisches Datenmodell (vgl. Abb. 3/1). Am Datenmodell, das von jedem einsatzbereiten, kommerziell verfügbaren Datenbanksystem angeboten wird, orientieren sich die Datenbanksystemsprachen zur Definition und Manipulation der Daten in der Datenbank. Kommerzielle Systeme werden später ausführlich im Band II behandelt. Jedes Datenbanksystem bietet ein eigenes Datenmodell an. Tatsächlich lassen sich jedoch die meisten von kommerziellen Datenbanksystemen angebotenen Modelle einem der drei schon als klassisch zu bezeichnenden Datenmodelle zuordnen. Das älteste und gleichzeitig am wenigsten zukunftsträchtige ist das **hierarchische Datenmodell**, auf das wir wegen seiner abnehmenden Bedeutung auch nur kurz in Abschnitt 3.3.2.3 eingehen. Über eine lange Zeit, insbesondere in den 70er Jahren von vielen Datenbanksystemanbietern favorisiert, wurde und wird noch immer das **CODASYL-Modell** bzw. allgemeine **Netzwerkmodell** eingesetzt, dem eine ausführliche Betrachtung in Abschnitt 3.3.2.2 gewidmet ist. Einige graphentheoretische Grundlagen, die zum besseren Verständnis der Netzwerkmodelle (vgl. Abschnitt 3.3.2) dienen, werden in Abschnitt 3.3.2.1 vorgestellt. Die derzeit größte praktische Bedeutung kommt jedoch dem im folgenden Abschnitt 3.3.1 detailliert dargestellten **Relationenmodell** zu. Weiterführende Ansätze auf der Basis **objektorientierter Datenbanksysteme** werden in Abschnitt 3.3.3 kurz vorgestellt und später im zweiten Band eingehend behandelt.

3.3.1 Relationenmodell

Das Relationenmodell wurde 1970 von Codd vorgestellt.[11] Es führte einerseits zu vielen wissenschaftlichen Untersuchungen und Veröffentlichungen, es fehlte andererseits jedoch zunächst auch an kommerziell nutzbaren Implementierungen. Vielleicht machte dies den Reiz der Beschäftigung mit diesem lange Zeit als bloße "Schreibtisch-Entwicklung" betrachteten Datenmodell aus.

---

10 Vgl. Wedekind (1981), Vinek u.a. (1982), Schlageter/Stucky (1983), Schmidt (1987), Zehnder (1989), Batini (1992).

11 Vgl. Codd (1970), (1971).

Wir wollen hier das Relationenmodell in den Vordergrund stellen, da es heute am meisten eingesetzt ist und den Aufbau eines effizienten und benutzerfreundlichen Datenbanksystems gewährleistet.[12] Die bisher vorgestellten Vorarbeiten bei der Informationsstrukturierung (vgl. Kapitel 2) lassen sich gut auf ein Relationenmodell übertragen. Wir wissen auch, daß objektorientierte Modellierungsansätze in Zukunft immer mehr an Bedeutung gewinnen. Wir werden diese deshalb im zweiten Band ausführlich behandeln.

3.3.1.1 Objekte des Relationenmodells und Tabellendarstellung

Die Objekte des Relationenmodells lassen sich direkt aus den im Kapitel 2 eingeführten IOKs ableiten, die in Tabellenform zusammengefaßt werden. Für den Benutzer stellt sich das Relationenmodell als Sammlung von Tabellen dar. Jeder IOK entspricht hier ein Relations-Typ, der durch Namen und Aufzählung der zugehörigen Attribute bestimmt ist und der vereinfachend als Relation bezeichnet wird. Die Beliebtheit beim Benutzer verdankt das Relationenmodell gerade der Tatsache, daß die Darstellung der Relationen - analog zu den IOKs - in Form von Tabellen erfolgen kann.[13] Die Spaltenüberschriften bilden die Attributnamen. Jede Zeile einer Tabelle enthält eine Ausprägung der IOK, wobei jedem der n Attribute (n Spalten) ein Wert zugeordnet wird. Man spricht hier von einem n-Tupel. Die Primärschlüssel (mehr dazu weiter unten) sind markiert. Ein Beispiel für eine Relation in Tabellendarstellung zeigt die Abb. 3/5 für die IOK DOZENTEN mit vier Attributen (4-Tupel). Die Relation DOZENTEN besitzt somit die Attributnamen DOZ_NR, NAME, VORNAME und TEL_NR. Primärschlüssel ist DOZ_NR, der markiert ist (hier fett geschrieben). Wir haben somit hier beim Relationenmodell die gleiche Darstellung in Tabellenform wie beim ISM (vgl. die zahlreichen Beispiele in Kapitel 2).

---

12 Vgl. Grill (1988); Jackson (1990); Meier (1995).

13 Weitere Vorteile neben der Tabellensicht werden später behandelt, wie z.B. mächtige, benutzerfreundliche Abfragesprachen und effiziente interne Zugriffspfade.

DOZENTEN

DOZ_NR	NAME	VORNAME	TEL_NR
15	Krause	Fritz	332456
12	Wichtig	Rita	220323
28	Krause	Peter	332456
23	Reinhardt	Carola	54110

Abb. 3/5. Beispiel für eine Relation

Für die Verknüpfungen, die im ISM als Pfeile dargestellt werden, hat das Relationenmodell kein spezielles Darstellungsmittel, d.h. auch hier werden ausschließlich Relationen, veranschaulicht als Tabellen, benutzt. Die 1:N-Verknüpfung zwischen zwei IOKs A und B wird im Relationenmodell durch zwei Relationen A' und B' realisiert, in dem die der identifizierenden Merkmalsklassenkombination der IOK A entsprechenden Attribute sowohl bei A' als auch bei B' aufgenommen werden. Während sie bei A' den sogenannten Primärschlüssel bilden, werden sie bei B' als Fremdschlüssel bezeichnet. Die M:N-Verknüpfung zwischen zwei IOKs C und D wird durch die Relationen C' und D' mit den Primärschlüsseln c' bzw. d' sowie durch die zusätzliche Relation (CD)' realisiert, die als Primärschlüssel die Kombination von c' und d' besitzt (eine weitere Erläuterung des Begriffs Primärschlüssel folgt weiter unten in diesem Abschnitt, außerdem werden wir, wie allgemein üblich, den kürzeren Begriff "Schlüssel" mitunter im Sinn von "Primärschlüssel" verwenden, wenn die Bedeutung aus dem Zusammenhang klar ist).

Betrachten wir zur Verdeutlichung der Verknüpfungsdarstellung beispielhaft die aus dem ISM der VHS (vgl. Kapitel 2) bekannten IOKs KURSANGEBOTE und TEILNEHMER, mit den jeweiligen Primärschlüsseln KURS_NR bzw. TEIL_NR. Die M:N-Verknüpfung der beiden IOKs, die die Kursbelegung darstellen soll, führt zu einer neuen Relation KURSBELEGUNGEN, die als Primärschlüssel die Kombination der beiden Primärschlüssel der zu verknüpfenden Relationen besitzt. KURS_NR und TEIL_NR bilden dann gemeinsam den Schlüssel der Relation KURSBELEGUNGEN. Abb. 3/6 zeigt dieses Beispiel in Tabellendarstellung, d.h. in drei Tabellen, die den Relationen C', D' und (CD)' entsprechen.

KURSANGEBOTE

KURS_NR	KURS_BEZEICHNUNG	KURS_UMFANG
4219	Gitarre für Anfänger I	24
4220	Gitarre für Anfänger II	24
4226	Gitarrenspielkreis	24
4227	Gitarrenzirkel	24
4228	Gitarrenspielkreis	24

TEILNEHMER

TEIL_NR	NAME	VORNAME	ERMÄSSIGUNG
124	Lerneifrig	Lisa	-
126	Wissensdurst	Willi	-

KURSBELEGUNGEN

KURS_NR	**TEIL_NR**
4219	124
4220	124
4226	126
4227	126
4228	126

Abb. 3/6. Darstellung der M:N-Verknüpfung im Relationenmodell

Die hierarchische 1:N-Verknüpfung der IOKs DOZENTEN und KURSANGEBOTE wird durch gleichnamige Relationen und die Aufnahme des Primärschlüssels der Relation DOZENTEN, der Dozentennummer, als Attribut in der Relation KURSANGEBOTE erreicht. DOZ_NR fungiert demnach als Fremdschlüssel in der Relation KURSANGEBOTE (vgl. Abb. 3/7).

DOZENTEN

DOZ_NR	NAME	VORNAME
15	Gottschalk	Lutz
12	Mörsdorf	Elvira
28	Weiß	Wolfgang

KURSANGEBOTE

KURS_NR	KURS_BEZEICHNUNG	KURS_UMFANG	DOZ_NR
4219	Gitarre für Anfänger I	24	15
4220	Gitarre für Anfänger II	24	12
4226	Gitarrenspielkreis	24	12
4227	Gitarrenzirkel	24	15
4228	Gitarrenspielkreis	24	28

Abb. 3/7. Darstellung einer 1:N-Verknüpfung im Relationenmodell

Eine Besonderheit ergibt sich, wenn ein Kurs beispielsweise Voraussetzung für einen anderen Kurs ist. Da jeder Kurs durch eine Kursordnungsnummer identifiziert wird - unabhängig von der für das jeweilige Semester vergebenen Kursnummer - könnte man sich zunächst eine Relation vorstellen, bei der als Attribut zweimal die Kursordnungsnummer vorkommt. Dies ist jedoch wegen der Forderung nach Eindeutigkeit der Attributnamen je Relation unzulässig. Die Lösung besteht in der Vergabe von sogenannten **Rollennamen**: Die Attribute werden als

VOR_KURSORDNUNGS_NR und NACH_KURSORDNUNGS_NR bezeichnet. In Abb. 3/8 sind beispielhaft die "tatsächlichen" Abhängigkeiten für den Kurs EDV-ENGLISCH skizziert und in Form einer Relation dargestellt.

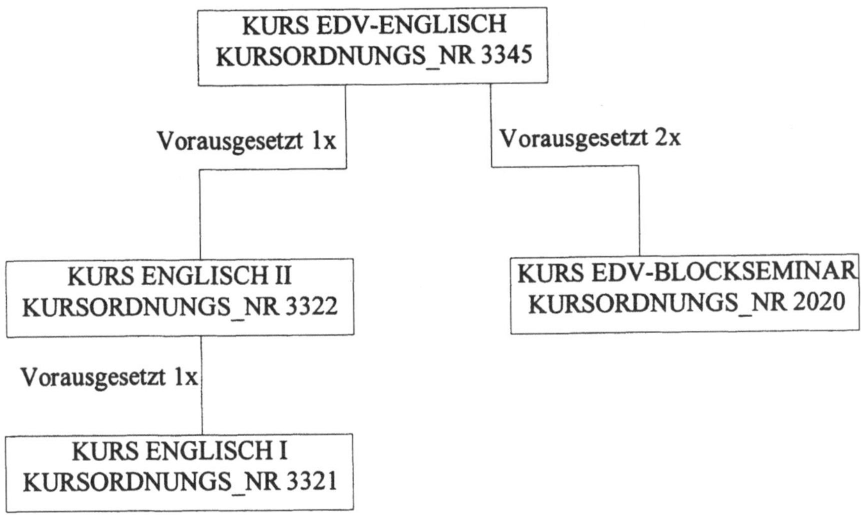

KURSABHÄNGIGKEIT

NACH_KURSORDNUNGS_NR	VOR_KURSORDNUNGS_NR	ANZAHL
3345	3322	1
3345	2020	2
3322	3321	1

Abb. 3/8. Darstellung der Kurs-Kurs-Abhängigkeit und entsprechende Relation unter Verwendung von Rollennamen

Wir wollen uns nun den theoretischen Grundlagen der Relationenmodelle zuwenden, um die Informationen in effizienter Tabellenform zur Verarbeitung darzustellen. Zunächst soll der Begriff Relation erklärt werden. Als Beispiel nehmen wir die Relation DOZENTEN, die wie folgt definiert ist:

DOZENTEN (DOZ_NR, NAME, VORNAME, TEL_NR)

Man spricht auch von einem Relationenschema, das durch seinen Schemanamen (hier im Beispiel DOZENTEN) und durch seine Attribute (bzw. Attributnamen) definiert ist. Jedem Attribut wird ein Wertebereich zugeordnet, d.h. eine Menge von Werten, die das Attribut annehmen kann, so z.B. für das gegebene Beispiel: zweistellige ganze positive Zahlen für das Attribut DOZ_NR (Dozentennummer) oder maximal 15-stellige Zeichenfolgen aus dem Buchstabenalphabet für das Attribut NAME.

Eine Menge von Relationenschemata bildet ein Datenbankschema, das wir später behandeln werden. Eine Anwendungswelt (Miniwelt) läßt sich somit im Relationenmodell durch mehrere Relationenschemata (die auch einfach Relationen genannt werden) beschreiben.

Eine Relation läßt sich formal wie folgt beschreiben:

> Mathematisch ist eine (n-stellige) **Relation R** definiert als Teilmenge des kartesischen Produkts von Mengen, also $R \subseteq \{W_1 \times W_2 \times ... \times W_n\}$. Hierbei sind die W_i die (Werte-) Bereiche (domains), über die die Relation definiert ist. Die Anzahl n dieser Bereiche wird auch als Grad der Relation bezeichnet. Ein Element r aus R mit $r = (a_1, a_2, ..., a_n)$ und $a_i \in W_i$ für $i = 1, ..., n$ heißt n-Tupel.

Eine Relation über einem Relationenschema ist also eine Teilmenge des Kreuzproduktes der zu den Attributen aus dem Schema gehörenden Wertebereiche. Die Anzahl der Attribute gibt den Grad der Relation an. Die Beispiel-Relation DOZENTEN (vgl. Abb. 3/5) ist vom Grad 4, da sie vier Attribute aufweist.

Drei charakteristische **Relationeneigenschaften (R1, R2, R3)** lassen sich unmittelbar aus der mathematischen Definition der Relation R und aus dem Beispiel ableiten:

R1: Keine zwei n-Tupel einer Relation sind identisch, d.h. es existieren keine zwei identischen Zeilen.

R2: Die Reihenfolge der n-Tupel einer Relation ist ohne Belang, d.h. die Folge bzw. Ordnung der Zeilen spielt keine Rolle.

R3: Die Reihenfolge der Attribute einer Relation ist ohne Belang, d.h. die Folge der Spalten spielt ebenso keine Rolle.

Codd fordert für sein Relationenmodell eine zusätzliche vierte Eigenschaft:

R4: Jeder Attributwert in der Relation ist elementar, d.h. eine Menge von Werten ist unzulässig.

Wären zwei oder mehr Zeilen in einer Relation identisch, so wären diese redundant. Wegen R1 gibt es offenbar mindestens einen Attributwert, der ein n-Tupel (eine Zeile) einer Relation eindeutig identifiziert. Das entsprechende Attribut oder die Attributkombination, falls mehrere Attribute zur eindeutigen Identifikation erforderlich sind, wird als **Schlüssel** bezeichnet. Für einen Schlüssel gilt, daß er nur aus notwendigerweise zur eindeutigen Identifikation erforderlichen Attributen besteht. Haben mehrere Attribute oder Attributkombinationen Schlüsseleigenschaft im beschriebenen Sinn, so bezeichnet man sie als Schlüsselkandidaten. Das für die Identifikation dann ausgewählte Attribut oder die ausgewählte Attributkombination wird als **Primärschlüssel** bezeichnet. In der Regel wird als Primärschlüssel das Attribut bzw. die Attributkombination mit der geringeren Zeichenanzahl für die zulässigen Werte gewählt. Häufig stellt den Primärschlüssel eine bei der Gestaltung des ISM bereits eingeführte künstliche Merkmalsklasse dar (vgl. Kap. 2). Diese Entscheidung wird auch durch die Forderung für das Relationenmodell beeinflußt, daß zu jedem Zeitpunkt alle Werte aller Schlüsselattribute auch tatsächlich definiert sein müssen.

Die Relationseigenschaft R2 zeigt, daß bei der dynamischen Änderung der Relation und damit auch der Anzahl der Zeilen bzw. Tupel durch Hinzufügen bzw. Streichen eines zusätzlichen n-Tupels (einer Zeile) die betroffene "Zeilennummer" innerhalb der Relation keine Bedeutung besitzt. Die Auswahl eines n-Tupels erfolgt nicht über dessen relative Position als Ordnungsnummer innerhalb der Relation (Tabelle), sondern anhand des Vergleichs vorgegebener Suchschlüsselwerte mit den entsprechenden Attributwerten. Die Anzahl der Zeilen kann sich ändern, ohne daß das Relationenschema sich ändert.

Die Relationseigenschaft R3 besagt, daß eine Orientierung an der relativen Position oder Ordnungsnummer eines Attributs (einer Spalte) nicht sinnvoll ist. Die Attribute werden über deren Namen referiert. Die Attributnamen müssen demnach in einer Relation eindeutig sein. Da die Relationennamen eindeutig im gesamten konzeptionellen Datenmodell sind, läßt sich jedes Attribut eindeutig identifizieren. Ändert sich die Anzahl der Attribute, so ändert sich auch das Relationenschema, da der Grad sich ändert (n-Tupel). Wir erhalten somit eine neue Relation.

Die Eigenschaft R4 ist offensichtlich nicht selbstverständlich: Jeder Wert eines Attributes in der Relation ist elementar bzw. atomar, d.h. eine Eintragung in einer Spalte kann nicht aus mehreren Werten (Menge von Werten) bestehen. Jede Relation läßt sich, wie noch zu zeigen ist, dahingehend ohne Informationsverlust so umformen, daß sie auch die Eigenschaft R4 erfüllt.

> Eine Relation, die die Eigenschaft R4 erfüllt, wird als **normalisiert** bezeichnet. Sie befindet sich dann in der **ersten Normalform** (1NF).

Eine weitere Anforderung, die wir an Relationen stellen, ist, daß innerhalb der Tupel keine undefinierten Werte auftreten dürfen (undefinierte Werte nennt man auch Nullwerte).

Betrachten wir die Relation DOZENTEN aus Abb. 3/5 und erweitern sie um die Attribute KURS_NR und KURS_TYP mit dem Wertebereich (Vortrag, Seminar, Exkursion), um die vom jeweiligen Dozenten angebotenen Kurse hier zu berücksichtigen. Es ergibt sich so beispielsweise eine Relation wie in Abb. 3/9. Hier liegt offenbar ein Verstoß gegen die Eigenschaft R4 vor, da die aufgenommenen Attribute mehrere Werteinträge enthalten. Die Umwandlung in eine Form, die die Eigenschaft R4 erfüllt, wird als **Normalisierung** bezeichnet. Die erste Normalform entsteht dabei durch Aufnahme eines eigenen n-Tupels für jede zu einem Dozenten vorhandene Kursnummer mit entsprechendem Kurstyp. Die Attributkombination aus DOZ_NR und KURS_NR bildet nun den Primärschlüssel. Die Ergebnisrelation zeigt die Abb. 3/10 in der ersten Normalform. Offenkundig genügt die neue Relation nunmehr den Codd'schen Bedingungen R1 bis R4, wirkt jedoch auf den ersten Blick "aufgebläht". Diese korrekte Einschätzung wird weiter unten bei der Darstellung des weiteren Normalisierungsprozesses wieder aufgegriffen, d.h. der "aufgeblähte" Zustand, der durch redundante Angaben in den neuen Zeilen entstanden ist, soll wieder aufgelöst werden.[14]

DOZENTEN

DOZ_NR	NAME	VORNAME	TEL_NR	KURS_NR	KURS_TYP
15	Krause	Fritz	332456	44, 32, 18	V,V,S
12	Wichtig	Rita	220323	33, 28	S, E
28	Krause	Peter	332456	21, 22, 24	E,E,V
23	Reinhardt	Carola	54110	19	V

Abb. 3/9. Erweiterte Dozenten-Relation - unnormalisiert

Da der Dozent Fritz Krause drei Kurse anbietet, werden für ihn drei Zeilen gebildet. Entsprechend werden für die Dozenten Rita Wichtig und Peter Krause zwei bzw. drei Zeilen in die neue Tabelle aufgenommen.

14 Der Leser soll selbst die entstandene Redundanz lokalisieren und erklären.

DOZENTEN

DOZ_NR	NAME	VORNAME	TEL_NR	**KURS_NR**	KURS_TYP
15	Krause	Fritz	332456	44	V
15	Krause	Fritz	332456	32	V
15	Krause	Fritz	332456	18	S
12	Wichtig	Rita	220323	33	S
12	Wichtig	Rita	220323	28	E
28	Krause	Peter	332456	21	E
28	Krause	Peter	332456	22	E
28	Krause	Peter	332456	24	V
23	Reinhardt	Carola	54110	19	V

Abb. 3/10. Erweiterte Dozenten-Relation in 1. Normalform

Das Relationenmodell kennt ausschließlich Relationen, die die Eigenschaften R1 bis R4 erfüllen, d.h. die mindestens in der 1. Normalform vorliegen. Wie bereits weiter oben gezeigt, müssen demnach M:N-Verknüpfungen aus dem ISM als eigene Relationen definiert werden. Eine hierarchische Verknüpfung (1:N) zwischen Relation A und Relation B kann implizit dadurch erreicht werden, daß der Primärschlüssel von A in B als Attribut aufgenommen wird. Attribute oder Attributkombinationen, die zur Darstellung von Verknüpfungen dienen, werden als **Fremdschlüssel** bezeichnet.

3.3.1.2 Durchführung der Normalisierung (Normalformenlehre)

Die in Abb. 3/10 dargestellte Relation in der ersten Normalform ist ein erstes Zwischenergebnis innerhalb der Codd'schen Normalformenlehre. Diese Lehre vermittelt eine Theorie zur Verteilung der Attribute auf Relationen. Ziel des darin beschriebenen Normalisierungsprozesses ist die Vermeidung von Redundanzen innerhalb der Relationen. Danach kann dann ohne Informationsverlust kein Bestandteil einer Relation weggelassen werden. Eine konsequente ISM-Entwicklung (vgl. Kap. 2) ist demnach bereits eine ausgezeichnete Vorleistung für die nachfolgende Durchführung der Normalisierung.

Betrachten wir als Ausgangspunkt für die Normalisierung die in der Abb. 3/10 dargestellte Relation. Offenbar hat der Schritt zur normalisierten Relation in 1. Normalform zu einer Erhöhung der Anzahl der Tupel der Relation DOZENTEN gegenüber der unnormalisierten Relation (vgl. Abb. 3/9) geführt. Die Anzahl der Zeilen hat sich im Beispiel von 4 auf 9 erhöht, da einige Dozenten nun in mehreren Zeilen mit verschiedenen Kursen auftreten. Wir können ferner im Beispiel erkennen, daß mit der Bildung der 1. Normalform eine erhebliche Redundanz verbunden ist. Es treten Probleme auf, wie sie sich bereits im Kapitel 2 bei der ISM-Bildung ergeben haben, wenn die dort definierten IOK-Regeln IOK-DR.1, IOK-DR.2 und IOK-DR.3 nicht beachtet wurden (vgl. Abschnitt 2.2.5). Für Relationen in erster Normalform ergeben sich drei Problembereiche, die am Beispiel der Abb. 3/10 (im Abschnitt 3.3.1.1) leicht nachzuvollziehen sind.

Der erste Problembereich wird als **Änderungsabhängigkeit** (Update-Dependency) bezeichnet. Ändert sich beispielsweise die Telefonnummer des Dozenten Fritz Krause, so muß diese Änderung selbstverständlich an drei Stellen (in drei Zeilen) durchgeführt werden. Es ergibt sich somit ein Mehraufwand, der dadurch auch zu fehlerhaften Änderungen führen kann, d.h. zu möglichen Inkonsistenzen (Anomalien beim Ändern).

Der zweite Problembereich ist die **Einfügungsabhängigkeit** (Insertion-Dependency). Da die Relation in Abb. 3/10 als Primärschlüssel die markierte Attributkombination aus Dozentennummer (DOZ_NR) und Kursnummer (KURS_NR) besitzt und zu jedem zum Primärschlüssel gehörenden Attribut in jedem n-Tupel (in jeder Zeile) immer ein Wert vorhanden sein muß (da Nullwerte nicht zulässig sind), darf ein neuer Dozent erst in die Tabelle aufgenommen werden, wenn er auch einen konkreten Kurs übernimmt bzw. die entsprechende Kursnummer bekannt ist (Anomalien beim Einfügen).

Als **Löschabhängigkeit** (Deletion Dependency) wird der dritte Problembereich bezeichnet. Er stellt das logische Gegenstück zur Einfügungsabhängigkeit dar. Im Beispiel der Abb. 3/10 müßten danach z.B. alle Eintragungen zur Dozentin Carola Reinhardt gelöscht werden, wenn deren einziger Kurs gestrichen wird. Carola Reinhardt soll aber als Dozentin weiter geführt werden und die entsprechenden Eintragungen somit nicht in der Tabelle gelöscht werden (Anomalien beim Löschen).

Um obige Probleme zu vermeiden, müssen Umgehungsmöglichkeiten geschaffen werden. Dies läßt sich für die Einfügungs- und Löschabhängigkeit durch Platzhalterwerte (Dummy-Werte) realisieren, die an den Stellen eingesetzt werden, an denen es nicht erlaubt ist, auf Werte zu verzichten, aber tatsächlich keine echten Werte vorliegen. Dann muß jedoch diese Tatsache wiederum eindeutig erkennbar sein, um Fehlinterpretationen vorzubeugen. Da zudem das Problem der

Änderungsabhängigkeit und auch das Redundanzproblem bleibt, ist es angebracht, den Normalisierungsprozeß nicht bei der ersten Normalform zu beenden.[15]

Zur Durchführung und Erklärung des weiteren Normalisierungsprozesses ist es jedoch sinnvoll, zunächst die Abhängigkeit von Attributen formal zu behandeln. Auch hier ist die Analogie zur ISM-Bildung und den IOK-Regeln deutlich zu erkennen (vgl. Kap. 2.3.5).

> Das Attribut (bzw. die Attributkombination) B einer Relation R (R.B)[16] ist **funktional abhängig** vom Attribut (bzw. der Attributkombination) A derselben Relation (R.A), wenn zu jedem Wert von A zu jedem Zeitpunkt höchstens ein Wert in B existiert.

Darstellen kann man dies in der Form R.A → R.B. Dies bedeutet, daß die Werte in A die Werte in B der Relation R eindeutig identifizieren, d.h. mit einem Wert in A liegt der zugehörige Wert in B fest. In keiner Relation des Typs R gibt es zwei Tupel, die in ihrem Wert zu A, aber nicht in ihrem Wert zu B übereinstimmen.

Für die Relation DOZENTEN in Abb. 3/10 gilt beispielsweise für die Attribute DOZ_NR und NAME die Abhängigkeit DOZENTEN.DOZ_NR → DOZENTEN.NAME, d.h. zu einer Dozentennummer gibt es genau einen Namen. Der gleiche Name kann jedoch auch noch zu weiteren Dozentennummern gehören, d.h. umgekehrt gilt die Abhängigkeit nicht.

> Seien A ein aus mehreren Attributen zusammengesetzter Schlüssel und B ein Attribut (bzw. eine Attributkombination). B ist genau dann **voll funktional abhängig** von A, wenn B von der Attributkombination A funktional abhängig ist, jedoch nicht von Teilen von A.

Bei der Darstellung der vollen funktionalen Abhängigkeit wird ein Doppelpfeil verwendet, d.h. R.A ⇒ R.B bedeutet, daß B voll funktional abhängig von A ist.

Ein Beispiel für eine offenbar vorhandene funktionale, aber nicht voll funktionale Abhängigkeit zeigt die Abb. 3/10 mit dem Attribut NAME, das vom Primärschlüssel, bestehend aus den Attributen DOZ_NR und KURS_NR, funktional abhängig ist, jedoch auch von DOZ_NR als Teil des Primärschlüssels.

Für eine beispielhafte Darstellung einer voll funktionalen Abhängigkeit greifen wir zurück auf die im Abschnitt 2.3.5 verwendete IOK KURSBELEGUNGEN und stellen in Abb. 3/11 die resultierende Relation mit dem Kurznamen KB vor.

---

15 Vgl. hierzu z.B. Lausen/Marx (1990), S. 33ff.; Schlageter/Stucky (1983), S. 162ff.; Zehnder (1989), S.47ff.

16 Die Abkürzung R.B steht für das Attribut bzw. die Attributkombination B in der Relation R; so wird z.B. das Attribut NAME in der Relation DOZENTEN mit DOZENTEN.NAME gekennzeichnet.

KB

TEIL_NR	NAME	**KURS_NR**	NOTE
124	Lerneifrig	4219	2
126	Wissensdurst	4226	3
126	Wissensdurst	4227	1
126	Wissensdurst	4228	2

Abb. 3/11. Aus IOK KURSBELEGUNGEN abgeleitete Relation KB

Selbstverständlich hängen mit KB.NAME und KB.NOTE beide nicht zum Schlüssel gehörigen Attribute funktional vom Schlüssel, bestehend aus den Attributen TEIL_NR und KURS_NR, ab. KB.NOTE jedoch hängt von keinem der beiden den Schlüssel bildenden Attribute funktional ab. Es gilt KB.(TEIL_NR, KURS_NR) $\Rightarrow$ KB.NOTE.

Mit dem Begriff der vollen funktionalen Abhängigkeit ist es nun möglich, die zweite Normalform (2NF) zu definieren:

> Eine Relation R ist in **zweiter Normalform**, wenn sie in erster Normalform ist und jedes nicht zum Schlüssel gehörige Attribut voll funktional von diesem abhängig ist.

Um nun für die in der Relation DOZENTEN in Abb. 3/10 enthaltenen Informationen die zweite Normalform zu erreichen, muß eine Zerlegung der Relation DOZENTEN in eine neue Relation DOZENTEN und in die Relation KURSE erfolgen, wie sie in Abb. 3/12 veranschaulicht ist.

DOZENTEN

DOZ_NR	NAME	VORNAME	TEL_NR
15	Krause	Fritz	332456
12	Wichtig	Rita	220323
28	Krause	Peter	332456
23	Reinhardt	Carola	54110

KURSE

KURS_NR	KURS_TYP	DOZ_NR
44	V	15
32	V	15
18	S	15
33	S	12
28	E	12
21	E	28
22	E	28
24	V	28
19	V	23

Abb. 3/12. Beispiel für die Zerlegung in die zweite Normalform

Die beiden Relationen in Abb. 3/12 besitzen denselben Informationsgehalt wie die nicht in zweiter Normalform befindliche Anfangsrelation in Abb. 3/10. Sie sind über das gemeinsame Attribut der Dozentennummer (DOZENTEN.DOZ_NR, KURSE.DOZ_NR) miteinander verknüpfbar. Die Redundanz innerhalb der einzelnen Relationen ist bei den nicht zum Schlüssel gehörenden Attributen vermieden worden, dafür muß eine sogenannte Schlüsselredundanz in Kauf genommen werden. Im gegebenen Beispiel wird für jede Person in der Relation DOZENTEN und für jeden Kurs in der Relation KURSE jeweils eine Zeile geschaffen. Die Dozentennummer als Verknüpfungsattribut ist in beiden Relationen vorhanden.

Im Beispiel der Abb. 3/13, einer erweiterten Relation DOZENTEN, haben wir ebenfalls eine Relation vor uns, die in der zweiten Normalform ist, denn alle nicht zum Schlüssel gehörenden Attribute sind voll funktional vom Schlüssel abhängig. Dennoch können wir in dieser erweiterten Relation bei den Attributen FB_NR und FB_NAME Redundanz erkennen.

DOZENTEN

DOZ_NR	NAME	VORNAME	FB_NR	FB_NAME
15	Krause	Fritz	3	Sprache
12	Wichtig	Rita	1	Politik
28	Krause	Peter	1	Politik
23	Reinhardt	Carola	4	Kunst

Abb. 3/13. Erweiterte Relation DOZENTEN in zweiter Normalform

Diese leicht erkennbare Redundanz wird durch die dritte Normalform beseitigt:

> Eine Relation R ist in der **dritten Normalform** (3NF), wenn sie in der zweiten Normalform ist und kein Attribut, das nicht zum Schlüssel gehört, transitiv von diesem abhängt.

Zu erläutern bleibt offensichtlich der Begriff der transitiven Abhängigkeit:

> Sei A ein Primärschlüssel einer Relation R. Durch B und C seien zwei andere Attribute oder Attributkombinationen von R gegeben. A, B und C seien untereinander disjunkt. Dann heißt C transitiv abhängig von A, wenn
>
> - B funktional abhängig von A ist,
> - C funktional abhängig von B ist,
> - A nicht funktional abhängig von B ist.

Zur Bildung der dritten Normalform erfährt die Relation aus Abb. 3/13 eine Zerlegung in die beiden Relationen in Abb. 3/14. Dabei wird die Relation FACHBEREICHE in vollständiger Form dargestellt, d.h. alle Fachbereiche werden mit ihrer Nummer (FB_NR) und ihrem Namen (FB_NAME) aufgeführt.

DOZENTEN

DOZ_NR	NAME	VORNAME	FB_NR
15	Krause	Fritz	3
12	Wichtig	Rita	1
28	Krause	Peter	1
23	Reinhardt	Carola	4

FACHBEREICHE

FB_NR	FB_NAME
1	Politik
2	Familie
3	Sprache
4	Kunst
5	Naturwissenschaft
6	Sport
7	Wirtschaft

Abb. 3/14. Relationen in dritter Normalform

Die zweite und dritte Normalform (2NF, 3NF) beziehen sich auf Abhängigkeiten der Nichtschlüsselattribute von Schlüsselattributen. Abhängigkeiten einzelner Schlüsselattribute werden nicht erfaßt. Dies führt zu einer weiteren Normalform, die man als Boyce-Codd-Normalform (BCNF) bezeichnet.[17]

Einen über die dritte Normalform hinausgehenden Normalisierungsschritt wollen wir an einem anderen Beispiel erläutern. Dazu sind zunächst zwei Begriffsdefinitionen erforderlich:[18]

---

[17] Vgl. Schlageter/Stucky (1983), S. 190.

[18] Vgl. Zehnder (1989), S. 56.

Ein Attribut heißt **global**, wenn es mindestens in einer Relation im Schlüssel vorkommt.
Ein Attribut heißt **lokal**, wenn es nur in einer Relation und dort nicht im Schlüssel vorkommt.

Betrachten wir zur Erläuterung die Relationen in Abb. 3/15. Hier können, da Dozenten der VHS auch gleichzeitig Teilnehmer an anderen Kursen sein können, Informationen doppelt vorkommen. So kommt das Attribut WOHNORT in beiden Relationen vor, gehört jedoch nirgends zum Schlüssel und ist somit weder global noch lokal.

DOZENTEN

DOZ_NR	NAME	WOHNORT	FB_NR
33	Hurtig	Wesel	2
38	Schnell	Essen	4
32	Hastig	Düsseldorf	2

TEILNEHMER

TEIL_NR	NAME	WOHNORT	VOLLZAHLER
3275	Lustig	Kaarst	ja
3389	Hurtig	Wesel	ja
2020	Flott	Kaarst	nein
4001	Rasch	Neuss	ja

Abb. 3/15. Relationen mit einem Attribut, das weder lokal noch global ist

Damit tritt trotz dritter Normalform und Redundanzfreiheit innerhalb jeder einzelnen Relation Redundanz im Nicht-Schlüsselbereich relationsübergreifend auf. Verhindern können wir dies durch Bildung einer zusätzlichen, übergreifenden Relation, in unserem Beispiel der Relation PARTNER mit dem Primärschlüssel P_NR. Die resultierenden drei Relationen enthalten nunmehr ausschließlich lokale oder globale Attribute (Abb. 3/16).

PARTNER

P_NR	PNAME	PWOHNORT
8922	Hurtig	Wesel
8821	Schnell	Essen
7211	Lustig	Kaarst
7423	Hastig	Düsseldorf
5487	Rasch	Neuss
7172	Flott	Kaarst

DOZENTEN

DOZ_NR	P_NR	FB_NR
33	8922	2
38	8821	4
32	7423	2

TEILNEHMER

TEIL_NR	P_NR	VOLLZAHLER
3275	7211	ja
3389	8922	ja
2020	7172	nein
4001	5487	ja

Abb. 3/16. Abgeleitete Relationen mit ausschließlich lokalen oder globalen Attributen

Die vierte Normalform (4NF) basiert auf mehrwertigen Abhängigkeiten (Multi-Valued Dependency).[19]

---

19 Vgl. Schlageter/Stucky (1983), S. 190ff.

3.3.1.3 Arbeiten mit Relationen (Relationenalgebra)

Die im Zuge der Normalisierung entstehenden Relationen sind im Relationenmodell einander gleichwertig. Beim Arbeiten mit einem Datenbanksystem, das auf dem Relationenmodell basiert, kann prinzipiell jede Relation unmittelbar über ihren eindeutigen Namen angesprochen und als Tabelle sichtbar gemacht werden. Das Ergebnis von entsprechenden Manipulationen einer oder mehrerer Relationen liegt wieder in Form von Relationen vor. Die erlaubten Operationen sprechen ausschließlich Relationen als Operanden an. Sprachen zur Manipulation von Relationen sind klassifizierbar in **Prädikatenkalkülsprachen**, bei denen die Ergebnisrelation durch die Beschreibung der Prädikate (Eigenschaften) bestimmt wird, denen die Elemente der Relation genügen müssen, sowie **Algebrasprachen**, bei denen die Ergebnisrelation sich infolge von Mengenoperationen auf den Relationen ergibt.[20] Im folgenden zweiten Band werden die Datenbanksystemsprachen systematisch und ausführlich behandelt. Hier wollen wir deshalb zum besseren Verständnis des Relationenmodells lediglich einige praktische Anwendungsbeispiele der Relationenalgebra darstellen.

Die Relationenalgebra basiert auf der Mengenalgebra und wurde von Codd um relationentypische Operationen ergänzt.[21] Die zusätzlichen von Codd eingeführten Operationen, die hier betrachtet werden sollen, sind die Projektion, der Verbund und die Restriktion, wobei zur Vereinfachung ausschließlich der Gleichheitsoperator für den Vergleich von Attributen bzw. Attributwerten unterstellt wird.

Mit der **Projektion** werden gezielt Attribute oder auch ein Attribut einer Relation ausgewählt, d.h. in der Repräsentation als Tabelle wird eine Einschränkung auf benannte Spalten (Attribute) erreicht. Dadurch kann sich auch die Anzahl der Zeilen in der Ergebnisrelation vermindern, wenn aus der Ergebnisrelation nunmehr redundante Tupel (Zeilen) gestrichen werden. Abbildung 3/17 zeigt beispielhaft die Wirkung einer Projektion, die sich auf die Relation PARTNER aus Abb. 3/16 bezieht ("Projiziere PARTNER auf das Attribut PWOHNORT"). Die Ergebnisrelation beantwortet damit die Frage nach den Wohnorten, aus denen VHS-Partner kommen. Die Anzahl der Zeilen wird lediglich um eine Zeile reduziert, da nur der Wohnort Kaarst in der Ausgangsrelation mehrmals (zweimal) vorkommt. Die Projektion dient dazu, Spalten aus Tabellen zu entfernen.

---

[20] Vgl. Schlageter/Stucky (1983), S. 138ff.; Zehnder (1989), S. 118ff.

[21] Vgl. Codd (1970).

PWOHNORT
Wesel
Essen
Kaarst
Düsseldorf
Neuss

Abb. 3/17. Ergebnis der Projektion von der Relation PARTNER auf das Attribut PWOHNORT.

Der Operator **Verbund** (Join) kann beispielsweise genutzt werden, um anhand der Relationen in Abb. 3/16 die Frage zu beantworten, welche Partner sowohl Dozenten als auch Teilnehmer sind. Die Operation "Verbinde DOZENTEN und TEILNEHMER hinsichtlich P_NR" führt zu der in Abb. 3/18 dargestellten Ergebnisrelation.

DOZ_NR	P_NR	FB_NR	TEIL_NR	VOLLZAHLER
33	8922	2	3389	ja

Abb. 3/18. Ergebnis der Verbund-Operation der Relationen DOZENTEN und TEILNEHMER bezüglich des in beiden Relationen vorhandenen Attributs P_NR.

Allgemein führt der Verbund zur Aufnahme der n-Tupel der beteiligten Relationen in die Ergebnisrelation, bei denen die beim Verbund benannten Attribute gleiche Werte enthalten. Im Beispiel der Abb. 3/18 sind zwei 3-Tupel-Relationen verbunden worden. Da P_NR in beiden Relationen vorkommt, erhält man eine 5-Tupel-Ergebnisrelation. Dabei kann es durchaus zu einer nicht nur in der Zahl der Spalten, sondern auch in der Zahl der Zeilen im Vergleich zu jeder der beiden Ausgangstabellen vergrößerten Ergebnistabelle kommen, wie das Beispiel in Abb. 3/19 zeigt.

RÄUME

RAUM_NR	GRÖSSE	FB_NR
R1	40	4
R2	100	2
R3	60	4

HALLEN

HALLEN_NR	TYP	FB_NR
H1	3	2
H2	1	4
H3	1	2
H4	2	2

ERGEBNISRELATION

RAUM_NR	GRÖSSE	FB_NR	HALLEN_NR	TYP
R1	40	4	H2	1
R2	100	2	H1	3
R2	100	2	H3	1
R2	100	2	H4	2
R3	60	4	H2	1

Abb. 3/19. Die Relationen RÄUME, HALLEN und die Ergebnisrelation eines Verbund hinsichtlich der FB_NR.

Der Verbund dient dazu, zwei Relationen, die bezüglich je eines Attributs einen gemeinsamen Wertebereich besitzen, zu einer Relation größeren Grades zu verbinden.

Die **Restriktion** führt zur Auswahl von n-Tupeln einer Relation, wenn die beiden benannten Attribute der Relation gleiche Werte enthalten. Die Restriktion und ihre Anwendung soll am Beispiel einer Relation ZAHLUNG dargestellt werden, die Zahlungs-Soll und Zahlungs-Ist jedes Teilnehmers ausweist. Abb. 3/20 zeigt außerdem die Ergebnisrelation nach Ausführung der Restriktion "Beschränke ZAHLUNG auf SOLL = IST" und weist damit alle Teilnehmer aus, die ihre Beiträge korrekt bezahlt haben.

ZAHLUNG

TEIL_NR	SOLL	IST
2210	60	60
1871	180	0
2422	110	100

ERGEBNISRELATION

TEIL_NR	SOLL	IST
2210	60	60

Abb. 3/20. Relation ZAHLUNG und die Ergebnisrelation der Restriktion SOLL = IST.

Mit Hilfe der Relationenalgebra ist es möglich, eine durch konsequente Normalisierung bis z.B. zur dritten Normalform entstandene Menge von Relationen beliebig wieder auf Relationen zurückzuführen, die niedrigeren Normalformen entsprechen (vgl. auch Abb. 3/19).

3.3.2 Netzwerkmodelle

Wir benutzen den Begriff "Netzwerkmodell" als Sammelbegriff für alle Datenmodelle, bei denen - im Gegensatz zum Relationenmodell - die Verknüpfungen zwischen Informationsobjektklassen explizit definiert werden müssen. Im Relationenmodell lassen sich die Verknüpfungen als Relationen definieren, die als Tabellen dargestellt werden können. Netzwerkmodelle lassen sich durch gerichtete Graphen abbilden. Wir wollen vereinfachend von Graphen sprechen, falls keine Fehlinterpretation möglich ist.

Bekannte Netzwerkmodelle sind das hierarchische Datenmodell (vgl. Abschnitt 3.3.2.3), das immer noch eine relativ große praktische Bedeutung hat, und das CODASYL-Modell (vgl. Abschnitt 3.3.2.2), das auch unter dem Namen Netzwerkmodell bekannt ist. Zum besseren Verständnis der Netzwerkmodelle sollen zunächst die allgemeinen graphentheoretischen Grundlagen vorgestellt werden.

3.3.2.1 Allgemeine graphentheoretische Grundlagen

In der **Graphentheorie** spielt der **Graph**, der in elementarer Form aus **Knoten** und **Kanten** besteht, eine zentrale Rolle. Viele Probleme der realen Welt, so auch die "Datenwelt", lassen sich in bildlicher Form als Graph darstellen. Darüberhinaus lassen sich Graphen auch formal beschreiben und berechnen.[22]

> Ein **gerichteter Graph** (Digraph) ist ein 4-Tupel $G = (V, R, \alpha, \omega)$, wobei V und R disjunkte Mengen und α und ω Abbildungen von R in V sind. V ist die Knotenmenge von G (nicht leere Menge) und ein Element v in V heißt Knoten (vertex, Ecke). R ist die Pfeilmenge von G und ein Element r in R heißt Pfeil (edge, gerichtete Kante). Für ein r in R bezeichnet $\alpha(r)$ den Anfangsknoten von r und $\omega(r)$ den Endknoten des Pfeils r.

Ein Beispiel für einen gerichteten Graphen und dessen bildliche Repräsentation zeigt Abb. 3/21. Die Knotenelemente von V werden als Kreise dargestellt, die Pfeilelemente aus R werden durch gerichtete Kanten (Pfeile) gekennzeichnet.

Gegeben sei z.B.:

$G = (V, R, \alpha, \omega)$ mit
$V = \{v_1, v_2, v_3, v_4, v_5\}$
$R = \{r_1, r_2, r_3, r_4, r_5, r_6, r_7\}$

mit den Abbildungen, entsprechend den Angaben in der folgenden Tabelle:

	r_1	r_2	r_3	r_4	r_5	r_6	r_7
$\alpha(r_i)$	v_1	v_2	v_5	v_4	v_3	v_4	v_5
$\omega(r_i)$	v_2	v_1	v_2	v_3	v_3	v_3	v_3

22 Zur Graphentheorie vgl. z.B. Neumann (1987); Noltemeier (1976). Bekannte Anwendungsbeispiele der Graphentheorie sind die Netzplantechnik und die zahlreichen Probleme, die sich als Fluß- bzw. Transportprobleme beschreiben lassen.

Das Bild von G ist in der folgenden Abbildung 3/21 dargestellt.

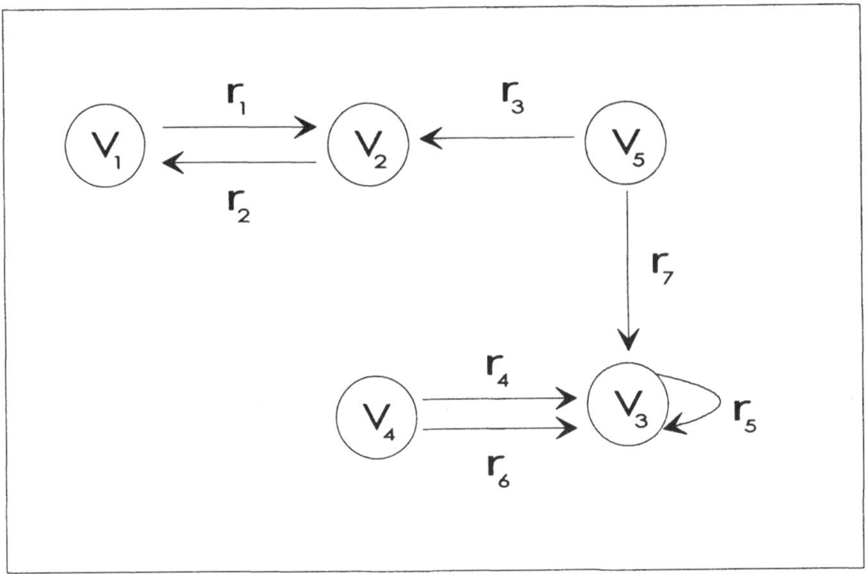

Abb. 3/21. Beispiel für einen gerichteten Graphen

Der in der Abbildung 3/21 aufgezeigte (endliche) Graph G besteht aus fünf Knoten v_j (j = 1,...,5) und sieben gerichteten Kanten (Pfeile) r_i (i = 1, ..., 7). Die Verknüpfungsstruktur wird durch Angabe der Anfangsknoten $\alpha(r_i)$ und der Endknoten $\omega(r_i)$ der Pfeile r_i in der Abbildungstabelle gegeben. Es handelt sich hierbei um einen zusammenhängenden Graphen, da alle Knoten des Graphen in irgendeiner Form miteinander verbunden sind. Würde z.B. der Pfeil r_7 gelöscht, so entstünde ein nicht-zusammenhängender Graph, der aus zwei zusammenhängenden Teilgraphen G' und G" bestehen würde. G' enthielte dann die Knoten v_1, v_2 und v_5 mit den Pfeilen r_1, r_2 und r_3; G" die Knoten v_3 und v_4 mit den Pfeilen r_4, r_5 und r_6. Zu beachten sind folgende Besonderheiten eines Graphen, die sich an dem vorgestellten Beispiel erklären lassen:

- die Knoten v_1 und v_2 sind durch zwei gegenläufige Pfeile miteinander verbunden, d.h. $\alpha(r_1) = \omega(r_2) = v_1$ und $\alpha(r_2) = \omega(r_1) = v_2$;
- vom Knoten v_4 laufen die beiden Pfeile r_4 und r_6 parallel nach Knoten v_3, d.h. $\alpha(r_4) = \alpha(r_6) = v_4$ und $\omega(r_4) = \omega(r_6) = v_3$;
- in Knoten v_3 führt der Pfeil r_5 wieder auf v_3 zurück, d.h. $\alpha(r_5) = \omega(r_5) = v_3$ (Schlinge);

- vom Knoten v_5 gehen nur Pfeile weg, d.h. v_5 ist nur Anfangsknoten und kein Endknoten von Pfeilen (dies gilt auch für Knoten v_4).

Durch die gerichteten Kanten lassen sich für ausgewählte Knoten Vorgänger- und Nachfolgerknoten bestimmen. So hat z.B. Knoten v_2 die Knoten v_1 und v_5 als (unmittelbaren) Vorgänger- und v_1 als (unmittelbaren) Nachfolgerknoten (v_1 ist für v_2 sowohl Vorgänger als auch Nachfolger). Durch die Kantenfolgen bzw. Knotenfolgen lassen sich Ketten und Kreise in einem Graphen beschreiben. In einem gerichteten Graphen (Digraph) spricht man von Pfeilfolgen, die Wege und Zyklen definieren.

Einfache Graphen stellen beispielsweise lineare gerichtete Graphen dar, in denen keine Verzweigungen auftreten, so z.B. der folgende Graph mit der Knotenmenge V und der Pfeilmenge R:

$$V = \{v_1, v_2, v_3, v_4\}$$
$$R = \{r_1, r_2, r_3\}$$

und der Verknüpfungsstruktur:

	r_1	r_2	r_3
$\alpha(r_i)$	v_1	v_2	v_3
$\omega(r_i)$	v_2	v_3	v_4

Die entsprechende graphische Darstellung ist in der folgenden Abbildung 3/22 dargestellt:

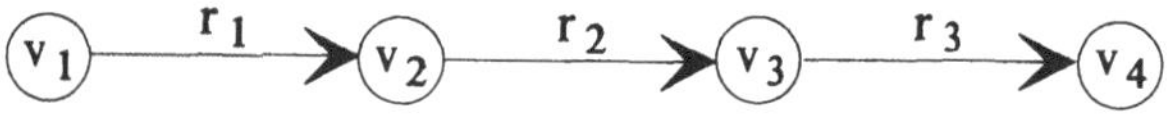

$$v_1 \xrightarrow{r_1} v_2 \xrightarrow{r_2} v_3 \xrightarrow{r_3} v_4$$

Abb. 3/22. Linear gerichteter Graph

Ein System, das nur aus einem einzigen Knoten besteht und keine Kante besitzt, läßt sich bereits als Graph definieren. I.d.R. bestehen Graphen jedoch aus mehreren Knoten und Kanten, die vielfältige Verknüpfungsstrukturen aufweisen.

Spezielle gerichtete Graphen sind Bäume (Wurzelbäume, tree). Ein Beispiel ist in der folgenden Abbildung 3/23 gegeben.

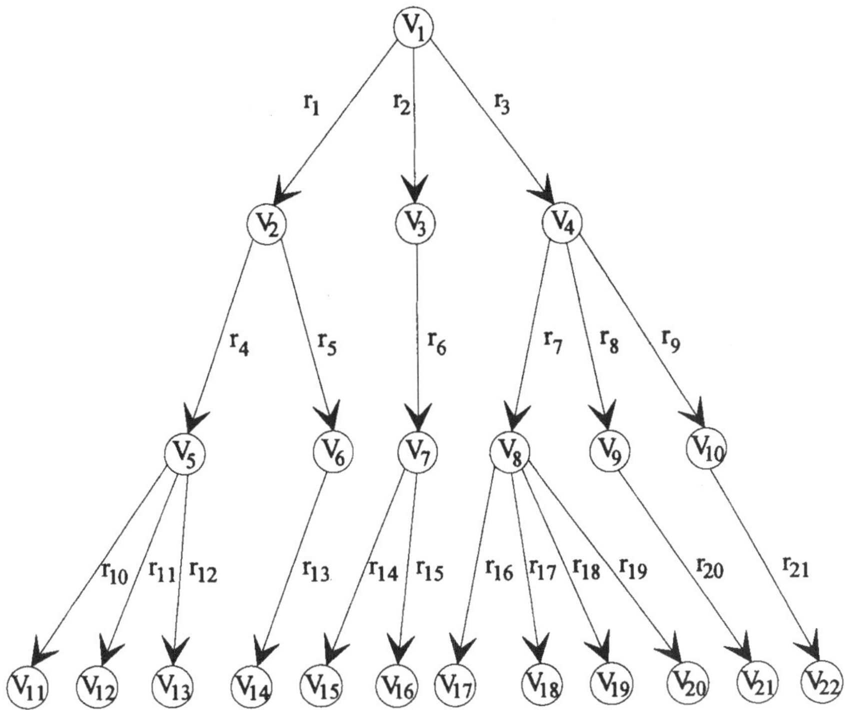

Abb. 3/23. Wurzelbaum (Beispiel)

Der abgebildete Wurzelbaum ist ein Graph G mit den 22 Knoten v_j (j = 1,...,22) und den 21 gerichteten Kanten r_i (i = 1,...,21). Die Abbildungstabelle läßt sich leicht aus der graphischen Darstellung erstellen, so gilt z.B. für den Pfeil r_7: $\alpha(r_7) = v_4$ und $\omega(r_7) = v_8$.

Für Baumgraphen (Bäume) gelten folgende allgemeine Eigenschaften:

a) Es existiert genau ein ausgezeichneter Knoten, der nur Anfangsknoten ist, d.h. es laufen nur Pfeile weg und keine in den Knoten ein. Dieser Knoten wird Wurzelknoten (root) genannt. Im Beispiel der Abb. 3/23 ist dies der Knoten v_1, der für die Kanten r_1, r_2 und r_3 Anfangsknoten ist. Es existiert kein Pfeil, für den v_1 Endknoten ist.
b) In jeden Knoten des Baumes (außer dem Wurzelknoten) läuft genau eine gerichtete Kante ein und ein oder mehrere Pfeile oder auch kein Pfeil heraus.
c) Es existieren i.d.R. mehrere Knoten, die nur einlaufende und keine auslaufenden Pfeile besitzen (vgl. b), d.h. sie sind nur Endknoten. Diese Knoten werden auch als Blätter bezeichnet. Im Beispiel sind das die Knoten v_j ($j = 11,...,22$).
d) Die Knoten, die nicht Wurzelknoten und nicht Blätter sind, besitzen genau einen einlaufenden und einen oder mehrere auslaufende Pfeile. Sie haben somit die Eigenschaft eines Anfangs- und Endknotens und lassen sich als Zwischenknoten bezeichnen.

Spezielle Bäume sind Binäre Bäume (binary tree). Sie haben die Eigenschaft, daß jeder Knoten außer den Endknoten des Baumes höchstens zwei auslaufende Pfeile besitzt. Ein Beispiel ist in der folgenden Abbildung 3/24 gegeben.

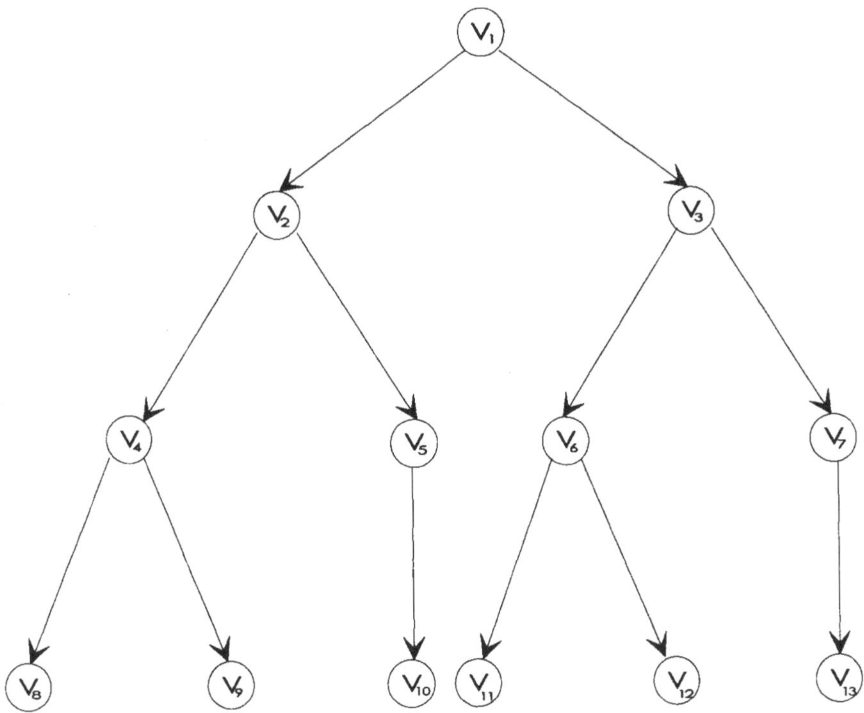

Abb. 3/24. Binärer Baum (Beispiel)

Durch die Anordnung des Baumes lassen sich Vorgänger- und Nachfolgerknoten definieren. So besitzt z.B. der Knoten v_4 in Abb. 3/23 den Vorgängerknoten v_1 und die Nachfolgerknoten v_8, v_9 und v_{10}. Der Knoten v_3 hat nur den einen Nachfolgerknoten v_7. In einem Baum hat also jeder Knoten außer den Endknoten ein oder mehrere Nachfolgerknoten (die Endknoten des Baumes besitzen keine Nachfolgerknoten), und jeder Knoten außer dem Wurzelknoten hat genau einen Vorgängerknoten (der Wurzelknoten besitzt keinen Vorgängerknoten). Beim Binären Baum hat jeder Knoten außer den Endknoten höchstens zwei Nachfolgerknoten (vgl. Abb. 3/24).[23]

Ein Graph läßt sich durch weitere Merkmale kennzeichnen, wie z.B. durch Wege, Zyklen und Schleifen, die hier nicht weiter behandelt werden.[24] Spezielle Merkmale finden sich bei Baumstrukturen, wie z.B. die Tiefe des Baumes, mit der

23 In der Datenorganisation, die in Kapitel 6 behandelt wird, spielen Baumstrukturen eine große Rolle, die auch bei Sortier- und Suchverfahren genutzt werden.

24 Vgl. z.B. Neumann (1987).

sich die Weglängen eines Baumes beschreiben lassen. Weisen die Kanten keine Pfeilspitzen auf, so spricht man von ungerichteten Graphen.

Bei Datenmodellen entsprechen den Elementen aus V, d.h. den Knoten des Graphen, die IOKs bzw. deren Ausprägungen. Den Elementen aus R (den Pfeilen) entsprechen die Verknüpfungen. In Netzwerkmodellen sind in den Knoten, wie wir noch feststellen werden, RECORD-TYPEs abgebildet, die Pfeile entsprechen den SET-TYPEs.

Datenbanksysteme, denen das Netzwerkmodell (network data model) zugrunde liegt, werden als Netzwerk-Datenbanksysteme bezeichnet. Die, gemessen an der Anzahl der auf dem Markt angebotenen Netzwerk-Datenbanksysteme verschiedener Hersteller, größte praktische Bedeutung hat dabei zweifellos das CODASYL-Modell. Betrachtet man die Installationszahlen von Netzwerk-Datenbanksystemen, so liegt das DB-System IMS (Information Management System) der Firma IBM an der Spitze. Es handelt sich hierbei um ein Datenbanksystem, dem das hierarchische Datenmodell (hierarchical data model) zugrunde liegt. Es wurden jedoch aus Praktikabilitätsgründen gewisse Eigenschaften allgemeiner Netzwerkmodelle nach und nach dazu entwickelt. Der Marktanteil von Netzwerk-Datenbanksystemen und insbesondere der von IMS nimmt jedoch seit einigen Jahren laufend ab. Deshalb werden wir Netzwerkmodelle deutlich knapper als das Relationenmodell behandeln, wobei das CODASYL-Modell seiner Bedeutung entsprechend ausführlicher im folgenden Abschnitt 3.3.2.2 als das hierarchische Modell (in Abschnitt 3.3.2.3) vorgestellt wird.

3.3.2.2 Das CODASYL-MODELL

CODASYL ist die Abkürzung für Conference on Data System Languages, eine Vereinigung wichtiger amerikanischer Computeranwender und Hersteller. Aufgabe dieser Vereinigung ist die Schaffung von Standards im Computer-Bereich. Ein Ergebnis dieser Bemühungen ist u.a. die auch heute noch am weitesten verbreitete Programmiersprache COBOL, die erstmals 1968 genormt wurde.

Die Data Base Task Group (DBTG) der CODASYL veröffentlichte 1971 ihren ersten Entwurf für ein Datenbanksystem, das allgemeine Netzwerkstrukturen unterstützt.[25] Der Vollständigkeit halber müßten wir also eigentlich vom CODASYL-DBTG-Modell sprechen. In der Praxis durchgesetzt hat sich jedoch die verkürzte Bezeichnung als CODASYL-Modell, die auch wir verwenden wollen.[26] Datenbanksysteme nach dem Netzwerkmodell stellen die Informationsstruktur mittels Netzwerken dar. Ein Informationsobjekt, dargestellt in einem Knoten, kann mehrere Ein- und Ausgabepfeile haben.

---

[25] Vgl. CODASYL (1971); Olle (1978).
[26] Vgl. Schlageter/Stucky (1983), S. 92ff.

Kenner der Programmiersprache COBOL werden Ähnlichkeiten zum CODASYL-Modell schnell feststellen. Wir wollen uns dieses Datenmodell ausgehend vom Informationsstrukturmodell (ISM) (vgl. Kap. 2) erschließen, denn schließlich muß es ja möglich sein, auf der Basis eines ISM eine CODASYL-Datenbank zu beschreiben. Eine Gegenüberstellung der Bezeichnungen, wie wir sie beim ISM verwenden, mit denen beim CODASYL-Modell enthält Abb. 3/25.

Bezeichnungen zum Informationsstrukturmodell	CODASYL-Bezeichnungen
Informationsobjektklasse	RECORD-TYPE
Informationsobjekt	RECORD (OCCURENCE)
Merkmalsklasse	DATA-ITEM
Verknüpfungsklasse	SET-TYPE
Verknüpfung	SET

Abb. 3/25. Gegenüberstellung der ISM- und der CODASYL-Bezeichnungen

Betrachten wir einen Ausschnitt aus dem ISM des VHS-Beispiels, das in Abb. 3/26 dargestellt wird. Es handelt sich hier um eine 1:N-Beziehung zwischen der IOK DOZENTEN und der IOK KURSANGEBOTE, da jeder Dozent im konkreten Semesterprogramm mit einem oder mehreren Kursangeboten vertreten sein kann. Zu jedem Kursangebot ist jedoch immer genau ein Dozent aufgeführt. In der Terminologie des CODASYL-Modells haben wir es hier mit dem RECORD-TYPE DOZENTEN, dem RECORD-TYPE KURSANGEBOTE und dem SET-TYPE BIETEN zu tun.

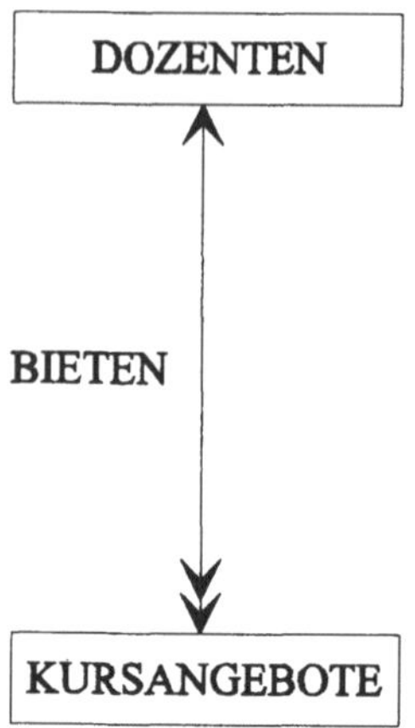

Abb. 3/26. Ausschnitt aus dem ISM der VHS

Allgemein gilt für das CODASYL-Modell:

> Eine Verknüpfungsklasse R zwischen den Informationsobjektklassen V und V' heißt **SET-TYPE** genau dann, wenn für alle Informationsobjekte v_1, v_2 aus V und v' aus V' gilt:
> Wenn v_1 mit v' und v_2 mit v' verknüpft ist, so ist $v_1 = v_2$.

Damit kann bei einem SET-TYPE jedes IO aus V' nur mit höchstens einem IO aus V verknüpft sein.

Zu einer Verknüpfungsklasse R gibt es beim ISM konkrete Verknüpfungen, zu jedem SET-TYPE gibt es entsprechend im CODASYL-Modell konkrete SETS. Die Darstellung beim CODASYL-Modell in grafischer Form ähnelt hinsichtlich des SET-TYPE der Darstellung von Verknüpfungsklassen beim ISM. Ein Beispiel für einen SET-TYPE und für ein zugehöriges SET zum ISM aus Abb. 3/26 zeigt die Abb. 3/27.

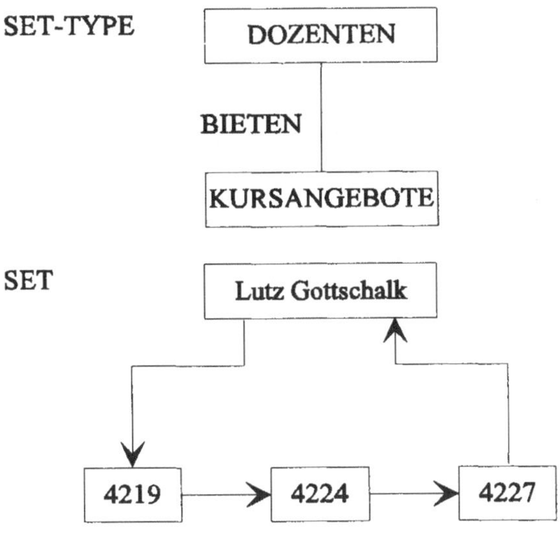

Abb. 3/27. Beispiel für SET-TYPE und einen zugehörigen SET

SET-TYPE und SET stellen also jeweils eine hierarchische Beziehung dar. Im Beispiel der Abb. 3/27 ist der RECORD-TYPE DOZENTEN dem RECORD-TYPE KURSANGEBOTE übergeordnet, der RECORD Lutz Gottschalk ist den Kursangeboten mit den Kursnummern 4219, 4224 und 4227 übergeordnet. Im CODASYL-Modell gibt es nun spezielle Namen für den jeweils über- bzw. untergeordneten RECORD-TYPE bzw. den jeweils über- bzw. untergeordneten RECORD. Der übergeordnete RECORD "Lutz Gottschalk" wird als OWNER bezeichnet, die ihm untergeordneten RECORDs "4219", "4224" und "4227" als MEMBER des SET, sie sind (vgl. Abb. 3/27) an den OWNER gekettet (mehr zur geketteten Organisation in Kapitel 6). Die RECORD-TYPEs werden analog zu den RECORDs in OWNER-TYPE und MEMBER-TYPE eingeteilt.

SET-TYPEs werden im CODASYL-Modell auch gern nach den beteiligten OWNER- und MEMBER-RECORD-TYPEs benannt. Dies ist jedoch nur sinnvoll, wenn es bezüglich zwei RECORD-TYPEs nur genau einen SET-TYPE gibt. Im Beispiel der Abb. 3/27 würde der SET-TYPE demnach DOZENTEN-KURSANGEBOTE heißen, falls hierbei nur die Verknüpfung BIETEN existiert.

Allgemein gilt, daß es bei einem SET-TYPE R-R' (OWNER-MEMBER) zu einem RECORD-TYPE R mit den RECORDs r_1, r_2, ..., r_n genau n SETs gibt, denn wenn es zu einem RECORD r_i keine aktuelle Verknüpfung zu einem RECORD r_j' aus R' gibt, bildet er einen sogenannten leeren SET.

Es gilt weiter, daß jeder RECORD MEMBER höchstens eines SETs vom selben SET-TYPE sein kann.

Gehören zu einem SET mehrere MEMBER, so liegt eine Ordnung vor, die sich aus der Art und Weise der Einfügung neuer MEMBER im SET ergibt.

Das SET in Abb. 3/27 beispielsweise enthält die MEMBER offensichtlich nach der **KURSNUMMER** aufsteigend sortiert. Diese Ordnung ergibt sich, wenn bei Einfügung eines neuen MEMBERs in den SET die SORTED-OPTION gewählt wird. Die Einfügung eines neuen MEMBERS mit der **KURSNUMMER** 4225 ergäbe demnach ein SET wie es in Abb. 3/28 dargestellt ist.

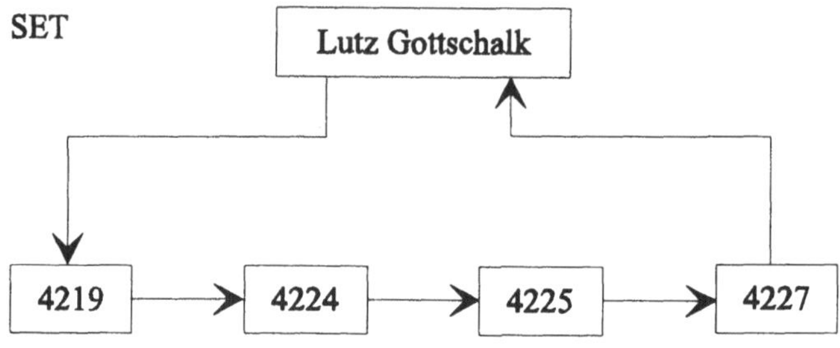

Abb. 3/28. SET aus Abb. 3/27 nach Einfügung des MEMBER mit der **KURSNUMMER** 4225 bei OPTION SORTED

Eine Ordnung in chronologischer Reihenfolge ist durch die Option FIRST bzw. LAST möglich, durch die ein neues MEMBER an den Anfang bzw. an das Ende der MEMBER-Kette gebracht wird. Die resultierende chronologische Reihenfolge ist dann je nach Option absteigend (vgl. Abb. 3/29) bzw. aufsteigend (vgl. Abb. 3/30). Dabei gilt jeweils als Ausgangspunkt die Abb. 3/27 mit der unterstellten chronologischen Ordnung. Einzufügen ist der Satz mit der **KURSNUMMER** 4225.

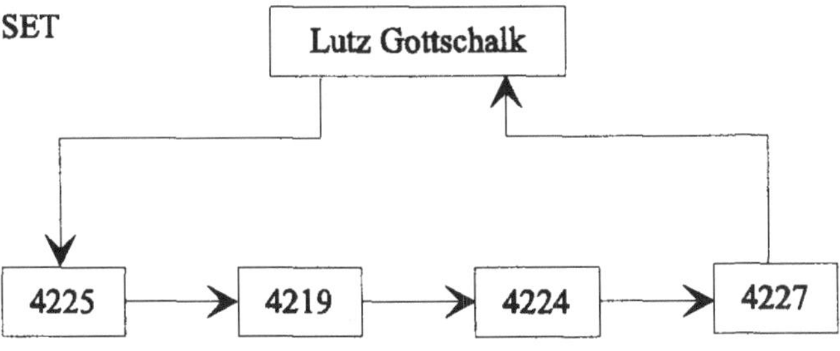

Abb. 3/29. SET aus Abb. 3/27 nach Einfügung des MEMBER mit der **KURSNUMMER** 4225 bei OPTION FIRST

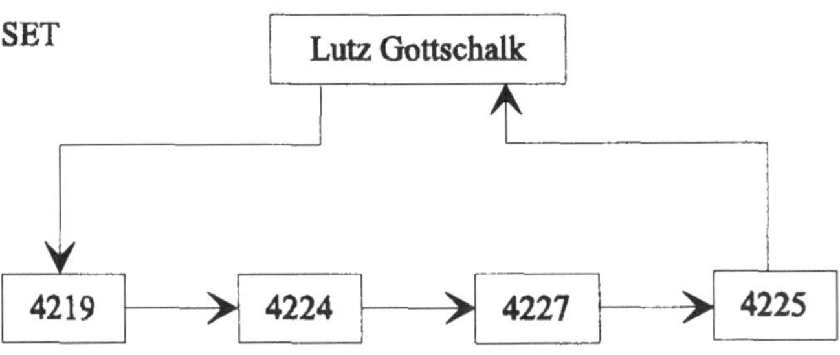

Abb. 3/30. SET aus Abb. 3/27 nach Einfügung des MEMBER mit der **KURSNUMMER** 4225 bei OPTION LAST

Es folgen weitere Bedingungen für Datenbanksysteme nach dem CODASYL-Modell:

- SET-TYPEs besitzen keine Merkmalsklassen, d.h. sie sind eindeutig bestimmt.
- RECORD-TYPEs besitzen Merkmalsklassen in Form von DATA-ITEMS, die wiederum zu GROUP-ITEMS zusammengesetzt sein können. GROUP-ITEMS können aus DATA-ITEMS und/oder GROUP-ITEMS bestehen. Im Gegensatz zum Relationenmodell gibt es hier demnach den COBOL-Datenstrukturen entsprechend Gruppen und Wiederholgruppen.
- Ein RECORD kann OWNER in einem SET und gleichzeitig MEMBER in einem SET eines anderen SET-TYPE sein. Für das Beispiel der Abb. 3/31 kann ein Dozent OWNER eines Kursangebots sein und MEMBER eines Fachbereichs.

Abb. 3/31. RECORD-TYPE DOZENTEN als MEMBER- und OWNER-TYPE

- Ein RECORD kann MEMBER in mehreren SETs unterschiedlicher SET-TYPEs sein. Im Beispiel der Abb. 3/32 kann ein Kursangebot MEMBER eines Dozenten und MEMBER eines Raumes sein.

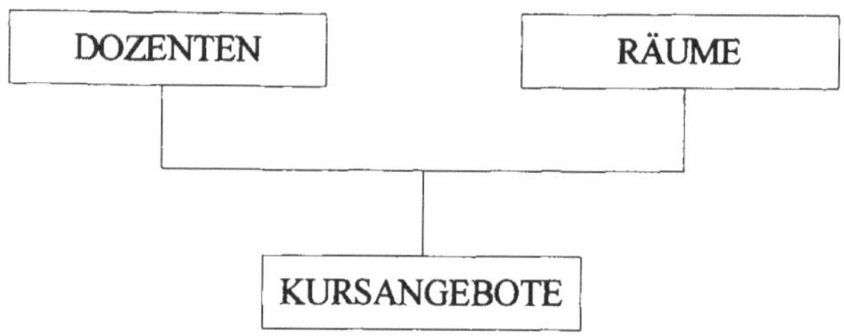

Abb. 3/32. RECORD-TYPE KURSANGEBOTE als MEMBER-TYPE in zwei SET-TYPEs

- Zwei RECORD-TYPEs können durch mehrere SET-TYPEs miteinander verknüpft sein. Im Beispiel der Abb. 3/33 sind die RECORD-TYPEs FACHBEREICHE und DOZENTEN durch zwei SET-TYPEs miteinander verknüpft.

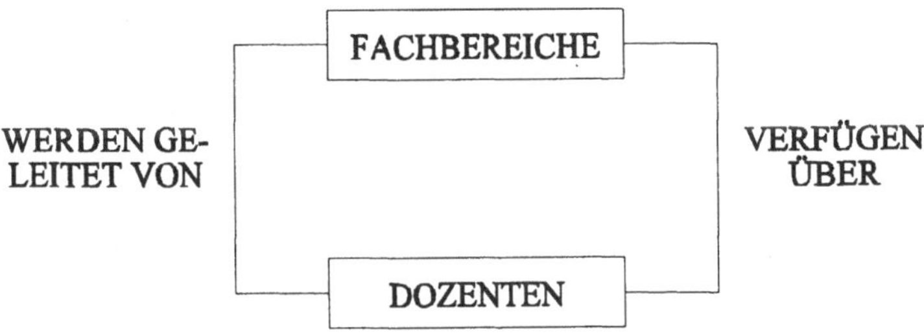

Abb. 3/33. Zwei RECORD-TYPEs mit zwei sie verknüpfenden SET-TYPEs

- Ein singulärer SET ermöglicht das Einbringen sogenannter "flacher Dateien". Eine flache Datei entspricht dabei einer nicht notwendigerweise normalisierten Relation beim Relationenmodell. Ein solcher SET besteht aus genau einem RECORD des vom System zur Verfügung gestellten RECORD-TYPE SYSTEM und den diesem RECORD zugeordneten MEMBER-RECORDs des als "flache Datei" anzulegenden RECORD-TYPEs.
- Die Verknüpfung eines RECORD-TYPEs mit sich selbst in Form eines SET-TYPEs wie in Abb. 3/34 ist unzulässig; d.h. ein RECORD r_i eines RECORD-TYPEs R darf nicht OWNER eines RECORD r_j desselben RECORD-TYPEs R sein.

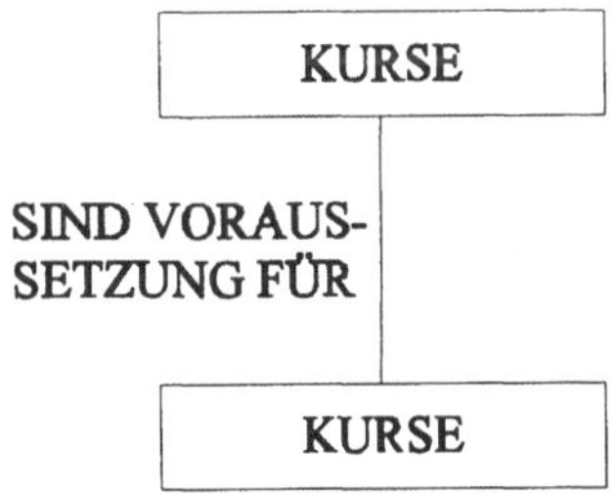

Abb. 3/34. Im CODASYL-Modell nicht zulässiger rekursiver SET-TYPE

Die im Relationenmodell durch Bildung einer zusätzlichen Relation unter Verwendung zweier Fremdschlüssel durchgeführte Umsetzung einer komplexen Verknüpfung (M:N) wird bei Datenbanken nach dem CODASYL-Modell durch einen sogenannten KETT-RECORD-TYPE gelöst. Wir betrachten dazu das VHS-Beispiel mit der komplexen Verknüpfung zwischen den IOKs KURSANGEBOTE und TEILNEHMER. Offensichtlich kann ein Kurs von mehreren Teilnehmern besucht werden und eine Person an mehreren Kursen teilnehmen. Bei der ISM-Entwicklung haben wir an dieser Stelle eine IOK KURSBELEGUNGEN betrachtet (vgl. Abschnitt 2.2.5). Im CODASYL-Modell ist das zugehörige Netzwerk der RECORD-TYPEs in Abb. 3/35 dargestellt.

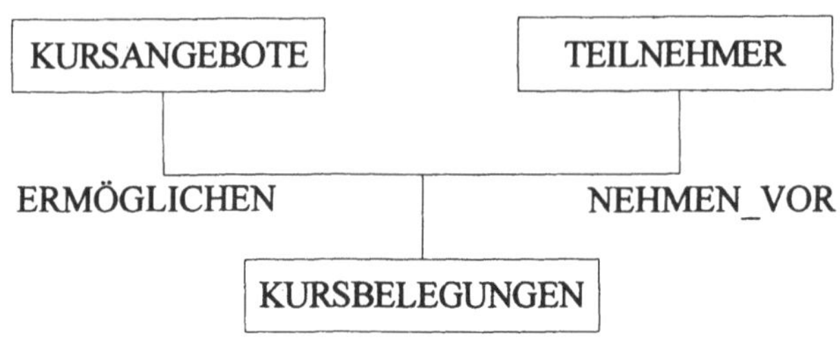

Abb. 3/35. KETT-RECORD-TYPE KURSBELEGUNGEN zur Realisierung einer komplexen Verknüpfung zwischen den RECORD-TYPEs KURSANGEBOTE und TEILNEHMER

Der neue RECORD-TYPE KURSBELEGUNGEN, der gleichsam die beiden M:N-verknüpften RECORD-TYPEs KURSANGEBOTE und TEILNEHMER "verkettet", wird deshalb als KETT-RECORD-TYPE bezeichnet. Die neuen SET-TYPEs ERMÖGLICHEN und NEHMEN_VOR sind jeweils vom Verknüpfungstyp 1:N. Für die konkreten Ausprägungen ergibt sich dann die Verkettung beispielhaft so wie in Abb. 3/36. Die MEMBER-RECORDs beinhalten jeweils die Kombination aus Teilnehmernummer/Kursnummer. Die Kursnummern (K1, K2, K3) stehen stellvertretend für die OWNER-RECORDs bezüglich des SET-TYPE ERMÖGLICHEN und die Teilnehmernummern (T1, T2, T3, T4) stellvertretend für die OWNER-RECORDS bezüglich des SET-TYPE NEHMEN_VOR.

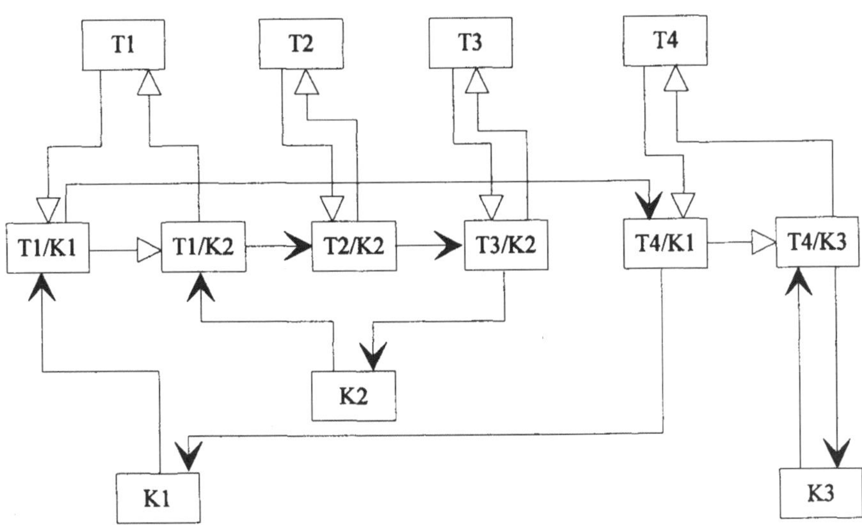

Abb. 3/36. Netzwerk der SETs bezüglich der KETT-RECORDs

Die Suchvorgänge in einem Datenbanksystem, das nach dem CODASYL-Modell aufgebaut ist, sind relativ kompliziert. Bei Entwurf eines CODASYL-Modells wurde noch davon ausgegangen, daß Datenbanksysteme nahezu ausschließlich von Programmierern genutzt werden, von denen man natürlich algorithmisches Denken erwartet. Im konkreten Fall muß der Programmierer hier jeweils den Weg zu dem von ihm gesuchten Satz wissen und angeben, d.h. er muß das Netzwerk der RECORD-TYPEs und SET-TYPEs bei jedem Zugriff auf die Daten der CODASYL-Datenbank berücksichtigen. Man bezeichnet die Suche beim CODASYL-Modell deshalb auch als Navigieren, bei dem zusätzlich zum Wissen über das Netzwerk auch noch die jeweils aktuelle Position im Netzwerk, der CURRENT RECORD, beachtet werden muß. Ein Beispiel für einen Suchprozeß auf der Basis des Beispiels in Abb. 3/36 zeigt das Baumdiagramm in Abb. 3/37.

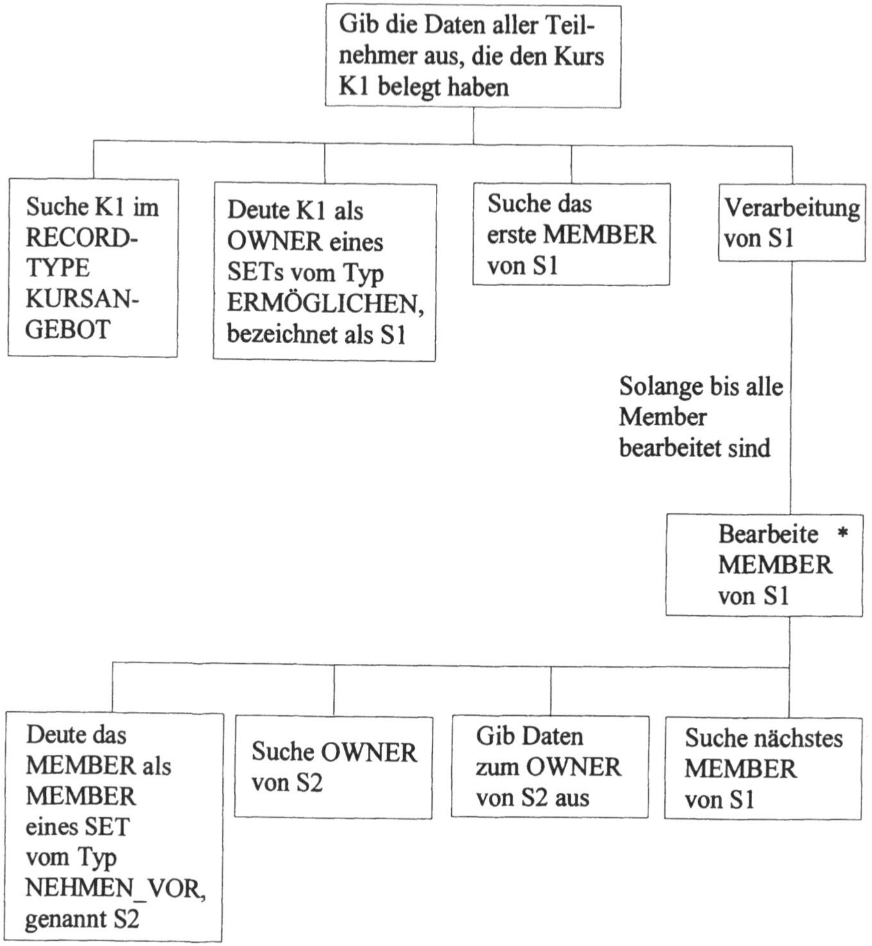

Abb. 3/37. Baumdiagramm für die Suche im Datenbanksystem nach dem CODASYL-Modell

Seinen Namen hat das **Baumdiagramm** vom Baum in der Natur, denn es entspricht einem "auf den Kopf gestellten" Baum, d.h. mit der Wurzel oben und den Blättern unten.[27] Es besteht aus Blöcken, die durch Rechtecke dargestellt werden. Jeder Block stellt eine Funktion dar. Jeder Block definiert eindeutig ein

---

27 Vgl. hierzu auch die Baumdarstellung in der Graphentheorie in Abschnitt 3.3.2.1 und die Abbildungen 3/23 und 3/24.

"innen" und "außen", d.h. eine anderer Block ist entweder vollständig in ihm enthalten oder vollständig außerhalb.

Die Blöcke werden durch Linien verbunden. Jedes Baumdiagramm besteht auf der niedrigsten Ebene aus Blöcken, die nicht weiter unterteilt sind, den "Blättern" des Baums. In der Abb. 3/37 stellen beispielsweise die Blöcke mit den Funktionen "Suche das erste MEMBER von S1" und "Suche OWNER von S2" "Blätter" des Baumes dar.

Ein Baumdiagramm wird von oben (der Wurzel) nach unten (den Blättern) und von links nach rechts gelesen. Jede Ebene unterhalb eines Blocks stellt eine Verfeinerung der Funktion dieses Blocks dar. Dabei unterscheidet man drei Blocktypen: die Strecke, die Verzweigung und die Schleife.

Bei einer **Strecke** handelt es sich auf der nächst niederen Ebene eines Blocks um Teilfunktionen, die von links nach rechts auszuführen sind. In Abb. 3/37 stellt z.B. der Block mit der Funktion "Bearbeite MEMBER von S1" eine Strecke dar, die aus den hintereinander auszuführenden Teilfunktionen "Deute das MEMBER als MEMBER eines SET vom TYP NEHMEN_VOR, genannt S2", "Suche OWNER von S2", "Gib Daten zum OWNER von S2 aus" und "Suche nächstes MEMBER von S1" besteht.

Eine **Verzweigung** kommt in Abb 3/37 nicht vor; wir werden sie jedoch später noch in anderen Baumdiagrammen verwenden.[28] Sie ist immer daran zu erkennen, daß in jedem Rechteck der auf einen Block folgenden nächst niederen Ebene in der rechten oberen Ecke ein "o" für optional enthalten ist und über jedem dieser Blöcke eine durch ein "V" eingeleitete Verzweigungsbedingung steht. Ausgeführt wird bei einer Verzweigung immer nur genau diejenige Funktion der als optional gekennzeichneten Blöcke, deren übergeordnete Verzweigungsbedingung erfüllt ist.

Eine **Schleife** ist daran zu erkennen, daß in dem Rechteck der auf einen Block folgenden nächst niederen Ebene in der rechten oberen Ecke ein "*" als Iterationskennzeichen enthalten ist (Schleifenrumpf) und über diesem Rechteck eine Schleifenbedingung steht. Der Schleifenrumpf ist dann solange auszuführen, bis die Schleifenbedingung erfüllt ist. Die Abbildung 3/37 enthält mit der Funktion "Verarbeitung von S1" genau eine Schleife, deren Schleifenrumpf gerade aus der oben bereits genannten Strecke mit der Funktion "Bearbeite MEMBER von S1" besteht.

---

28 Baumdiagramme werden in den Kapiteln 6 (z.B. Abb: 6/3) und 7 (z.B. Abb: 7/7) behandelt.

3.3.2.3 Das hierarchische Datenmodell

Als einen eingeschränkten Spezialfall von Netzwerkmodellen, wie dem gerade dargestellten CODASYL-Modell, kann man das "Hierarchische Datenmodell" auffassen. Beim hierarchischen Modell[29] werden auch - analog den RECORD-TYPEs und SET-TYPEs - Strukturen modelliert, die nur auf 1:N-Beziehungen zwischen je zwei IOKs beruhen. Die Umsetzung von 1:N - Beziehungen führt zu hierarchischen Modellen, die sich durch Baumstrukturen darstellen lassen (vgl. die Erläuterung der Baumstrukturen in Abschnitt 3.3.2.1). Nicht zulässig ist beim hierarchischen Modell die Einbindung eines RECORD-TYPEs als MEMBER-TYPE mehrerer SET-TYPEs.

Nach wie vor ist es natürlich möglich, mehrstufige Hierarchien zu bilden, bei denen ein RECORD-TYPE sowohl MEMBER-TYPE in einem SET-TYPE als auch OWNER-TYPE in einem anderen SET-TYPE ist. Die beim hierarchischen Modell dabei zulässigen Strukturen enthalten dann einen oder mehrere RECORD-TYPEs, die nicht MEMBER-TYPEs sind. Diese RECORD-TYPEs ohne logischen Vorgänger werden auch als Wurzeltypen bezeichnet. Alle anderen RECORD-TYPEs haben genau einen Vorgänger und beliebig viele Nachfolger. RECORD-TYPEs ohne Nachfolger, d.h. RECORD-TYPEs, die ausschließlich MEMBER-TYPEs sind, werden auch als Blattypen bezeichnet. Die Gesamtstruktur besteht dann aus einem oder mehreren Wurzelbäumen, die häufig auch einfach als Bäume bezeichnet werden.

Graphentheoretisch handelt es sich bei einem Wurzelbaum um einen gerichteten Graphen, bei dem genau ein Knoten ohne Vorgänger existiert (die Wurzel) und alle anderen Knoten genau einen Vorgänger haben. Alle Knoten außer den Endknoten haben einen oder mehrere Nachfolger (die Endknoten besitzen keine Nachfolger). Zu jedem Knoten existiert genau ein Weg, der bei der Wurzel beginnt (vgl. Abschnitt 3.3.2.1).

Einfache Baumstrukturen haben wir bereits bei den Beispielen zum CODASYL-Modell kennengelernt. So stellt jeder SET eine einstufige Hierarchie dar und bildet für sich betrachtet einen Baum mit einer Wurzel (OWNER) und n Blättern (MEMBER). Ein Beispiel für einen mehrstufigen Wurzelbaum zeigt die Abbildung 3/38, die eine Ausprägung des in Abb. 3/31 dargestellten Netzwerkmodells kennzeichnet.

---

29 Vgl. IBM (o.J.); Schlageter/Stucky (1983), S. 121ff.

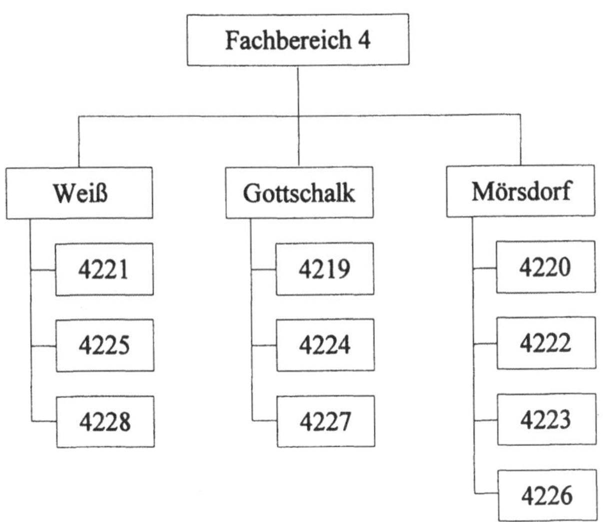

Abb. 3/38. Beispiel eines Wurzelbaums

Der Wurzelknoten wird durch den Fachbereich 4 gekennzeichnet, der drei Nachfolger (MEMBER) hat: die Dozenten Weiß, Gottschalk und Mörsdorf. Die drei Dozenten bieten jeweils drei bzw. vier Kurse an. Die Kursangebote sind MEMBER der Dozenten, sie haben jeweils genau einen OWNER (Dozenten). Die Kursangebote sind Blätter und besitzen somit keine Nachfolger.

Mit Bäumen hat man eine relativ einfache Struktur, für die es viele effiziente Verarbeitungsalgorithmen gibt. Dabei ist auch die sequentielle Bearbeitung möglich, die lange Jahre bei den operativen Anwendungssystemen unter Nutzung konventioneller Dateien dominierte und für zahlreiche Anwendungsfälle auch heute noch wichtig ist. Für diese Anwendungen kann mit Hilfe des hierarchischen Datenmodells wieder eine durchsatzfördernde Umgebung "maßgeschneidert" werden. Andere Zugriffsrichtungen und -schlüssel werden jedoch dann nicht unterstützt. Damit ist das hierarchische Datenmodell den heute und zukünftig immer bedeutsamer werdenden kurzfristig wechselnden Informationsbedürfnissen nicht gewachsen.

3.3.3 Objektorientierte Datenmodelle - ein Überblick

Die bisher behandelten klassischen Datenmodelle, die relationalen, hierarchischen und Netzwerk-CODASYL-Modelle, basieren auf einzelnen Datensätzen (Record-Strukturen) und werden deshalb auch als **satzorientierte Datenmodelle** bezeichnet. Neue Ansätze sind durch die **objektorientierten Datenmodelle** gegeben.[30] Sie stellen eine Kombination von Konzepten der klassischen Datenmodelle, der objektorientierten Programmierung und der Wissensrepräsentationsformen der Künstlichen Intelligenz dar.

Der Begriff **Objekt** wird in der Informatik sehr umfassend und allgemein genutzt. Man versteht darunter alle Größen, die durch einen Bezeichner (Namen) benannt werden können. Wir haben bereits im zweiten Kapitel die Bildung von Informationsobjekten (IOs) kennengelernt, die sich durch Merkmale weiter beschreiben, in Klassen (Informationsobjektklassen - IOKs) zusammenfassen und auch in vielfältiger Weise verknüpfen lassen. Bei den modernen objektorientierten Ansätzen wird jedoch der Begriff enger gefaßt und deutlicher beschrieben.

"Die **objektorientierte Programmierung (OOP)** basiert auf der Idee, Datenstrukturen zu kapseln, diese Einheiten (Objekte genannt), mit Operationen zu versehen und sie über sogenannte Botschaften (Messages) miteinander kommunizieren zu lassen. Zusätzlich bietet Vererbung die Möglichkeit, Objekte veränderten Bedürfnissen anzupassen. Neben Objekten und Vererbung sind Klassen und Dynamische Bindung die wichtigsten Konzepte der OOP."[31] Beispiele für objektorientierte Sprachen sind SMALLTALK, C++ und EIFFEL.

Unter **Wissensrepräsentation** (Knowledge Representation) versteht man die formale symbolische Abbildung von Problemausschnitten der realen Welt zum Aufbau Wissensbasierter Systeme, d.h. für Programmsysteme der Künstlichen Intelligenz (KI). Hier stehen unterschiedliche Repräsentationsformen zur Verfügung, so z.B. die Prädikatenlogik, assoziative Netze (semantische Netze), Frames, Produktionsregeln (rules), Constraints und auch Objekte.

Auch bei den **objektorientierten Datenmodellen** existiert noch keine allgemein anerkannte Definition. Häufig werden bestimmte Eigenschaften aufgestellt, die für sie charakteristisch sein sollen.[32] So sind beispielsweise bei objektorientierten Datenmodellen die folgenden Eigenschaften gegeben:

---

30 Vgl. Ferstl/Sinz (1990), (1991); Göpfert (1993); Vetter (1993).

31 Schäffer/von Zimmermann (1990).

32 Vgl. Dittrich (1990); Dittrich (1990a), Dittrich/Kotz (1989).

- zusammengesetzte Objekte, die außer Attribute Komponenten besitzen, die selbst wieder Objekte sind;
- benutzerdefinierte Objekte, die nicht nur fest vorgegeben sind, sondern vom Benutzer definiert werden können;
- eine Objektidentität, d.h. Objekte mit einer eigenständigen Existenz;
- die Eigenschaft der Einkapselung, entsprechend abstrakter Datentypen;
- das Typen- bzw. Klassenkonzept;
- die Typen- bzw. Klassenhierarchie mit entsprechenden Vererbungsmöglichkeiten.

Das Anwendungsproblem (Realitätsausschnitt) wird aus objektorientierter Sicht "als Menge von Objekttypen beschrieben. Jeder Objekttyp wird durch Attribute, durch Operatoren (Methoden) sowie durch Nachrichtendefinitionen spezifiziert. Die Operatoren dienen der Manipulation der Objekte (Instanzen) eines Objekttyps. Nachrichten dienen der Kommunikation von Objekten. Eine Nachricht an ein Objekt löst dort die Durchführung eines zugehörigen Operators aus".[33]

Objektorientierte Ansätze werden in letzter Zeit intensiv diskutiert, so vor allem der objektorientierte Softwareenwurf[34] und dabei die objektorientierte Modellierung (objektorientierte Analysen). Objektorientierte Ansätze vereinigen die getrennten Ansätze von Daten-, Funktions- und Kommunikationsstrukturierung (vgl. Kapitel 2) und bieten neue erfolgversprechende Lösungswege.

Es werden bereits einige Datenbanksysteme angeboten, die auf dem Objektmodell basieren (so z.B. die DB-Produkte GEMSTONE, OBJECTSTORE). Man erhofft sich durch objektorientierte Ansätze große Vorteile, da hiermit auch komplex strukturierte Daten abgebildet und verarbeitet werden können, so z.B. in der grafischen Datenverarbeitung und Bildverarbeitung. Wir wollen diesen interessanten Bereich im zweiten Band im Zusammenhang mit den **Non-Standard-Datenbanken** eingehend behandeln. Im folgenden konzentrieren wir uns wieder auf die **Standarddatenbanksysteme**, die auf den konventionellen (klassischen) Datenmodellen basieren. Hierbei stehen die relationalen Datenmodelle (vgl. Abschnitt 3.3.1) im Vordergrund.

---

33 Ferstl/Sinz (1993), S. 87.

34 Vgl. z.B. Stoyan (1989) und Heilmann/Gebauer/Simon (1993).

3.4 Konzeption eines Metadatenmodells: das Data Dictionary-System

Die in der Praxis aufgestellten Datenmodelle sind häufig sehr umfangreich. Wünschenswert ist eine Übersicht über die Daten, d.h. eine Beschreibung der Daten. Diese Anforderung läßt sich durch ein **Data Dictionary-System** erfüllen, das vor allem als ein **Metadatensystem** Daten über Daten enthält.[35] Dieses wichtige Hilfsmittel zum Aufbau und zur Nutzung eines Datenbanksystems soll im folgenden beschrieben werden. Nach der Formulierung der Einsatzziele (Abschnitt 3.4.1) sollen der Aufbau (Abschnitt 3.4.2) und die Funktionen (Abschnitt 3.4.3) eines Data Dictionary-Systems erläutert werden. Da ein Data Dictionary-System auch aufgebaut und modelliert werden muß, soll es an dieser Stelle im Rahmen der konzeptionellen Modellierung behandelt werden.

3.4.1 Begriffserklärung und Einsatzziele

Anstelle des Begriffs Data Dictionary-System werden in der Literatur und in der DV-Praxis synonym auch die Begriffe Datenkatalog, Datenwörterbuch oder Datenlexikon verwendet. Die konkrete Begriffswahl läßt keinen Schluß auf die Leistungsfähigkeit und insbesondere die Funktionalität des damit bezeichneten Werkzeugs zu. Wir werden deshalb nachfolgend in Ermangelung einer Begriffsfestlegung durch die DIN jeweils den international bekannten Begriff Data Dictionary-System **(DD-System)** weiter benutzen.

Globales Ziel beim Einsatz eines DD-Systems ist die Verbesserung der Produktivität und Qualität in der Entwicklung, Pflege und beim Einsatz von Informations- bzw. Datenbanksystemen. Ursprungsaufgabe von DD-Systemen war und ist es, **Metadaten**, d.h. **Daten über Daten**, in logisch zentraler Form zu speichern und zu verwalten. Somit kann ein DD-System beispielsweise danach beurteilt werden, in welchem Umfang es die Nutzung der in der DIN 66232 "Datendokumentation" beschriebenen Metadaten (vgl. Abschnitt 3.2) unterstützt. Im Hinblick auf das oben genannte Globalziel muß zu den heute üblichen Aufgaben eines DD-Systems jedoch auch die Speicherung und Verwaltung aller vom Benutzer gewünschten Objektklassen in Form von Dictionary-Entity-Typen gehören, d.h. auch von deren Attributen und Beziehungen. Als Entity-Typen kommen dabei im Einzelnen beispielsweise Programme, Jobs, Benutzer und Entwicklungsdokumente in Frage.

Der Aufbau und die Funktionen eines DD-Systems sollen in diesem dritten Kapitel bereits erläutert werden, da auch die Metadaten bei der konzeptionellen

---

[35] Vgl. Schreier (1990).

Modellierung eines Datenbanksystems berücksichtigt werden müssen. Das DD-System stellt neben dem Datenbanksystem, das die eigentliche Problemdefinition enthält, eine zweite Gestaltungsebene dar. Die Modellierung eines DD-Systems ist somit auch eine wichtige Voraussetzung für einen effizienten Datenbankentwurf. Ebenso wie Datenbanksysteme werden auch DD-Systeme kommerziell angeboten. Sie werden im zweiten Band vorgestellt.

3.4.2 Aufbau eines DD-Systems und Klassifizierung

Zum besseren Verständnis des DD-Systems soll hier bereits seine Architektur im Überblick vorgestellt werden, d.h. das lauffähige (implementierte) System. Die Architektur eines Datenbanksystems wird erst im Teil B behandelt, da wir uns im vorliegenden Teil A lediglich mit der systemunabhängigen Modellierung beschäftigen.

Ein DD-System besteht - in Analogie zu Datenbanksystemen (mehr dazu in den Kapiteln 5 und 7 von Teil B) - aus einer **Datenbasis**, dem Data Dictionary (DD), einem Programmsystem zur Verwaltung der im DD gespeicherten Daten (Metadaten), das dementsprechend auch als **Data Dictionary Management-System (DDMS)** bezeichnet werden kann, und einer **Benutzerschnittstelle**, über die die Metadatenbank aufgebaut und genutzt wird. Eine Prinzipdarstellung dazu zeigt die Abb. 3/39.

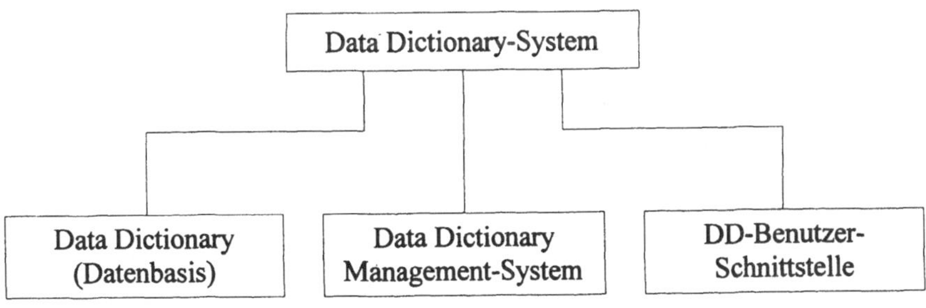

Abb. 3/39. Prinzipdarstellung eines Data Dictionary-Systems

Das DD enthält keine "echten" Daten (Problemdaten), wie z.B. die in unserem VHS-Beispiel gegebenen Namen von Dozenten, die in der Datenbank selbst gespeichert sind, sondern die beschreibenden Angaben zu den Informationsobjekten und deren Verknüpfungen. Eine Schnittmenge zum Datenbanksystem ergibt sich jedoch mitunter z.B. in Form von gemeinsam genutzten Tabellen über Zugriffe. Die logischen Adressen der "echten" Daten (Problemdaten) wiederum sind Teil des sogenannten **Data Directory**, das es entweder eigenständig oder auch als DD-System-Komponente gibt. Man spricht dann von einem **DD/DS (Data Dictionary/Directory-System)**. Das Zusammenspiel bzw. die Abgrenzung von Data Dictionary, Data Directory und Datenbank zeigt die Abb. 3/40.[36]

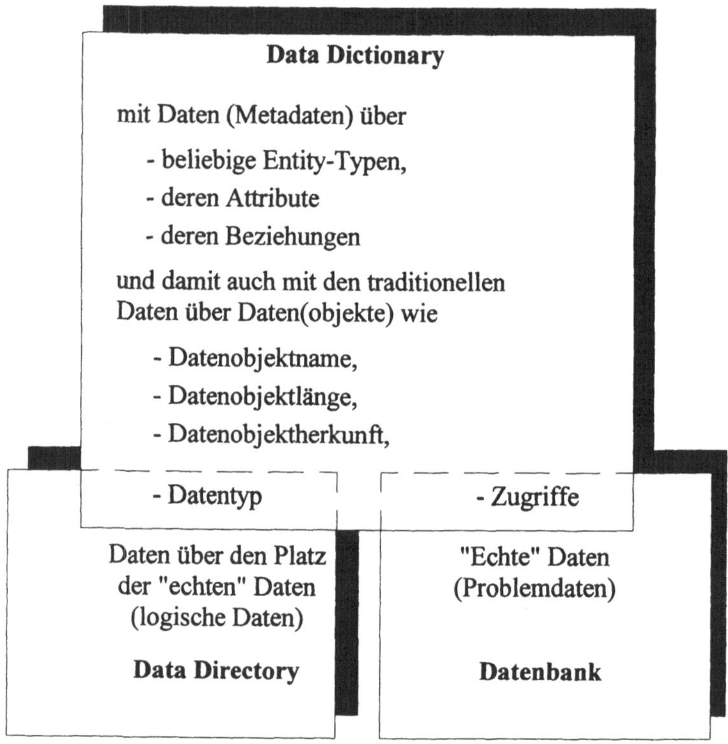

Abb. 3/40. Zusammenspiel von Data Dictionary, Data Directory und Datenbank

Wir wollen uns in diesem Abschnitt weder mit der Datenbank (mehr dazu in Teil B) noch mit dem Data Directory oder den Komponenten eines DD-Systems (vgl. Abb. 3/39) im Einzelnen auseinandersetzen, sondern das DD-System als "Black-Box" betrachten und zunächst eine Klassifizierung der DD-Systeme vornehmen.

Eine erste Einteilung ergibt sich dabei fast zwangsläufig, wenn man die historische Entwicklung von DD-Systemen betrachtet. Die ersten DD-Systeme sind bereits seit Ende der 60er Jahre bekannt und im Einsatz. Sie dienten zunächst i.d.R. ausschließlich zur Dokumentation der Metadaten. Damit konnte man immerhin

36 Vgl. Zimmermann (1989), S. 479.

schon - in Analogie zu einer Stückliste - Verwendungsnachweise (z.B. "In welchen Dateien wird die Kurs-Nummer als Datenfeld verwendet?") und Datenverzeichnisse (z.B. "Welche Datenfelder gibt es zur Satzart DOZENTEN?") bekommen. Diese DD-Systeme werden, im Gegensatz zu den heute marktgängigen Systemen, als **passive DD-Systeme** bezeichnet. Bei passiven DD-Systemen besteht grundsätzlich die Gefahr der Inkonsistenz z.B. zwischen der Beschreibung einer Satzart im DD-System und dem Aufbau der in der Datei tatsächlich gespeicherten Sätze. Doch auch die passiven DD-Systeme können bei entsprechenden organisatorischen, insbesondere der Konsistenzerhaltung dienenden Rahmenbedingungen z.B. bei der Weiterentwicklung und Pflege von Anwendungssystemen helfen, indem die im DD-System bereits existierenden Datenbeschreibungen verfügbar gemacht werden. Ebenso können sie bei der Fehlersuche z.B. durch die Angabe von Verwendungsnachweisen von Daten Unterteilungen anbieten. Passive DD-Systeme werden aufgrund ihrer eingeschränkten Funktionalität häufig auch als Dokumentations- oder Nachdokumentationssysteme bezeichnet.

Bietet das DD-System über die Dokumentationsfunktion und den Verwendungsnachweis hinaus weitere Möglichkeiten, z.B. zur Generierung von Datendefinitionen zur Verwendung durch das Datenbankverwaltungssystem und/oder durch Anwendungsprogramme, so wird es als **aktives DD-System** bezeichnet. Der Zugriff zu Daten der Datenbank vollzieht sich dann immer unter Nutzung der DD-System-Einträge.

Ein aktives DD-System kann darüberhinaus so in ein Datenbanksystem **integriert** sein, daß z.B. Änderungen an Satzarten für das Datenbanksystem ausschließlich mittels Änderung im DD-System wirksam werden können. Es handelt sich somit um ein funktionsfähiges Gesamtsystem.

Die Integration findet sich jedoch zunächst nur bei sogenannten **abhängigen DD-Systemen**, die ausschließlich in Verbindung mit einem speziellen Datenbankverwaltungssystem zumeist desselben Anbieters betrieben werden können.

Unabhängige DD-Systeme verfügen über eine eigene Verwaltungssoftware für die von ihnen zu verwaltenden Daten und bieten als aktive DD-Systeme Schnittstellen zu einem oder meist mehreren anderen "fremden" Datenbankverwaltungssystemen oder deren integrierten DD-Systemen an.

Abbildung 3/41 zeigt die Klassifizierungsmöglichkeiten für DD-Systeme nochmals im Überblick.

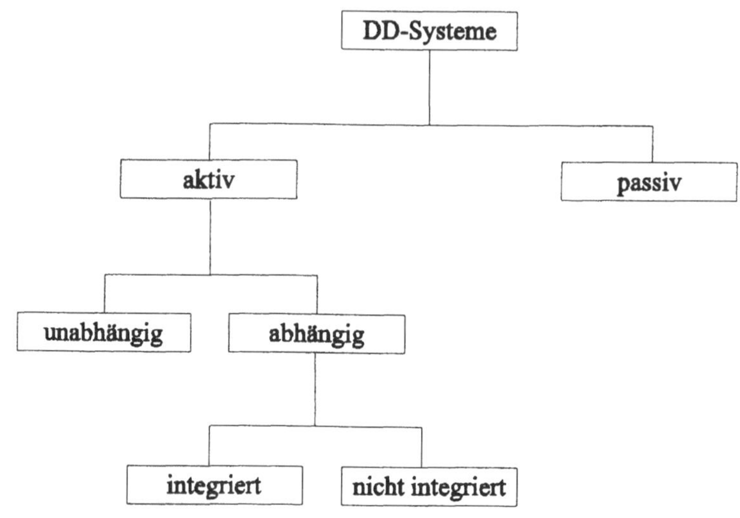

Abb. 3/41. Klassifikation von DD-Systemen

3.4.3 Funktionen der DD-Systeme

Die Aufgaben heutiger DD-Systeme lassen sich drei großen Bereichen zuordnen. Danach ist ein DD-System Teil

a) einer Entwicklungsumgebung zum Aufbau von Anwendungs- bzw. Informationssystemen (insbesondere von Datenbanksystemen),
b) einer Produktionsumgebung (RZ-Betrieb) für Informationssysteme,
c) einer unternehmensweiten Anwendungsumgebung der Informationssysteme (Informationsverarbeitung).

Die Elementarfunktionen eines DD-Systems lassen sich jedoch weder diesen drei Bereichen noch den verschiedenen Nutzergruppen eines DD-Systems immer eindeutig zuordnen. Als Nutzergruppen kommen je nach Schwerpunkt des DD-System-Einsatzes bei a) eher die Anwendungsentwickler und die Datenbankadministratoren, bei b) eher die Datenbankadministratoren und die Mitarbeiter im Rechenzentrum (Operateure), bei c) außer den drei genannten insbesondere die

Mitarbeiter in den Fachabteilungen als Endbenutzer in Betracht, die ihre Anwendungsprobleme mit Hilfe computergestützter Informationssysteme lösen und dabei ein DD-System nutzen. Ferner sind Datenadministratoren, Revisoren, Controller sowie das Informationsmanagement als Nutzer von DD-Systemen zu sehen. Der Trend geht eindeutig zur Nutzung eines DD-Systems für alle drei obengenannten Aufgabenbereiche und für alle Benutzer mit zunehmenden Schwerpunkt für die Endbenutzer. Daraus ergeben sich eine Reihe von Anforderungen an die Funktionalität und Benutzerfreundlichkeit heutiger DD-Systeme, die in der DD-Benutzerschnittstelle realisiert werden.

So muß das DD-System zunächst einmal in der Lage sein, mehrere Benutzer quasi gleichzeitig zu bedienen. Voraussetzungen hierfür sind die Gewährleistung der Performance, die Schaffung einer geeigneten Datenorganisation und guter Retrievalalgorithmen. Darüberhinaus sind insbesondere beim Mehrbenutzerbetrieb mit unterschiedlichen Nutzergruppen die Einrichtung, Verwaltung und dynamische Überprüfung von Zugriffsrechten erforderlich. Außerdem sollte das DD-System über eine im Prinzip einheitliche und der entsprechenden DIN gehorchende Benutzeroberfläche verfügen, die jedoch wiederum den unterschiedlichen Nutzergruppen angepaßte, individuell einstellbare Arbeitsumgebungen unterstützt.

Einen guten Überblick über die Nutzung eines heute aktuellen Data Dictionary-Systems vermittelt die Abb. 3/42 in Anlehnung an eine Darstellung bei Lockemann/Dittrich[37], die auf dem Lebenszyklus einer Metadatenbasis analog zum Lebenszyklus des unterliegenden Informationssystems aufbaut. Hier sind insbesondere die Nutzungsmöglichkeiten in den ersten Phasen des Zyklus, der Systemvorplanung, der Fachkonzeptanalyse und der Entwurfsphase, von großer Wichtigkeit. Die Metadaten besitzen hier die Eigenschaft von Konzeptionsdaten. Beim Systementwurf und insbesondere in der Implementierungsphase werden die Metadaten zu Implementierungsdaten. Später, d.h. beim Einsatz des entwickelten Informationssystems, werden sie als Betriebsdaten bezeichnet. Es soll herausgestellt werden, daß das Data Dictionary-System für Anwendungsentwicklung und auch für den Einsatz von Anwendungssystemen eine hohe Bedeutung hat und somit im Data Engineering- und auch im Software Engineering-Prozeß eine große Rolle spielt.

---

37 Vgl. Lockemann/Dittrich (1987), S. 155.

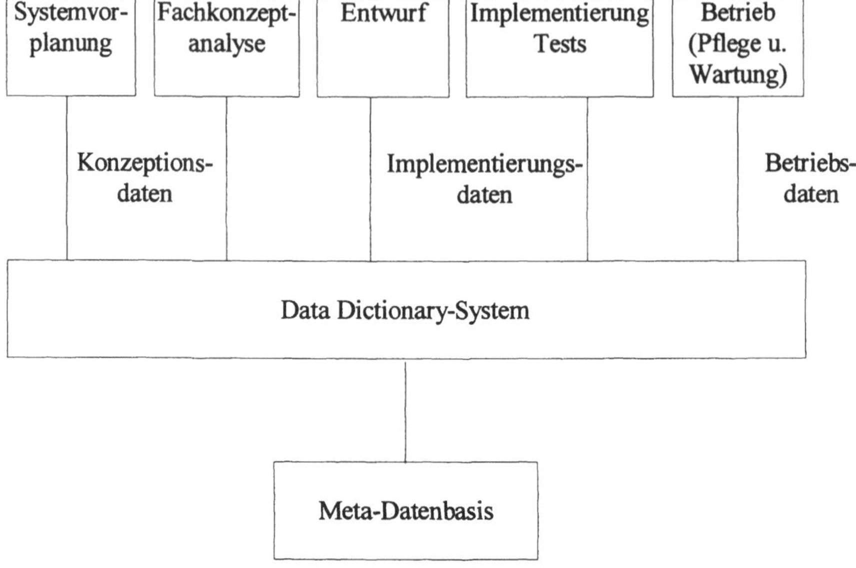

Abb. 3/42. Data Dictionary-System im Lebenszyklus[38]

Konzeptionsdaten umfassen z.B. für unser VHS-Beispiel die Daten, die wir im Rahmen der IKSM-Analyse in Kapitel 2 erarbeitet haben. Diese Daten sind unabhängig von einem konkreten Datenbanksystem. Sie enthalten Angaben zu den IOKs und deren Verknüpfungen (ISM), den darauf arbeitenden Funktionen (FSM) und den Kommunikationsbeziehungen (KSM) des geplanten Informationssystems (vgl. die Darstellung in Abschnitt 2.3).

Implementierungsdaten können z.B. Datenbankschemata, Schnittstellenbeschreibungen, Programme und Nutzerdaten wie beispielsweise Zugriffsrechte sein. Für möglichst alle vorgesehenen bzw. verwendeten Datenobjekte sollten sie sich an den Festlegungen der DIN 66232 (vgl. Abschnitt 3.2) orientieren.

Betriebsdaten fallen nach der Einführung des Informationssystems während der sogenannten Betriebsphase an. Dabei kann es sich u.a. um Angaben zum jeweils aktuellen Datenvolumen, Speicherbedarf, zur Daten- und Programmnutzung handeln.

Die Elementarfunktionen eines DD-Systems wurden schon Anfang der 80er Jahre, seinerzeit als Anforderung an die Funktionsmächtigkeit künftiger DD-Systeme, zusammengestellt und nach den Nutzergruppen in **administrations-**

---

[38] Abbildung entnommen aus Lockemann/Dittrich (1987), S. 155.

orientierte und **anwenderorientierte Funktionen** eingeteilt. Sie finden sich heute - jedoch für einen erweiterten Nutzerkreis und i.d.R. ohne strenge Zuordnung zu einzelnen Nutzergruppen - in konkreten DD-Systemen jeweils teilweise wieder. Danach gehört zu den **Anforderungen** an die DD-System-Funktionalität eine

- Objekt- (insbesondere Daten-) beschreibungsfunktion,
- Datenbankdesignfunktion,
- Datenübertragungsfunktion,
- Qualitätssicherungsfunktion,
- Generierungsfunktion für Datenbeschreibungen, Testdaten, Programmteile,
- Versionsverwaltungsfunktion,
- Zugriffsberechtigungsfunktion,
- Berichtsfunktion für Bildschirm und Papier,
- Arbeitsumgebungsgestaltungsfunktion,
- Nutzungsfunktion für Stapelprozesse.

Berichte sollten den dazu Berechtigten u.a. Auskunft geben über alle Zugriffsrechte, Objektbeschreibungen, Programme, die ein bestimmtes Objekt nutzen, Objekte, die von einem bestimmten Programm genutzt werden, Nutzungsstatistiken zu den "echten" Daten.

3.4.4 Beispiel eines DD-Reports

Zur Verdeutlichung zeigt Abb. 3/43 einen Bericht **(DD-Report)** des integrierten DD-Systems der Firma PROGRESS zu Metadaten, die entsprechend dem Beispiel aus Abb. 3/14 in das Dictionary aufgenommen worden sind. Dargestellt werden jedoch in der Abbildung nur Angaben zur Relation FACHBEREICHE.

Wir sehen im Kopf, daß in PROGRESS für eine Relation der Begriff 'File' verwendet wird. Es folgt als 'Delete Validation Criterion' eine Aussage zur logischen Verknüpfung der Relation FACHBEREICHE mit der Relation DOZENTEN. Sie besagt, daß eine Löschung aller Daten zu einem Fachbereich in der Datenbank nur zulässig ist, wenn kein Eintrag der Fachbereichsnummer in der File DOZENTEN mehr vorhanden ist (mehr zum Thema Integrität in Datenbanksystemen in Teil B, Kapitel 8).

Anschließend werden die Namen der Attribute, in PROGRESS 'Field' genannt, und die diesen zugeordneten Meta-Daten wiedergegeben, z.B. der Datentyp ('Type') und das Format (die '9' steht für eine Ziffer, 'X(10)' für maximal 10 Alphazeichen).

Im nächsten Abschnitt über Indizes wird dargestellt, daß FB_NR, die Fachbereichsnummer, als Primärschlüssel der Relation dient.

Den Abschluß in der auszugsweisen Darstellung bildet eine Konsistenzregel für die Angabe der FB_NR, die zulässige Angaben auf die Fachbereichsnummern 1 bis 7 beschränkt (auch derartige Konsistenzregeln werden im Kapitel 8 in Teil B detailliert behandelt), und den Text, der bei einer Verletzung dieser Konsistenzregel am Bildschirm erscheint.

10/03/90 PROGRESS Data Dictionary Report
Page 1
Database: VHS_DB Fachbereich File

Delete Validation Criterion

NOT CAN-FIND (DOZENTEN where DOZENTEN.FB_NR=FB.FB_NR)

Field	Type	Format	.....
FB_NR	int	9	.....
FNAME	char	X(10)	.....

Index Name	Unique	Field Name	Seq	Ascending	abbreviate
FB_NR	yes	FB_NR	1	yes	no

Field Validation Criteria, Validation Messages

FB_NR : (FB_NR >0) and (FB_NR < 8)
Fachbereichsnummer ungültig

Abb. 3/43. Auszug aus dem PROGRESS Data Dictionary Report zur FACHBEREICHE-Relation des Modells in Abb. 3/14

3.5 Übungsaufgaben zur konzeptionellen Datenmodellierung

Aufgabe 3-1: Geben Sie Gründe für die Festlegung von Datentypen für programminterne und programmexterne Datenobjekte an.

Aufgabe 3-2: Der Datentyp WARTESCHLANGE erlaubt das Einfügen eines neuen Elements nur am Ende, das Entfernen eines Elements nur am Anfang der damit stets nach Eintreffenszeitpunkt geordneten Elemente (FIFO = first in first out). Der statische Datentyp ARRAY erlaubt die Aufnahme einer zuvor festgelegten Maximalzahl von Elementen in einem entsprechenden Datenobjekt. Beschreiben Sie eine möglichst optimale Vorgehensweise zur Darstellung des Datentyps WARTESCHLANGE mit Hilfe eines Datenobjekts vom Typ ARRAY.

Aufgabe 3-3: Sie sind Datenadministrator beim Landessportbund. Legen Sie zehn für eine VEREINSDATEI Ihrer Meinung nach relevante Datenobjekte und deren Attribute fest.

Aufgabe 3-4: Gegeben sei die IOK BESTELLUNG eines Autohändlers:

K_NR	NAME	PLZ	ART_NR	HUBRAUM	FARBE	MENGE
105	Mann	4100	46	1200	gelb	3
105	Mann	4100	81	1800	rot	4
105	Mann	4100	11	1600	weiss	1
112	Jahn	5300	13	1200	grün	1
112	Jahn	5300	02	1300	gelb	1
208	Post	5300	46	1200	gelb	1
208	Post	5300	02	1300	gelb	12

Entwickeln Sie daraus ein konzeptionelles Datenmodell gemäß dem Relationenmodell unter Anwendung der Normalformenlehre von Codd.

Aufgabe 3-5: Nennen Sie die drei Anomalien, die bei Relationen in der ersten Normalform vorkommen können und zeigen Sie deren Wirkung beispielhaft anhand der IOK BESTELLUNGEN aus der Aufgabe 3-4 auf.

Aufgabe 3-6: Stellen Sie dar, wie eine 1:N- und eine M:N-Verknüpfung aus dem ISM in das Relationenmodell und in das CODASYL-Modell umgesetzt werden kann.

Aufgabe 3-7: Skizzieren Sie die Unterschiede zwischen dem Relationenmodell, dem CODASYL-Modell und dem hierarchischen Datenmodell beim Zugriff auf Daten.

Aufgabe 3-8: Erläutern Sie die unterschiedliche Wirkung der zur Relationenalgebra gehörigen Operationen RESTRIKTION und PROJEKTION allgemein und am Beispiel der Tabelle in Aufgabe 3-4.

Aufgabe 3-9: Was versteht man unter einer objektorientierten Datenmodellierung? Wo sehen Sie die Vorteile dieses neuen Modellierungsansatzes?

Aufgabe 3-10: Geben Sie eine Klassifizierung für Data Dictionary-Systeme an und erläutern Sie die gebildeten Klassen.

Aufgabe 3-11: Welche Ziele verfolgt man beim Einsatz von Data Dictionary-Systemen?

Aufagbe 3-12: Diskutieren Sie die Funktionen der Data Dictionary-Systeme.

3.6 Ausgewählte Literatur zu Kapitel 3

Batini, C. (1992): Conceptual Database Design, Redwood City 1992.

Chen, P.P.S. (Hrsg.) (1980): Entity-Relationship Approach to System Analysis and Design, Amsterdam, New York 1980.

Chen, P.P.S.; Knöll, H.-D. (1991): Der Entity-Relationship-Ansatz zum logischen Systementwurf, Mannheim u.a. 1991.

CODASYL (1971): CODASYL Data Base Task Group, Report, April 1971.

Codd, E.F. (1970): A relational model for large shared data banks, in: Comm. ACM, Vol. 13 (1970), No. 6, S. 377-387.

Codd, E.F. (1971): Further normalisation of the data base relational model, in: Rustin, R. (Hrsg.): Data Base Systems, New York 1971, S. 33-64.

Dittrich, K.R. (1990): Objektorientierte Datenbanken, in: Mertens, P. (Hrsg.): Lexikon der Wirtschaftsinformatik, Berlin u.a. 1990, S. 305-306.

Dittrich, K.R. (1990a): Objektorientierte Datenmodelle als Basis komplexer Anwendungssysteme, in: Wirtschaftsinformatik, 32. Jg. H. 3, 1990, S. 228-237.

Dittrich, K.R.; Kotz, A.M. (1989): Objektorientierte Datenbanksysteme, in: HMD 145, 1989, S. 94-105.

Ferstl, O.K.; Sinz, E.J. (1990): Objektmodellierung betrieblicher Informationssysteme im Semantischen Objektmodell (SOM), in: Wirtschaftsinformatik, 32. Jg., H. 6, 1990, S. 566-581.

Ferstl, O.K.; Sinz, E.J. (1991): Ein Vorgehensmodell zur Objektmodellierung betrieblicher Informationssysteme im Semantischen Objektmodell (SOM), in: Wirtschaftsinformatik, 33. Jg., H. 6, 1991, S. 477-491.

Ferstl, O.K.; Sinz, E.J. (1993): Grundlagen der Wirtschaftsinformatik, Band 1, München, Wien 1993.

Fischer, J. (1992): Datenmanagement, Datenbanken und betriebliche Datenmodellierung, München, Wien 1992.

Göpfert, J. (1993): Objektorientierte Datenbanksysteme, in: HMD 170, 1993, S. 24-34.

Grill, E. (1988): Relationale Datenbanken. Vom logischen Konzept zur physischen Realisierung, München, 1988.

Heilmann, H.; Gebauer, A.; Simon, M. (1993): Objekorientiertes Software Engineering, in: HMD 170, 1993, S. 11-23.

IBM (o.J.): IBM-Corporation: Information Management System, Virtual Storage General Information Manual, IBM Form No. GH 20-1260.

Jackson, G. (1990): Entwurf relationaler Datenbanken, München, Wien 1990.

Lausen, G.; Marx, B. (1990): Das Relationenmodell und die Normalisierung, in: HMD 152, 1990, S. 30-42.

Lockemann, P.C.; Dittrich, K.R. (1987): Architektur von Datenbanksystemen, in: Lockemann, P.C.; Schmidt, J.W. (Hrsg.): Datenbank-Handbuch, Berlin u.a. 1987, S. 88-161.

Lockemann, P.C.; Radermacher, K. (1990): Konzepte, Methoden und Modelle zur Datenmodellierung, in: HMD 152, 1990, S. 3-16.

Luft, A.L. (1990): Datenmodelle, in: Mertens, P. (Hrsg.) (1990): Lexikon der Wirtschaftsinformatik, Berlin u.a. 1990, S. 132-133.

Mayr, H.C.; Dittrich, K.R.; Lockemann, P.C. (1987): Datenbankentwurf, in: Lockemann, P.C.; Schmidt, J.W. (Hrsg.) (1987): Datenbank-Handbuch, Berlin u.a. 1987, S 481-557.

Meier, A. (1995): Relationale Datenbanken - Eine Einführung für die Praxis, Berlin, Heidelberg 1995.

Neumann, K. (1987): Graphen und Netzwerke, in: Gal, T. (Hrsg.): Grundlagen des Operations Research 2, Berlin u.a. 1987, S 1-164.

Noltemeier, H. (1976): Graphentheorie, Berlin, New York 1976.

Olle, T.W. (1978): The CODASYL-Approach to Data Base Management, New York 1978.

Österle, H. (1995): Business Engineering, Prozeß- und Systementwicklung, Berlin u.a. 1995.

Schäffer, B.; Zimmermann, P. von (1990): Objektorientierte Programmierung, in: Mertens, P. (Hrsg.): Lexikon der Wirtschaftsinformatik, Berlin u.a. 1990, S. 306-308.

Scheer, A.-W. (1994): Wirtschaftsinformatik, Referenzmodelle für industrielle Geschäftsprozesse, 4. Auflage, Berlin u.a. 1994.

Schlageter, J.; Stucky, W. (1983): Datenbanksysteme: Konzepte und Modelle, Stuttgart 1983, S. 44-218.

Schmidt, J.W. (1987): Datenbankmodelle, in: Lockemann, P.C.; Schmidt, J.W. (Hrsg.): Datenbank-Handbuch, Berlin u.a. 1987, S. 4-83.

Schreier, U. (1990): Data Dictionary, in: Mertens, P. (Hrsg.): Lexikon der Wirtschaftsinformatik, Berlin u.a. 1990, S. 111-112.

Stoyan, H. (1989): Objektorientierte Systementwicklung, in: HMD 145, 1989, S. 3-12.

Vetter, M. (1993): Strategie der Anwendungssoftware-Entwicklung, 3.Auflage, Stuttgart 1993.

Vinek, G.; Rennert, P.F.; Tjoa, A.M. (1982): Datenmodellierung, Würzburg, Wien 1982.

Wedekind, H. (1981): Datenbanksysteme I, 2. Auflage, Mannheim u.a. 1981.

Zehnder, C.A. (1989): Informationssysteme und Datenbanken, Stuttgart 1989, S. 41-109.

Zimmermann, G. (1989): Praktische Erfahrungen beim Einsatz von Data Dictionary Systemen, in: Angewandte Informatik, 31. Jg., H. 11/12, 1989, S. 478-484.

4 Entwicklung eines Unternehmensdatenmodells

Mit der Erstellung eines konzeptionellen Datenmodells, wie in Kapitel 3 beschrieben, ist ein wichtiger Meilenstein im Entwicklungsprozeß eines Datenbanksystems erreicht. Die Modellierungsphase ist damit abgeschlossen, und die Implementierung in ein konkretes lauffähiges Datenbanksystem kann nun erfolgen (vgl. den Ablaufprozeß in Abb. 0/1 in der Einleitung). Die Strukturierungs- und Modellierungsprozesse wurden bisher in den Kapiteln 2 und 3 anhand von kleinen, überschaubaren Anwendungsbeispielen aufgezeigt, um die Verfahrenstechniken anschaulich zu erklären. Der ausgewählte, relativ einfache Anwendungsbereich "Volkshochschule" (VHS-Beispiel) sollte ein besseres Verstehen der Vorgehensweise gewährleisten.

Ein breiter Einsatz von Datenbanksystemen ist in Unternehmen zu finden, die i.d.R. eine komplexe Aufbau- und Ablauforganisation besitzen. Beispiele hierfür, die sich sowohl auf große als auch auf kleine Betriebe unterschiedlicher Branchen erstrecken, wurden bereits im Abschnitt 0.2 aufgezeigt. In Kapitel 1 wurde das **Unternehmen als informationsverarbeitendes System** dargestellt, das durch vielfältige Informations- und Kommunikationsprozesse gekennzeichnet ist. Eine effiziente und effektive Nutzung eines computergestützten Informations- und Kommunikationssystems (IKS) bzw. eines Datenbanksystems (DBS) kann nur dann gewährleistet werden, wenn bei seinem Aufbau die Unternehmung mit ihren zahlreichen Bereichen und ihren internen Verflechtungen in ihrer Gesamtheit betrachtet wird.

Unter dem Begriff "**Business Reengineering**" wird in letzter Zeit ein angeblich neuartiges Leitbild für Organisation und Führung von Unternehmen diskutiert.[1] Basis ist die Prozeßorientierung und ein ganzheitliches Denken, die zu Produktivitätssteigerungen führen sollen.

Je nach Betrachtungsschwerpunkt, der sich z.B. auf die Leistungserstellungsprozesse (Produktion), auf die Aufbau- bzw. Ablauforganisation oder auf die Informationsprozesse erstrecken kann, lassen sich unterschiedliche **Unternehmensmodelle** beschreiben, die zunächst in Abschnitt 4.1 behandelt werden. Uns interessieren hier die Informationsprozesse, die sich in einem **unternehmensweiten Informations- und Kommunikationsmodell** darstellen lassen (vgl. Abschnitt 4.2). Ein wichtiger Bereich des Informationsmodells ist in einem **unternehmensweiten**

---

1 Bekannt wurde dieses Leitbild vor allem durch das Buch von Hammer und Champy (vgl. Hammer/Champy (1994)), die aufgrund ihrer persönlichen Erfahrungen die Grundsätze des Business Reengineering vorstellen und die Vorgehensweise als "Radikalkur für das Unternehmen" bezeichnen (vgl. Untertitel des Buches).

Datenmodell (Unternehmensdatenmodell) zu sehen (vgl. Abschnitt 4.3), das als ein gesamtheitliches konzeptionelles Datenmodell die Basis eines **unternehmensweiten Datenbanksystems** darstellt. Eine Zusammenfassung der Modelle in einem geschlossenen **Architekturkonzept** wird abschließend in Abschnitt 4.4 gegeben.

Ausgehend von einer Gesamtbetrachtung der Informations- und Kommunikationssysteme im Unternehmen im Kapitel 1 schließen wir diesen Teil A wieder mit einer ganzheitlichen Betrachtungsweise eines unternehmensweiten Informationsmodells, d.h. mit der Entwicklung eines Unternehmensdatenmodells.

4.1 Darstellungsmöglichkeiten von Unternehmensmodellen

Ein Unternehmen läßt sich nach unterschiedlichen Untersuchungsobjekten abbilden und anhand eines Modells beschreiben. So läßt sich z.B. durch Organigramme der hierarchische Aufbau der Unternehmensabteilungen bzw. -bereiche mit ihren Personen darstellen. Häufig werden auch Standortpläne und Lageskizzen von Unternehmen gezeichnet, um z.B. innerbetriebliche und marktbezogene Logistikstrukturen (Ablaufmodelle) zu kennzeichnen. In allgemeiner Form läßt sich ein Unternehmen als ein Modell beschreiben, in dem auf unterschiedlichem Abstraktionsniveau die Funktionsbereiche mit ihren Zusammenhängen und auch die Beziehungen zu den Märkten dargestellt werden. Ein Beispiel für die Darstellung der Funktionsbereiche in einem Industrieunternehmen ist in der folgenden Abbildung 4/1 gegeben. Grundlegende Funktionsbereiche sind Beschaffung, Fertigung, Absatz, Finanzierung und Unternehmensführung mit Planung, Kontrolle und Organisation. Neben den lebensnotwendigen Beziehungen zu den Beschaffungs- und Absatzmärkten bestehen Aktivitäten zu den Finanzmärkten und dem Staat (öffentliche Hand).

Die Analyse und Gestaltung der informationellen Prozesse werden zur Zeit unter dem Begriff "Business (Re)Engineering" diskutiert, der sich mit der Geschäftsprozeßmodellierung (business process modeling) und der Geschäftsprozeß"optimierung" (business process redesign) auseinandersetzt.[2] Das Business Engineering soll Entscheidungen auf allen Ebenen der Gestaltung eines Unternehmens treffen, und zwar auf der Ebene der Geschäftsstrategie, auf der Prozeßebene und auf der Informationssystemebene.[3] Weiterhin lassen sich Unternehmens- und Geschäftsprozesse zur Darstellung von Unternehmensmodellen einsetzen, die sich dann als Prozeßmodelle bezeichnen lassen, so z.B. Prozesse zwischen Einkauf, Lager und Fertigung.

---

2 Vgl. Ferstl/Sinz (1993a).

3 Vgl. Österle (1995).

Die Planung, Durchführung, Steuerung und Kontrolle der Güter- und Geldströme im Unternehmen und zu seinen Märkten stützen sich auf die **Informations- und Kommunikationsprozesse**. Es ist somit wichtig, daß in einem **Unternehmensmodell** neben den Leistungsprozessen auch die **informationellen Prozesse** abgebildet werden.

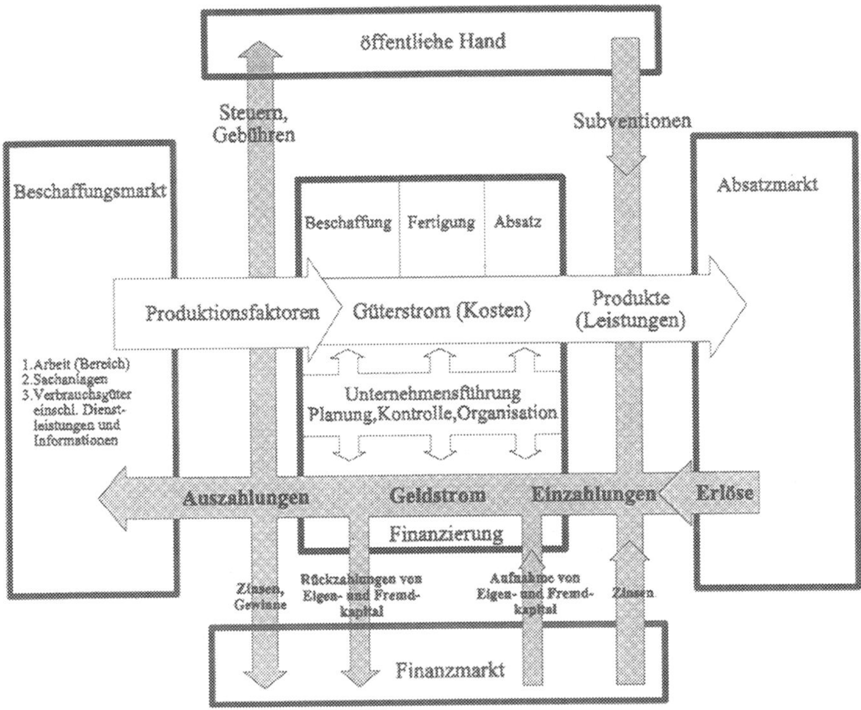

Abb. 4/1. Funktionsbereichsmodell eines Industrieunternehmens (nach Busse von Colbe/Laßmann)[4]

Die Forderung nach einer **unternehmensweiten Informationsverarbeitung** führt konsequenterweise zu einem Modell, das die Informations- und Kommunikationsprozesse besonders herausstellt. Wir haben diese Vorgehensweise bereits mit der Entwicklung eines Informations- und Kommunikationsstrukturmodells (IKSM, vgl. Abschnitt 2.3) und mit dem Aufbau eines Informations- und Kommunikationssystems (IKS) beschrieben (vgl. die allgemeine Darstellung in Abschnitt 1.1 und das Systemkonzept in Abschnitt 2.3.5). Eine wichtige Anforderung an ein IKS, die bei einer Gesamtbetrachtung deutlich wird, ist die Integration aller betrieblichen Funktionsbereiche (horizontale Ebene) und Hierarchiestufen (vertikale Ebene). Die dabei entstehenden **horizontalen und vertikalen Integrationsmöglichkeiten** lassen sich durch die Darstellung einer Informationspyramide in

---

4 Vgl. Busse von Colbe/Laßmann (1991), S. 21.

Abb. 4/2 verdeutlichen (vgl. hierzu auch die Beschreibung der computergestützten Anwendungs- und Informationssysteme in Abschnitt 1.2).

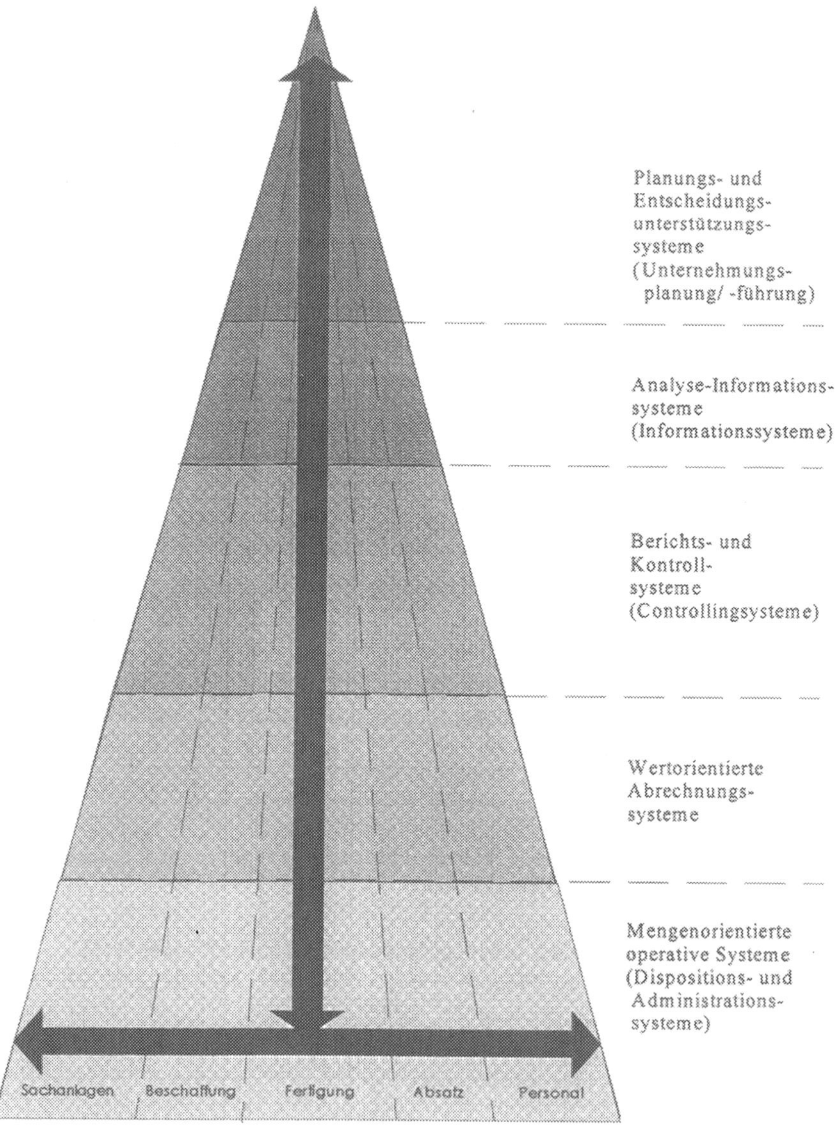

Abb. 4/2. Integration der Informationsprozesse eines Unternehmens (Informationspyramide nach Scheer)[5]

---

5 Vgl. Scheer (1988a), S. 21 und Scheer (1994), S. 5.

Neben dem Aufbau **integrierter Systeme** auf der operativen Ebene (Integration über die Funktionsbereiche - horizontale Integration) ist auch eine Integration der Hierarchieebenen notwendig (vertikale Integration), die letztlich die Verdichtung der Informationen in der Unternehmensspitze zur Planung und Entscheidungsvorbereitung gewährleisten soll.

Auf der operativen Ebene werden vor allem mengenorientierte Informationen verarbeitet, die durch die wertorientierten Abrechnungssysteme in den einzelnen betrieblichen Funktionsbereichen ergänzt werden. Für die Sachanlagen wird beispielsweise nach mengen- und wertmäßiger Erfassung die Anlagenbuchführung durchgeführt, auf der Beschaffungsseite die Kreditoren- und auf der Absatzseite die Debitorenführung. Das wertorientierte Abrechnungssystem für das Personal ist in der Lohn- und Gehaltsabrechnung gegeben. Die entsprechenden computergestützten Anwendungssysteme lassen sich als **Administrations- und Dispositionssysteme** bezeichnen. Die Auswertung der Daten wird u.a. durch die **Berichts- bzw. Kontrollsysteme** (Controllingsysteme) und in Form von **Analyse-Informationssystemen** vorgenommen, die für die verschiedenen Funktionsbereiche aufgebaut und genutzt werden können (z.B. Fertigungsinformationssystem, Marketinginformationssystem, Personalinformationssystem). Die Ergebnisse der Informationsverarbeitungen auf den einzelnen Stufen lassen sich für die **Planungs- und Entscheidungsunterstützungssysteme** nutzen, die auch als **Decision Support Systems (DSS), Executive Information Systems (EIS)** oder **Management Information Systems (MIS)** bezeichnet werden (vgl. Abschnitt 1.2).[6] In der obersten Spitze der Pyramide sind die strategischen Planungs- und Führungssysteme gegeben.

Der Aufbau **integrierter Unternehmensmodelle** bzw. **Informationsmodelle** erfordert ein systematisches, konstruktives Vorgehen.[7] Die Planung und Realisierung dieser Modelle gehören zu den wichtigsten Aufgaben des **Informationsmanagements.**[8] Da letztlich das gesamte Wissen des zu untersuchenden Unternehmens und seiner Märkte abgebildet werden soll, spricht man auch von **Wissensmodellen**. Die Wissensverarbeitung (Knowledge Processing), die eine durch die Künstliche Intelligenz-Forschung hervorgebrachte neue Art der Informationsverarbeitung darstellt, ist Bestandteil des Knowledge Engineering und des Knowledge Management (**Wissensmanagement**). Ziel ist es, den gesamten Wissensbestand bzw. -bedarf eines Unternehmens zu erfassen und in einem Modell zu strukturieren.[9] Die Informationspyramide in Abb. 4/2 läßt sich somit zu einer Wissenspyramide erweitern. Zur Zeit werden lediglich dezidierte Anwendungs-

---

6 Vgl. Mertens (1991); Mertens/Griese (1991); Mag (1995).

7 Vgl. Scheer (1991); Mertens u.a. (1991); Jacob u.a. (1991); Scheer (1994).

8 Vgl. z.B. Biethahn/Muksch/Ruf (1994).

9 Vgl. Laske (1989).

bereiche in ein Wissensmodell umgesetzt, das dann nach Implementierung als Wissensbasiertes System (WBS) bzw. Expertensystem (XPS) genutzt wird.[10]

4.2 Computergestützte unternehmensweite integrierte Informationsmodelle

Unternehmensweite **integrierte Informationssysteme** sind nur durch Computerunterstützung realisierbar. Ansätze hierfür sind in den Modellkonzepten von **CIM (Computer Integrated Manufacturing)**[11] und **CIO (Computer Integrated Office)** zu finden (vgl. auch die Ausführungen in Abschnitt 1.1). Beide Konzepte lassen sich in die oben dargestellte Informationspyramide (vgl. Abb. 4/2) einbetten. Die Verbindung von CIM und CIO, d.h. die Zusammenfassung der in der Fertigung bzw. Produktion (Fabrik) und im Büro (Verwaltung) vorhandenen Informationen, wird als **CIE (Computer Integrated Enterprise)** bzw. **CIB (Computer Integrated Business)** bezeichnet. Zukünftige Anwendungssysteme (in diesen Bereichen) werden in der Literatur mit den Schlagworten "factory of the future", "office of the future" bzw. "enterprise of the future" gekennzeichnet.[12]

Ein **Informations- und Kommunikationsstrukturmodell (IKSM)** läßt sich, wie in Abschnitt 2.3.4 erläutert, durch ein **Informationsstrukturmodell (ISM)**, durch ein **Funktionsstrukturmodell (FSM)** und ein **Kommunikationsstrukturmodell (KSM)** beschreiben. Hieraus läßt sich ein **computergestütztes Informations- und Kommunikationssystem (IKS**, vgl. Abschnitt 2.3.5) ableiten, das neben der Komponente 'Information und Kommunikation' die wichtigen Komponenten 'Menschen' und 'Hard- und Software-Techniken' (IuK-Systeme/ -Techniken) mit einschließt. Der Einsatz der IuK-Systeme erfolgt im Dialog über eine Benutzerschnittstelle, die sich auch in Form eines **Benutzermodells** definieren läßt. Ein erfolgreiches Arbeiten setzt eine organisatorische Integration des gesamten Systems im Unternehmen voraus.

Scheer nennt in ähnlicher Weise als die vier Hauptkomponenten eines computergestützten **Informationsmodells** die Datenbasis, die Funktionen, die Ablaufsteuerung und die Benutzer bzw. die Organisation und teilt zunächst diese Komponenten jeweils in die logische Ebene, in die Tool- und in die Ausführungsebene ein.[13]

---

10 Vgl. z.B. Harmon/King (1986); Gabriel (1992).

11 Vgl. Scheer (1990e).

12 Vgl. Scheer (1990a); Scheer (1990b); Hars/Scheer (1991).

13 Vgl. Scheer (1990).

Mittlerweile bietet Scheer mit seinem ARIS-Konzept (Architektur integrierter Informationssysteme)[14] einen ganzheitlichen Beschreibungsansatz an, der auch als Softwaresystem (ARIS-Toolset) verfügbar ist. Das ARIS-Konzept enthält neben der Datensicht auch die Funktions-, Organisations- und Steuerungssicht und umfaßt von der Analyse über Fachkonzept, DV-Konzept bis zur Implementierung alle Phasen des Life Cycle-Prozesses eines Informationssystems.[15] Die entwickelten Referenzmodelle lassen sich als Ausgangsmodelle für konkrete Anwendungen nutzen.

Das ARIS-Konzept folgt dem Integrationskonzept, wobei es Geschäftsprozesse (Unternehmensprozeß bzw. Business Process) unterstützt.[16] Zunächst wird ein Modell für Unternehmensprozesse entwickelt, das in die oben genannten Sichten zerlegt wird. Neben diesem Zerlegungsprinzip existiert ein Konzept unterschiedlicher Beschreibungsebenen, und zwar für jede Sicht die Aufteilung in die drei Ebenen Fachkonzept, DV-Konzept und Implementierung (vgl Abb. 4/3).

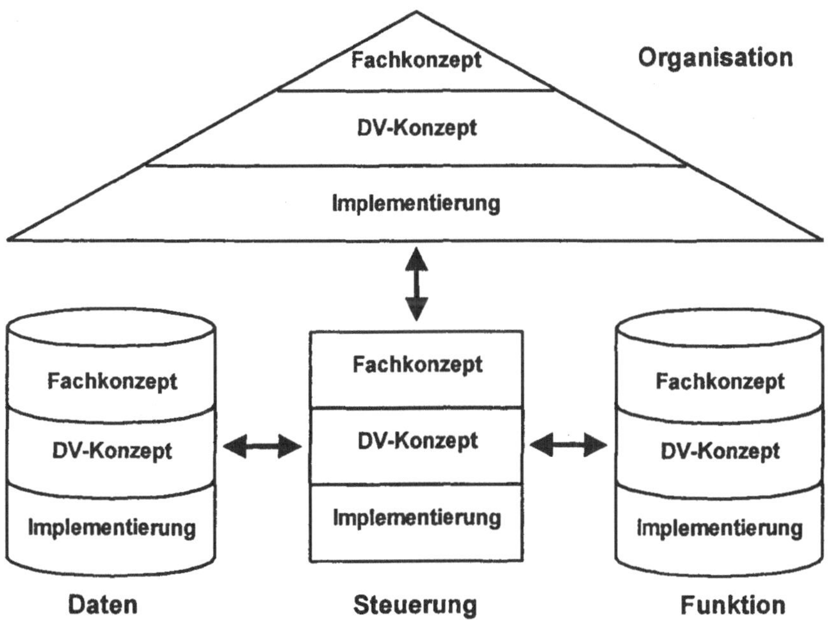

Abb. 4/3. ARIS-Konzept (nach Scheer)[17]

---

[14] Vgl. Scheer (1991) und Scheer (1994).

[15] Vgl. Scheer (1994).

[16] Vgl. Scheer (1994), S. 10ff.

[17] Vgl. Scheer (1994), S. 17.

Ein computergestütztes betriebswirtschaftliches Informationssystem läßt sich somit auf der Modellebene durch Datenmodelle, Funktions- bzw. Prozeßmodelle und durch Steuerungs- bzw. Kommunikationsmodelle beschreiben. In einem Organisationsmodell wird die Unternehmensorganisation abgebildet, wobei auch die Angestellten und vor allem die Benutzer des Informationssystems hier berücksichtigt werden.

So lassen sich im Datenmodell auf der Fachkonzeptebene Informationsstrukturmodelle wie z.B. die Entity-Relationship-Modelle (ERM) einsetzen; auf der DV-Konzeptebene Relationen (Relationale Datenmodelle) und auf der Implementierungsebene konkrete Datenbankbeschreibungssprachen.

Im Funktionsmodell sind auf der Fachkonzeptebene Hierarchien, Bearbeitungsverfahren und Abläufe bzw. Prozesse definiert, die sich auf der DV-Konzeptebene durch Struktogramme und Vorgangs- bzw. Prozeßketten (-netze) darstellen lassen. Mit Hilfe von geeigneten Programmiersprachen werden die Funktions- bzw. Prozeßmodelle implementiert.

Steuerungsmodelle basieren auf Datenfluß- und Kommunikationsmodellen, die die Beziehungen zwischen den Sichten bzw. die Verbindungen zwischen den Modellen gewährleisten.

Im Vordergrund stehen hier die **Datenmodelle**, die eine einheitliche und umfassende Datenbasis gewährleisten sollen. Ausgehend von einem **Unternehmensdatenmodell (UDM)** lassen sich in hierarchischer Form weitere Bereichsdatenmodelle und spezielle Anwendungsmodelle beschreiben. Mächtige Werkzeuge zur Nutzung der Datenbasis sind in den zahlreichen kommerziell angebotenen Datenbanksystemen gegeben, die einerseits leistungsfähige Verwaltungssysteme (DB-Managementsysteme) und Data Dictionary-Systeme (vgl. Abschnitt 3.4) und andererseits benutzerfreundliche Beschreibungssprachen (Data Description Language (DDL)) und Manipulationssprachen (Data Manipulation Language (DML)) aufgreifen. Der Aufbau und die Funktionsweise eines Datenbanksystems werden ausführlich im Teil B des Buches behandelt (vgl. insbesondere Kapitel 7).

4.3 Aufbau von Unternehmensdatenmodellen (UDM) und ihre Leistungspotentiale

"Das Jahrhundertproblem der Informatik besteht in der Bewältigung des Datenchaos, das in Folge unkontrolliert gewachsener Datenbestände fast überall entstanden ist. Angestrebt wird die Schaffung einer sauberen Datenbasis, die für die effiziente Nutzung zukunftsträchtiger Möglichkeiten der Informatik - gemeint sind benutzerfreundliche, auch Nichtinformatikern zumutbare Applikationsgeneratoren und höhere Datenbanksprachen - unerläßlich ist."[18] Ein Ansatz, das beschriebene Problem für ein Unternehmen zu lösen, liegt, wie bereits im vorhergehenden Abschnitt 4.2 angesprochen, im Aufbau eines **unternehmensweiten konzeptionellen Datenmodells** (Unternehmensdatenmodell), mit dem eine umfassende Übersicht bezüglich der datenspezifischen Sachverhalte geschaffen werden kann.[19]

Ein **Unternehmensdatenmodell (UDM)** läßt sich als eine Datenarchitektur beschreiben, in der "alle Daten" einer Unternehmung in globaler Form dargestellt werden. "Hauptziele einer solchen unternehmensübergreifenden Datenarchitektur sind:

- Entwicklung von Anwendungssystemen nicht nur aus isolierter Sicht des jeweiligen Bereichs bzw. Projekts, sondern unter Berücksichtigung der Gesamtarchitektur;
- Aufzeigen der Gesamtzusammenhänge von Daten und damit die Schaffung der Möglichkeit, Anwendungen und Datenbanken so unabhängig wie möglich von der momentanen Unternehmensorganisation zu entwickeln."[20]

Beim Aufbau eines Unternehmensdatenmodells (UDM) ist es sinnvoll, zunächst auf einem hohen Abstraktionsniveau ein konzeptionelles Grobkonzept zu erstellen, das die relevanten Bereiche des Unternehmens und ihr Zusammenwirken darstellt. In einer Top-Down-Strategie lassen sich die Ausgangsbereiche fortlaufend verfeinern (Spezialisierung). Diese grundlegende Top-Down-Strategie läßt sich durch Bottom-Up-Strategien ergänzen, da auch detaillierte, bereichsbezogene konzeptionelle Datenmodelle zu übergreifenden Modellen integriert werden können. Hilfsmittel zur Datenmodellierung sind die Modellierungs- und Entwurfstechniken, wie z.B. das Informationsstrukturmodell (ISM, vgl. Kapitel 2) oder der Entity-Relationship-Ansatz (ER-Modell, vgl. Abschnitt 3.1). Ein umfangreiches Beispiel hierfür findet sich bei Scheer[21], wo ca. 300 Entities und Beziehungstypen zum Aufbau eines betrieblichen Informationssystems beschrieben werden.

Nach Vetter verläuft die Vorgehensweise in idealer Form ab, wenn zunächst ein grobes, möglichst unternehmensweites Datenmodell typenmäßig festgelegt wird und dann die Details des Modells im Verlauf der Zeit projektbezogen erarbeitet und nach erfolgter Abstimmung in das Gesamtkonzept integriert werden.[22] Auf diese Weise erhält man nach und nach ein unternehmensweites Datenmodell.

---

[18] Vgl. Vetter (1990), S. 385.

[19] Vgl. Scheer (1990c); Scheer (1990d); Scheer (1994), S. 708ff.; Sinz (1991); Ortner (1991); Misselbauer (1991).

[20] Vgl. Biethahn/Rorig (1990), S. 744.

[21] Vgl. Scheer (1988).

[22] Vgl. Vetter (1990).

Der Aufwand, ein Unternehmensdatenmodell zu konzipieren, ist, wie leicht nachvollziehbar, sehr hoch. Der Nutzen, der schwer meßbar ist, wird in folgenden Vorteilen des Unternehmensdatenmodells gesehen[23]:

- Darstellung der wichtigsten Daten eines Unternehmens und ihrer Strukturen in einer Gesamtübersicht (Erkennen des Datenvolumens und der Kommunikationsflüsse);
- Darstellung der Zusammenhänge der Unternehmensbereiche, der Informationsflüsse und Kommunikationsbeziehungen (Erkennen von Engpässen und Redundanzen);
- Darstellung der Ausgangsstruktur und damit Orientierungshilfe für den Entwurf neuer Anwendungs- und Informationssysteme (Top-Down- bzw. Bottom-Up-Vorgehensweise);
- Darstellung des Sollkonzepts und Grundlage beim Kauf von Hardware- und Softwaresystemen, insbesondere von Informations- und Kommunikationstechniken und von Standardsoftware;
- Detaillierte Darstellung des betrieblichen Informationssystems und damit Grundlage eines Planungs- und Kontrollinstruments für die Unternehmensleitung.

Ein Unternehmensdatenmodell (UDM) ist somit eine nützliche Hilfe beim Aufbau von betrieblichen Anwendungs- und Informationssystemen, da es ein geschlossenes, integriertes Gesamtkonzept darstellt. Ein UDM ist weiterhin als ein wichtiges Instrument des strategischen Informationsmanagements anzusehen, da es das Basisinformationssystem für wichtige Entscheidungen darstellt.[24]

4.4 Anwendungsarchitekturen von Unternehmensmodellen

Ziel des Einsatzes von Informationsverarbeitungssystemen (IuK-Systeme) in der Praxis ist stets die Lösung konkreter Problemstellungen, die sich durch die Nutzung von Anwendungsprogrammen bzw. Anwendungssoftwaresystemen herleiten lassen. Die Einsatzmöglichkeiten der vielfältigen Techniken und Systeme (IuK-Techniken/-Systeme), die am Markt angeboten werden, und die hohe Gestaltungsfreiheit der Anwendungssysteme setzen eine systematische Planung und Vorgehensweise beim Systemaufbau bzw. -kauf voraus. So bildeten sich bereits zur besseren Orientierung **Anwendungsarchitekturen**, die sich auf die gesamte Unternehmung und/oder auch auf einzelne Funktionsbereiche beziehen.[25] Bekannte Architekturen findet man z.B. in den Bereichen Produktion (CIM, PPS),

---

[23] Vgl. Scheer (1990c).
[24] Vgl. Scheer (1994), S. 690ff.
[25] Vgl. Strunz (1990).

Marketing/Vertrieb, Warenwirtschaft/Lagerhaltung, Logistik und Personal.[26] Sie bieten eine sinnvolle Orientierungshilfe und Unterstützung beim Aufbau konkreter Anwendungssysteme an.

Eine wichtige Anforderung beim Aufbau der Anwendungsarchitekturen liegt in der Berücksichtigung der **Integration**, die sowohl in horizontaler als auch in vertikaler Form gegeben sein muß (vgl. Abschnitt 4.1). Neben der Integration der Funktionen und der Kommunikation ist vor allem die Integration der Datenbestände zu beachten. Eine nützliche Hilfe zur technischen Realisierung des Integrationskonzepts liefert das **Datenbanksystem**, das in geschlossener Form die Daten speichert und verwaltet. Voraussetzung für ein erfolgreiches Arbeiten ist jedoch die Beachtung der Integration auf der semantischen (vgl. Kap. 2) und auf der konzeptionellen Ebene (vgl. Kap. 3), die unabhängig vom DV-System durchzuführen ist. Der Aufbau eines Unternehmensdatenmodells bietet hier einen geeigneten Ansatz der Problembewältigung (vgl. Abschnitt 4.3), ebenso die prozeßorientierte Vorgehensweise (Analyse und Gestaltung von Vorgangsketten und Geschäftsprozessen).

Eine weitere Anforderung wird durch das Konzept der **Offenen Systemanwendungsarchitekturen (SAA)** beschrieben bzw. der **Open System Architecture (OSA)**. Diese Architekturen setzen durchlässige, kompatible Systeme auf der konzeptionellen Ebene voraus, um eine offene Systemarchitektur sowohl auf der technischen Ebene als auch auf der Anwendungsebene zu gewährleisten. Viele Hersteller und Anbieter von Hardware- und Softwaresystemen werben mit den Vorteilen der offenen Systemanwendungsarchitekturen, wobei hier vor allem die Integrations- und Kompatibilitätsfähigkeiten der Techniken in den Vordergrund gestellt werden.

In der abschließenden Abbildung 4/4 soll noch einmal das **Informationsmodell eines Unternehmens** unter dem ganzheitlichen Aspekt der informationellen Verflechtungen seiner Komponenten herausgestellt werden. Eine zentrale Bedeutung hat hierbei das **Unternehmensdatenmodell (UDM)**, das alle Datenbestände (Datenmodelle) der Unternehmung in integrativer Form durch eine gemeinsame Datenbasis repräsentiert. Das Unternehmensdatenmodell bildet die Basis für ein unternehmensweites Datenbanksystem. Die weiteren Komponenten sind die Funktionsmodelle und die Kommunikationsmodelle, die sich aus den entsprechenden semantischen Strukturmodellen ergeben (vgl. FSM und KSM in Abschnitt 2.3).

---

[26] Vgl. die Beiträge in Kurbel/Strunz (1990), S. 29-196.

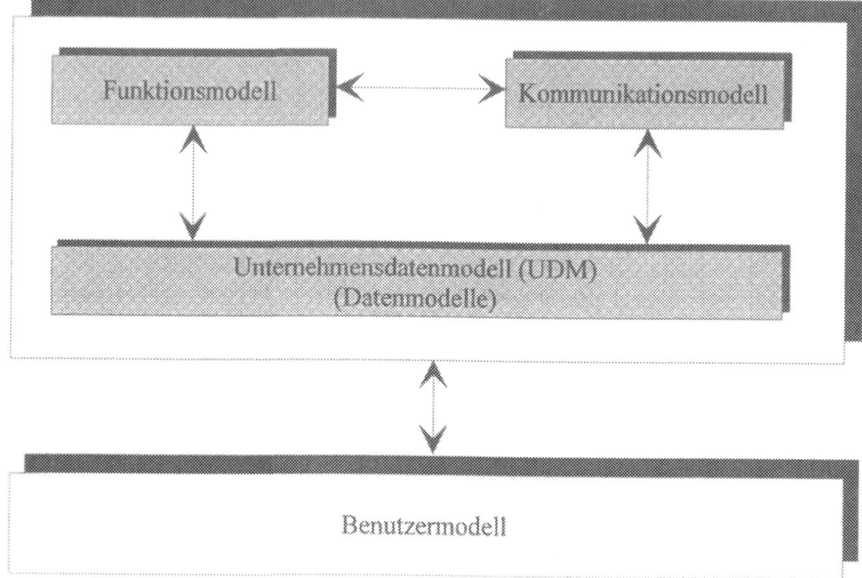

Abb. 4/4. Unternehmensinformationsmodell als Bestandteil eines gesamten Unternehmensmodells

Das Informationsmodell als Bestandteil eines gesamten Unternehmensmodells ist als systemunabhängiges Fach- bzw. Anwendungskonzept zu verstehen, das sich durch geeignete Entwicklungswerkzeuge, Sprachen (z.B. 4GL-Systeme, Planungssprachen) und Standardsoftwaresysteme DV-technisch realisieren läßt (im zweiten Band werden die Entwicklungswerkzeuge und -sprachen, insbesondere die 4GL-Systeme eingehend behandelt). Die Nutzung der Anwendungssysteme soll durch geeignete Benutzerschnittstellen, die sich als **Benutzermodelle** beschreiben lassen, gewährleistet sein. Benutzer sind auf allen Hierarchieebenen eines Unternehmens zu finden. Sie nutzen die Anwendungssysteme auf unterschiedlichem Wissens- und Erfahrungsstand zur Unterstützung ihrer Arbeit. Anwendungssysteme lassen sich z.B. in Administrative Systeme, Dispositions-, Planungs- und Managementinformationssysteme (MIS) bzw. Executive Information Systems (EIS) einordnen (vgl. Abschnitt 1.2).

Notwendige Werkzeuge zur Durchführung wichtiger Aufgaben sind in einem Datenbanksystem gegeben, das in den nächsten Kapiteln des Buches (Teil B) eingehend behandelt wird. Das Datenbanksystem hat, wie an verschiedenen Stellen bereits schon herausgestellt, eine zentrale Bedeutung innerhalb betrieblicher computergestützter Anwendungssysteme. Wünschenswert wäre eine integrierte Unternehmensdatenbank.

4.5 Übungsaufgaben zum Aufbau von Unternehmensdatenmodellen

Aufgabe 4-1: Diskutieren Sie die grundlegenden Aufgaben der einzelnen Funktionsbereiche in einem Unternehmen und stellen Sie dabei die Notwendigkeit eines funktionsfähigen Informations- und Kommunikationssystems heraus.

Aufgabe 4-2: Diskutieren Sie die Begriffe "Business (Re)Engineering", "Business Process Modeling" und "Business Process Redesign".

Aufgabe 4-3: Was versteht man unter horizontaler bzw. vertikaler Integration?

Aufgabe 4-4: Skizzieren Sie die Integrationsmöglichkeiten zwischen den betrieblichen Funktionsbereichen Beschaffung, Fertigung und Absatz.

Aufgabe 4-5: Skizzieren Sie die vertikalen Integrationsmöglichkeiten für den Personalbereich in einem Unternehmen.

Aufgabe 4.6: Beschreiben sie mögliche Planungs- und Entscheidungsunterstützungssysteme in der betrieblichen Praxis.

Aufgabe 4-7: Vergleichen Sie den Aufbau eines Informationsmodells einerseits in die vier Hauptkomponenten Daten, Funktionen, Organisation und Steuerung (nach Scheer) und andererseits nach der hier vorgenommenen Aufteilung in die drei Komponenten Information, Funktionen und Kommunikation.

Aufgabe 4.8: Was versteht man unter Vorgangs- und Prozeßketten bzw. Geschäftsprozessen?

Aufgabe 4-9: Beschreiben und diskutieren Sie die Hauptziele einer unternehmensübergreifenden Datenarchitektur, d.h. eines Unternehmensdatenmodells. Welche Vorteile ergeben sich aus dieser Datenarchitektur?

Aufgabe 4-10: Skizzieren Sie die Entwicklung eines Unternehmensdatenmodells (UDM) in groben Schritten.

Aufgabe 4-11: Was versteht man unter Anwendungsarchitekturen? Welche Anforderungen werden an solche Konzepte gestellt?

4.6 Ausgewählte Literatur zu Kapitel 4

Biethahn, J.; Muksch, H.; Ruf, W. (1994): Ganzheitliches Informationsmanagement, Band I, 3. Auflage, München, Wien 1994.

Biethahn, J.; Rohrig, N. (1990): Datenmanagement, in: Kurbel, K.; Strunz, H. (Hrsg.): Handbuch Wirtschaftsinformatik, Stuttgart 1990, S. 737-755.

Busse von Colbe, W.; Laßmann, G. (1991): Betriebswirtschaftstheorie 1, 5. Auflage, Berlin u.a. 1991.

Ferstl, O.K.; Sinz, E.J. (1993a): Geschäftsprozeßmodellierung, in: Wirtschaftsinformatik, 35. Jg., Heft 6, 1993, S. 589-592.

Gabriel, R. (1992): Wissensbasierte Systeme in der betrieblichen Praxis, Hamburg 1992.

Hammer, M. Champy, J. (1994): Business Reengineering, Frankfurt, New York 1994.

Harmon, P.; King, D. (1986): Expertensysteme in der Praxis, München, Wien 1986.

Hars, A.; Scheer, A.-W. (1991): Datenstrukturierung - Grundlagen der Gestaltung betrieblicher Informationssysteme, in: Information Management 1, 1991, S. 38-46.

Jacob, H.; Becker, J.; Krcmar, H. (1991): Integrierte Informationssysteme, Wiesbaden 1991.

Kurbel, K.; Strunz, H. (Hrsg.) (1990): Handbuch Wirtschaftsinformatik, Stuttgart 1990.

Laske, O.E. (1989): Ungelöste Probleme bei der Wissensakquisition, in: KI - Künstliche Intelligenz, H. 4, 1989, S. 4-12.

Mag, W. (1995): Unternehmungsplanung, München 1995.

Mertens, P. (1991): Integrierte Informationsverarbeitung 1, 8. Auflage, Wiesbaden 1991.

Mertens, P.; Griese, J. (1991): Integrierte Informationsverarbeitung 2, 6. Auflage, Wiesbaden 1991.

Mertens, P.; Bodendorf, F.; König, W.; Picot, A.; Schumann, M. (1991): Grundzüge der Wirtschaftsinformatik, Berlin u.a. 1991.

Misselbauer, H. (1991): Datenmodellverdichtung: Vom Projektdatenmodell zur Unternehmens-Datenarchitektur, in: Wirtschaftsinformatik, 33. Jg., H. 4, 1991, S. 289-299.

Ortner, E. (1991): Unternehmensweite Datenmodellierung als Basis für integrierte Informationsverarbeitung in Wirtschaft und Verwaltung, in: Wirtschaftsinformatik, 33. Jg., H. 4, 1991, S. 269-280.

Österle, H. (1995): Business Engineering, Prozeß- und Systementwicklung, Berlin u.a. 1995.

Scheer, A.-W. (1988): Wirtschaftsinformatik - Informationssysteme im Industriebetrieb, 2. Auflage, Berlin u.a. 1988.

Scheer, A.-W. (1988a): Entwurf eines Unternehmensdatenmodells, in: Information Management 1, 1988, S. 14-23.

Scheer, A.-W. (1990): Konzept für ein betriebswirtschaftliches Informationsmodell, in: ZfB, 60. Jg., H. 10, 1990, S. 1015-1030.

Scheer, A.-W. (1990a): Modellierung betriebswirtschaftlicher Informationssysteme, in: Wirtschaftsinformatik, 32. Jg., H. 5, 1990, S. 403-421.

Scheer, A.-W. (1990b): EDV-orientierte Betriebswirtschaftslehre, 4. Auflage, Berlin u.a. 1990.

Scheer, A.-W. (1990c): Unternehmensdatenmodell, in: IBM Nachrichten, 40, Heft 302, 1990.

Scheer, A.-W. (1990d): Unternehmensdatenmodell, in: Mertens, P. (Hrsg.): Lexikon der Wirtschaftsinformatik, Berlin u.a. 1990, S. 438-440.

Scheer, A.-W. (1990e): CIM - Computer Integrated Manufacturing, 4. Auflage, Berlin u.a. 1990.

Scheer, A.-W. (1991): Architektur integrierter Informationssysteme, Berlin u.a. 1991.

Scheer, A.-W. (1994): Wirtschaftsinformatik, Referenzmodelle für industrielle Geschäftsprozesse, 4. Auflage, Berlin u.a. 1994.

Sinz, E.J. (1991): Unternehmensweite Datenmodellierung: Probleme und Lösungsansätze, in: Wirtschaftsinformatik, 33. Jg., H. 4, 1991, S. 267-268.

Strunz, H. (1990): Zur Begründung einer Lehre von der Architektur informationstechnikgestützter Informations- und Kommunikationssysteme, in: Wirtschaftsinformatik, 32. Jg., H. 5, 1990, S. 439-445.

Vetter, M. (1990): Konzeptionelle Datenmodellierung, in: Kurbel, K.; Strunz, H. (Hrsg.): Handbuch Wirtschaftsinformatik, Stuttgart 1990, S. 383-401.

Teil B Grundlagen der Datenbanksysteme

Im Teil A wurden die grundlegenden Tätigkeiten zum systematischen **Aufbau einer Datenbank** vorgestellt, d.h. der Entwicklungsprozeß vom gegebenen Problem der Realität, das als ein Informationsproblem bezeichnet werden kann, bis hin zum konzeptionellen (logischen) Datenmodell als Grundlage zur Implementierung in ein Datenbanksystem (vgl. Gegenstandsbereich A in Abb. 0/1). Die im Teil A beschriebene Vorgehensweise ist unabhängig von einem konkreten Datenbanksystem, das zur automatisierten Informationsverarbeitung auf einer DV-Anlage eingesetzt wird und das neben der Datenbank, die die Problemdaten enthält, auch ein Verwaltungssystem und eine Kommunikationsschnittstelle aufweist. Die Entwicklung führt zur Nutzung eines Datenbanksystems, nachdem das konzeptionelle Modell implementiert ist. Der gesamte Entwicklungsprozeß, der sich als Data Engineering- oder Data Base Engineering-Prozeß versteht, wird in einem zweiten Band behandelt.

Datenbanksysteme werden am Markt von vielen Firmen angeboten. Es handelt sich hierbei zunächst um Entwicklungssysteme, die den Aufbau und die Implementierung von Datenbanken unterstützen. Dabei wird von jedem kommerziell verfügbaren Datenbanksystem eine bestimmte Datenmodellierungsform unterstützt, so vor allem das in Kapitel 3 behandelte Relationenmodell. Ihr Einsatz setzt den Aufbau der Datenbank voraus, d.h. hauptsächlich das "Füllen" der Datenbank mit den problemrelevanten Daten. Aufgrund langjähriger intensiver Forschungstätigkeiten und Erfahrungen im praktischen Einsatz haben Datenbanksysteme einen Reifegrad erreicht, der ein effizientes (wirtschaftliches), effektives und benutzerfreundliches Arbeiten gewährleistet. Forschungsziele liegen jedoch weiterhin in der Gestaltung benutzerfreundlicher Systemoberflächen bzw.

Datenbanksprachen und in der Entwicklung leistungsfähiger Modellierungs- und Implementierungstechniken, wie z.B. wissensbasierter und objektorientierter Ansätze. Diese werden auch im zweiten Band eingehend behandelt.

Der nun beginnende **Teil B** des Buchs beinhaltet die **Grundlagen der Datenbanksysteme**, d.h. es soll das Wissen vermittelt werden, das für eine geeignete Auswahl beim Beschaffungsprozeß und für ein erfolgreiches Arbeiten mit einem Datenbanksystem (vgl. Gegenstandsbereich B in Abb. 0/1) vorausgesetzt wird. Nach einer **Einführung in die Technologie der Datenbanksysteme** (Kapitel 5) und einem umfangreichen Exkurs in die **Datenorganisation** (Kapitel 6) werden in Kapitel 7 der **Aufbau und die Arbeitsweise eines Datenbanksystems** vorgestellt. Dabei wird nach der Beschreibung der einzelnen Komponenten, d.h. der Datenbank, des Datenbankverwaltungssystems und der Kommunikationsschnittstelle, vor allem die Architektur eines Datenbanksystems in Form eines Drei-Schichtenmodells beschrieben. Die Problematik der **Datenintegrität**, d.h. von Datenkonsistenz, Datensicherheit und Datenschutz, wird in Kapitel 8 diskutiert. Eine kurze Übersicht über die **Einsatzmöglichkeiten der Datenbanksysteme** in der betrieblichen Praxis und ihre **Leistungspotentiale** wird in Kapitel 9 gegeben. Eine detaillierte Darstellung folgt im zweiten Band.

Der Teil B kann unabhängig vom Teil A gelesen und bearbeitet werden. Das Wissen beider Teile, d.h. das **Modellierungswissen** (Teil A) und **Technologiewissen** (Teil B), ist jedoch notwendig, um ein konkretes Informationssystem unter Nutzung eines Datenbanksystems zu entwickeln, zu implementieren und in der Praxis einzusetzen. Der gesamte Entwicklungsprozeß (**Data Base Engineering**) wird, wie oben bereits angekündigt, im Teil C des zweiten Bandes eingehend als geschlossene Einheit behandelt (vgl. die Übersichten der Bereiche A, B und C in der Abbildung 0/1 und den Entwicklungsprozeß in Abbildung 1/4). Teil D stellt schließlich im zweiten Band einige moderne Datenbanksystemerweiterungen bzw. -konzepte vor, die hier bereits angesprochen werden (z.B. Verteilte Datenbanksysteme, Objektorientierte Datenbanksysteme, Wissensbanksysteme).

5 Einführung in die Technologie der Datenbanksysteme

Die große Bedeutung und der erfolgreiche Einsatz von Datenbanksystemen in der betrieblichen Praxis wurden bereits in der Einleitung des Buches herausgestellt (Kapitel 0). Dabei wurde auch schon eine erste Definition eines Datenbanksystems gegeben (vgl. Abschnitt 0.1), die in einer **ersten Beschreibung** im folgenden Abschnitt 5.1 wieder aufgegriffen und näher erläutert wird. Nach einer Darstellung der **historischen Entwicklung** von Datenbanksystemen in Abschnitt 5.2 werden die **Anforderungen** an ein Datenbanksystem erläutert (Abschnitt 5.3) und seine unterschiedlichen **Benutzer** vorgestellt (Abschnitt 5.4).

5.1 Grundlegende Beschreibung eines Datenbanksystems

Eine erste **Definition eines Datenbanksystems**, die bereits in Abschnitt 0.1 gegeben wurde, lautet:

> Ein **Datenbanksystem** besteht aus einer **Datenbank**, einem **Datenbankverwaltungssystem** und einer **Kommunikationsschnittstelle** (z.B. **Benutzerschnittstelle, Datenbanksprachen**). In einer Datenbank lassen sich umfangreiche Datenbestände (Informationsbestände) langfristig speichern und verwalten. Die gespeicherten Daten werden vom Datenbankverwaltungssystem verwaltet und kontrolliert. Das Arbeiten mit einer Datenbank wird weitgehend durch Datenbanksprachen gewährleistet.[1]

Wir stellen fest, daß ein Datenbanksystem nicht nur aus einer Datenbank besteht. Bisher wurde im Rahmen der konzeptionellen Datenmodellierung (Teil A) lediglich die Datenbank genannt, da sie die aufbereiteten, modellierten Daten enthält. Ein **konfektioniertes (kommerzielles) Datenbanksystem**, das am Markt angeboten wird, enthält neben einer "leeren" Datenbank ein Verwaltungssystem und eine Kommunikationsschnittstelle. Die Datenbank ist jedoch entsprechend einem gegebenem Modellkonzept vorgefertigt und zur Aufnahme von Daten bereit. Vorab müssen jedoch die Datenstrukturen definiert werden. Das erworbene Datenbanksystem ist zunächst ein Entwicklungssystem.

---

1 Vgl. z.B. Ferstl/Sinz (1993), S. 337ff.; Hansen (1992), S. 555ff.; Schwarze (1994), S. 178ff.; Stahlknecht (1991), S. 192ff.; Zehnder (1989), S. 9ff.

Der Einsatz eines Datenbanksystems in der betrieblichen Praxis setzt somit die **Beschaffung eines Datenbanksystems** und das **Definieren und Einrichten ("Füllen") der konkreten Datenbank (Implementieren)** voraus. Die systematische Aufbereitung der Informationen der realen Welt, die zum Füllen bzw. zur **Implementierung der Datenbank** vorausgesetzt wird, war Gegenstand von Teil A. Die Beschaffung eines geeigneten Datenbanksystems, die Implementierung und der Einsatz des Systems setzen grundlegendes **technologisches Wissen** voraus, das nun im Teil B angeboten wird.

Grundlegendes technologisches Wissen über Datenbanksysteme bezieht sich auf die zugehörigen **Komponenten**, die in der Abbildung 5/1 dargestellt sind und später erläutert werden (vgl. Kapitel 7):

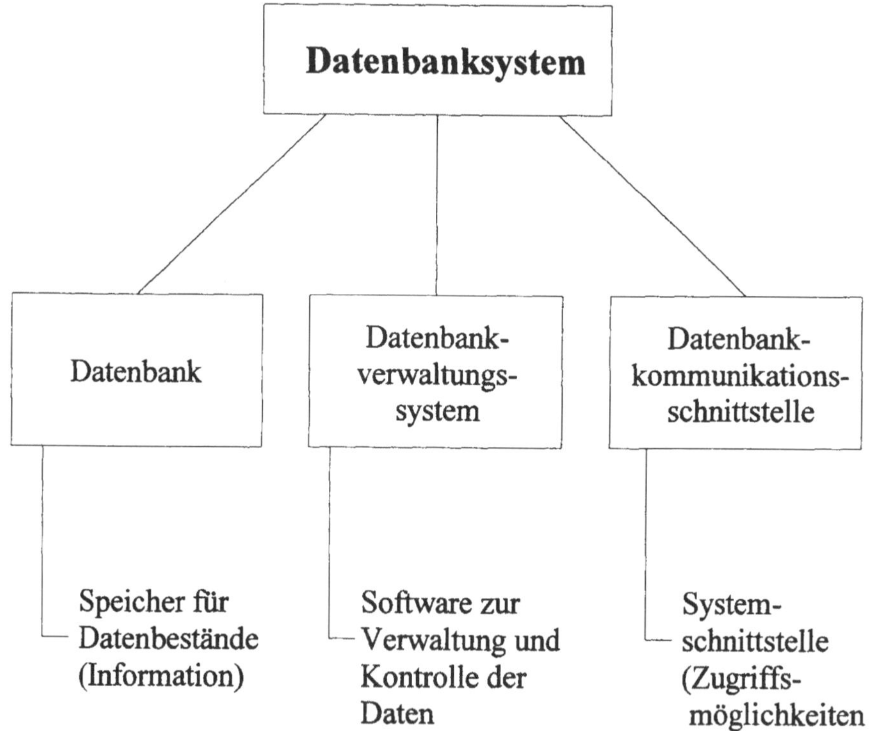

Abb. 5/1. Beschreibung eines Datenbanksystems

An ein Datenbanksystem werden **Anforderungen** gestellt, die sich in grundlegende, notwendige und wünschenswerte Anforderungen einteilen lassen und bei der Auswahl eines Systems beachtet werden sollten (vgl. Abschnitt 5.3). Ein

Datenbanksystem läßt sich von unterschiedlichen **Benutzern** (vgl. Abschnitt 5.4) über die Benutzerschnittstelle als eine Form der Kommunikationsschnittstelle nutzen. In der Regel greift eine große Anzahl von Benutzern auf eine gemeinsame Datenbank zu, wobei auch ein zeitgleicher Zugriff möglich ist. Für den Benutzer bleibt die Art und Weise, in der die Daten vom Datenbankverwaltungssystem organisiert werden, unsichtbar. Für ein tieferes Verständnis des Verhaltens von Datenbanksystemen, das schließlich auch zu einer besseren Nutzung führt, ist ein breiteres Wissen jedoch hilfreich. In Kapitel 6 werden deshalb einige grundlegende Aspekte der elementaren Datenorganisation dargestellt.

Der anspruchsvolle Benutzer eines Datenbanksystems sollte wissen,

- wie ein **Datenbanksystem** aufgebaut ist (Komponenten und Architektur) und wie es funktioniert (vgl. Kapitel 7);
- wie eine **Datenbank** strukturiert ist (vgl. Abschnitt 7.1.1);
- wie eine Datenbank durch das **Datenbankverwaltungssystem** (bzw. **Datenbankmanagementsystem**) gesteuert und kontrolliert wird (vgl. Abschnitt 7.1.2);
- wie eine Datenbank über die **Benutzerschnittstelle** (bzw. **Kommunikationsschnittstelle**) genutzt werden kann (vgl. Abschnitt 7.1.3);
- welche grundlegenden Probleme auftreten können, die die Korrektheit der Daten verletzen können, und welche Maßnahmen zur **Datensicherung** und Erhaltung der **Datenkonsistenz** ergriffen werden können (vgl. Abschnitte 8.2 und 8.3);
- welche Probleme des **Datenschutzes** auftreten können und wie sie behandelt werden (vgl. Abschnitt 8.4);
- welche **Einsatzmöglichkeiten** und Vorteile **(Leistungspotentiale)** die Datenbanksysteme bieten (vgl. Kapitel 9).

Datenbanksysteme, die in der Praxis eine immer wichtigere Rolle spielen und für die meisten Anwendungssysteme bereits eine notwendige Voraussetzung darstellen, wurden relativ früh in der DV-Entwicklungsgeschichte aufgebaut und eingesetzt (die Datenbankidee ist bereits 30 Jahre alt). In den letzten Jahren sind sie zu leistungsfähigen Systemen weiterentwickelt worden. Im folgenden Abschnitt wird ein Abriß der historischen Entwicklung bis hin zu den heutigen Datenbanksystemen gegeben.

5.2 Historische Entwicklung der Datenbanksysteme

Die historische Entwicklung der Datenbanksysteme, d.h. auch der Speicherung und Verarbeitung großer Datenbestände, läßt sich nicht von der Entwicklung der Datenverarbeitung an sich trennen. Die **Geschichte der Datenverarbeitung** teilt man in **Generationen** ein, die sich an Hardwarekomponenten und vor allem an Bauelementen orientieren. Die Abgrenzungen der DV-Systeme bereiten jedoch insbesondere seit Mitte der 80er Jahre große Schwierigkeiten.[2] Die elektronische Datenverarbeitung, die mit der ersten Generation Mitte der 40er Jahre beginnt, hat natürlich eine lange **Vorgeschichte**, die sich zunächst mit den Grundlagen des Zählens und Rechnens (ca. 5000 v. Chr.) auseinandersetzte. Zu nennen sind hier vor allem das Rechengerät Abacus (ca. 1000 v. Chr.), die Behandlung der Logik durch Aristoteles (384 - 322 v. Chr), das römische und das arabische Zahlensystem mit den uns bekannten zehn Ziffern als Stellenwertsystem, die Logarithmentafeln von Lord Napier (1614), die Rechenmaschine von B. Pascal (1641) und die Aufstellung des Dualsystems von G.W. Leibniz (1703). Im 19. Jahrhundert folgte die intensive Auseinandersetzung mit mechanischen Rechenanlagen, so die "Difference Engine" von Ch. Babbage (1833). G. Boole begründete 1847 die Algebra der Logik (auch Boole'sche Algebra bzw. Schaltalgebra genannt), H. Hollerith führte 1890 bei der amerikanischen Volkszählung die Lochkartentechnik ein, und in den 20er Jahren dieses Jahrhunderts wurden die ersten Lochkartenmaschinen entwickelt. Der Start in das Zeitalter des Computers wird häufig mit dem Namen von K. Zuse verbunden, der 1936 mit dem Bau der Rechenanlage Z1 begann. Die automatisierte Verarbeitung umfangreicher Informationen war in der Zeit vor Zuse nicht möglich, da u.a. keine geeigneten Datenträger zur Verfügung standen. Die ersten Versuche, umfangreiches Datenmaterial zu verarbeiten, begannen mit der Lochkartentechnik durch Hollerith (1890). Die Zugriffs- und die Verarbeitungsmöglichkeiten waren jedoch noch recht schwerfällig, wie uns die aus heutiger Sicht mit einigen Wochen lange Auswertungszeit der amerikanischen Volkszählung auf Basis von Lochkarten durch Hollerith (im Jahre 1890) zeigt. Der Vorteil gegenüber einer manuellen Auswertung, die einige Jahre beansprucht hätte, ist jedoch beträchtlich.

Die Datenverarbeitung im Sinne der Verarbeitung umfangreicher Informationsmengen begann mit der ersten Computergeneration, die die DV-Anlagen zum praktischen Einsatz führte. Wichtige **Pionierarbeiten** auf der Basis von Relaisrechnern leisteten K. Zuse mit seiner Z3 (1941) und H.H. Aiken mit dem Rechner MARK I (1944). Die Rechner auf der Basis von Relais werden in der **0. Computergeneration** zusammengefaßt. Die **theoretischen Grundlagen** zur automatisierten Informationsverarbeitung lieferten vor allem A.M. Turing mit seiner

---

2 Vgl. hierzu z.B. Dworatschek (1986), S. 21ff.

Theorie unendlicher Automaten (1936), J.v. Neumann mit seinen Fundamentalprinzipien einer Rechenanlage (1946), Shannon mit der Theorie der Nachrichtenübertragung (1948), N. Wiener mit seiner Wissenschaft von der Kybernetik (1948) und die drei amerikanischen Forscher W. Schockley, W. Brattain und J. Bardeen, die 1948 den Transistoreffekt entdeckten und dafür 1956 den Nobelpreis für Physik erhielten.

Die **erste Computergeneration** (1946 - 1957) ist gekennzeichnet durch einen Schaltungsaufbau aus Elektronenröhren und durch Operationszeiten im Bereich von Millisekunden (ms). Beispiele hierfür sind die Rechner ENIAC und Z22. Die Z22 besitzt einen Magnetkernspeicher und einen Magnettrommelspeicher. Der Magnettrommelrechner IBM 650 wurde ab 1956 in der Praxis eingesetzt und erlaubte bereits eine Verarbeitung umfangreicher Informationsmengen.

Mit der **zweiten Computergeneration** (1957 - 1964) begannen die industrielle Herstellung und die Nutzung von Computern in einem breiten Anwendungsbereich. Der Schaltungsaufbau basiert auf Transistoren, die bereits Operationszeiten im Bereich von 100 Mikrosekunden zuließen. Wichtig für die Anwendung in der Praxis war die Ergänzung des internen Magnetkernspeichers durch **externe Speicher**, wie **Magnetband, -platte und -trommel**, die für die damalige Zeit hohe Speicherkapazitäten aufweisen und die Verarbeitung umfangreicher Datenbestände zuließen (die jedoch aus heutiger Sicht relativ klein waren). Man befaßte sich deshalb in dieser Zeit intensiv mit datenorganisatorischen Fragestellungen, die heute als **"konventionelle Dateiorganisation"** bezeichnete Lösungen ergaben (vgl. Kapitel 6) und damit Vorläufer moderner Datenbanktechnologien waren. Bekannte Rechner dieser zweiten Generation sind die DV-Anlagen SIEMENS 2002, IBM 1400 und TR4 (AEG-Telefunken).

Mit der **dritten Computergeneration** (1964 - 1980) wurden enorme Leistungssprünge vollzogen. Die Entwicklung immer kleinerer Schaltelemente auf der Basis der Modultechnik und integrierter Schaltungen verkürzte die Stromwege und erhöhte damit die Operationszeiten, die nun im Bereich von Mikrosekunden (ms) lagen (1 ms = 1/1000 ms = 1/1000000 s = 10^{-6} s). Die Rechner wurden nun für die Unternehmen zur Verarbeitung ihrer umfangreichen Datenbestände sehr interessant, da sie hohe Leistungsraten aufwiesen. Eine hohe Verarbeitungsgeschwindigkeit, große Speicherkapazitäten und flexible Betriebsarten und Nutzungsformen, wie Multiprogramming und Online-Betriebe, kennzeichnen diese dritte Generation. Typisch ist das Modellangebot der Rechner in sogenannten Familiensystemen, wie z.B. CDC 3000, IBM/360, ICL 1900, Siemens 4004 und UNIVAC 9000. In dieser Zeit der dritten Computergeneration (Mitte der 60er Jahre bis

1980) wurden auch die grundlegenden Arbeiten im Bereich der **Datenbanksystemtechnologie** und die ersten Einsätze der Datenbanksysteme in der Praxis durchgeführt, wie beispielsweise:

1965 Die Firma IBM bietet ihr **Datenbanksystem IMS** (Information Management System) an, das basierend auf dem **hierarchischen Datenmodell** (vgl. Abschnitt 3.3.2.3) weltweit eingesetzt wird und heute immer noch eine große praktische Bedeutung besitzt.

1969 Zur Vereinheitlichung der Datenbanksystemtechnologie werden von dem **Standardisierungsgremium CODASYL (DBTG)** Standardisierungsvorschläge auf der Basis des **Netzwerkmodells** unterbreitet (vgl. Abschnitt 3.3.2).

1976 Die Standardisierungsvorschläge führten zur Entwicklung großer, leistungsfähiger Datenbanksysteme (vor allem durch Hardwarehersteller), wie z.B. das System **UDS** (Universelles Datenbanksystem) der Firma Siemens. Beeinflußt durch **CODASYL**, aber auch durch das **Codd'sche Relationenmodell** (vgl. Kapitel 3) entstand das erste bedeutende Datenbanksystem, das nicht von einem Hardwarehersteller angeboten wird, das System **ADABAS** (Adaptierbares Datenbanksystem) der Firma Software AG (Darmstadt), das heute weltweit eingesetzt wird.

Bereits seit Anfang 1970 beschäftigte man sich mit der Theorie der **relationalen Datenbanken** (vgl. Abschnitt 3.3.1). Ein erster Prototyp wurde im Forschungslabor der Firma IBM in den USA unter Leitung von E.F. Codd entwickelt unter dem Namen **System R** mit der **Abfragesprache SQL** (Structured Query Language). Die Ziele, die man beim Aufbau relationaler Datenbanken verfolgte, lagen in einem hohen Grad an Datenunabhängigkeit, in der abstrakten, problemorientierten Sicht der Daten und in den eher deskriptiven Formulierungen der Datenbankoperationen (d.h. weniger prozedurale Formen). Diese hoch gesteckten Ziele führten zu zusätzlichen Bedingungen, die durch das Datenbankverwaltungssystem gewährleistet werden müssen. Die gewünschte zunehmende Benutzerfreundlichkeit wurde durch eine abnehmende Leistungs- und Verfügbarkeitsrate des Datenbanksystems erkauft, die später durch den technologischen Fortschritt wieder aufgefangen wurden. Die relationalen Datenbanksysteme spielen auch heute noch in der Forschung und in der Praxis eine bedeutende Rolle. Sie sind auch die Basis aktueller Entwicklungen.

Ab der **vierten Computergeneration** (ab 1980) fällt die Einteilung in Generationen sehr schwer und wird auch nicht mehr weiter verfolgt, da ab diesem Zeitpunkt technologische Fortschritte in einem kontinuierlichen Prozeß erzielt werden, z.B. durch verstärkte Miniaturisierungen der integrierten Schaltungstechnologie (LSI: Large Scale Integration und VLSI: Very Large Scale Integration). Operationszeiten liegen im Bereich der Nanosekunden (1 ns = 10^{-9} s), d.h. 10 bis 100 Millionen Operationen werden pro Sekunde ausgeführt. Leistungsfähige

Universal-Großrechner (Mainframes) mit großen externen Massenspeichereinheiten (Magnetplattensysteme) bei direktem Zugriff (Random Access-Speicher) werden am Markt angeboten, wobei der Einsatz von **Datenbanksystemen** einen wichtigen Anwendungsbereich ausmacht. Häufig sind Datenbanksysteme auch der ausschlaggebende Grund für den Einsatz von Rechnern in der Praxis. Beispiele für Großrechner sind z.B. die Systemfamilien Burroughs B19XX, CDC Cyber, Digital Equipment VAX 11, IBM 43XX und 308X, NCR 8000 und Siemens 7.5XX. Bekannte Datenbanksystem-Produkte sind beispielsweise die noch weitverbreiteten netzwerkorientierten Produkte DL/1 und IMS von IBM, IDMS/R von Cullinet und UDS von Siemens. Relationale Systeme, die seit Anfang der 80er Jahre auf dem Markt erhältlich sind, sind z.B. das Produkt ORACLE der gleichnamigen Firma und die IBM-Produkte SQL/DS (seit 1982) und DB2 (seit 1989), die beide die Sprachschnittstelle SQL besitzen. Nicht eindeutig einem der beiden Datenmodelle zuordnen läßt sich das als "relationalartig" zu bezeichnende System ADABAS der Firma Software AG.

Einen großen Fortschritt im praktischen Einsatz brachten die **Mikrocomputer**, die in den 70er Jahren entwickelt wurden und zunächst Ende der 70er Jahre als Heim- und Hobbycomputer angeboten wurden (z.B. PET von Commodore, Atari). Die schnellebige Entwicklung in der Mikroprozessortechnik brachte jedoch bereits Anfang der 80er Jahre leistungsfähige Rechner (**Personal Computer**) unter dem Betriebssystem MS-DOS hervor, die aufgrund ihrer Verarbeitungsgeschwindigkeit und vor allem ihrer Speicherkapazität für praktische Anwendungen eingesetzt werden konnten (so z.B. der IBM-PC). Einen gewissen Industriestandard erreichten die Mikrocomputer mit dem PC-XT von IBM (1983) und auf jeden Fall mit dem PC-AT von IBM (1984). Entscheidend für den breiten Einsatz und die hohe Akzeptanz bei den Benutzern war neben der großen Leistungsfähigkeit und den benutzerfreundlichen Einsatzmöglichkeiten die Verfügbarkeit anspruchsvoller und kostengünstiger Standardsoftwaresysteme, insbesondere Textverarbeitungssysteme (z.B. MS-Word), Tabellenkalkulationsprogramme (z.B. LOTUS 1-2-3, MS-EXCEL) und auch Datenbanksysteme (z.B. dBASE), die größtenteils als relationale Systeme angeboten werden. Der Einsatz integrierter Softwaresysteme (z.B. Open Access, Framework), bei denen die Datenbankanwendung eine zentrale Rolle spielt, erhöht den Einsatzgrad der Personal Computer. In den letzten Jahren werden stets verbesserte und leistungsfähigere Betriebssysteme und Softwaresysteme für Mikrocomputer am Markt angeboten (aktuelle Systeme sind Windows 95, Windows NT 3.5 von Microsoft und OS/2 Warp von IBM). Die bekanntesten Datenbanksystem-Produkte für Mikrorechner sind beispielsweise dBASE der Firma Borland Inc. (mittlerweile in der Version dBASE 5.0), ACCESS von Microsoft, ORACLE von Oracle Corporation und INFORMIX von Relational Data Systems, die unter den Betriebssystemen MS-DOS, OS/2 und UNIX laufen. Eine große Praxisbedeutung besitzt dabei die Menge der Betriebssystemplattformen, auf der sich ein und dasselbe Datenbanksystem einsetzen läßt. Dies gilt vor allem für die durchgängige Einsetzbarkeit auf Großrechnern (Mainframes), Abteilungsrechnern (Mittlere Systeme) und Arbeitsplatzrechnern (Workstations) bis hin zum Personal Computer (PC), die derzeit beispielsweise von ADABAS und ORACLE im vollem Umfang geboten wird.

Im Zusammenhang mit den intensiven Aktivitäten auf dem Gebiet der Künstlichen Intelligenz (KI) spricht man heute auch von einer **5. Computergeneration**. Die Forschung auf dem Gebiet neuer Rechnerarchitekturen, die von dem "Von-Neumann-Prinzip" abweichen (und deshalb auch als "Non-von-Neumann-Rechner" bezeichnet werden) und speziell für KI-Anwendungen konzipiert wurden, wurde vor allem Anfang der 80er Jahre in Japan begonnen. Charakteristisch sind die parallele Verarbeitungsmöglichkeit (Parallelcomputer) und die strikte Trennung von Programm (Inferenzmaschine) und Daten (Wissensbasis). Man spricht hierbei auch von **Wissensbasierten Systemen** (Knowledge Based Systems) und von der **Wissensverarbeitung** (Knowledge Processing). Wissensbasierte Systeme, z.B. in Form von Expertensystemen, enthalten Wissen eines Anwendungsbereichs, das in unterschiedlicher Form in der Wissensbasis repräsentiert sein kann. Auch die Daten, die in Datenbanksystemen gespeichert sind, stellen Wissen dar. Der Zugriff von Wissensbasierten Systemen auf Datenbanksysteme, der sich durch verschiedene Kopplungs- bzw. Integrationsformen realisieren läßt, ist damit eine notwendige Voraussetzung für den praktischen Einsatz Wissensbasierter Systeme. Mehr dazu folgt im zweiten Band.

Die **aktuelle Situation** des Rechnereinsatzes in der Praxis ist gekennzeichnet durch die Nutzung moderner Großrechner (hauptsächlich Rechner der 4. Generation) und leistungsfähiger Mikrocomputer und Workstations, die in einem vernetzten System (z.B. LAN: Local Area Network) nach einem "**client-server-Prinzip**" arbeiten. Hierbei spielt der Einsatz umfangreicher Datenbanksysteme auf Großrechnern (z.B. DB2/IBM) ebenso eine bedeutende Rolle wie der von Datenbanken auf Workstations, z.B. nach dem **file-server-Konzept**. Leistungsfähige Datenbanksysteme, die gegebenenfalls auf Rechnern mit unterschiedlichen Betriebssystemen laufen, sind ein wichtiger Bestandteil heutiger betrieblicher Informationssysteme. Durch die weiter fortschreitende Automatisierung in der Fabrik (factory of the future) und im Büro (office of the future) werden immer mehr Informationen elektronisch gespeichert und verarbeitet. Datenbanksysteme werden damit auch in der Zukunft eine bedeutende Rolle spielen. Heute werden bereits komplexe Informationsstrukturen, wie z.B. technische Zeichnungen und Formulare, in Datenbanken abgebildet. Man spricht hier von **Non-Standarddatenbanken** und bezeichnet die Datenbanksysteme, die hauptsächlich auf Satzstrukturen bzw. Relationen basieren, zur Abgrenzung als Standarddatenbanken. Neben den Informationsformen Daten, Texte und Grafiken werden auch zunehmend Bilder (in Bilddatenbanken) und Sprache (in Sprachdatenbanken) gespeichert und verwaltet. Eine nähere Beschreibung von Non-Standarddatenbanken, die hauptsächlich auf **objektorientierten Datenmodellen** basieren und daher als objektorientierte Datenbanksysteme bezeichnet werden, erfolgt im zweiten Band. Benutzerfreundliche Systeme werden durch **grafische Benutzeroberflächen** unterstützt (wie z.B. bei Windows und OS/2).

5.3 Anforderungen an Datenbanksysteme

Datenbanksysteme haben die wichtige Aufgabe, umfangreiche Datenbestände zu speichern, zu verwalten und zur weiteren Verarbeitung in korrekter Form zur Verfügung zu stellen. Datenbanksysteme sollen den Zugriff mehrerer Benutzer regeln, die gleichzeitig mit dem System arbeiten können. Diese **grundlegenden Anforderungen** soll jedes System erfüllen, das als Datenbanksystem bezeichnet wird. Die Ausführung der Speicherung, der Verwaltung und des Zugriffs ist jedoch i.d.R. bei den verschiedenen Systemen sehr unterschiedlich, wodurch sich die Leistungsfähigkeit eines speziellen Datenbanksystems auszeichnet. Weiterhin lassen sich notwendige und wünschenswerte Anforderungen definieren. Die **notwendigen Anforderungen** sollen für jedes Datenbanksystem gelten, sie stellen somit auch die charakteristischen Eigenschaften eines Datenbanksystems dar. Über **wünschenswerte Anforderungen** lassen sich zusätzliche Bedingungen definieren, die ein Datenbanksystem erfüllen soll. Sie sollen höhere Leistungsfähigkeiten und bessere Nutzungsmöglichkeiten des Systems bewirken, die sich in der Regel nur vage formulieren und auch beschreiben lassen. Die wünschenswerten Anforderungen kann man weiter einteilen in allgemeingültige, wünschenswerte Anforderungen (z.B. bezüglich einer komfortablen Benutzerschnittstelle, die durch eine graphische Oberfläche gegeben ist, oder bezüglich des Einsatzes effizienter Suchalgorithmen) und anwendungsbezogene, wünschenswerte Anforderungen, die sich aus der konkret gegebenen Problemstellung des Anwendungsbereichs ableiten lassen (z.B. Anforderungen für ein Datenbanksystem, das zur Unterstützung einer speziellen Fertigungsorganisation in einem Großunternehmen eingesetzt wird, oder für ein System, auf das viele Benutzer zur gleichen Zeit zugreifen können). Eine Übersicht zur Klassifikation der Anforderungen gibt die Abbildung 5/2, die im folgenden weiter erläutert wird.

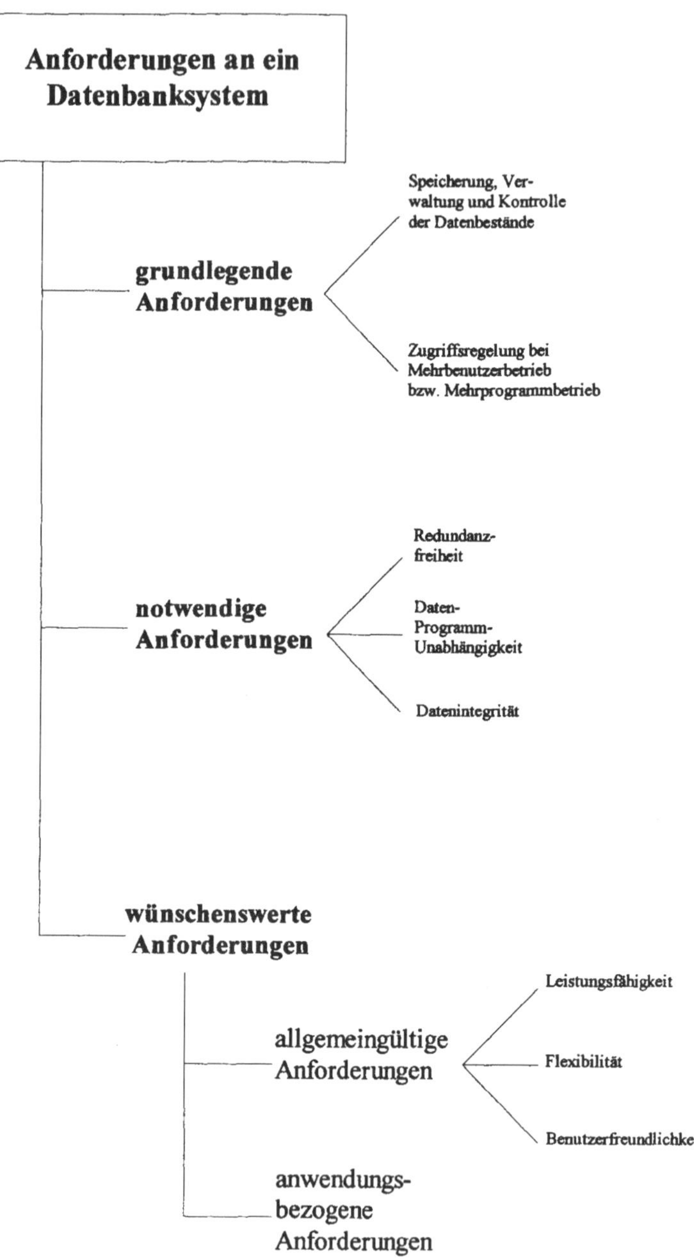

Abb. 5/2. Anforderungen an ein Datenbanksystem

Zunächst sollen die notwendigen Anforderungen vorgestellt werden, anschließend die wünschenswerten. Die grundlegenden Anforderungen wurden bereits durch die Beschreibung eines Datenbanksystems festgelegt (vgl. Abschnitt 5.1).

a) Notwendige Anforderungen an ein Datenbanksystem

Die **notwendigen Anforderungen** sind für Datenbanksysteme spezifisch und charakterisieren sie somit. Sie lassen sich, wie Kapitel 6 noch zeigen wird, unmittelbar aus den Mängeln der konventionellen Dateiorganisation ableiten. Die notwendigen Anforderungen lassen sich in drei Gruppen einteilen:

- **Redundanzfreie bzw. redundanzarme Speicherung der Daten**
  Diese Anforderung war mit ein Hauptgrund für die ursprüngliche Entwicklung eines Datenbanksystems. Die Mehrfachspeicherung der Daten, die bei der konventionellen Dateiorganisation gegeben war, sollte aufgehoben werden. Sie kostete nicht nur Speicherplatz und Rechenzeit, sondern gefährdete auch die Datenintegrität (siehe unten und vgl. Kapitel 8). Alle Daten sollten an zentraler Stelle nur einmal abgespeichert werden. Da eine geplante begrenzt redundante Datenhaltung jedoch auch Vorteile mit sich bringen kann (z.B. durch das Anlegen von Kopien zur Datensicherung), wird beim Aufbau einer Datenbank keine völlige Redundanzfreiheit, sondern eine sogenannte minimale, kontrollierte Redundanz angestrebt.

- **Daten-Programm-Unabhängigkeit**
  In der konventionellen Datenorganisation ist es üblich, für jedes Programm (bzw. für jeden Benutzer) eine eigene Datenorganisation aufzubauen. Die Datenstrukturen der Dateien sind dann auch in den jeweiligen Programmen enthalten. Sobald mehrere Programme dieselbe Datei nutzen, sind von einer Änderung der Dateistruktur auch immer alle diese Programme betroffen, unabhängig davon, ob sie von der Änderung profitieren oder nicht.
  Die Vorteile eines Datenbanksystems liegen in einer einheitlichen Kommunikationsschnittstelle, über die die verschiedenen Programme (bzw. Benutzer) auf die zentrale Datenbasis zugreifen können. Der Aufbau und die Gestaltung der Datenbasis (Datenstrukturen) sind somit unabhängig von den auf sie zugreifenden Programmen (bzw. Benutzern). Jedes Programm (jeder Benutzer) sieht nur "seine" Daten und ist von Änderungen an der Datenstruktur nur dann betroffen, wenn die Änderungen sich auch unmittelbar auf "seine" Daten beziehen. Diese Daten-Programm-Unabhängigkeit wird gestützt durch eine möglichst unternehmensweite Datenmodellierung und die auf diesem Datenmodell definierten Funktionen, die jeweils nur ihr Teildatenmodell nutzen.
  Mehrere unterschiedliche Programme (Softwaresysteme) können gleichzeitig mit der gleichen Datenbank kommunizieren; sie greifen auf die für sie brauchbaren Daten zu und verarbeiten diese entsprechend dem gegebenen Programm.

Eine vergleichbare Trennung ist bei der Wissensverarbeitung gegeben, bei der auch die Daten (dort als Wissen bezeichnet) und Programme (dort Problemlösungsmaschine genannt) unabhängig voneinander sind.[3]

- **Datenintegrität**
  Diese Anforderung besagt, daß alle Daten vollständig, korrekt und stets verfügbar sein müssen und keine unerlaubten Operationen ausgeführt werden dürfen. Diese Forderung nach Integrität ist für jede Art von Datenverarbeitung zu erfüllen, sie besitzt jedoch bei Datenbanksystemen eine besonders große Bedeutung, da hier umfangreiche Datenbestände, auf die viele Benutzer zugreifen können, zentral gespeichert und verwaltet werden. Die Probleme der Datenintegrität werden aufgrund ihrer Wichtigkeit in Kapitel 8 unter dem Aspekt der **Datenkonsistenz**, der **Datensicherheit** und des **Datenschutzes** eingehend behandelt.

Ein **Datenbanksystem** ist somit vor allem gekennzeichnet durch eine "quasi-redundanzfreie" Speicherung der Daten, durch eine Daten-Programm-Unabhängigkeit und durch eine Datenintegrität, der man besondere Beachtung schenken muß. Diese Anforderungen sollte jedes Datenbanksystem erfüllen.

b) Wünschenswerte Anforderungen an ein Datenbanksystem

Die **wünschenswerten Anforderungen** lassen sich in allgemeingültige und anwendungsbezogene Anforderungen einteilen.

b1) Allgemeingültige, wünschenswerte Anforderungen

Ein Datenbanksystem soll folgende **allgemeingültige, wünschenswerte Anforderungen** erfüllen:

- Es soll eine angemessene **Leistungsfähigkeit (Performance)** aufweisen. Die Leistungsfähigkeit beruht auf einer effizienten Softwaregestaltung des Datenbanksystems (z.B. Vorhandensein effizienter Suchalgorithmen und Zugriffsverfahren). Sie läßt sich vor allem messen durch
  - den **Durchsatz** (throughput), d.h. die Menge der Daten bzw. Anzahl der Aufträge, die in einer bestimmten Zeit verarbeitet bzw. abgearbeitet werden können;
  - die **Antwortzeit** (response time), d.h. die durchschnittliche Wartezeit bzw. Reaktionszeit bei Anfragen an das System im Dialog und
  - die **Verfügbarkeit** (availability), d.h. die Fähigkeit, zu jeder beliebigen Zeit die gewünschten Daten bereitzustellen (die Verfügbarkeit soll möglichst nahe 100 % sein).
- Ein Datenbanksystem soll sich weiterhin durch eine hohe **Flexibilität** auszeichnen. Diese Anforderung kann sich einerseits beziehen auf
  - die **Anwendungs- bzw. Einsatzflexibilität**, d.h. auf die vielseitigen Anwendungsmöglichkeiten in unterschiedlichen Bereichen, und andererseits auf

---

[3] Vgl. Gabriel (1992), S.29ff.

- die **Systemflexibilität**, d.h. auf die schnellen und unproblematischen Änderungsmöglichkeiten der Datenbank, z.B. durch Neuaufnahme von Daten, Datenobjekten und Verknüpfungen und auch durch Umstrukturierungen der Datenbank bzw. Dateien.

• Ein Datenbanksystem soll eine **benutzerfreundliche Kommunikationsschnittstelle** aufweisen. Diese Anforderung bezieht sich sowohl auf die dialogorientierte Mensch-System-Schnittstelle (Endbenutzerschnittstelle) als auch auf die Programmierschnittstelle, die eine gute Einbindung von Datenbankoperationen in eine Programmiersprache voraussetzt. Im Vordergrund steht hier die Benutzeroberfläche, über die der Benutzer direkt im Dialog mit dem Datenbanksystem arbeitet. Hier existieren viele Möglichkeiten der Oberflächengestaltung, wobei grafische und deklarative Systeme bezüglich der Benutzerfreundlichkeit große Vorteile aufweisen. Die Bewertung der Benutzerfreundlichkeit ist sehr schwierig, da sie vor allem von den Fähigkeiten und Erfahrungen des einzelnen Benutzers selbst abhängt. So läßt sich auch ein breites Spektrum von benutzerfreundlichen Systemen definieren, und zwar von einfachen Abfragesystemen bis hin zu anspruchsvollen und mächtigen Datenbanksprachen (vgl. Abschnitt 7.1.3).

Die bisher genannten drei allgemeingültigen, wünschenswerten Anforderungen zielen auf eine Verbesserung des Systems ab und lassen sich in der Regel nicht exakt beschreiben. Die Kriterien Leistungsfähigkeit, Flexibilität und Benutzerfreundlichkeit sind u.a. vom behandelten Anwendungsproblem abhängig und werden auch von den Benutzern sehr unterschiedlich (subjektiv) bewertet. So findet ein Datenbankbenutzer, der das System nur selten nutzt, die Antwortzeit völlig ausreichend und stuft das System aus seiner Sicht als sehr flexibel ein; ein Datenbankfachmann sieht dagegen diese Kriterien als völlig unzureichend für ein gegebenes Datenbanksystem an und bewertet das System sehr schlecht.

Die **allgemeingültigen, wünschenswerten Anforderungen** können für jedes Anwendungssystem aufgestellt werden und sind demnach für ein Datenbanksystem nicht spezifisch. Bei den Softwaresystemen (ein Datenbanksystem ist auch ein Softwaresystem) spricht man allgemein von **Qualitätsmerkmalen**, die sich nach Boehm[4] in Form von Nutzenkriterien wie folgt ableiten lassen:

• **Brauchbarkeit** (usability), d.h. das System soll sich auszeichnen durch
  - **Effizienz** (efficiency),
  - **Zuverlässigkeit** (reliability), so vor allem durch Genauigkeit (accuracy), Vollständigkeit (completeness), Robustheit (robustness) und Konsistenz (consistency),
  - **Benutzerfreundlichkeit** (human engineering).

---

4 Vgl. Balzert (1985), S. 10ff.

Ein Softwaresystem soll weiterhin folgende Anforderungen erfüllen:

- **Portabilität** (portability), d.h. es soll eine unproblematische Übertragungsmöglichkeit des Softwaresystems von einer Hardware- und/oder Softwareumgebung in eine andere gewährleistet werden,
- **Wartbarkeit** (maintainability), d.h. es soll eine gute Testbarkeit (testability), Verständlichkeit (understandability) und Änderbarkeit (modifiability) vorhanden sein.

Die oben genannten drei Nutzenkriterien für Datenbanksysteme lassen sich in das allgemeine Schema von Boehm einordnen und zwar vor allem in die Anforderung der Brauchbarkeit, die sich auf den direkten Einsatz des Softwaresystems in der Praxis bezieht. Nicht zu vernachlässigen sind die Portabilität und die Wartbarkeit. Auch auf die **Pflegbarkeit** und auf die **Weiterentwicklungsmöglichkeiten** des Datenbanksystems im späteren Betrieb muß hingewiesen werden, die durch die Flexibilitätseigenschaften des Systems gewährleistet werden.

b2) Anwendungsbezogene, wünschenswerte Anforderungen

Die **anwendungsbezogenen, wünschenswerten Anforderungen** ergeben sich aus der konkreten Problemstellung zur praktischen Anwendung und sind sehr vielfältig. Um einen effizienten Einsatz eines Datenbanksystems zu gewährleisten, erhalten einige Anforderungen, die bisher noch wünschenswert waren, den Status 'notwendig'. Als Orientierungsrahmen zur Formulierung der anwendungsbezogenen Anforderungen gelten aus der Anwendungssicht vor allem folgende Kriterien:

- Komplexitätsgrad der Informationsstrukturen,
- Umfang der Informationen (Informationsmenge),
- Zugriffshäufigkeit auf Informationen und entsprechende Nutzungshäufigkeit der Datenbank,
- Art der Informationsverarbeitung
- Anzahl der Benutzer
- Ausbildungsstand der Benutzer,
- Organisationsform der Benutzung,
- Datenschutzanforderungen.

Datenbanksysteme, die im praktischen Einsatz sind, erfüllen i.d.R. die Anforderungen einer zufriedenstellenden Leistungsfähigkeit (Performance) und Flexibilität und einer benutzerfreundlichen Kommunikationsschnittstelle in angemessener Form und versuchen, sich durch besondere Vorteile voneinander abzuheben (z.B. durch eine grafische Benutzerschnittstelle).

Letztlich soll ein Datenbanksystem wie jedes Softwaresystem den **Wirtschaftlichkeitskriterien** entsprechen. Der Nutzen ist hierbei in der Regel sehr schwer zu quantifizieren, da er sich häufig erst langfristig einstellt. Bei der Bestimmung des Aufwands sind die Beschaffungskosten relativ gut quantifizierbar. Die Entwicklungskosten, die Einführungs- und Wartungskosten, die sich wiederum nur schwer schätzen lassen, sind jedoch auf keinen Fall zu vernachlässigen.

Mit der Problematik der Aufwandsschätzung und der Wirtschaftlichkeitsanalyse setzen wir uns im zweiten Band auseinander. Die zentrale Speicherung und Verwaltung von Daten bieten besondere Chancen für eine effiziente (wirtschaftliche) und effektive Datenverarbeitung in der Praxis, enthalten jedoch auch nicht zu unterschätzende Risiken. Die Analyse der Auswirkungen des Datenbankeinsatzes, d.h. ihrer Chancen und Risiken, ist auch Gegenstand des zweiten Bandes.

5.4 Benutzer von Datenbanksystemen

Eine wichtige Komponente eines Informationssystems ist der Mensch in der Rolle des Entwicklers, Betreibers oder Benutzers computergestützter Systeme. Dies gilt selbstverständlich auch für Informationssysteme, die Datenbanksysteme nutzen. Mit den verschiedenen **Rollen des Menschen**, gerade in Verbindung mit Datenbanksystemen bzw. mit den unterschiedlichen **Benutzergruppen von Datenbanksystemen** wollen wir uns nachfolgend beschäftigen.[5]

Als eine wichtige Benutzergruppe sind die **Endbenutzer** zu betrachten, die in unterschiedlicher Form das Datenbanksystem zur Lösung ihrer konkreten Anwendungsprobleme nutzen. Zuvor aber muß die jeweilige konkrete Datenbank modelliert und implementiert sein. Diese Aufgaben kann mitunter, insbesondere bei PC-Datenbanken, auch der Endbenutzer selbst ausführen. Bei der Modellierung und Implementierung umfangreicher Datenbanken, so beispielsweise bei unternehmensweiten Datenmodellen bzw. -banken (vgl. Kapitel 4), ist ein kompetenter Fachmann zuständig, der **Datenadministrator**. In Zusammenarbeit mit dem Anwendungsprogrammierer, dem Datenbankadministrator (siehe unten) und auch dem Endbenutzer ist er entscheidend am Entwicklungs- und am Weiterentwicklungsprozeß beteiligt.

Wie jedes Softwaresystem muß auch ein Datenbanksystem während seiner Nutzungszeit gewartet und gepflegt werden, d.h. vorhandene Fehler müssen korrigiert werden (Wartung des Systems), und das System soll aufgrund weiterer Anforderungen angepaßt und erweitert werden (Pflege des Systems). Einfache Systeme (z.B. PC-Datenbanksysteme) lassen sich mittlerweile auch von den Endbenutzern warten und pflegen, da die Unterstützungssysteme hierfür stets benutzerfreundlicher werden. Umfangreiche und anspruchsvolle Datenbanksysteme verlangen jedoch, daß ein Datenbanksystemexperte sich mit der Wartung und Pflege auseinandersetzt. Diese Person bezeichnet man als **Datenbankadministrator** (Datenbanksystemverwalter). Er weist besondere Kenntnisse in der Datenbanksystemtechnologie auf und sollte auch, wenn kein Datenadministrator vorhanden ist,

---

5 Vgl. Blaser u.a. (1987), S. 561-570.

besondere Kenntnisse der Datenmodellierung und auch Wissen über die gegebenen Anwendungsprobleme besitzen. Als DV-Fachmann (Informatiker) sollte er auch am grundlegenden Entwicklungsprozeß eines Informationssystems bzw. einer Datenbanksystemanwendung beteiligt werden, d.h. er soll gemeinsam mit dem Datenadministrator, den Datenbanksystementwicklern und den späteren Endbenutzern die konzeptionelle Datenmodellierung durchführen und beim Beschaffungsprozeß eines kommerziellen Datenbanksystems mitarbeiten und mitentscheiden.

Die Hauptaufgabe des **Datenbankadministrators** und des **Datenadministrators** besteht jedoch während der Nutzungszeit in der Wartung, Pflege und Weiterentwicklung des Systems. Sie haben dafür zu sorgen, daß das Datenbanksystem

- jederzeit, den Anforderungen entsprechend, verfügbar ist (Wartung des Systems, wobei vor allem die Leistungsfähigkeit und Integrität des Systems gewährleistet werden müssen, vgl. Abschnitt 5.3),
- den während der Nutzung neu aufgestellten Anforderungen entsprechend angepaßt und erweitert wird (Pflege des Datenbanksystems),
- in sinnvoller und korrekter Weise von den unterschiedlichen Endbenutzern genutzt wird (z.B. durch aktive Unterstützung der Endbenutzer beim Einsatz (Benutzer-Service) des Datenbanksystems und daß
- der Kontakt zum Hersteller bzw. Vertreiber des Datenbanksystems gewährleistet ist.

Für die Unterstützung der Weiterentwicklung des Informationssystems ist schwerpunktmäßig der Datenadministrator verantwortlich. Häufig sind in der Praxis Datenadministrator und Datenbankadministrator in einer Person gegeben.

Neue Aufgabenbereiche erhält der Datenadministrator bzw. Datenbankadministrator durch den Einsatz erweiterter Datenbanksystemkonzepte, so z.B. beim Einsatz Verteilter Datenbanksysteme oder von Server-Konzepten in Lokalen Netzen. Auch die Realisierung von integrierten Anwendungssystemen und von Unternehmensdatenmodellen führen zu neuen Herausforderungen.[6]

Die vielfältigen Nutzungsmöglichkeiten von Datenbanksystemen lassen sich besser erklären, wenn man die Benutzer klassifiziert. Es sei jedoch hier bereits schon darauf hingewiesen, daß die Abgrenzungen nicht eindeutig sind, d.h. daß die Übergänge der vorgestellten Gruppen fließend sind und daß die Benutzer auch von einer Gruppe in die nächst höhere steigen können. Die vorgenommene Klassifikation orientiert sich an verschiedenen **Kriterien**, die teilweise stark korrelieren, so z.B. an

- der **Intensität der Benutzung**, d.h. an einer Aufteilung in Benutzer, die das System selten, häufig bzw. regelmäßig nutzen;

6 Diese Probleme werden eingehend im zweiten Band behandelt.

- dem **Anspruchsniveau bzw. Schwierigkeitsgrad der Nutzung bzw. Aufgabenstellung**, d.h. an einer Aufteilung in Benutzer, die das System zur Lösung einfacher Aufgabenstellungen nutzen (z.B. über einfache Abfragen, die sich stets wiederholen), anspruchsvoller Aufgabenstellungen (z.B. über eine mächtige Datenbanksprache) und sehr anspruchsvoller Aufgabenstellungen einsetzen (z.B. zur Lösung von Problemen, für die umfangreiche Programme erstellt werden müssen, in denen auf eine Datenbank zugegriffen wird);
- dem **Ausbildungs- bzw. Erfahrungsstand des Benutzers**, d.h. an einer Aufteilung in Benutzer, die keinerlei Datenbankkenntnisse aufweisen (Datenbank-Laie), bis hin zum Datenbank-Experten, der hervorragende Informatikkenntnisse besitzt. Da neben grundlegenden "theoretischen" Ausbildungsangeboten von Hochschulen, Fachhochschulen und Fachschulen immer mehr unternehmensinterne spezielle Lehrgänge und Kurse von Datenbankanbietern und anderen Ausbildungsinstitutionen (z.B. Volkshochschulen) zum Einsatz von Datenbanksystemen angeboten werden, haben die vorhandenen und auch die potentiellen Datenbankbenutzer sehr gute Möglichkeiten, ihr Wissen zu erweitern und damit neue Aufgabenbereiche bezüglich der Datenbanknutzung zu übernehmen. Die praktische Erfahrung spielt hierbei auch eine wichtige Rolle.

Wir wollen hier die Benutzer in drei **Benutzergruppen** einteilen, die sich auf verschiedene Tätigkeitsfunktionen beziehen, wohl wissend, daß die Übergänge fließend sind und daß sich die Abgrenzungen der Tätigkeiten in Zukunft immer stärker auflösen werden:

a) Der **Datenbankadministrator** als Fachmann für die Wartung und Pflege von Datenbanksystemen bzw. der **Datenadministrator** als Fachmann für die Datenmodellierung, Datenverwaltung und für die Pflege der Datenbank (wie oben ausführlich beschrieben).
b) Der **Datenbankanwendungsprogrammierer**, der Anwendungsprogramme entwickelt und dabei die Nutzung von Datenbanksystemen mit einbezieht. So läßt sich z.B. aus COBOL- oder PASCAL-Programmen auf Datenbanken zugreifen und die gewonnene Information in Anwendungsprogrammen weiterverarbeiten. Die Anwendungsprogramme, die auch weiterhin gepflegt und gewartet werden müssen, werden den Fachabteilungen zur Verfügung gestellt, die diese sowohl im Batch- als auch im Dialogbetrieb zur Problemlösung einsetzen können.

c) Der **Datenbankendbenutzer**, der die Datenbank in der Fachabteilung des Unternehmens zur Lösung seiner Probleme nutzt. Wie oben bereits anhand der Klassifikationskriterien erläutert, kann er das Datenbanksystem in unterschiedlicher zeitlicher Intensität nutzen, wobei er auf der Basis unterschiedlichen Wissensstands unterschiedlich anspruchsvolle Probleme löst. Häufig nutzt er ein "fertiges" Datenbanksystem über eine Datenbanksprache. Mächtige und benutzerfreundliche Werkzeuge erlauben es dem Endbenutzer, Erweiterungen und eigene Anwendungsentwicklungen durchzuführen, d.h. teilweise die Aufgaben des Datenbankanwendungsprogrammierers zu übernehmen und auch Aufgaben des Datenbankadministrators und/oder Datenadministrators auszuführen. Dieses gilt vor allem für kleine Datenbanken und PC-Datenbanken bzw. Arbeitsplatzsysteme in verteilten Systemen, die eigene (physische) Datenbanken besitzen.

Für umfangreiche (anspruchsvolle) Datenbanksysteme, die auf Großrechnern (auch auf Hosts in verteilten Systemen) installiert sind, läßt sich die obige Einteilung in drei Gruppen rechtfertigen, die auch den Aufgabengebieten der Angestellten eines Unternehmens entspricht. Weitere Berufsgruppen, die sich mit den Datenbanksystemen beschäftigen, die aber nicht primär als Benutzer von Datenbanksystemen in betrieblichen Anwendungsbereichen gelten, sind die **Datenbanksystementwickler**, die **Datenbanksystemverkäufer**, **-berater** und **-ausbilder** (Dozenten in Unternehmen, an Hochschulen und weiteren Ausbildungsinstitutionen). Bei den Datenbanksystementwicklern muß man einerseits die Gruppe unterscheiden, die den gesamten Entwicklungsprozeß eines konkret für den praktischen Einsatz zu nutzenden Datenbanksystems unterstützt, d.h. vor allem die Aufgaben der Datenmodellierung, Implementierung und Integration durchführt, und andererseits die Entwickler, die das kommerziell angebotene Datenbanksystem aufbauen und erweitern und beim Hersteller bzw. Anbieter beschäftigt sind. Sie müssen sich vor allem mit der Pflege und Wartung des Systems auseinandersetzen, da sich nur die Produkte am Markt, auf dem viele Anbieter tätig sind, durchsetzen, die einen hohen Qualitätsstandard aufweisen. Ständig werden somit neue Systemversionen bzw. Releases der gängigen Datenbanksysteme angeboten, die sich natürlich auch an den neuen Technologien orientieren. Die Vorteile werden von den Anbietern besonders herausgestellt.

In Zukunft werden immer mehr Informationen in Datenbanksystemen gespeichert und von ihnen angeboten, sowohl interne, unternehmenseigene als auch Informationen von externen, fremden Unternehmen als Informationsanbieter. So werden sich bald alle Büroangestellten als Datenbankanwender bzw. Endbenutzer verstehen und Datenbanksysteme bei ihrer täglichen Arbeit nutzen. Grundlegende Kenntnisse über den Aufbau und die Nutzungsmöglichkeiten von Datenbanksystemen werden somit bei allen im Büro beschäftigten Personen vorausgesetzt.

5.5 Übungsaufgaben zur Technologie der Datenbanksysteme

Aufgabe 5-1: Skizzieren Sie den Aufbau eines Datenbanksystems. Erläutern Sie dabei den Unterschied zwischen einem Datenbanksystem und einer Datenbank.

Aufgabe 5-2: Erörtern Sie den Unterschied zwischen einem Datenbanksystem, das am Markt käuflich erworben wird (kommerzielles DB-System) und einem Datenbanksystem, das zur Lösung betrieblicher Aufgaben im Unternehmen eingesetzt wird (lauffähiges und nutzbares DB-System).

Aufgabe 5-3: Welche Möglichkeiten boten die früheren Computergenerationen zur Verarbeitung umfangreicher Datenbestände?

Aufgabe 5-4: Welche technologischen Vorteile bieten die Computer der 4. Generation zum Einsatz von Datenbanksystemen ?

Aufgabe 5-5: Welche Ziele verfolgte man bei der Entwicklung relationaler Datenbanksysteme?

Aufgabe 5-6: Diskutieren Sie die notwendigen Anforderungen an ein Datenbanksystem.

Aufgabe 5-7: Was versteht man unter dem "Durchsatz", der "Antwortzeit" und der "Verfügbarkeit" eines Datenbanksystems?

Aufgabe 5-8: Beschreiben Sie anhand konkreter Beispiele Flexibilitätsmöglichkeiten eines Datenbanksystems.

Aufgabe 5-9: Warum spielt die Benutzerfreundlichkeit von Datenbanksystemen eine wichtige Rolle? Wie läßt sie sich realisieren?

Aufgabe 5-10: Stellen Sie einen allgemeinen Kriterienkatalog auf, mit dem sich die Qualität eines Datenbanksystems bestimmen läßt.

Aufgabe 5-11: Welche Benutzergruppen von Datenbanksystemen unterscheidet man? Beschreiben Sie die einzelnen Benutzertypen.

Aufgabe 5-12: Welche Aufagben hat der Datenbanksystementwickler auszuführen, der bei einem Datenbanksystemhersteller beschäftigt ist ?

5.6 Ausgewählte Literatur zu Kapitel 5

Balzert, H. (1992): Die Entwicklung von Software-Systemen, Mannheim 1992.

Blaser, A.; Jarke, M.; Lehmann, H.; Müller, G. (1987): Datenbanksprachen und Datenbankbenutzung, in: Lockemann, P.C.; Schmidt, J.W. (Hrsg.): Datenbank-Handbuch, Berlin u.a. 1987, S. 559-635.

Dworatschek, S. (1986): Grundlagen der Datenverarbeitung, 7. Auflage, Berlin, New York 1986, S. 21-39, S. 328-333.

Ferstl, O.K.; Sinz, E.J. (1993): Grundlagen der Wirtschaftsinformatik, Band 1, München, Wien 1993, S. 337-361.

Gabriel, R. (1992): Wissensbasierte Systeme in der betrieblichen Praxis, London 1992.

Hansen, H.R. (1992): Wirtschaftsinformatik I, 6. Auflage, Jena 1992, S. 555-610.

Schwarze, J. (1994): Einführung in die Wirtschaftsinformatik, 3. Auflage, Herne, Berlin 1994, S. 178-188.

Stahlknecht, P. (1993): Einführung in die Wirtschaftsinformatik, 6. Auflage, Berlin u.a. 1993, S. 190-196.

Zehnder, C.A. (1989): Informationssysteme und Datenbanken, 5. Auflage, Stuttgart 1989, S. 9-40.

6 Elementare Datenorganisation

Unterhalb der für den normalen Datenbanksystembenutzer sichtbaren Modellebene müssen den Werten der Datenobjekte konkrete Speicherplätze auf **Datenträgern** so zugewiesen werden, daß sowohl die Datenträgernutzung (Nutzung der Speicherkapazitäten) als auch die Prozesse zum Wiederauffinden der Werte (Zugriff auf die gespeicherten Daten) effizient (wirtschaftlich) und effektiv sind. Die damit verbundenen Aufgaben werden unter dem Begriff **Datenorganisation**[1] zusammengefaßt. Da die Datei ein in der Praxis wichtiges und bekanntes Datenobjekt darstellt (vgl. Abschnitt 3.2), spricht man auch von der **Dateiorganisation**.

Bei den Speicherplätzen lassen sich interne und externe Speicher unterscheiden. **Interne Speicher** befinden sich in der Zentraleinheit einer EDV-Anlage (Zentralspeicher).[2] **Externe Speicher** sind in der Peripherie einer EDV-Anlage gegeben und dienen zur längerfristigen Aufnahme der Information. Die hier betrachtete Datei- bzw. Datenorganisation bezieht sich auf externe Speicher, auf die die Zentraleinhaeit eines DV-Systems zugreift.

Bei den externen Datenspeicher findet man unterschiedliche Datenträger, wie z.B. Magnetplattensysteme, Magnetbandsysteme, Disketten, Lochkarten und Optische Speicherplatten. Man unterscheidet hierbei zwischen gelochten, bedruckten und handbeschrifteten Datenträgern, magnetischen Datenträgern, optischen und elektronischen Datenträgern.[3] Sie zeichnen sich durch unterschiedliche Zugriffsarten (z.B. direkter Zugriff und sequentieller Zugriff), unterschiedliche Zugriffszeiten (Zeit für einen Schreib- oder Lesevorgang), Übertragungsraten und Speicherkapazitäten aus. Zum Aufbau einer leistungsfähigen Datenorganisation bieten sich Datenträger an, die sich vor allem durch einen direkten Zugriff und hohe Speicherkapazitäten ausweisen, so z.B. Magnetplattensysteme und Festplattensysteme.[4]

Eine umfassende und vertiefte Darstellung des Themas 'Datenorganisation' hat Wedekind bereits in den 70er Jahren in seinem gleichnamigen Lehrbuch gegeben. Darin beschreibt er **Datenorganisation** als das Ergebnis der folgenden Vorgänge:

---

1 Vgl. Hansen (1992), S. 533ff.; Schwarze (1994), S. 134ff.; Stahlknecht (1993), S. 160ff.

2 Vgl. Hansen (1992), S. 227ff.

3 Vgl. Hansen (1992), S. 153ff.

4 Vgl. Wiederhold (1989).

" 1. Bildung von Organisationseinheiten (Dateneinheiten) und Festlegung der materiellen Inhalte.
2. Zuordnung der Organisationseinheiten zu Speicherplätzen.
3. Bildung einer formalen Ordnung, um den materiellen Inhalt der gespeicherten Organisationseinheiten wiederauffinden zu können."[5]

Wir haben anstelle von Wedekinds Begriff 'Organisationseinheiten' den Begriff 'Datenobjekte' aus der DIN 44300 verwendet (vgl. Abschnitt 3.2 und die in Abb. 3/2 beschriebene Datenobjekthierarchie). Aus der Hierarchie der Datenobjekte sind für den Entwickler von Informationssystemen (Anwendungsprogrammierer) an dieser Stelle vornehmlich die Datei und ihre Satzart(en) von Interesse. Die Datenorganisation bestimmt, wie Dateien effizient (wirtschaftlich) und effektiv aufgebaut werden können. Wesentliche **Bestimmungsfaktoren von Dateien** werden wir im Abschnitt 6.1 vorstellen und damit eine Basis für die Beurteilung der Dateiorganisationsformen schaffen.

Die Fähigkeit zur Beurteilung von Dateien wiederum ist wichtig, da zum einen in vielen, insbesondere älteren Informationssystemen Datenbanksysteme (noch) keine Rolle spielen, d.h. bei einer etwaigen Umstellung auf ein Datenbanksystem stellt die vorliegende Dateiorganisation die Ausgangsbasis dar. Zum anderen finden sich häufig in Informationssystemen neben Datenbanksystemen auch nicht vom Datenbankverwaltungssystem (DBVS) verwaltete und organisierte Dateien. Schließlich hängt die Leistungsfähigkeit eines Datenbanksystems selbst natürlich wesentlich davon ab, wie sein Datenbankverwaltungssystem die Datenorganisation bewerkstelligt. Die Kenntnis darüber wiederum eröffnet insbesondere dem Datenbankadministrator Optimierungsmöglichkeiten für die Datenbanksystemanwendungen. In diesem Exkurs jedoch wollen wir uns nicht mit der ganzen Komplexität der Datenorganisation befassen, sondern uns auf elementare, also grundlegende Dateiorganisationsformen beschränken. Das Datenbankverwaltungssystem behandeln wir in Abschnitt 7.1.2, den Arbeitsablauf eines Datenbanksystems in Abschnitt 7.3 von Kapitel 7.

Bei Informationssystemen, für die kein Datenbanksystem genutzt wird, d.h. insbesondere in der Zeit, als Datenbanksysteme noch nicht den heutigen Verbreitungsgrad erreicht hatten, kommt der Wahl einer Dateiorganisationsform eine große Bedeutung zu. Verantwortlich für die Entscheidung ist dann i.d.R. der Entwickler des Informationssystems (Anwendungsprogrammierer), da er die logischen Abhängigkeiten der Datenobjekte kennt. Eine für die Performance, d.h. für den Durchsatz und/oder die Antwortzeit bzw. die Verfügbarkeit des betrachteten Informationssystems optimale Dateiorganisation liegt zumeist dann vor, wenn die logischen Abhängigkeiten der Datenobjekte sich auf die physische Ebene günstig abbilden lassen. Ist die logische Reihenfolge von Datensätzen (z.B. bei der Kursdatei des VHS-Beispiels eine aufsteigende Anordnung nach der Kursnummer) auch die physische Reihenfolge auf dem Datenträger, so spricht man

---

5 Wedekind (1972), S. 30.

von **sequentieller Daten- bzw. Dateiorganisation** (Abschnitt 6.2), die damit auch die grundlegende, einfachste Organisationsform darstellt.

Stellen wir uns nun die Kursdatei als Karteikasten vor, in dem für jeden Kurs eine Karteikarte mit den Daten des betreffenden Kurses - aufsteigend sortiert nach Kursnummern - enthalten ist. Die erste Stelle der Kursnummer bezeichnet jeweils den Fachbereich, der für den Kurs verantwortlich ist. Mit einem Reiter auf der jeweils ersten Karte eines Fachbereichs läßt sich nun die Suche nach der Karte für eine bestimmte Kursnummer relativ einfach durchführen, insbesondere müssen nach dem Durchsuchen der Reiter nur noch Karteikarten des betroffenen Fachbereichs gelesen werden. Dieser Vorgehensweise entspricht eine Variante aus dem Spektrum der **index-sequentiellen Dateiorganisation**. Die index-sequentielle Daten- bzw. Dateiorganisation behandeln wir ausführlich im Abschnitt 6.3.

Die nächsten Abschnitte sind dann den beiden Dateiorganisationsformen gewidmet, bei denen die physische Speicherung der Datensätze unabhängig von ihrer logischen Abhängigkeit erfolgt, d.h. bei denen die Datensätze aus logischer Sicht verstreut auf dem Datenträger aufgezeichnet sind. Bei den verschiedenen Varianten der **geketteten Organisation** (Abschnitt 6.4) wird dann der logische Zusammenhang jeweils über Zeiger hergestellt, während bei der **gestreut-gespeicherten Organisation** (Abschnitt 6.5) im Prinzip auf jeden Satz direkt zugegriffen werden kann.

Betrachten wir nochmals das Beispiel, bei dem der Karteikasten für die Kursverwaltung unseres VHS-Beispiels die Karteikarten aufsteigend nach Kursnummern enthält (bei der Dateiorganisation bezeichnet man in einem solchen Fall die Kursnummer als **Primärschlüssel** für die Kursdatei). Ein schneller Zugriff auf eine bestimmte Karteikarte ist hier nur gewährleistet, wenn die betroffene Kursnummer bekannt ist. Interessant und notwendig sind jedoch z.B. auch Auskünfte über genau die Kurse eines Themenbereichs, die an einem bestimmten Wochentag oder an einem bestimmten Ort stattfinden, oder auf die Kurse, die von einem bestimmten Dozenten angeboten werden usw. Die Kursnummern, die einen schnellen Zugriff im Karteikasten ermöglichen, sind natürlich bei derartigen Anfragen gerade nicht bekannt. Bekannt ist jeweils der Wert eines anderen einen Kurs charakterisierenden Attributs (bei der Dateiorganisation spricht man dann von einem **Sekundärschlüssel**). Ohne Einsatz von EDV wird man sich i.d.R. beispielsweise mit zusätzlichen Karteien, die nach anderen Kriterien geordnet sind, behelfen. Diese Vorgehensweise ist natürlich sehr aufwendig. Bei Einsatz von EDV, aber ohne Nutzung von Datenbanksystemen, ist mit den Techniken der index-sequentiellen und der geketteten Organisation (vgl. 6.3 bzw. 6.4) die Möglichkeit gegeben, Zugriffe auf eine Datei auf der Basis von Primär- und Sekundärschlüsseln zu unterstützen. Diese Thematik wird ausführlich im Abschnitt 6.6 behandelt.

Wir haben eingangs bereits den Anwendungsprogrammierer als Verantwortlichen für die Wahl einer Dateiorganisationsform bezeichnet und außerdem die möglichst enge Bindung der physischen an die logische Organisation der Daten als Voraussetzung für ein performantes (leistungsfähiges) Systemverhalten erkannt. Von performantem Verhalten eines Anwendungssystems sprechen wir, wenn im Stapelbetrieb der Durchsatz (Anzahl bearbeiteter Geschäftsvorfälle pro Zeiteinheit) hoch bzw. im Dialogbetrieb die Antwortzeit (Zeit zwischen der Auslösung eines Dialogschritts durch den Dialogbenutzer und der Anzeige des Ergebnisses auf dem Bildschirm) klein ist. Im Abschnitt 6.7 werden wir anhand eines **Anwendungsbeispiels** die Konsequenzen aufzeigen, die sich ergeben, wenn in einem Unternehmen nach und nach mehrere Informationssysteme nach dieser Prämisse, d.h. mit individuell auf die jeweilige einzelne Anwendung "maßgeschneiderter" Dateiorganisation, entstehen. Daraus ergeben sich wiederum die in Abschnitt 5.3 bereits eingehend erläuterten notwendigen Anforderungen an Datenbanksysteme und deren Architektur, der dann das ganze Kapitel 7 gewidmet ist.

6.1 Bestimmungsfaktoren für die Dateiorganisation

Schreibende Zugriffe auf eine Datei, die bekannterweise aus gleichstrukturierten Datensätzen besteht, kann man wie folgt klassifizieren:

Wird bei einem Zugriff eine betriebliche Bestandsveränderung in einem bereits gespeicherten Datensatz (Bestandsdaten) nachvollzogen, so spricht man von einer **Bewegung** der Datei. Die Bestandsdaten (Bestandsdatei) werden durch Bewegungsdaten (Bewegungsdatei) abgeändert; man spricht hier auch von einer Transaktion (Vorgang der Änderung) bzw. von Transaktionsdaten. In unserem VHS-Beispiel ist eine Bewegung u.a. die Buchung eines eingezahlten Betrags im entsprechenden Datenfeld des für den Teilnehmer bereits existierenden Kontodatensatzes.

Wird ein neuer Dozent bei der VHS beschäftigt, so werden seine Daten in die Dozentendatei (Stammdaten) neu aufgenommen. Dies ist ein Beispiel für eine **Änderung** der Datei. Von Änderung einer Datei sprechen wir natürlich auch dann, wenn ein Satz aus der Datei gelöscht wird oder wenn sich Daten des Teilnehmerdatensatzes (Stammdaten) ändern. Die Stammdaten (Stammdatei) werden durch Änderungsdaten (Änderungsdatei) verändert. Diesen Änderungsdienst nennt man auch "update".

Für die Organisation einer Datei ist dann zunächst einmal von Bedeutung,

- wieviel Datensätze sie aufnehmen soll und wie lang die Datensätze - bei variabler Satzlänge im Mittel - sind **(Größe der Datei)**,

- wie sich die Anzahl neuer Datensätze zur Anzahl gelöschter Datensätze und - bei variabler Satzlänge - die mittlere Länge der Datensätze im Zeitablauf darstellt (**Wachstum der Datei**),
- wieviel Bewegungen der Datei im Mittel in einem bestimmten Zeitraum vorkommen (**Bewegungshäufigkeit der Datei**) und
- wieviel Datensätze im Mittel in einem bestimmten Zeitraum hinzugefügt oder gelöscht werden (**Umfang des Änderungsdienstes der Datei**).

Die Dateiorganisation wird jedoch wesentlich bestimmt durch

- den Speicher (**Speichermedium**), der die Daten aufnimmt (**Speicherungsform**),
- die Möglichkeiten, die zur Verarbeitung der Daten bestehen (**Verarbeitungsform**) und durch
- die Anordnung, in der sich die Daten befinden (**Organisationsform**).

Bei der **Speicherungsform** unterscheiden wir sequentielle Speicher, d.h. Datenträger mit indirektem Zugriff (z.B. Magnetbänder), und adressierbare Speicher, d.h. Datenträger, bei denen prinzipiell mit Kenntnis der Adresse auf jeden Datensatz direkt zugegriffen werden kann (z.B. Magnetplatte).

Die **Verarbeitungsform** der Daten wird ihrerseits durch Festlegungen von vier Kriterien bestimmt, und zwar von

- der **Sortierform**, d.h. der Festlegung, ob eine sortierte Verarbeitung erfolgt oder zumindest eine sortierte Datei vorliegt,
- der **Betriebsform** (Stapel-, Dialog-, Mischbetrieb) des DV- Systems,
- der **Abfrageform** (sequentielle Abfrage, primärschlüsselgestützte Abfrage, sekundärschlüsselgestützte Abfrage) und
- dem **Suchverfahren** (sukzessives, m-Wege-, binäres, direktes Suchverfahren).

Die bekanntesten **Dateiorganisationsformen** sind

- die **sequentielle** Organisation,
- die **index-sequentielle** Organisation,
- die **gekettete** Organisation und
- die **gestreut-gespeicherte** Organisation.

Als wichtigste Charakterisierungs- und Beurteilungskriterien für die vier **Dateiorganisationsformen**, die in den folgenden Abschnitten 6.2 bis 6.5 behandelt werden, werden wir nachfolgend heranziehen:

- die Speicheranforderung,
- die Eignung für bzw. Anforderung an die Abfrage-, Betriebs-, Sortierformen,
- die möglichen Suchverfahren und
- den Änderungsdienst.

In der folgenden Abbildung 6/1 sind die unterschiedlichen Merkmale der Dateiorganisation zusammengefaßt.

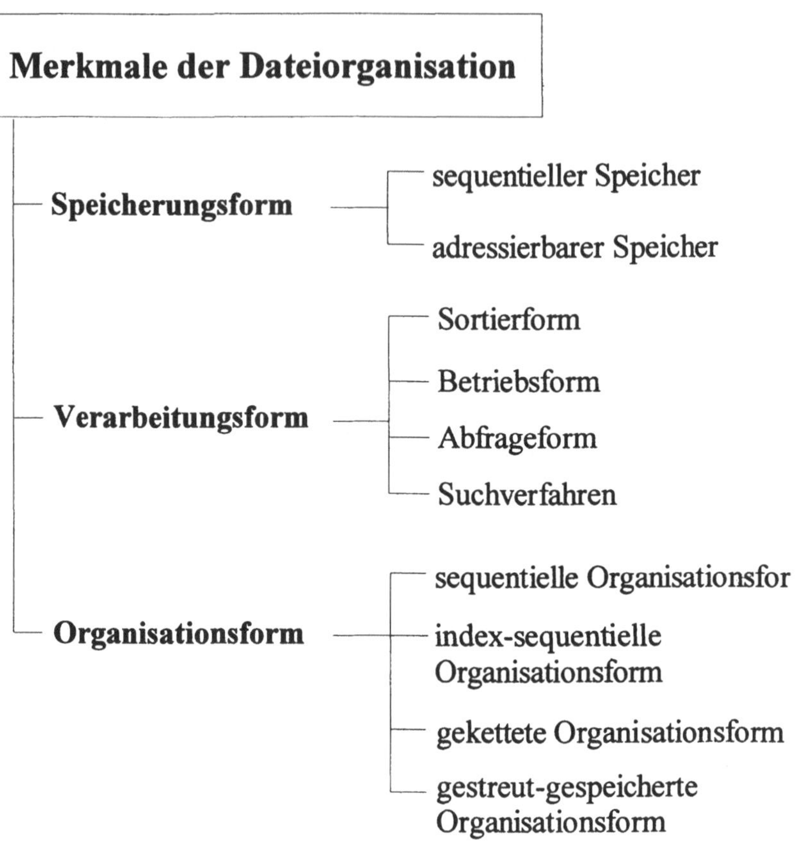

Abb. 6/1. Merkmale der Dateiorganisation

6.2 Sequentielle Dateiorganisation

Die **sequentielle Dateiorganisation**[6] ist die einzige Organisationsform, die nicht nur auf adressierbaren, sondern auch auf sequentiellen Speichern möglich ist. Auf sequentielle Speicher werden die Datensätze einer Datei physisch hintereinander geschrieben und können auch nur in der sich daraus ergebenden Reihenfolge wieder gelesen werden. Beginnt ein Suchvorgang am Anfang der auf einem sequentiellen Speicher abgelegten Datei, so müssen - um auf den letzten der N gespeicherten Sätze zuzugreifen - auch die N-1 Sätze davor gelesen werden. Erst mit dem Nten Zugriff ist in diesem Extremfall die Suche erfolgreich. Unterstellt man eine gleiche Zugriffshäufigkeit auf alle N Sätze der Datei bei mehrmaligen Zugriff und einen Beginn der Suchvorgänge jeweils am Dateianfang, so sind bei einem Suchvorgang durchschnittlich Z = N/2 Zugriffe erforderlich.

Die Zahl der Zugriffe Z zur erfolgreichen Suche nach einem Datensatz einer Datei bzw. Z(n) zur erfolgreichen Suche nach n (n <= N) Sätzen ist unser Maß für die Effizienz (Leistungsfähigkeit) eines Suchverfahrens.

Offensichtlich ist Z bei einer sequentiellen Organisation auf sequentiellen Speichern sehr ungünstig für einen Dialogbetrieb. Im Stapelbetrieb wiederum geht es um die Verarbeitung von s Anweisungen, wobei 1 <= n <= s gilt, denn ein Datensatz der Datei kann auch von mehreren Anweisungen in einem Batchlauf betroffen sein. Wird in unserem VHS-Beispiel die Pflege der Teilnehmerdatei nur einmal zum Monatsende durchgeführt, so werden für einen Teilnehmer die Anschriftenänderung, die er am Monatsanfang mitgeteilt hat, und die Kontoverbindungsänderung, die er zur Monatsmitte mitgeteilt hat, in demselben Batchlauf mit Wirkung auf denselben Teilnehmerdatensatz ausgeführt. Bei unsortierter Verarbeitung hätte dies zwei Zugriffe auf den Datensatz zur Folge. Allgemein ergibt sich entsprechend Z (n) = s * N/2. Nur eine sortierte Verarbeitung, d.h. eine gleichartig sortierte Veränderungs- und Stammdatei, ist demnach sinnvoll, denn dann ergeben sich bei Anwendung eines geeigneten Algorithmus' bei der Stapelverarbeitung (vgl. Abb. 6/2) n notwendige Lesevorgänge und Z (n) = N logische Zugriffe, um die insgesamt s Anweisungen zu verarbeiten. Je höher also die Bewegungshäufigkeit bzw. je umfangreicher der Änderungsdienst in einer konkreten Anwendung ist, desto günstiger verhält sich das sukzessive Suchverfahren.

Das Verhalten eines Anwendungsprogramms, das im Stapelbetrieb (Batchbetrieb) die sukzessive Suche bei einer sequentiellen Datei und sortierter Verarbeitung verwendet, kann darüberhinaus durch die Wahl eines möglichst großen

---

[6] Vgl. Wedekind (1972), S. 52ff.

Blockungsfaktors positiv beeinflußt werden. Der Blockungsfaktor bestimmt, wieviel Datensätze in einem Block, d.h. mit einer physikalischen Ein-/Ausgabeoperation bzw. Input/Output-Operation (I/O), zwischen Extern- und Hauptspeicher transportiert werden. Bei der Verarbeitung von Dateien geht es natürlich gerade um die Minimierung der Anzahl der I/O's, da sie um ein Vielfaches zeitaufwendiger sind als Operationen innerhalb der Zentraleinheit der EDVA. Für die Verarbeitung der s Anweisungen mit n betroffenen Datensätzen werden bei einem Blockungsfaktor B dann lediglich N/B physikalische I/O-Operationen benötigt.

Bis zur dritten Generation von EDV-Anlagen (vgl. Abschnitt 5.2) dominierte bei den externen Speichern das Magnetband und damit zwangsläufig die sequentielle Organisation. Der Änderungsdienst einer Datei vollzog sich in Form einer sogenannten Stammbandbearbeitung, d.h. durch Kopieren eines alten Stammbands auf ein neues Stammband unter Berücksichtigung der vorliegenden Änderungsdaten (Abb. 6/2 zeigt eine Prinzipdarstellung). Gelöst war damit das Problem der Verfügbarkeit von Datenbeständen, auf deren Basis im Fehlerfall die Bearbeitung wiederholt werden kann, denn dazu galt es lediglich, das alte Stammband zusammen mit dem Lochkartenstapel der Änderungsdaten zu archivieren. In ähnlicher Form verlief die Änderung von Bestandsdaten durch Bewegungsdaten.

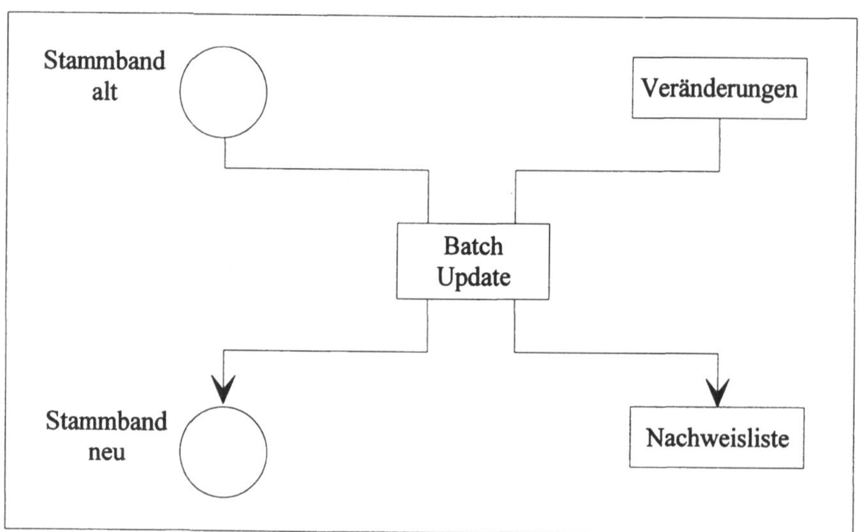

Abb. 6/2. Prinzipdarstellung einer Stammbandverarbeitung

Mit der zunehmenden Verbreitung von Magnetplatten als externer Speicher und damit der Möglichkeit eines (halb-)direkten Zugriffs auf gespeicherte Datensätze sind neben der sukzessiven Suche auch das m-Wege-Suchen und das binäre Suchen auf der Basis sequentiell organisierter Dateien einsetzbar. Alle genannten Suchverfahren setzen dabei eine sortierte Stammdatei voraus.

Das "m" beim **m-Wege-Suchen**[7] steht für die Anzahl der Einstiegsadressen, an denen die Suche in der Stammdatei begonnen werden kann. Das 1-Wege-Suchen haben wir als sukzessives Suchen bereits kennengelernt. Für jede Einstiegsadresse muß bekannt sein, welchen Wert der Schlüssel des dort gespeicherten Datensatzes besitzt. Daraus ergibt außerhalb der Stammdatei ein gesonderter Datenbestand von m Sätzen, von denen jeder eine Einstiegsadresse und den Schlüssel des zugehörigen Satzes der Stammdatei beinhaltet. Wir bezeichnen diese gesonderte Datei auch als Indexdatei oder kurz Index.

Der Suchprozeß ist nun zweistufig (Indexbearbeitung und Weiterbearbeitung), und wir stellen den Algorithmus dazu in Abb. 6/3 in Form eines Baumdiagramms vor (die leicht verständliche Baumdiagrammsyntax wurde bereits im Zusammenhang mit der Abb. 3/37 erläutert; vgl. Abschnitt 3.3.2.2 in Kapitel 3).

---

7 Vgl. Wedekind (1972), S. 174ff.

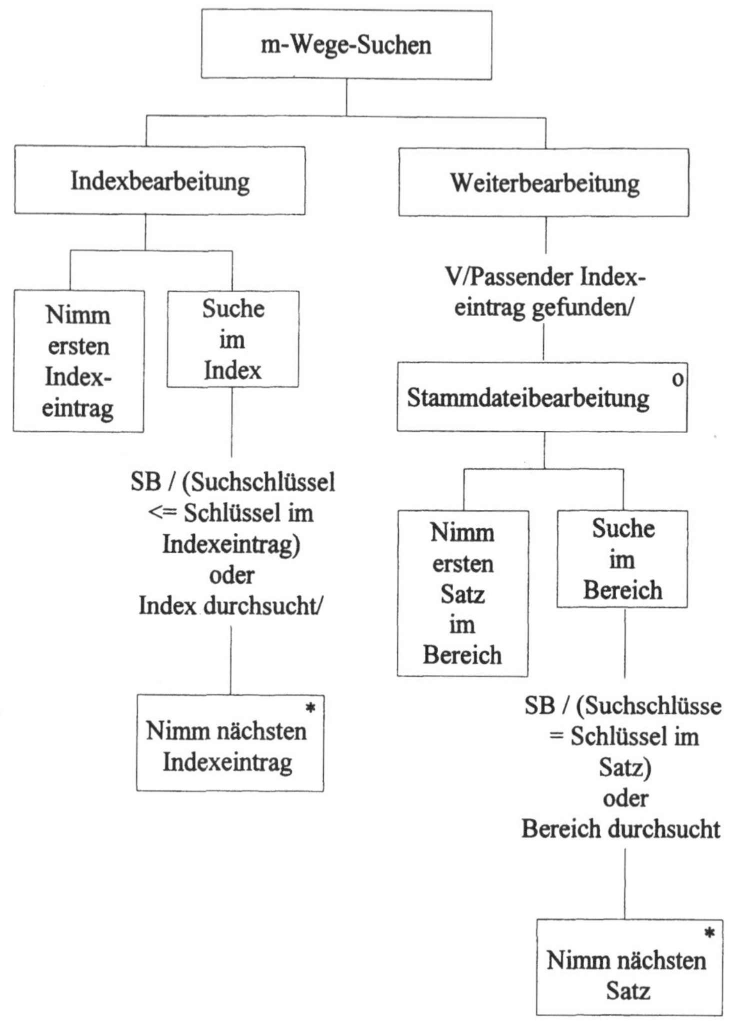

Abb. 6/3. Algorithmus für m-Wege-Suchen als Baumdiagramm

Tatsächlich wird bei der zweistufigen m-Wege-Suche durch Vergleich des Suchschlüsselwerts mit den im Index vorhandenen Schlüsselwerten zunächst die Einstiegsadresse des betroffenen Dateibereichs ermittelt. Bei sukzessiver Suche im Index und weiterhin unterstellter gleicher Zugriffshäufigkeit auf alle Sätze der Indexdatei ergeben sich hier im Mittel m/2 Zugriffe. Anschließend erfolgt (nachdem der gesuchte Bereich gefunden wurde) die sukzessive Suche im adressierten Bereich der Stammdatei. Sind in diesem Bereich beispielweise b Sätze vorhanden, so ist hier der Zugriff auf im Mittel b/2 Sätze erforderlich. Die mittlere Zugriffsanzahl bis zur erfolgreichen Suche nach einem einzelnen Datensatz ergibt sich dann als Z = m/2 + b/2. Die auf einer gleichen Gewichtung basierenden theoretisch optimalen Größen für m und b ergeben sich dann jeweils aus der Wurzel der Anzahl der Datensätze in der Stammdatei, d.h. $m = b = \sqrt{n}$, und damit ist mit $Z = \sqrt{N}$ das m-Wege-Suchen bei der Suche nach einem Datensatz dem sukzessiven Suchen mit wachsendem N immer mehr überlegen. Bei sortierter Stapelverarbeitung und n betroffenen Datensätzen ergibt sich unter der Prämisse, daß der letzte zu suchende Satz auch erst im letzten Bereich zu finden ist, ein Wert von $Z(n) = \sqrt{N} + 1/2 * \sqrt{N} * n$. Damit ist bei wachsendem N das sukzessive Suchen schon bei einer immer geringeren Anzahl von betroffenen Sätzen n rechnerisch günstiger.

Betrachten wir zur Verdeutlichung der oben stehenden Erklärungen die Abb. 6/4, die eine Stammdatei mit genau 400 Sätzen - natürlich ausschnittweise - zeigt. Bei sukzessiver Suche nach einem Satz ergibt sich dann im rechnerischen Mittel die Notwendigkeit, ca. 200 Zugriffe auf Sätze auszuführen. Beim in der Abbildung angedeuteten 20-Wege-Suchen (m = 20, b = 20) setzt sich die Anzahl der Zugriffe aus der Summe von im Mittel jeweils ca. 10 Zugriffen auf den Index (m/2=10) und die Sätze im betroffenen Dateibereich (b/2 = 10) zusammen (d.h. 20 Zugriffe). Doch bei sortierter Stapelverarbeitung ist bei Bewegungshäufigkeiten von 10% oder mehr wiederum die sukzessive Suche rechnerisch überlegen. Im Beispiel ergibt sich für die sukzessive Suche eine Zugriffsanzahl von 400. Beim 20-Wege-Suche nach 40 (entspricht 10% von 400) Sätzen ergibt sich

$$Z(40) = \sqrt{400} + \frac{1}{2} * \sqrt{400} * 40 = 420$$

$$\Leftrightarrow \qquad Z(40) = 20 + \frac{1}{2} * 20 * 40 = 420.$$

Indexdatei

Schlüssel	Adresse
1182	020
2821	040
3020	060
...	...
...	...
...	...
7401	380
7612	400

Stammdatei

Satz-Nr.	Kurs-Nr.	Kurs-Bezeichnung
001	1003	Bürgerradio
002	1012	Frauengesprächskreis
...	...	...
...	...	...
020	1182	Umgang mit Macht
...	...	...
...	...	...
040	2821	Kochen für Singles
041	2933	Nähen für Anfänger
...	...	...
...	...	...
...	...	...
380	7401	Grundkurs Pascal
...	...	...
...	...	...
398	7610	Maschinenschreiben 1
399	7611	Maschinenschreiben 2
400	7612	Maschinenschreiben 3

Abb. 6/4. Beispiel für das m-Wege-Suchen für m = 20

Auch auf der Basis des Beispiels in Abb. 6/4 (N = 400) haben wir also gesehen, daß sich ein Vorteil des m-Wege-Suchens (m = 20) also hauptsächlich für den Fall der Einzelauskunft, d.h. der Suche nach genau einem Satz, ergibt. Hier lassen sich bei Berücksichtigung der bisher vernachlässigten unterschiedlichen Zugriffsverhältnisse im Index und der Stammdatei allerdings sogar noch weitergehende Verbesserungen erzielen. Die Sätze im Index haben eine feste Länge, die durch die Länge der Schlüsselwerte und der Einstiegsadressen bestimmt ist, und die - bei eher theoretischen Ausnahmen - deutlich unter der Satzlänge der Datensätze in der Stammdatei liegt. Damit wiederum ergibt sich für den Index ggf. die Chance, ihn mit einer I/O-Operation vollständig von der Platte in den Hauptspeicher zu lesen, womit die Suchvorgänge im Index selbst dann vernachlässigbar werden. Folgerichtig ist es häufig sogar sinnvoll, m = N zu wählen, d.h. für jeden Datensatz eine Eintragung seiner Adresse im Index vorzusehen, um jeden unnötigen Zugriff auf die Stammdatei zu verhindern. In diesem Fall spricht man von einer sogenannten **Indextafel**.

Das andere Suchverfahren, das sich auf eine sortierte Stammdatei abstützt, die auf einem adressierbaren Speicher liegt, ist das **binäre Suchen.**[8] Wie auch das Beispiel in Abb. 6/5 zeigt, erfolgt der Zugriff auf einen Datensatz zum Vergleich des dort gespeicherten Schlüsselwerts mit dem Suchschlüsselwert dabei jeweils in der Mitte des noch relevanten Datenbestands (die Mitte wird durch eine ganzzahlige Division und Addition von A gefunden). Beim Beginn der Suche entspricht dem noch relevanten Datenbestand natürlich gerade die gesamte Datei. Doch nach dem ersten und jedem weiteren Vergleich wird nur noch die Hälfte des vorher relevanten Datenbestands als weiterhin relevant betrachtet.

Im Beispiel der Abb. 6/5 sind 15 Datensätze gegeben, die nach der Kurs-Nr. sortiert sind und die Satz-Nr. 001 bis 015 aufweisen. Gesucht ist die Kurs-Nr. mit dem Suchschlüsselwert 8211. Im ersten Durchgang wird der Schlüsselwert in der Mitte der noch zu untersuchenden Datei (im Beispiel Satz-Nr. 008 mit dem Schlüsselwert 7611) mit dem Suchschlüsselwert 8211 verglichen. Da 7611 < 8211, kann die erste Hälfte der Daten vergessen werden. Gesucht wird weiter in der zweiten Hälfte, usw. bis der Suchschlüsselwert gleich dem Schlüsselwert ist (vgl. die drei Durchgänge in Abb. 6/5).

---

[8] Vgl. Wedekind (1972), S. 170ff.

Gesucht: Kurs-Nr. 8211

1. Durchgang:	Satz-Nr.	Kurs-Nr.	Kursbezeichnung
Vergleich mit der	001	1003	Bürgerradio
Kurs-Nr. von dem Satz	002	1012	Frauengesprächskreis
in der Mitte des Daten-	003	1182	Umgang mit Macht
Bestands (Satz-Nr. 008)	004	2821	Kochen für Singles
	005	2933	Nähen für Anfänger
	006	7401	Grundkurs Pascal
	007	7610	Maschinenschreiben 1
→	008	7611	Maschinenschreiben 2
	009	7612	Maschinenschreiben 3
	010	7815	Englisch 1
führt zur Reduzierung	011	7816	Englisch 2
des relevanten Bestands	012	7817	Englisch 3
auf die Satz-Nrn. 009-015.	013	7914	Wirtschaftsenglisch
	014	8211	Gedächtnistraining
	015	8411	Sport für Ältere

2. Durchgang:	Satz-Nr.	Kurs-Nr.	Kursbezeichnung
Wieder Vergleich mit	009	7612	Maschinenschreiben 3
dem Satz in der Mitte	010	7815	Englisch 1
führt zur Reduzierung	011	7816	Englisch 2
des relevanten Bestands →	012	7817	Englisch 3
auf die Satz-Nrn. 013-015.	013	7914	Wirtschaftsenglisch
	014	8211	Gedächtnistraining
	015	8411	Sport für Ältere

3. Durchgang:	Satz-Nr.	Kurs-Nr.	Kursbezeichnung
Vergleich mit dem Satz	013	7914	Wirtschaftsenglisch
in der Mitte bringt →	014	8211	Gedächtnistraining
den gewünschten Erfolg.	015	8411	Sport für Ältere

Abb. 6/5. Beispiel für das binäre Suchen

Eine Darstellung des Suchalgorithmus für das binäre Suchen in Form eines Baumdiagramms zeigt die Abb. 6/6. Für die Anzahl Zugriffe bis zur erfolgreichen Suche nach einem Satz betrachten wir nochmals das Beispiel in Abb. 6/5. Offensichtlich ist dort im dritten Durchgang, d.h. nach drei Zugriffen, der gewünschte

Satz gefunden, da er in der Mitte des verbliebenen Bereichs liegt. Spätestens jedoch ist offenbar die Suche nach 4 Durchgängen beendet, z.B. bei der Suche mit dem Suchschlüsselwert 7914. Damit ergibt sich für eine Datei mit 15 Sätzen eine maximale Zugriffsanzahl von 4. Würden wir die Dateigröße um 16 auf 31 Datensätze erhöhen, wäre nach dem ersten Zugriff wieder eine Reduzierung auf die bekannten 15 Datensätze erreicht, die maximale Zugriffsanzahl also 5. 4 entspricht nun gerade dem Zweierlogarithmus von 16, 5 dem Zweierlogarithmus von 32. Allgemein heißt das, daß bei einer Satzzahl von $2^x - 1$ maximal x Zugriffe nötig sind. Für größere Dateien gilt demnach bei wiederum unterstellten gleichen Zugriffshäufigkeiten auf die Sätze der Datei $Z = \log_2 N$, womit sich für N >= 16 beim binären Suchen der günstigste Wert im Vergleich der drei behandelten Suchverfahren ergibt. Damit ist das binäre Suchen für die Dialogauskunft bei einer sequentiell organisierten Datei auf adressierbarem Speicher das bessere Suchverfahren. Für eine Stapelverarbeitung jedoch eignet es sich nicht, da das Verfahren für jeden einzelnen Suchvorgang jeweils wieder von vorn beginnt und eine Sortierung der Änderungsdatei keinen Einfluß auf die Zugriffsanzahl hat, die allein von der Zahl der betroffenen Sätze abhängt und im Ergebnis immer $Z(n) = n * \log_2 N$ beträgt.

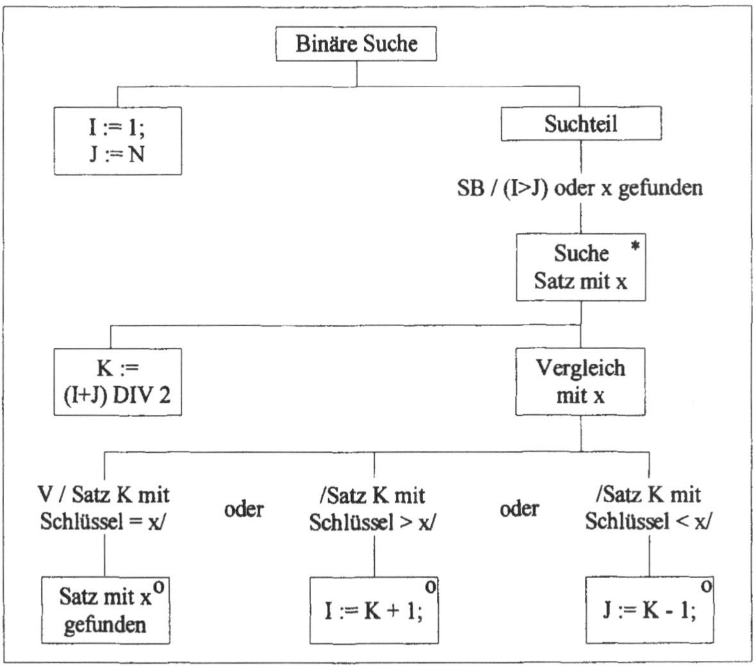

Abb. 6/6. Algorithmus für binäres Suchen als Baumdiagramm

Das m-Wege-Suchen wie auch das binäre Suchen lassen sich natürlich nicht nur auf die Stammdatei selbst anwenden, sondern auch auf die Indextafel zur Stammdatei. Damit ist sichergestellt, daß nur einmal auf die Datei selbst zugegriffen werden muß, nämlich genau auf den gesuchten Satz, und daß die Adresse dieses Satzes im Index ebenfalls mit möglichst wenig Zugriffen erfolgt.

Bei einer sequentiellen Organisation auf der Platte als adressierbarem Speicher werden allerdings weiterhin die Sätze physisch hintereinander gespeichert. Damit beschränkt sich der Vorteil gegenüber dem Magnetband als sequentiellem Speicher auf die Auswertung, d.h. das Lesen der Datei. Denn für den Änderungsdienst gilt weiterhin, daß er durch Kopie der Gesamtdatei analog zur Prinzipdarstellung in Abb. 6/2 erfolgt. Hier wird jedoch basierend auf der Technik, die wir bei der m-Wege-Suche kennengelernt haben, bei der index-sequentiellen Organisation für Abhilfe gesorgt. Diese Organisationsform wollen wir deshalb im anschließenden Abschnitt detailliert betrachten.

6.3 Index-sequentielle Dateiorganisation

Voraussetzung für die **index-sequentielle Dateiorganisation**[9] ist ein adressierbarer Speicher (z.B. Magnetplatte). Der kleinste direkt adressierbare zusammenhängende physikalische Speicherbereich auf der Magnetplatte wird als Block bezeichnet. Ein solcher Block kann wiederum mehrere logische Sätze aufnehmen, die dann mit einer I/O-Operation von der Magnetplatte in den Hauptspeicher der DV-Anlage gelesen werden können.

Bei der sequentiellen Organisation haben wir als Voraussetzung für das m-Wege-Suchen bereits einen Index kennengelernt (vgl. Abschnitt 6.2). Auch bei der index-sequentiellen Organisation ist ein derartiger Index als gesonderter Datenbestand dem eigentlichen Datenbestand vorgelagert, um zu gewährleisten, daß jeder logische Satz mit einer I/O-Operation aus dem eigentlichen Datenbestand gelesen werden kann. Zuvor erfolgt die Suche im sortierten Index, der zuvor seinerseits aus dem sogenannten Indexblock (z.B. mit Block-Nr. 0) auf der Magnetplatte i.d.R. mit einer I/O-Operation gelesen worden ist. Die weiteren der index-sequentiellen Datei zugeordneten Blöcke auf der Platte enthalten die Sätze beim Aufbau der Datei in der Form, daß der größte Schlüsselwert in Block i stets kleiner ist als der kleinste Schlüsselwert in Block i+1. Abbildung 6/7 zeigt in einer Prinzipdarstellung die Schlüsselwerte einer index-sequentiell organisierten Datei in den Blöcken 1 bis 4 anstelle der real dort vollständig vorhandenen Datensätze. Der Index aus Block 0 ist im oberen Teil detailliert dargestellt. Die Blöcke 5 bis 7

---

[9] Vgl. Wedekind (1972), S. 58ff.; Hansen (1992), S. 540ff.; Niedereichholz (1983), S. 54ff.

sind als Überlaufblöcke für Datensätze vorgehalten, die in einem der Blöcke 1 bis 4 aus Platzgründen nicht mehr abgespeichert werden können, obwohl sie logisch in diese Blöcke gehören.

Schlüssel-wert	Block-Nr.
9	1
28	2
45	3
98	4

Block-Nr.	Block-Inhalte (bei >= 1 als Schlüsselwerte)										
0	Indexblock										
1	2	5	3	1	6	8	9	4			
2	14	18	21	15	25	28	22	11	17	13	23
3	32	29	36	41	40	39	45				
4	98	54	60	53	88	72	96				
5	Überlaufblock										
6	Überlaufblock										
7	Überlaufblock										

Abb. 6/7. Prinzipdarstellung einer index-sequentiell organisierten Datei auf einer Magnetplatte

Wie auch das Beispiel in Abb. 6/7 zeigt, findet innerhalb eines Blocks keine Sortierung statt, denn ein Block wird mit einer I/O-Operation in den Hauptspeicher gelesen und der zu suchende Satz wird in sequentieller Abarbeitung gefunden.

Der Änderungsdienst kann nun nach gewisser Zeit dazu führen, daß ein neuer Satz nicht mehr in dem Block abgespeichert werden kann, in den er von der blockweisen Sortierung her gehören würde. Wir nennen diesen Block jetzt den Zielblock und sagen, beim Zielblock tritt ein Überlauf ein. Bei der index-sequentiellen Organisation gibt es nun zwei prinzipiell unterschiedliche Methoden zur Überlaufbehandlung.

Die ältere Methode sieht sogenannte Überlaufblöcke vor (vgl. Abb. 6/7). Im Überlauffall wird der Satz mit dem höchsten Schlüsselwert aus dem Zielblock in den nächsten freien Bereich eines Überlaufblocks übertragen, um dem neuen

Datensatz im Zielblock Platz zu machen. Der Index besteht bei dieser Methode aus zwei Paaren je Indexsatz, von denen eines wie in Abb. 6/7 die Angaben zu den normalen Datenblöcken beinhaltet (Normalindex), während das andere die Angaben zum Überlaufbereich enthält (Überlaufindex) - sofern bereits ein Überlauf eingetreten ist. Blöcke, die noch keinen Überlauf hatten, sind also daran zu erkennen, daß Normalindex und Überlaufindexeintrag zu diesem Block einander entsprechen.

Wird in dem Beispieldatenbestand in Abb. 6/7 die Neuaufnahme des Satzes mit dem Schlüsselwert 20 realisiert, so ergibt sich nun daraus die Situation, wie sie in Abb. 6/8 dargestellt ist. Der Satz mit dem höchsten Schlüsselwert ist aus Block 2 heraus in den Überlaufblock (Block-Nr. 5) gebracht worden, um den Satz mit Schlüsselwert 20 in Block 2 aufnehmen zu können. Im Normalindex, der die Verweise für den eigentlichen Datenbereich (Block-Nr. 1-4) enthält, ist als höchster Schlüsselwert für Block 2 jetzt die 25 eingetragen, während Schlüsselwert 28 im Überlaufindex mit der Block-Nr. 5 geführt wird.

Normalindex

Schlüssel-wert	Block-Nr.
9	1
25	2
45	3
98	4

Überlaufindex

Schlüssel-wert	Block-Nr.
9	1
28	5
45	3
98	4

Block-Nr.	Block-Inhalte (bei >= 1 als Schlüsselwerte)
0	Indexblock
1	2 5 3 1 6 8 9 4
2	14 18 21 15 25 20 22 11 17 13 23
3	32 29 36 41 40 39 45
4	98 54 60 53 88 72 96
5	28
6	Überlaufblock
7	Überlaufblock

Abb. 6/8. Die Datei aus Abb. 6/7 nach Neuaufnahme des Satzes mit Schlüsselwert 20 bei Überlaufmethode 1

Die Suche vollzieht sich algorithmisch bei dieser Überlauforganisationsmethode dann so, daß beginnend beim ersten Indexeintrag zunächst der Normalindex, dann - falls noch kein Treffer erfolgt ist - der Überlaufindex ausgewertet wird. Anschließend erfolgen die Vergleiche beim zweiten Indexeintrag usw.

Prinzipiell anders arbeitet die zweite Methode, die auch als Blocksplitting bezeichnet wird. Wenn bei dieser Methode ein Satz nicht mehr im Zielblock abgespeichert werden kann, wird der Blockinhalt insgesamt auf zwei Blöcke aufgeteilt, d.h. die Hälfte der im Zielblock vorhandenen Sätze wird in einen neuen Block übertragen. Wenden wir nun die Blocksplitting-Methode auf die Beispielsituation aus Abb. 6/7 an und nehmen - wie soeben mit der Methode 1 - den Satz mit dem Schlüsselwert 20 auf, so wird der Zielblock mit der Block-Nr. 2 aufgeteilt. Die Sätze mit Schlüsselwerten kleiner oder gleich 18 verbleiben im Zielblock, alle anderen und der neue Satz werden im nächsten freien Block, hier dem Block mit der Nr. 5, abgespeichert. Wichtig für die korrekte Suche nach Sätzen bei dieser Methode ist, daß dann der Index anschließend wieder nach Schlüsselwerten sortiert zur Verfügung steht. Eine Darstellung der Ergebnissituation im Beispielfall zeigt Abb. 6/9.

Schlüssel-wert	Block-Nr.
9	1
18	2
28	5
45	3
98	4

Block-Nr.	Block-Inhalte (bei >= 1 als Schlüsselwerte)
0	Indexblock
1	2 5 3 1 6 8 9 4
2	14 18 15 11 17 13
3	32 29 36 41 40 39 45
4	98 54 60 53 88 72 96
5	21 25 28 22 23 20
6	Überlaufblock
7	Überlaufblock

Abb. 6/9. Die Datei aus Abb. 6/7 nach Neuaufnahme des Satzes mit Schlüsselwert 20 bei Anwendung der Blocksplitting-Methode.

Beide Überlaufbehandlungsmethoden können nach gewisser Zeit zur Verschlechterung der Performance (meistens bei Methode 1) und/oder zu einer geringen Netto-Speicherplatzausnutzung (häufiger bei der Blocksplitting-Methode) führen. Dann findet eine sogenannte Reorganisation der Datei statt, d.h. in einer Sonderaktion werden alle Überläufer wieder integriert und die Blöcke wieder einheitlich zum vorgesehenen Prozentsatz gefüllt. Während der Reorganisation stehen die Daten dann nicht zur operationalen Nutzung zur Verfügung. Im Anschluß an die Reorganisation sind alle Sätze blockweise physisch sortiert und die Überlaufblöcke leer.

Wie bereits am Anfang dieses Abschnitts erwähnt, findet bei der index-sequentiellen Organisation ein m-Wege-Suchen statt, was die Datei betrifft. Für den Index haben wir dabei jeweils eine sukzessive Suche unterstellt, was jedoch nicht zwingend so sein muß. Betrachtet man den Index als eigenen Datenbestand auf adressierbarem Speicher, dann bieten sich alle drei im vorhergehenden Abschnitt vorgestellten Suchverfahren, d.h. das sukzessive Suchen, das m-Wege-Suchen und das binäre Suchen für die Suche im Index an. Die Wahl des m-Wege-Suchens hat dann zwangsläufig bei globaler Betrachtung einen mehrstufigen Index (Indexhierarchie, Indexbaum) zur Folge. Gesucht wird zunächst im Index des Index, dann im Index der Datei und danach im Zielblock.

Die index-sequentielle Organisation ist in der heutigen DV-Praxis weit verbreitet, bietet sie doch gute Möglichkeiten sowohl für Stapel- als auch Dialogbetrieb, sofern die Bearbeitung sich an dem durch den Index unterstützten Primärschlüssel orientiert. Im Gegensatz zur sequentiellen Organisation ist insbesondere der Änderungsdienst - natürlich ebenfalls bei vorgegebenem Primärschlüssel - jetzt ohne Kopie der Gesamtdatei (vgl. Abb. 6/2), d.h. auch im Dialog möglich. Nachteilig gegenüber der sequentiellen Organisation ist offenbar der zusätzliche Speicherbedarf, der für den Index und für den Überlaufbereich entsteht. Beispiele für bekannte Großrechnersoftware für die Nutzung index-sequentiell organisierter Dateien sind ISAM (Index-Sequential Access Method) bei Siemens bzw. bei SNI (Siemens-Nixdorf) und VSAM (Virtual Storage Access Method) bei IBM.

6.4 Gekettete Dateiorganisation

Sind die Datensätze nicht in logischer Folge physisch gespeichert, so läßt sich eine logische Sortierung durch eine Verkettung der Datensätze gewährleisten. Man spricht von einer **geketteten Dateiorganisation.**[10]

---

[10] Vgl. Wedekind (1972), S. 72ff.; Niedereichholz (1983), S. 113ff.

Eine Datei ist gekettet organisiert, wenn in jedem Datensatz der Datei die Adresse des logischen Vorgängers und/oder des logischen Nachfolgers vorhanden ist. Die Adreßfelder bezeichnen wir als Zeigerfelder und die Adressen als Zeiger. Die Adresse des logisch ersten Satzes in der Datei muß natürlich außerhalb der Datei bekannt sein und wird Anker genannt. Die vom Anker ausgehend über Zeiger miteinander verknüpften Sätze werden auch als Kette bezeichnet. Das Ende der Kette kann durch eine Ende-Marke markiert werden oder durch einen Zeiger zurück zum ersten Satz der Kette.

Eine Klassifizierung geketteter Organisationsformen wollen wir hier vornehmen nach:

- Verbindungsarten (vgl. Absschnitt 6.4.1)
  - einfache Verkettung
  - doppelte Verkettung
  - Ringverkettung
- Ankeranzahl (vgl. Absschnitt 6.4.2)
  - ein Anker
  - mehrere Anker
- Verkettungszweck (vgl. Absschnitt 6.4.3)
  - grundlegende Organisation
  - zusätzliche Organisation.

Beginnen wollen wir mit der Darstellung der unterschiedlichen Verbindungsarten und dabei jeweils unterstellen, daß genau ein Anker vorhanden ist und die Verkettung die grundlegende Organisation darstellt. Anschließend werden die übrigen Klassifizierungsformen behandelt.

6.4.1 Klassifizierung nach Verbindungsarten

Wenn jeder Satz mithilfe eines Zeigers mit seinem logischen Nachfolger verknüpft ist, liegt eine **einfache Verkettung** vor. Die Kette kann dabei vom Anker (A) ausgehend nur in einer Richtung (vorwärts gerichtet) durchlaufen werden. Das Ende der Kette ist dann erreicht, wenn das Zeigerfeld eines Satzes keinen Zeiger beinhaltet, sondern eine Endekennung (Ende-Marke (x)). Eine Prinzipdarstellung der einfachen Verkettung zeigt Abb. 6/10, in der drei Datensätze verkettet sind, die i.d.R. nicht in dieser Reihenfolge physisch gespeichert sind.

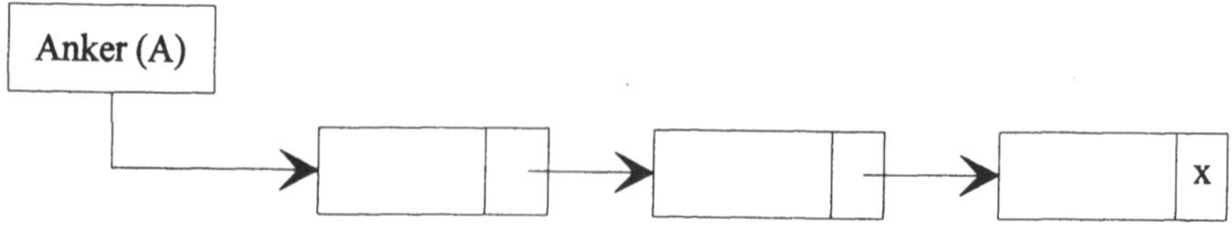

Abb. 6/10. Prinzipdarstellung der einfach-geketteten Organisation

Wie bei der sequentiellen Organisation auf sequentiellen Speichern ist auch bei der einfach-geketteten Organisation, wie wir sie bisher kennengelernt haben, ausschließlich sukzessives Suchen möglich, jedoch mit dem Unterschied, daß die Datensätze nicht physisch sortiert, sondern durch Verkettung logisch sortiert sind. Nach dem Einstieg in die Kette über den Anker wird die Adresse des logischen Nachfolgers dabei jeweils aus dem Zeigerfeld des aktuellen Satzes entnommen. Da die Sätze physisch beliebig im Speicher angeordnet sein können, muß dabei - im Gegensatz zur sequentiellen Organisation auf sequentiellen Speichern - davon ausgegangen werden, daß ein logischer Zugriff auch immer eine physische I/O-Operation bewirkt.

Der entscheidende Vorteil der geketteten Organisation ist die einfache physische Realisierung des Änderungsdienstes, d.h. das Einfügen und Löschen von Sätzen in einer bestehenden Datei. Hier genügt offenbar beim Löschen die Veränderung eines Zeigerfelds. Das Einfügen eines neuen Datensatzes bedeutet gleichfalls weder eine Bewegung bereits gespeicherter Sätze noch eine Überlauforganisation. Der neue Satz wird in einem beliebigen freien Block auf der Magnetplatte gespeichert und seine Adresse in die bisherige Kette aufgenommen. Abb. 6/11 zeigt eine einfach-gekettete Kursdatei, deren logische Ordnung durch aufsteigende Kursnummern gegeben ist, vor und nach der Löschung des Satzes mit der Kursnummer 2402 und der Neuaufnahme des Satzes mit der Kursnummer 4512.

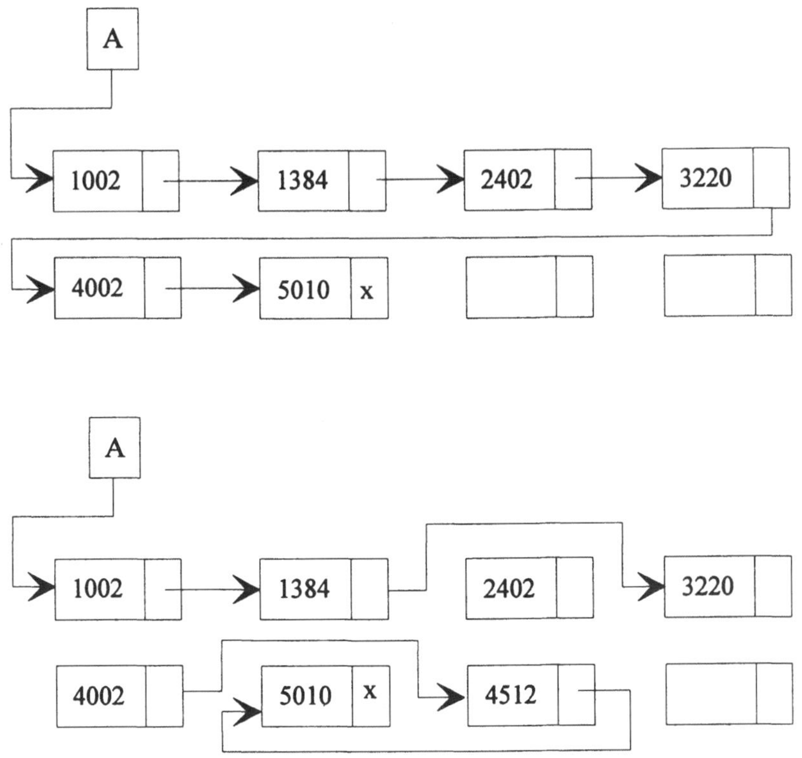

Abb. 6/11. Einfach-gekettete Kursdatei vor und nach dem Änderungsdienst (Löschen Kurs 2402, Aufnahme Kurs 4512)

Nachteilig wirkt sich natürlich - insbesondere gegenüber der sequentiellen Organisation - der zusätzliche Speicherbedarf für die Zeigerfelder aus, ebenso für den Ankerwert (A) und die Ende-Marke (x).

Dieser Nachteil wirkt sich bei der Doppel-Verkettung noch gravierender aus. Denn nun sind bei jedem Datensatz der Kette zwei Zeigerfelder vorhanden, das eine - wie bisher - mit einem Zeiger auf den logischen Nachfolgesatz, das andere mit einem Zeiger auf den logischen Vorgängersatz. Damit kann die Kette logisch aufsteigend und absteigend nach dem Schlüssel bearbeitet werden, der der Kettenorganisation zugrunde liegt. Eine Prinzipdarstellung der doppelten Verkettung zeigt die Abb. 6/12.

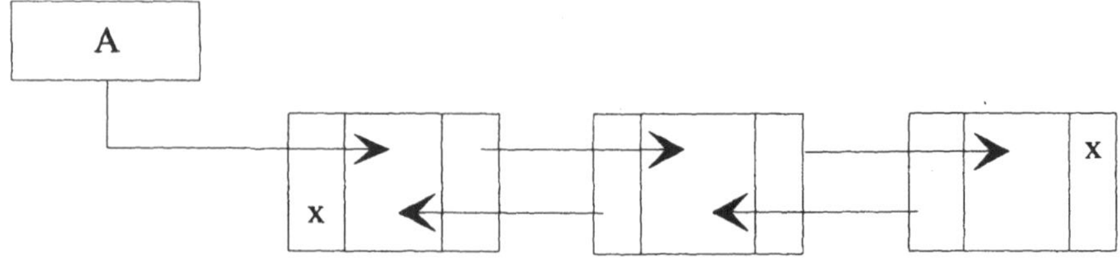

Abb. 6/12. Prinzipdarstellung der doppelt-geketteten Organisation

Auch die doppelt-gekettete Organisation zeichnet sich durch einen sehr einfachen Änderungsdienst aus, wenn auch im Vergleich zur einfach-geketteten Organisation jetzt bei einer Löschung und bei einer Neuaufnahme doppelt soviele Zeiger geändert werden müssen, denn betroffen sind die Zeiger des jeweiligen logischen Vorgängers und des logischen Nachfolgers.

Ein Beispiel für eine Veränderung in einer doppelt-geketteten Organisation zeigt Abb. 6/13, bei der der Satz mit der Nummer 2402 gelöscht wird.

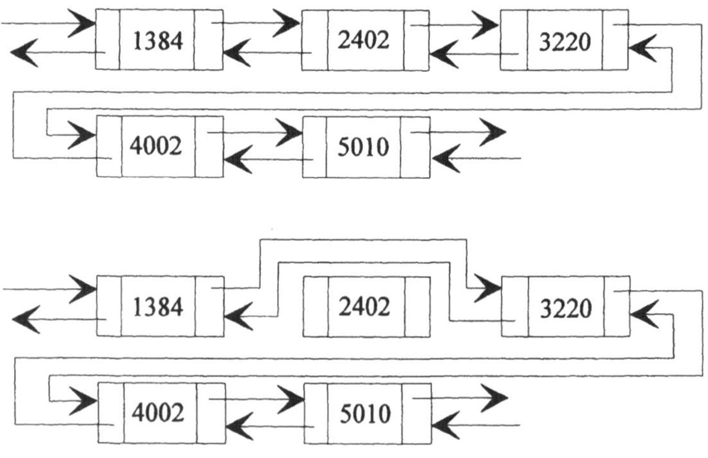

Abb. 6/13. Doppelt-verkettete Kursdatei vor und nach dem Änderungsdienst (Löschen Kurs 2402)

Eine Variante der einfach-geketteten Organisation stellt die **Ringverkettung** dar, indem das Zeigerfeld am Kettenende genutzt wird, um einen Zeiger wieder auf den Anfang, also den logisch ersten Satz der Kette abzuspeichern. Damit ist beispielsweise ein Durchlaufen der Kette mit N Sätzen vom logischen Satz i (1 < i <= N) zum logischen Satz i-j (1 <= j < i) ohne "Umweg" über den Anker möglich. Die Abb. 6/14 zeigt die Kette aus Abb. 6/10 in Form einer Ringverkettung.

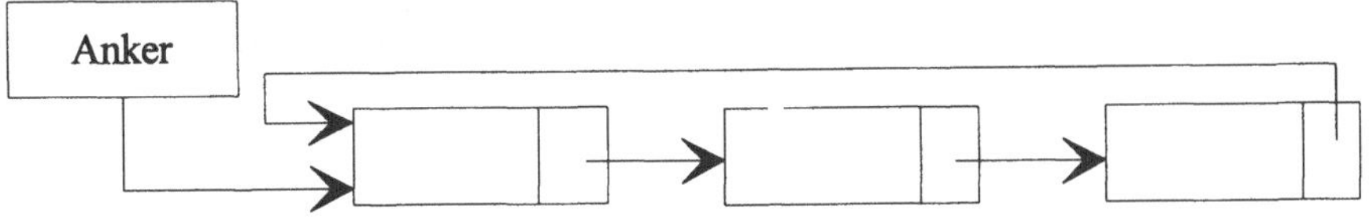

Abb. 6/14. Prinzipdarstellung der einfach-geketteten Organisation in Form einer Ringverkettung

Relevant ist diese Variante allerdings nur als Erweiterung der einfach-geketteten Organisation, da ein "Umweg" über den Anker bei der doppelt-geketteten Organisation sowieso nicht erforderlich ist. Mitunter wird deshalb das freie Zeigerfeld im logisch letzten Satz und das freie Zeigerfeld im logisch ersten Satz bei der doppelt-geketteten Organisation für einen Zeiger zum Anker genutzt.

6.4.2 Klassifizierung nach Ankeranzahl

Bei der bisherigen Betrachtung geketteter Organisationsformen haben wir jeweils einen Anker unterstellt, der den Einstieg in die Kette über den logisch ersten Datensatz gewährleistet. Damit ergab sich zwangsläufig die sukzessive Suche als einzig mögliches Suchverfahren. Bekanntermaßen ist bei der sukzessiven Suche und gleichen Zugriffswahrscheinlichkeiten auf die N Sätze im Mittel mit ca. N/2 logischen Zugriffen zu rechnen, bei denen man bei der geketteten Organisation auch entsprechend viele physische Zugriffe einkalkulieren muß. Damit nimmt die Performance bei der geketteten Organisation mit einem Anker umso mehr ab, je länger die Kette wird.

Stellen wir uns als Alltagsbeispiel eine "Telefonkette" vor, die von den Angehörigen der Teilnehmer einer VHS-Auslandsbusreise gebildet wird. Verabredet ist, daß der Reiseleiter auf der Heimfahrt von einer Raststätte kurz vor Kaarst bei dem ersten Angehörigen anruft, um die voraussichtliche Ankunftzeit durchzugeben ("Anker der Kette"). Anschließend erfolgen die Anrufe sukzessiv wie zuvor verabredet, d.h. jeder Telefonkettenteilnehmer kennt genau die Telefonnummer, die er anrufen soll. Als der Bus wenige Minuten später in Kaarst eintrifft, sind erst etwa die Hälfte der 45 Angehörigen am Treffpunkt. Bei der nächsten Reise ruft der Reiseleiter deshalb von der Raststätte aus bei drei Angehörigen an, die jeweils eine Teiltelefonkette über weitere 14 Telefonnummern starten. So sind dann alle Angehörigen pünktlich am Treffpunkt.

Die Abb. 6/15 zeigt eine Prinzipdarstellung einer wie im obigen Alltagsbeispiel dargestellten einfach-geketteten Organisation mit mehreren Ankern. Die Anker können demnach - zusammen mit dem höchsten in der jeweiligen Teilkette vorkommenden Schlüsselwert - in einer Ankerliste zusammengefaßt werden.

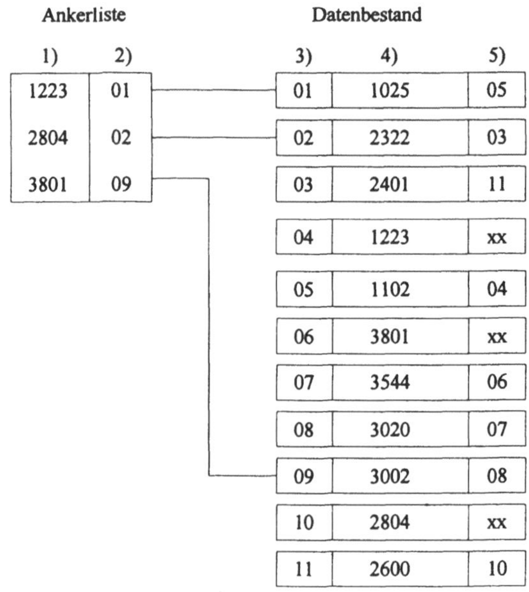

1) Höchster Schlüsselwert in der Teilkette

2) Adresse des ersten Satzes der Teilkette
(Satz mit dem niedrigsten Schlüsselwert in der Teilkette)

3) Satzadressen im Datenbestand

4) Schlüsselwerte der Datensätze im Datenbestand

5) Zeiger auf den Folgesatz
(Satzadrese des Folgesatzes im Datenbestand)

Abb. 6/15. Prinzipdarstellung der einfach-geketteten Organisation mit Ankerliste

Die erste Teilkette beginnt bei dem Datensatz mit der Satzadresse 01, dem Schlüsselwert 1025 und dem Zeiger 05 und geht über die Datensätze mit den Satzadressen 05 und 04. Der Datensatz mit Adresse 04 enthält die Ende-Marke und beendet damit die erste Teilkette, die den höchsten Schlüsselwert 1223 (im Datenbestand mit der Satzadresse 04) enthält (vgl. auch den Eintrag in der Ankerliste). Die zweite Teilkette, die mit dem Datensatz mit der Adresse 02 startet, enthält vier Datensätze (mit den Satzadressen 02, 03, 11 und 10). Die dritte Teilkette beginnt mit dem Datensatz 09 und enthält ebenso vier Datensätze. Das Suchverfahren entspricht nun dem Konzept des m-Wege-Suchens bei der sequentiellen Organisation, d.h. die Auswahl der Teilkette erfolgt durch Vergleich des Suchschlüsselwertes mit den Schlüsselwerten in der Ankerliste, anschließend wird in der Teilkette sukzessiv gesucht. Das Suchverfahren in der Ankerliste kann - wie beim Index der index-sequentiellen Organisation - sukzessiv, binär oder m-Wege-Suchen sein (da die angegebenen Schlüsselwerte in der Ankerliste sortiert sind).

Ein Blick auf die Abb. 6/15 zeigt, daß die Teilketten jeweils abgeschlossen sind, d.h. der logisch letzte Satz der Teilkette enthält im Zeigerfeld eine Endekennung ("xx"). Hier kann alternativ auch die Adresse der logisch folgenden Teilkette abgelegt sein, um eine teilkettenübergreifende Bearbeitung des Datenbestands ohne mehrmalige Nutzung der Ankerliste zu ermöglichen. Dafür könnte in jedem Eintrag der Ankerliste die aktuelle Länge der Teilkette enthalten sein, um das Teilkettenende zu erkennen, ohne einen Satz der logisch folgenden Teilkette zu lesen.

Eine gekettete Organisation mit mehreren Ankern wird auch als Index-Verkettung bezeichnet. Wir haben die Index-Verkettung dargestellt am Beispiel einer einfach-geketteten Organisation. Doch selbstverständlich ist sie auch bei doppelt-geketteten Organisationen und in Verbindung mit der Ringverkettung anwendbar, jeweils mit dem Ziel, die mittlere Suchzeit in der Datei zu verkürzen.

6.4.3 Klassifizierung nach Verkettungszweck

Bisher haben wir die gekettete Organisation ausschließlich als Basisorganisation einer Datei dargestellt. Dies ist auch aus Gründen der Vergleichbarkeit mit den übrigen, bisher betrachteten Organisationsformen, der sequentiellen und der index-sequentiellen Organisation, notwendig. Zweck der Verkettung ist dann die Realisierung einer grundlegenden logischen Ordnung auf einem physisch ungeordneten Datenbestand. Dabei ist die Ordnung natürlich an genau einem Schlüssel ausgerichtet.

Tatsächlich läßt sich natürlich eine gekettete Organisation auch für weitere Schlüssel realisieren, die dabei keineswegs identifizierend sein müssen. Betrachten wir dazu noch einmal unser VHS-Beispiel und die nach der eindeutigen Teilnehmernummer aufgebaute Teilnehmerdatei. Dann kann für Lastschrifteinzugszwecke auch eine Ordnung nach der Bankleitzahl relevant sein. Diese zusätzliche

Ordnung läßt sich dann beispielsweise - vorausgesetzt die Datei befindet sich auf einem adressierbaren Speicher - durch eine gekettete Organisation als Zusatzorganisation realisieren, indem eine Kette aufgebaut wird, die die Sätze in der Datei aufsteigend nach Bankleitzahlen verknüpft. Eine noch weitergehende Lösung könnte eine Ankerliste mit einer Teilkette je Bankleitzahl vorsehen. "Bezahlen" muß man derartige Zusatzorganisationen natürlich mit dem zusätzlichen Speicherbedarf für die Zeigerfelder (und ggf. auch für die Ankerliste) und vor allem mit dem Pflegeaufwand für die Kette im Zusammenhang mit dem Änderungsdienst der Datei.

Im Abschnitt 6.6 werden wir nochmals auf die gekettete Organisation als Zusatzorganisation zurückkommen.

6.5 Gestreut-gespeicherte Dateiorganisation

Die **gestreut-gespeicherte Dateiorganisation**[11] wird häufig auch als Hash-Organisation oder einfach als Hashing bezeichnet. Die physische Datei ist prinzipiell ungeordnet; die Datensätze sind in gestreuter Form im Speicher abgelegt. Für jeden Satz in der Datei ist jedoch genau ein Anker vorhanden, d.h. grundsätzlich wird ausschließlich der Satz physisch gelesen, der auch benötigt wird. Mitunter wird deshalb auch der Begriff "direkte Organisation" verwendet. Dabei gibt es für den Ankeraufbau grundsätzlich zwei Möglichkeiten. Der Ankerinhalt (Suchschlüsselwert) kann unmittelbar zur Speicheradresse des Satzes in der Datei führen oder der Anker kann einen sogenannten Hash-Code enthalten, für den ein funktionaler Zusammenhang zur Adresse des betroffenen Satzes im Speicher definiert ist. Dieser Zusammenhang wird hergestellt durch eine Hash-Funktion f mit

f (Inhalt (Schlüssel (i))) = Speicheradresse (i).

Die mit Hilfe der Hash-Funktion vorgenommene Abbildung eines Schlüsselwertes auf eine Speicheradresse wird auch als Transformationsverfahren bezeichnet. Selbstverständlich muß bei der Abspeicherung und dem Wiederauffinden von Sätzen dieselbe Hash-Funktion benutzt werden.[12]

Voraussetzung für eine gestreut-gespeicherte Organisation ist natürlich ein adressierbarer Speicher. Die Sortierung der Veränderungsdaten wirkt sich gar nicht auf die Suchzeit aus. Darin unterscheidet sich die gestreut-gespeicherte Organisation von allen bisher betrachteten Organisationsformen, bei denen in der

---

11 Vgl. Wedekind (1972), S. 84ff.; Hansen (1992), S. 551ff.; Noltemeier (1982), S. 182ff.

12 Vgl. Niedereichholz (1983), S. 148ff.

Regel eine Suchzeitverminderung durch sortierte Verarbeitung erzielt werden kann. Die gestreut-gespeicherte Organisation ist also primär auch nicht auf den Batch-Betrieb ausgerichtet. Somit spielt die Suchzeit beim Zugriff auf einen einzelnen Satz eine große Rolle, und es gibt eine Reihe von Faktoren, die diese Suchzeit beeinflussen.

Stehen in der physischen Datei ebensoviele Satzadressen zur Verfügung wie Schlüsselwerte möglich sind, so folgt daraus, daß jeder Satz mit einem physischen Zugriff wiederauffindbar ist. Bei einer bekannten und statischen Schlüsselwertmenge ist dieses Ziel auch erreichbar, indem für jeden konkret vorkommenden Schlüsselwert eine Satzadresse zur Verfügung gestellt wird. In beiden skizzierten Fällen kann man bei zusätzlich vorliegender fester Satzlänge eine Spezialform der gestreut-gespeicherten Organisation nutzen, die auch als relative Dateiorganisation bezeichnet wird (mehr dazu in Abschnitt 6.5.1).

Eine aufwendigere Suche kann sich demnach nur bei einer dynamischen Schlüsselwertmenge und einem Speicherbereich ergeben, der zwar stets mehr Satzadressen bereithält als Schlüsselwerte konkret vorkommen, aber weniger Satzadressen als Schlüsseladressen möglich sind. Denn in diesem Fall kann die Anwendung der Hash-Funktion gleiche Satzadressen für unterschiedliche Schlüsselwerte ergeben. Dies bedeutet, daß die Hash-Funktion f mathematisch ausgedrückt keine bijektive Abbildung darstellt. Sätze, die an der durch Anwendung der Hash-Funktion ermittelten Satzadresse nicht mehr abgespeichert werden können, weil dort bereits ein Satz gespeichert ist, führen demnach zum Überlauf und werden an einer anderen, noch freien Satzadresse gespeichert. Beim Zugriff auf derartige Sätze, die auch als Synonyme bezeichnet werden, sind demnach mindestens zwei I/O-Operationen erforderlich. Wenn das Ziel bei der gestreut-gespeicherten Organisation also eine kurze Suchzeit ist, so gilt es, die Zahl der Synonyme möglichst gering zu halten (mehr dazu in Abschnitt 6.5.2).

6.5.1 Relative Dateiorganisation

Ein Beispiel für eine relative Dateiorganisation als Spezialfall der gestreut-gespeicherten Organisation können wir entwickeln, wenn wir die Räume der VHS-Geschäftsstelle betrachten, die von 1 bis 12 durchnumeriert sind. Bei der Raumverwaltung wird auf einer Karteikarte für jeden Raum festgehalten, welche Größe er hat, wie er ausgestattet ist und wem er zur Nutzung zugewiesen ist. Bei Unterstützung dieser Aufgabe durch ein Informationssystem werden die Daten in eine relativ-organisierte Datei übernommen. In dieser Datei steht für die Daten zum Raum i die Satzadresse i zur Verfügung, so daß die Raumnummer auch zum physischen

Zugriff auf den zugehörigen Satz genutzt werden kann. Zudem ist es möglich, den Speicherplatz optimal auszunutzen (die Speicherplatzausnutzung innerhalb einer Satzart bleibt dabei außer Betracht; es wird unterstellt, daß die Entscheidung für die feste Satzlänge hinreichend begründet ist).

Die jeweilige Satzadresse i errechnet sich als Inkrement zur Basisadresse der relativen Datei nach der Formel:

Satzadresse i = Basisadresse + Satzlänge * (i-1)

Die Beispielsituation erfüllt alle an eine relative Dateiorganisation zu stellenden Forderungen:

- der Primärschlüssel (Raum-Nummer) ist numerisch ganzzahlig,
- die Primärschlüsselwerte (Raum-Nummern) sind natürliche Zahlen, und sie sind fortlaufend und lückenlos von 1 bis N (hier 1 bis 12) vergeben,
- die Menge der Primärschlüsselwerte kann als konstant angenommen werden (die VHS-Geschäftsstelle wird die Zahl der Räume voraussichtlich noch über mehrere Monate oder Jahre so beibehalten) und
- die Datei enthält Sätze von physisch fester Länge.

Betrachten wir als ein weiteres Beispiel das Kursnummernsystem. Die 4-stellig ausgelegte Kursnummer läßt prinzipiell 10000 verschiedene Schlüsselwerte zu, die jedoch - wie wir wissen - nicht alle vorkommen, da das Nummerungssystem klassifizierend ist. Die Menge der Kursnummern bleibt jeweils für das ganze Semester konstant. Ein Aufbau einer Kursdatei mit dem Primärschlüssel Kursnummer analog der Vorgehensweise bei der Raumverwaltung würde daher durchaus möglich sein, wenngleich einige Satzadressen ungenutzt blieben. Die Kursdatei hätte dann beispielsweise einen Aufbau, wie er in Abb. 6/16 skizziert ist.

0001	frei
0002	frei
...	...
1001	Frustration und Aggression
1002	Konfliktbewältigung im Alltag
1003	Bürgerradio
...	...
2821	Kochen für Singles
...	...
2933	Nähen für Anfänger
...	...
8411	Sport für Ältere
...	...

Abb. 6/16. Ausschnitt aus einer relativ-organisierten Kursdatei (Satzadresse = Kursnummer)

Sofort fällt auf, daß erneut feste Satzlänge vorliegt - als Voraussetzung dafür, um aus der gegebenen Postleitzahl als Suchschlüsselwert unter Anwendung der aus dem ersten Beispiel bekannten Formel zur Satzadresse zu gelangen. Weiter fällt natürlich auf, daß zahlreiche Satzadressen ohne Inhalt sind (Angabe "frei"). Die Tatsache, daß wir die vergebenen Kursnummern genau kennen, ermöglicht hier eine deutlich bessere Speicherplatznutzung, für die wir nachfolgend nur ein Beispiel geben wollen, das die Nichtvergabe der Schlüsselwerte 0 bis 1000 berücksichtigt. Die immer noch sehr einfache und außerdem bijektive Hash-Funktion zur Ermittlung der Satzadresse lautet dann (ohne Berücksichtigung der Satzlänge):

$$f(\text{Kursnummer}) = \text{Kursnummer} - 1000$$

und ergibt eine Datei, wie sie in Abb. 6/17 skizziert ist.

0001	Frustration und Aggression
0002	Konfliktbewältigung im Alltag
0003	Bürgerradio
...	...
1821	Kochen für Singles
...	...
1933	Nähen für Anfänger
...	...
7411	Sport für Ältere
...	...

Abb. 6/17. Ausschnitt aus einer relativ-organisierten Kursdatei mit einfacher Hash-Funktion

6.5.2 Synonyme und deren Reduzierung

Bei der im vorigen Abschnitt behandelten relativen Dateiorganisation ist für jeden Schlüsselwert von vornherein genau eine Satzadresse fest reserviert. Deshalb ist auch bei Verwendung einer Hash-Funktion die Errechnung einer bereits belegten Speicheradresse und damit die Erzeugung von Synonymen, d.h. Sätzen, die nicht an der errechneten Speicheradresse gespeichert werden können, gar nicht möglich. Bedingt ist dies u.a. durch die bekannte und statische Schlüsselwertmenge.

In der Praxis ist diese Situation jedoch eher untypisch. So sind zahlreiche Nummerungssysteme klassifizierend und nur teilweise numerisch, wofür der Aufbau und die Vergabe der Kraftfahrzeugkennzeichen ein gutes Beispiel darstellt. Schon die ersten drei Stellen, in denen die Zulassungsstelle (Standort des KFZ) verschlüsselt ist, beginnen immer mit einem Großbuchstaben des deutschen Alphabets (26 Möglichkeiten), gefolgt von keinem, einem oder zwei weiteren Großbuchstaben (d.h. je Stelle durch Berücksichtigung der Leerstelle 27 Möglichkeiten). Damit sind bisher prinzipiell 26 * 27 * 27 = 18954 Kombinationen möglich. Die anschließenden (maximalen) zwei Buchstaben und (maximal) vier Ziffernstellen erlauben ihrerseits pro Zulassungsstelle die Unterscheidung von über 7 Millionen Kraftfahrzeugen. Bundesweit ergibt sich damit offenbar die Möglichkeit, über 100 Milliarden eindeutige Kennzeichen zu vergeben, von denen tatsächlich aber noch unter 100 Millionen wirklich vergeben sind. Bei einer relativen Dateiorganisation mit Vorhalten einer Satzadresse für jedes möglicherweise vorkommende Kennzeichen ergäbe sich damit eine Speicherplatznutzung von weniger als 0,1 Prozent. Benötigt wird also ein Speicherbereich, der groß genug ist, um alle tatsächlich vorkommenden Sätze zu speichern und die Zahl der Synonyme im vertretbaren Rahmen zu halten. Dabei kommt es jedoch außerdem auch auf die Hash-Funktion bzw. das Transformationsverfahren an.

Ein verbreitetes Transformationsverfahren, das Divisions-Rest-Verfahren, wollen wir kurz an unserem VHS-Beispiel erläutern. Nehmen wir dazu an, daß die VHS ihre Kursnummern 5-stellig vergeben will, um sie noch "sprechender" gestalten zu können. Für die ca. 400 Kurse stehen dann grundsätzlich 100000 Kursnummern zur Verfügung. Aus Wirtschaftlichkeitsgründen will man jedoch statt 100000 nur 1000 Satzadressen vorhalten, die ja für die ca. 400 Sätze auch genügen. Das Divisions-Rest-Verfahren ermittelt nun die Satzadresse, indem der Schlüsselwert durch die Anzahl der verfügbaren Satzadressen ganzzahlig dividiert und der Rest als Satzadresse interpretiert wird. Für die maximal mögliche Kursnummer 99999 ergibt sich daraus im Beispiel die Satzadresse 999, für die Kursnummer 10001 die Satzadresse 1. Die Satzadresse 1 ergibt sich natürlich immer dann, wenn der Divisionsrest 1 ist, d.h. bei einer Kursnummervergabe, die für jeden zweistelligen Themenbereich (verschlüsselt in der 1000er und 10000er Stelle) die Kurse wieder von 1 beginnend hochzählt, ergibt sich eine Synonymhäufung bei den niedrigen Satzadressen (für die Kursnummern 10001, 11001, 12001 bis 99001 ergibt sich jeweils die Satzadresse 1). Um derartige Ergebnisse zu vermeiden, hat es sich bewährt, bei der Anwendung des Divisions-Rest-Verfahrens für die Anzahl der Satzadressen eine Primzahl zu wählen. Mit der Primzahl 1117 und entsprechend 1117 verfügbaren Satzadressen beispielsweise ergibt sich für Kursnummer 10001 die Satzadresse 1065, für 11001 die Satzadresse 948, für 12001 die Satzadresse 831 ...für 99001 die Satzadresse 705. Auf dieselbe Satzadresse abgebildet würden jetzt immer Kursnummern, die sich um ein Primzahlvielfaches von 1117 unterscheiden, d.h. Kursnummern, die in keine "sprechende" Systematik passen und demzufolge eher selten vorkommen.

Da sich die Synonymbildung jedoch nicht ausschließen läßt, bedarf es eines Überlaufverfahrens auch bei der gestreut-gespeicherten Organisation. Eines der möglichen Verfahren zur Speicherung und zum Wiederauffinden der Synonyme zeigt die Abb. 6/18 beispielhaft. Wir gehen dabei davon aus, daß der Prototyp eines Tierinformationssystems in einem Zoo zunächst für 52 Tiernamen und Informationen über diese Tiere ausgelegt ist und die Hash-Funktion auf der Position der ersten beiden Buchstaben des Tiernamens im Alphabet aufbaut (Pos (BUi) = 1, wenn der i-te Buchstabe ein A ist usw.) und wie folgt aufgebaut ist:

f (Tiername) = 2 * (Pos (BU1) - 1) + Pos (BU2) DIV 14 + 1.

Abb. 6/18 zeigt die Situation nach der Einspeicherung der Angaben zu den Tieren ELEFANT, GANS, GNU, ESEL, EBER, FASAN, FUCHS, EMU, die in dieser Reihenfolge von den Kindern genannt und in der Datei berücksichtigt worden sind. Die Synonyme sind daran zu erkennen, daß sie an der für sie errechneten Satzadresse ausgehend einfach verkettet sind. Jeder Satz weist 2 Zeigerfelder auf. Das linke Zeigerfeld dient durch Eintragung eines Zeigers zur Fortsetzung einer Kette, das rechte Zeigerfeld durch Eintragung eines Ankers als Startpunkt einer Kette. Im konkreten Beispiel ergeben sich demnach bei 8 gespeicherten Sätzen 4 Synonyme, von denen 2 (EBER und EMU) in einer Kette mit Ausgangspunkt an Satzadresse 09 sind. Bei gleichen Zugriffswahrscheinlichkeiten zu allen 8 Sätzen heißt das, daß statt der angestrebten Zahl von einem physischen Zugriff pro Suchvorgang tatsächlich mit einem Mittelwert von 1,625 physischen Zugriffen zu rechnen ist (denn für die Daten von 4 Tieren (ELEFANT, ESEL, GANS, GNU) genügt 1 Zugriff, für die Daten von 3 Tieren (EBER, FASAN, FUCHS) sind 2 und für die Daten des EMU sogar 3 Zugriffe erforderlich, woraus sich der Mittelwert (4*1 + 3*2 + 1*3) / 8 ergibt.

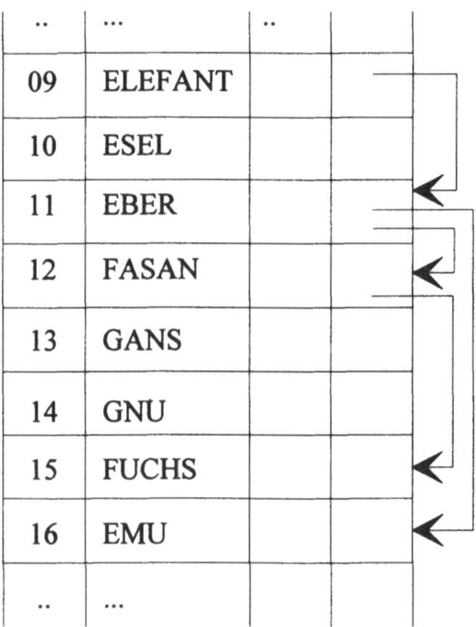

Abb. 6/18. Ausschnitt aus einer gestreut-gespeichert-organisierten Datei mit Verkettung der Synonyme

Einfluß auf die Zahl der Synonyme kann man nehmen - wie bereits am Beispiel des Divisions-Rest-Verfahrens dargestellt - durch die Wahl des Transformationsverfahrens. So scheint im Beispiel des Tierinformationssystems die Gleichverteilung der Satzadressen auf jeden möglichen Anfangsbuchstaben fragwürdig zu sein. Sie sollte sich besser an der tatsächlich im Zoo vorkommenden Anfangsbuchstabenverteilung orientieren.

Eine weitere Einflußmöglichkeit besteht durch die Wahl der Anzahl von Satzadressen, die zur Verfügung gestellt werden. Nimmt man durch zusätzliche Satzadressen eine geringere Speichernutzung in Kauf, so nimmt auch die Zahl der Synonyme ab. Im Beispiel des Tierinformationssystems würde bei einer Verdoppelung der Satzadressen pro Anfangsbuchstabe von 2 auf 4 bereits die Zahl der Synonyme auf 1 reduziert.

Schließlich läßt sich durch eine Ersteinspeicherung in zwei Durchgängen eine Verbesserung erzielen. Würden in unserem Tierbeispiel im ersten Durchgang alle Synonyme für den zweiten Durchgang zurückgestellt, so würden die Sätze zum FASAN und zum FUCHS nicht zum Synonym. Im zweiten Durchgang würden dann die verbliebenen Synonyme EBER und EMU gespeichert und bei erneut unterstellten gleichen Zugriffswahrscheinlichkeiten auf alle Sätze ergibt sich ein rechnerischer Mittelwert von 1,375 Zugriffen pro Suchvorgang (denn zu den Daten von 6 Tieren genügt jetzt 1 Zugriff, für die Daten zum EBER sind 2 und zu den Daten zum EMU sind 3 Zugriffe erforderlich, d.h. im Mittel (6*1 + 1*2 + 1*3) / 8 = 11/8 = 1,375 Zugriffe).

6.6 Sekundärschlüsselzugriffe

Bisher haben wir die Dateiorganisation fast ausschließlich unter dem Aspekt des Primärschlüssels betrachtet, d.h. das Wiederauffinden von Sätzen wurde hinsichtlich genau eines Suchschlüssels durch die Organisationsform unterstützt. Um beispielsweise bei einer sequentiellen Organisation der Dozentendatei nach der Dozentennummer die Daten zu allen Dozenten namens Schmitz auszuwerten, müssen alle Sätze der Datei gelesen werden, obwohl am Ende vielleicht nur in 2 Sätzen der Name Schmitz vorkommt. Bei der index-sequentiellen Organisation diente der Index zur Beschleunigung der Zugriffe, die sich am Primärschlüssel der Datei orientieren. Auch die direkte Organisation ist auf genau einen Schlüssel fixiert - unabhängig davon, ob eine relativ-organisierte oder eine verstreut-gespeichert-organisierte Datei vorliegt. Lediglich im Zusammenhang mit der geketteten Organisation als Zusatzorganisation wurde zum ersten Mal angedeutet, daß auch die Unterstützung von Suchvorgängen möglich ist, die sich nicht am Primärschlüssel orientieren.

In diesem Abschnitt wollen wir auf diese Suchvorgänge, bei denen also ein Sekundärschlüssel benutzt wird, nochmals gezielt eingehen. Denn die Bedeutung dieser Sekundärschlüsselzugriffe nimmt mit zunehmender Dialogisierung der

Informationssysteme immer mehr zu. Auch bei der VHS kommen natürlich Anfragen, die mithilfe von Sekundärschlüsseln gestellt sind, so z.B. die Anfragen von Teilnehmern nach ihrer Anmeldebestätigung, wobei die Teilnehmernummer erst anhand des Teilnehmernamens und ggf. weiterer Angaben ermittelt werden kann. Auch im Beispiel der vorhin relativ-organisierten Raumverwaltung mit dem Primärschlüssel Raumnummer sind Fragestellungen möglich, die sich auf die Nummern der Räume richten, die über einen bestimmten Ausstattungsstandard, z.B. zwei Wandtafeln, verfügen. Am Beispiel der Raumverwaltung wollen wir auch die beiden prinzipiell möglichen Methoden zur Sekundärschlüsselunterstützung kurz aufzeigen.

Sekundärschlüsselorientierte Suchvorgänge liefern als Ergebnis eine Treffermenge von t Sätzen, wobei $0 <= t <= N$, und N die Anzahl der Sätze in der Datei bezeichnet. Ziel der Sekundärschlüsselunterstützung ist es, ein Lesen aller N Sätze zu vermeiden, wenn $t < N$ ist. Optimal ist die Unterstützung dann, wenn immer genau t Sätze gelesen werden, d.h. kein unnötiger Zugriff auf die Datei selbst erfolgt. Dafür muß jedoch zwangsläufig mit zusätzlichem Speicherplatz "bezahlt" werden. Je nach Methode wird er für zusätzliche Zeigerfelder (bei Nutzung der geketteten Organisation) oder einen Index (bei Nutzung von Sekundärindizierung) benötigt. Dabei muß er bei der geketteten Organisation innerhalb des eigentlichen Datenbestands reserviert werden (Zeigerfelder im Datensatz selbst) und bei der Verwendung von Ankerlisten zusätzlich außerhalb der Datei. Der Index hingegen bildet immer einen gesonderten Datenbestand.

Abb. 6/19 stellt die beiden Methoden am Beispiel der Raumverwaltung einander gegenüber. Dabei findet sich links oben der Index, der für alle vorkommenden Werte alle betroffenen Satzadressen beinhaltet, und der deshalb auch als **invertierte Liste** (analog zur Invertierung von Matrizen in der Mathematik) bezeichnet wird. Rechts oben ist die Ankerliste zu sehen, die folgerichtig 3 Anker beinhaltet. Die bei der eigentlichen Datei rechts außen etwas abgesetzte Zeigerspalte wird natürlich nur benötigt, wenn die Kettungsmethode verwendet wird.

Invertierte Liste
Raumgrößen

16		02	03	07	10	12	
22		01	05	06	08	09	
29		04	11				
..							

Ankerliste
Raumgröße

16	02
22	01
29	04

Raum-Nr.	Grösse in qm	Arbeits-plätze	Tafeln	Zeiger
01	22	2	2	05
02	16	1	0	03
03	16	1	1	07
04	29	0	2	11
05	22	2	2	06
06	22	1	2	08
07	16	0	0	10
08	22	2	1	09
09	22	2	2	xx
10	16	1	1	12
11	29	3	3	xx
12	16	1	1	xx

Abb. 6/19. Gegenüberstellung der Sekundärschlüsselunterstützungsmethoden

Offenbar sind beide Methoden geeignet, das Maximalziel - die Vermeidung aller unnötigen Zugriffe auf den Datenbestand - zu erreichen, wenn bei der Anfrage genau ein Sekundärschlüssel verwendet wird.

Natürlich lassen sich aber auch mehrere verschiedene Sekundärschlüssel nebeneinander unterstützen. So könnte für die Raumplanungsdatei in Abb. 6/19 zusätzlich die Anzahl der Arbeitsplätze als Sekundärschlüssel unterstützt werden. Dann ergeben sich je nach Methode eine zusätzliche invertierte Liste bzw. eine zusätzliche Ankerliste. Jetzt zeigt sich auch eine Überlegenheit der invertierten Listen bei kombinierten Anfragen, etwa der Fragestellung: "Welche der 22 qm-großen Räume sind mit nur einem Arbeitsplatz ausgestattet?" Denn es genügt, die beiden invertierten Listen für die Werte "22 qm" und "1 Arbeitsplatz" auf identische Satzadressen zu überprüfen, und der Zugriff erfolgt dann in der eigentlichen Datei wieder nur auf die betroffenen Sätze (bzw. bei der konkreten Frage auf den Satz mit der Raumnummer 06. Bei der Kettungsmethode hingegen müssen die Sätze gemäß einer der beiden Ketten auch physisch gelesen werden, um die Werte hinsichtlich des zweiten Kriteriums zu überprüfen. Allerdings läßt sich dieses Problem dadurch mildern, daß in der Ankerliste die jeweilige Kettenlänge aufgenommen wird, und damit nur die jeweils kürzere Kette zu durchlaufen ist. Im konkreten Fall wäre damit sogar - wie bei den invertierten Listen - nur ein Dateizugriff erforderlich.

Ketten, Indizes und invertierte Listen sind auch für Datenbankverwaltungssysteme typische Methoden zur Unterstützung von Primär- und Sekundärschlüsselzugriffen. Dabei werden gekettete Organisationen bevorzugt bei Datenbanksystemen nach dem Netzwerkmodell und Indizes bzw. invertierte Listen bei Datenbanksystemen nach dem Relationenmodell verwendet (vgl. Kap. 3).

Aufgrund des nachhaltigen Trends von Datenbanksystemen nach dem Netzwerkmodell zu Datenbanksystemen nach dem Relationenmodell bzw. zu Datenbanksystemen nach erweiterten Relationenmodellen werden wir sowohl diese Modelle als auch die dort eingesetzte Zugriffsunterstützung insbesondere durch mehrstufige Indizes (Indexbäume) im Band II wieder aufgreifen und weiterführen.

6.7 Zusammenfassende Bewertung der Dateiorganisationsformen und ein Anwendungsbeispiel

In die Darstellung der vier grundlegenden Dateiorganisationsformen, der sequentiellen, index-sequentiellen, geketteten und gestreut-gespeicherten Organisation, sind jeweils Aussagen zu den Beurteilungskriterien für Dateiorganisationsformen (vgl. Abschnitt 6.1) eingeflossen. Diese Aussagen wollen wir nun abschließend in einer Bewertungsmatrix in Abb. 6/20 zusammenfassen.[13]

	sequentiell	sequentiell	index-sequentiell	gekettet	gestreut-gespeichert
Speicherform	sequentiell	adressierbar	adressierbar	adressierbar	adressierbar
Speicherplatz	kein Zusatzbedarf	Zusatzbedarf beim m-Wege-Suchen	Zusatzbedarf für Index und Überlauf	Zusatzbedarf für Zeiger und Anker	Zusatzbedarf durch freie Satzadr.
Betriebsform	Stapel	Stapel, Dialogauskunft	Stapel, Dialog	Stapel, Dialog	Dialog, (Stapel)
Sortierform	Sortierte Verarbeitung	Sortierte Verarbeitung	Sortierter Index	Logisch sortierter Bestand	Unsortiert
Suchverfahren	sukzessiv	sukzessiv, m-Wege, binär	m-Wege	sukzessiv, m-Wege	direkt
Änderungsdienst	Kopie der Datei	Kopie der Datei	Überlauf ggf. mit Bewegung alter Sätze	Ohne Bewegung alter Sätze	Ohne Bewegung alter Sätze

Abb. 6/20. Bewertungsmatrix für Dateiorganisationsformen

[13] Vgl. auch Hansen (1992), S. 555.

Basierend auf diesem Wissen wurden in einer Übungsstunde im Rahmen eines Ausbildungsprogramms für Wirtschaftsinformatiker vier jeweils ca. 5-köpfige Teams gebildet und räumlich voneinander getrennt. Jedes Team hatte ca. 30 Minuten Zeit zur Bearbeitung der folgenden Aufgabenstellung, die aus einem für alle Teams gemeinsamen und einem Team-individuellen Teil besteht.

Für den Teilbereich unserer Beispiel-VHS, der Studien mit Abschlüssen betrifft, sind 12 Dozenten eingesetzt, werden insgesamt 30 Kurse für jeweils maximal 12 Studierende angeboten. Für jeden Studierenden wird in der Geschäftsstelle eine Karteikarte geführt. Auf dieser Karteikarte werden folgende Anschreibungen vorgenommen:

Studiennummer des Studenten/der Studentin
Name, Vorname des Studenten/der Studentin
Geburtsdatum des Studenten/der Studentin
Anschrift des Studenten/der Studentin
Datum des Studienbeginns
Studienzielkennziffer
Studienzielbezeichnung

Für jeden belegten Kurs
- Kursnummer
- Kursbezeichnung
- Semester
- Dozentenname

Für jede Prüfung
- Fachbezeichnung
- Prüfername
- Prüfungsnote
- Datum der Prüfung

Kontonummer des Studierenden
Bankleitzahl der Geldinstituts, bei dem das Konto geführt wird
Bezeichnung des Geldinstituts

Festzulegen ist die Dateiorganisation für ein Anwendungssystem, und zwar unter der Prämisse, daß das Anwendungssystem möglichst frühzeitig produktiv eingesetzt werden kann. Die individuelle Leistungsanforderung für die einzelnen Teams, von denen jedem Team nur die eigene Anforderung bekannt war, lautete für:

Team 1: Für jeden Dozenten/jede Dozentin soll nach jedem Semester in einer Liste sortiert nach Namen der Dozenten/Dozentinnen sowie Namen der Teilnehmer/innen ausgewiesen werden, welche Teilnehmer/innen bei ihm/ihr in welchem Kurs waren und welche Teilnehmer/innen von ihm/ihr mit welchem Erfolg geprüft wurden.

Team 2: Für jeden Studierenden/jede Studierende soll nach jedem Semester auf einem Tätigkeitsnachweisblatt chronologisch ausgewiesen werden, welche Kurse er/sie in welchem Jahr bei welchem Dozenten/welcher Dozentin besucht hat und an welchen Prüfungen er/sie in welchem Jahr mit welchem Erfolg teilgenommen hat.

Team 3: Für jeden Kurs soll nach jedem Semester in einem Kursblatt ausgewiesen werden, welcher Dozent/welche Dozentin ihn angeboten und wer an ihm teilgenommen hat.

Team 4: Für jeden Studierenden/jede Studierende soll einmal pro Semester ein Lastschrifteinzug der Studien- und Prüfungsgebühren erfolgen. Die Studiengebühr beträgt 180 DM pro Semester pauschal. Je Prüfung sind weitere 40 DM zu zahlen.

Die Forderung nach kurzfristigem Einsatz in Verbindung mit der nur geringen Bearbeitungsdauer begünstigte in hohem Maß Lösungen, bei denen die Dateiorganisation für die jeweilige Anwendung maßgeschneidert ist.

Das zeigte konkret bei dem Lösungsentwurf des Teams 1 ein Dateiaufbau, der weitgehend dem Aufbau der Dozentenliste entspricht. Der Teamvorschlag zielte auf eine sequentielle Datei mit einer Satzart ab, die je ein Feld für den Namen des Dozenten bzw. des Studenten sowie eine Feldgruppe aus Kursbezeichnung und Prüfungsnote beinhaltet, die als Wiederholgruppe mit maximal 30 Ausprägungen ausgelegt ist. Damit ist die Komplexität des Algorithmus und die Anzahl physischer I/Os bei der Ausführung des Programms relativ gering.

Team 2 wählte einen etwas komplexeren Ansatz und schlug drei index-sequentielle Dateien vor:

- eine nach Studiennummer sortierte Studentendatei mit in jedem Satz einer maximal 30 Ausprägungen umfassenden Wiederholgruppe für Kursnummern,
- eine Kursdatei, die in jedem Satz neben der Kursnummer die Kursbezeichnung, die Semesterangabe und den Dozentennamen enthält,
- eine Prüfungsdatei, die in jedem Satz Kursnummer, Studiennummer, den Prüfernamen, die Prüfungsnote und das Prüfungsdatum enthält.

Team 3 entschied sich für eine sequentielle Datei mit Kursnummer, Kursbezeichnung, Semesterangabe, Dozentennamen und den Studentendaten Name, Postleitzahl, Ort, Zustellbezirk, Straße und Hausnummer. Die Sätze in der Datei sollten nach Lehrgangsnummern sortiert sein. Die Studierendendaten in jedem Satz waren als Wiederholgruppe mit maximal 12 Ausprägungen geplant.

Von Team 4 wurde eine sequentielle Studentendatei mit Name des Studenten, Studiennummer, Bankleitzahl, Kontonummer und Bezeichnung des Geldinstituts in Verbindung mit einer index-sequentiellen Prüfungsdatei mit der Studiennummer als Schlüssel und maximal 30 Prüfungsnummern vorgeschlagen. Die Sätze der Studentendatei waren nach Bankleitzahl sortiert. Sie sollte bei der Auswertung sukzessiv gelesen und bei jedem Fall sollte mittels der Studiennummer auf die Prüfungsdatei zugegriffen werden, um dem Gesamtbetrag zu ermitteln.

Eine erste Bewertung der - zwangsläufig aufgrund der Rahmenbedingungen nicht ausgereiften Lösungen - zeigt uns jedoch bereits typische Schwachpunkte bei unkoordinierter Anwendungssystementwicklung in Verbindung mit konventioneller Dateiorganisation:

- Die Dateien sind z.T. in sich bereits redundant. So sind z.B. die Studentendaten in der Kursdatei des dritten Teams bei jedem Kurs gespeichert, den ein Student besucht.
- Sie sind darüberhinaus anwendungsübergreifend mit vielfach redundanten Daten gefüllt. So wird z.B. der Studentenname in vier Dateien, die Kursbezeichnung in drei Dateien geführt.

Selbstverständlich läßt sich bei einer organisatorisch abgestimmten Vorgehensweise und teilweise chronologisch aufeinander folgenden Entwicklungen die jeweils bereits vorhandene Dateienlandschaft berücksichtigen. Da jedoch bei der konventionellen Dateiorganisation Satzarten von Dateien in allen die Datei nutzenden Programmen fest implementiert sind, wächst bei einer abgestimmten Vorgehensweise die Abhängigkeit zahlreicher Programme und Programmierer voneinander, da bei Änderungen an einer Datei immer alle die Datei nutzenden Programme zu berücksichtigen und i.d.R. ebenfalls zu ändern sind.

Das vielleicht etwas künstlich anmutende Anwendungsbeispiel wird jedoch vielen Praktikern aus ihrer konkreten EDV-Erfahrung durchaus nicht so unrealistisch erscheinen, wie den naturgemäß noch nicht so praxiserfahrenen studentischen Leserinnen und Lesern. Alle gemeinsam jedoch werden daraus genau die notwendigen Anforderungen an Datenbanksysteme ableiten, die auch im Kapitel 5 (Abschnitt 5.3) bereits angeführt wurden: die Unabhängigkeit von Programmen und Daten, die kontrollierte Redundanz und die Datenintegrität. Ebenso sollen die grundlegenden Anforderungen gelten, insbesondere der Mehrbenutzerbetrieb.

6.8 Übungsaufgaben zur Datenorganisation

Aufgabe 6-1: Nehmen Sie Stellung zu der Aussage: "Die Anzahl physikalischer Zugriffe auf eine Datei ist kleiner als die Anzahl logischer Zugriffe".

Aufgabe 6-2: Diskutieren Sie das Thema "Reorganisation" unter besonderer Berücksichtigung der geketteten Organisation.

Aufgabe 6-3: Stellen Sie dar, wie der dargestellte Datenbestand und der zugehörige Index nach Einfügen des Satzes mit Schlüsselwert (SW) 27 bei Anwendung des Block-Splitting-Verfahrens aussieht.

Index

SW	Block-Nr.
19	1
33	2
48	3

Datenbestand

Block-Nr.	Schlüsselwerte				
1	3	12	7	19	
2	33	28	29	24	30
3	46	39	48		
4					
5					

Aufgabe 6-4: Vergleichen Sie die betrachteten Dateiorganisationsformen hinsichtlich ihrer Eignung für ein Platzbuchungssystem.

Aufgabe 6-5: Nennen Sie die Dateiorganisationsform, die beim Netzwerkmodell zur Realisierung von SET-Types verwendet wird, und diskutieren Sie die daraus resultierenden Vor- und Nachteile.

Aufgabe 6-6: Erläutern Sie die Wirkung der zugriffsmäßigen Unterstützung mehrerer Sekundärschlüssel in einer Datei für den Auskunftsbetrieb und den operativen Betrieb.

Aufgabe 6-7: Konstruieren Sie ein Anwendungsbeispiel, in dem die sequentielle Dateiorganisation jeder anderen Organisationsform, insbesondere auch Datenbanksystemen, performancemäßig überlegen ist.

Aufgabe 6-8: Entwickeln Sie je einen Algorithmus für das Einfügen und das Löschen eines Member-Records in einem CODASYL-Set mit der Option SORTED und stellen Sie die Algorithmen in Form eines Baumdiagramms dar.

Aufgabe 6-9: Vergleichen Sie den rein identifizierenden Aufbau von Primärschlüsseln mit dem klassifizierenden Aufbau.

Aufgabe 6-10: Untersuchen Sie die Teamergebnisse aus dem Anwendungsbeispiel in Abschnitt 6.7 und korrigieren Sie ggf. vorhandene Fehler und Schwächen. Entwickeln Sie dann ein Datenmodell, das für alle vier Anwendungssysteme genutzt werden kann.

Aufgabe 6-11: Erörtern Sie die Bestimmungsfaktoren für die index-sequentielle Organisationsform.

Aufgabe 6-12: Beschreiben Sie das binäre Suchen und vergleichen Sie dieses mit dem m-Wege-Suchen.

Aufgabe 6-13: Diskutieren Sie die allgemeinen Vor- und Nachteile der geketteten Organisation.

Aufgabe 6-14: Was versteht man unter einer "invertierten Liste"?

6.9 Ausgewählte Literatur zu Kapitel 6

Hansen, H.R. (1992): Wirtschaftsinformatik I, 6. Auflage, Stuttgart, Jena 1992, S. 153-220, S. 533-555.

Niedereichholz, J. (1983): Datenbanksysteme. Aufbau und Einsatz, Würzburg, Wien 1983.

Noltemeier, H. (1982): Informatik III, Einführung in Datenstrukturen, München, Wien 1982.

Schwarze, J. (1994): Einführung in die Wirtschaftsinformatik, 3. Auflage, Herne, Berlin 1994, S. 49-59, S. 134-150.

Stahlknecht, P. (1993): Einführung in die Wirtschaftsinformatik, 6. Auflage, Berlin, Heidelberg. 1993, S. 66-76, S. 162-190.

Wedekind, H. (1972): Datenorganisation, 2. Auflage, Berlin, New York 1972.

Wiederhold, G. (1989): Dateiorganisation in Datenbanken, Hamburg 1989.

7 Aufbau und Arbeitsweise eines Datenbanksystems

Im fünften Kapitel haben wir bereits eine kurze Einführung in die Technologie der Datenbanksysteme (DBS) gegeben. Neben der Aufstellung der wichtigsten Anforderungen an ein Datenbanksystem und der Vorstellung seiner Benutzer wurde dabei auch eine erste kurze Beschreibung eines Datenbanksystems gegeben (vgl. Abschnitt 5.1), die im folgenden vertieft wird.

Ein **Datenbanksystem (data base system)** ist ein System zur Beschreibung, Speicherung und Wiedergewinnung von umfangreichen Datenmengen, das von mehreren **Anwendungsprogrammen** bzw. **Datenbankbenutzern** unabhängig voneinander genutzt werden kann. Ein Datenbanksystem erlaubt auch, große Datenmengen abzuspeichern, Daten nach beliebigen Kriterien in kurzer Zeit wiederzufinden und Daten über zulässige Operationen zu verändern. Die Datenbasis eines DBS ist eine integrierte Ansammlung von Daten, die vielen Benutzern als gemeinsame Basis aktueller Information dient und von unterschiedlichen Programmen genutzt werden kann, ohne daß die Endbenutzer und Anwendungsprogrammierer etwas über die physische Speicherung der Daten wissen müssen.

Im folgenden wollen wir das **Datenbanksystem (DBS)** näher in seinem **Aufbau und seiner Arbeitsweise** erläutern, wobei verschiedene Erklärungsansätze zugrunde gelegt werden:

- Erklärung des strukturellen Aufbaus eines Datenbanksystems, d.h. Darstellung der einzelnen **Komponenten eines DBS** und ihrer Funktionen (Abschnitt 7.1);
- Erklärung der **Datenbankarchitektur**, die aus der Sicht der Leistungsfunktionen eines Datenbanksystems ein Mehrschichtenmodell darstellt (Abschnitt 7.2);
- Erklärung der **Arbeitsweise eines Datenbanksystems**, d.h. insbesondere Beschreibung der Aufgaben des Datenbankverwaltungssystems, die zur Ausführung der Datenbankfunktionen dienen (Abschnitt 7.3).

Abschließend werden im Abschnitt 7.4 weitere Formen von **Datenbanksystemarchitekturen** vorgestellt. Die Probleme der Datenkonsistenz, der Datensicherheit und des Datenschutzes werden wegen ihrer großen Bedeutung in einem speziellen Kapitel (Kapitel 8) behandelt.

7.1 Komponenten eines Datenbanksystems

Ein Datenbanksystem läßt sich in drei Kernkomponenten einteilen, die bereits in Kapitel 5 (Abschnitt 5.1) aufgezählt wurden.[1]

Ein **Datenbanksystem (DBS - data base system)** besteht aus:

- einer **Datenbasis (data base)**, d.h. der **Datenbank (DB)**, in der die zu speichernden und zu verwaltenden Daten der Anwendungsbereiche (Problemdaten der Realität) abgelegt werden;
- einem **Datenbankverwaltungssystem (DBVS**, das auch **Data Base Management System (DBMS)** genannt wird), das die Datenbank verwaltet, Abläufe steuert und kontrolliert;
- einer **Datenbankkommunikationsschnittstelle (DBKS)**, die die Kommunikation mit der Umwelt des Datenbanksystems gewährleistet. Diese Kommunikationsschnittstelle wird häufig dem Datenbankverwaltungssystem zugeordnet. Sie soll hier jedoch als besondere Komponente aufgeführt werden, da sie vor allem zur Kommunikation der Datenbank mit Anwendungsprogrammen und Benutzern (Benutzerschnittstelle) dient und damit eine wichtige Aufgabe wahrnimmt.

Die drei Komponenten eines DBS, das in ein DV-System eingebunden ist, werden im folgenden einzeln erläutert und sind in der folgenden Abbildung 7/1 mit ihren Kommunikationsschnittstellen skizziert.

[1] Vgl. hierzu auch Date (1992); Martin (1987); Stucky/Krieger (1990); Niedereichholz (1992); Schlageter/Stucky (1983), S. 21ff.; Ferstl/Sinz (1993), S. 337ff.

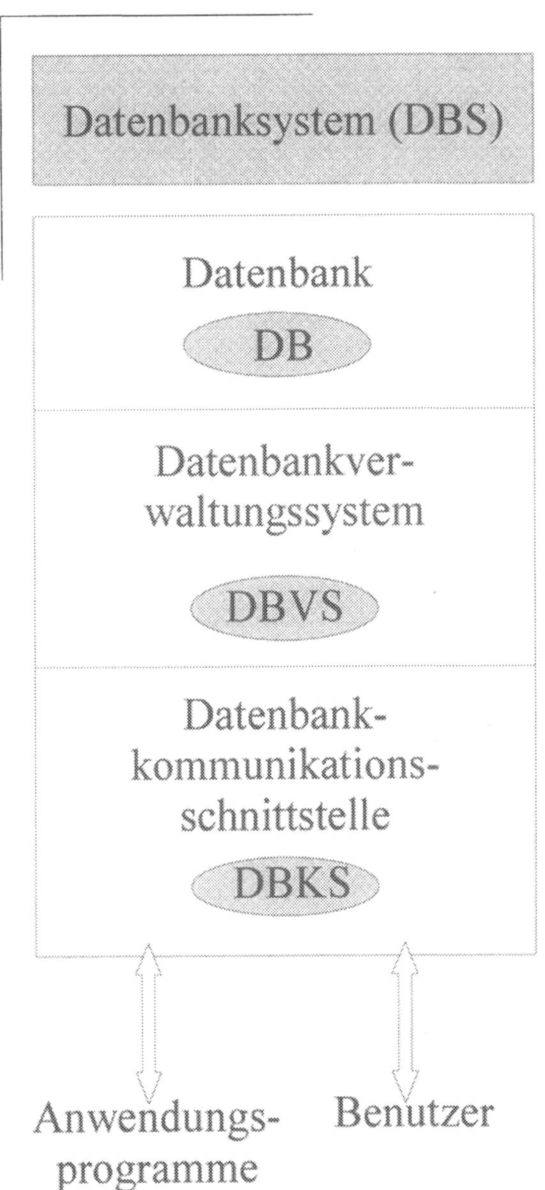

Abb. 7/1. Komponenten eines Datenbanksystems (DBS)

7.1.1 Die Datenbank (DB)

In der **Datenbank (data base)** sind die eigentlichen Daten **(Daten des Problems der Realität)** abgespeichert. Die Datenbank bedient sich leistungsfähiger Datenträger als langfristige Speichermedien (z.B. Magnetplattensysteme, Festplatten, Disketten), auf die Daten in organisierter Form abgelegt werden, so daß man wieder auf sie zugreifen kann. Die Datenbank bietet somit für den Benutzer transparente Möglichkeiten zur Datenorganisation (vgl. Kapitel 6) an, von denen der Benutzer eventuell das konzeptionelle Datenmodell, auf jeden Fall aber sein externes Modell (vgl. Abschnitt 7.2) kennen muß. Die Leistungsfähigkeit der Datenbank hängt u.a. vom Datenträger, d.h. von den hardwaretechnischen Kriterien, und von der Datenorganisationsform bzw. dem Datenmodell ab. Die Datenbank als **zentrale Datenbasis**, in der die "reale Welt" abgebildet wird, wird durch ihre Architektur in Abschnitt 7.2 näher beschrieben, bei der sie in mehrere Ebenen (z.B. 3-Ebenen-Konzept) aufgeteilt wird.

Bei einem **Relationenmodell** (vgl. Abschnitt 3.3.1) sind beispielsweise in der Datenbank die einzelnen Relationen abgespeichert, d.h. die definierten Tabellen mit ihrer Tabellenbezeichnung, den Spaltennamen (Attributnamen) und natürlich mit den aktuellen Werten, die in den Tabellenzeilen eingetragen sind. Der logische Aufbau der Relationen bzw. der Datensätze (Records) ist durch das konzeptionelle Modell beschrieben, das in die Datenbank implementiert wird. Dieser Vorgang wird im Abschnitt 7.2 näher beschrieben, wobei die Umsetzung auf logischer Ebene (konzeptionelle und externe Schemata) und auf physikalischer Ebene (internes Schema) durchgeführt wird. Die relevanten Informationen lassen sich durch unterschiedliche **Repräsentationsformen** (Hierarchien, Netze, Relationen, Objekte) in der Datenbank abspeichern. Die Abb. 7/2 zeigt die Datenbank (DB) als eine Komponente eines Datenbanksystems (DBS) mit ihren unterschiedlichen Repräsentationsformen bzw. Datenmodellstrukturen.

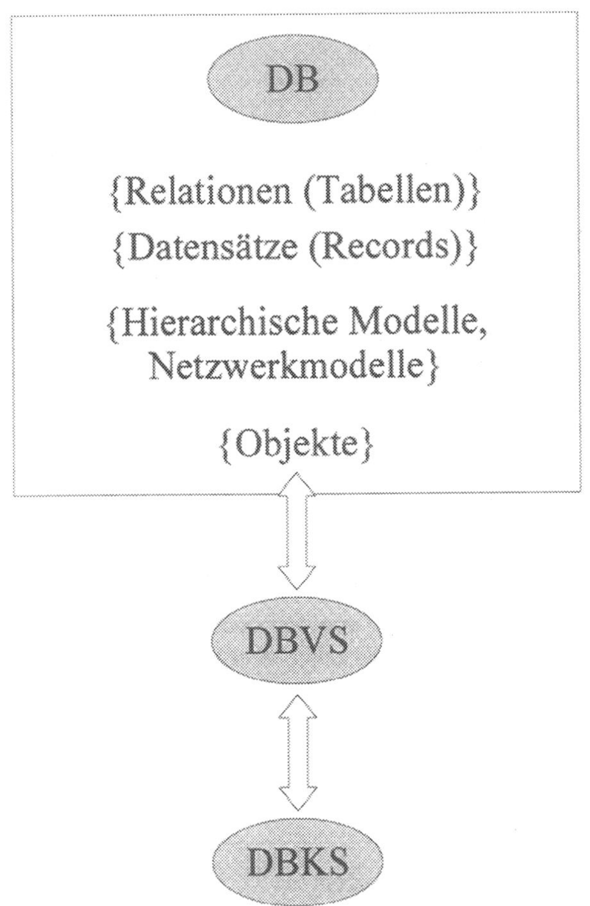

Abb. 7/2. Die Datenbank (DB) als Komponente eines Datenbanksystems (DBS)

7.1.2 Das Datenbankverwaltungssystem (DBVS)

Das **Datenbankverwaltungssystem (DBVS)**, auch **Data Base Management System (DBMS)** genannt, ist das **zentrale Verwaltungs-, Steuerungs- und Kontrollsystem der Datenbank (DB)**, das auch für die **Kommunikationsfähigkeit mit seiner Umwelt** verantwortlich ist.[2] Dem DBVS kommen somit ähnliche Aufgaben wie dem Betriebssystem (BS oder Operating System (OS)) einer EDV-Anlage zu, mit dem das DBVS auch über eine Kommunikationsschnittstelle verbunden ist (vgl. Abschnitt 7.1.3). Diese Systemschnittstelle soll die Einbindung des Datenbanksystems in ein DV-System und damit seine Funktionsfähigkeit gewährleisten. Das DBVS spielt die notwendige Vermittlerrolle zwischen der Maschine (Hardware) mit ihrem Betriebssystem auf der einen Seite und dem konzeptionellen Datenmodell (Software), das in der Datenbank abgelegt ist, auf der anderen Seite.

Das **Datenbankverwaltungssystem** (DBVS, das auch als **Datenbankmanagementsystem** (DBMS) bezeichnet wird) hat die folgenden grundlegenden **Aufgaben** zu erfüllen:

- Durchführung der Datenabspeicherung (über eine entsprechende Sprache), d.h. der Implementierung eines Datenmodells, das durch eine Struktur und Inhalte (Datenwerte) definiert ist (Aufbau der Datenbank);
- Verwaltung der Daten auf der Basis des zugrunde gelegten Datenmodells (bzw. der ausgewählten Repräsentationsform);
- Durchführung der Datenmanipulation über definierte Datenbankoperationen (Arbeiten mit der Datenbank);
- Gewährleistung des Zugriffs auf die Daten über eine entsprechende Kommunikationsschnittstelle bzw. Sprache, die den Benutzer bei seiner Arbeit unterstützt;
- Optimale Ausnutzung des vorhandenen Speichers (des physikalischen Datenträgers) und optimaler Zugriff auf die Daten über effiziente Zugriffspfade;
- Gewährleistung der Datensicherheit und des Datenschutzes (vgl. Kapitel 8).

Datenbankverwaltungssysteme, wie sie in der Regel bei den in der Praxis üblichen Datenbanksystemen genutzt werden, gelten bereits als **Quasi-Standardsysteme**, die sich auf ein bewährtes Datenmodell (z.B. Relationenmodell) und ein leistungsfähiges Transaktionskonzept mit benutzerfreundlichen DB-Operationen stützen (mehr zum Transaktionsbegriff folgt in Kapitel 8). Zusätzliche Funktionen, die hauptsächlich durch das Streben nach größerer Datensicherheit, besserem Datenschutz, vielfachen Auswertungsmöglichkeiten und höherer Benutzerfreundlichkeit

[2] Vgl. Schlageter/Stucky (1983), S. 37ff.; Zehnder (1989), S. 229ff.

gegeben sind, vergrößern den Programmumfang des Datenbankverwaltungssystems und führen damit i.d.R. zu einer schlechteren Performance des Datenbanksystems. In der Abbildung 7/3 ist das Datenbankverwaltungssystem (DBVS) als eine Komponente eines Datenbanksystems (DBS) dargestellt.

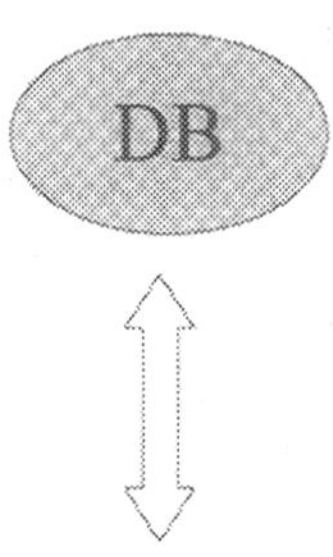

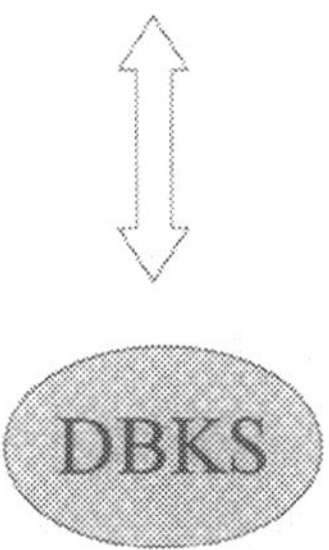

Abb. 7/3. Das Datenbankverwaltungssystem (DBVS) als Komponente eines Datenbanksystems (DBS)

7.1.3 Die Datenbankkommunikationsschnittstelle (DBKS)

Zur Erfüllung seiner Aufgaben muß das Datenbanksystem mit seiner Umwelt kommunizieren können. Die **Datenbankkommunikationsschnittstelle (DBKS)**, die vom Datenbankverwaltungssystem (DBVS) gesteuert und kontrolliert wird, gewährleistet diese Anforderung bezüglich

- der **Kommunikation mit dem DV-System** über das Betriebssystem (BS) der EDV-Anlage (diese Schnittstelle soll hier nicht weiter behandelt werden; bei kommerziell angebotenen Datenbanksystemen ist jeweils zu prüfen, für welche Betriebssysteme das Datenbanksystem verfügbar ist);
- der **Kommunikation mit Anwendungssystemen (Anwendungsprogrammen)**, insbesondere mit Programmsystemen, die auf die Datenbank zugreifen (z.B. COBOL- oder PASCAL-Programmen), aber auch mit Expertensystemen oder weiteren Datenbanksystemen (diese Möglichkeiten werden im zweiten Band behandelt);
- der **Kommunikation mit den Datenbankbenutzern** (vgl. Abschnitt 6.4), die z.B. als
  - **Endbenutzer** die Datenbank nutzen, d.h. in der Regel über Bildschirmgeräte auf die Daten zugreifen und mit ihnen arbeiten;
  - **Anwendungsprogrammierer** eine Datenbank aufbauen und/oder sie in ihren Anwendungssystemen nutzen,
  - Verwalter die Datenbank warten und pflegen **(Datenbankadministrator)** und die Endanwender und Anwendungsentwickler bei ihrer Arbeit unterstützen **(Datenadministrator)**.

Zur Durchführung der Kommunikation mit einem Datenbanksystem ist eine **Sprache** notwendig, die z.B. im Dialog vom Datenbankbenutzer genutzt werden kann. Allgemein unterscheidet man hierbei einerseits eine Sprache, die zur Beschreibung einer Datenbank dient (Datenbeschreibungssprache), und andererseits eine Sprache, die das Arbeiten mit der Datenbank unterstützt (Datenmanipulationssprache).[3]

Die **Datenbeschreibungssprache (Data Description Language (DDL)**, auch **Datendefinitionssprache** genannt), ist entweder Teil der allgemeinen Datenbanksprache, eine eigene Sprache oder in ein Data Dictionary-System (vgl. Abschnitt 3.4) eingebettet. Zur logischen Datenbankbeschreibung stehen Kommandos zum Aufbauen, Verändern und Löschen eines Datenmodells, z.B. einer Relation, zur Verfügung. Auf einer physikalischen Ebene lassen sich Speicherplätze genau beschreiben und Zugriffspfade definieren. Anspruchsvolle und umfangreiche DB-Systeme werden von DB-Experten aufgebaut, die mächtige Datenbankbeschreibungssprachen (DDL) nutzen. Kleine Datenbanksysteme, insbesondere die, die

[3] Vgl. Schlageter/Stucky (1983), S. 138ff.; Zehnder (1989), S. 110ff.; Blaser u.a. (1987), S. 570ff.

auf PCs ablaufen, werden bereits vom Endanwender selbst aufgebaut, dem hierfür eine benutzerfreundliche DDL (als Teil einer einheitlichen DB-Sprache) zur Verfügung steht (so z.B. bei dem DB-System dBASE).

Sprachen zum direkten Arbeiten mit der Datenbank, d.h. zur Manipulation der gespeicherten Datenobjekte, werden als **Datenmanipulationssprachen (Data Manipulation Language (DML))** bezeichnet. Sie bieten die grundlegenden Operationen an

- zum Zugriff auf Datenobjekte,
- zur Neuaufnahme von Datenobjekten,
- zum Ändern und
- zum Löschen bestehender Datenobjekte.

Im Datenbankbereich haben sich für ad-hoc Auswertungen sogenannte **Abfragesprachen (Query Languages)** durchgesetzt. Einfache Abfragesprachen lassen sich ohne spezielles Wissen über Datenbanksysteme von Endbenutzern verwenden. Im funktionellen Bereich stellen sie jedoch i.d.R. nur eine Untermenge der zum Datenbanksystem gehörenden DML-Operationen dar. Im Laufe der Zeit entwickelten sich jedoch daraus die heute teilweise universell einsetzbaren Datenbanksprachen der 4. Generation (4GL-Systeme), auf die wir im zweiten Band noch ausführlich eingehen werden.

Moderne Sprachschnittstellen, die vor allem ein Arbeiten im Dialog gewährleisten und sich durch eine hohe Benutzerfreundlichkeit auszeichnen, beinhalten häufig sowohl Möglichkeiten zur Datendefinition als auch zur Manipulation, d.h. sie besitzen Sprachelemente aus der DDL und der DML. Dies gilt insbesondere für PC-Datenbanken, die in der Regel in der Verantwortung des Endbenutzers oder einer Benutzergruppe in der Fachabteilung eingesetzt werden. Universelle (erweiterte) Sprachansätze enthalten Operationen, die folgende Funktionen unterstützen:

- Abfragemöglichkeit,
- Änderungsdienst,
- Datenbankbeschreibung,
- Datendefinition,
- einfache Verarbeitungen,
- Zugriffsüberwachung (Datenschutz und Datensicherung) und
- Konsistenzsicherung.

Neben der Nutzungsmöglichkeit einer DB-Sprache im Mensch-Maschinen-Dialog (direkt durch den Benutzer) ist jedoch auch eine Einbettung von Teilen der DB-Sprache in andere Programmiersprachen möglich. Bei den ersten Datenbanksystemen wurde die DML als **Gastsprache** in einer sogenannten **Wirtssprache** eingebettet. Auch heute noch lassen sich z.B. DB-Operationen (als Gastsprache) in einem COBOL- oder PASCAL-Programm (als Wirtssprache) einbinden und nutzen. Die Programme, die auf Datenbanken zugreifen, lassen sich dabei sowohl in interaktiver Verarbeitungsform als auch in Batchverarbeitung (Stapelverarbeitung) nutzen.

Die Arbeitsweise einer DB-Sprache orientiert sich in der Regel am Datenmodell des Datenbanksystems. So wurden beispielsweise zunächst als DML bei den hierarchischen Datenmodellen und Netzwerkmodellen **prozedurale Sprachen** eingesetzt. Mit zunehmender Dialogisierung in der Datenverarbeitung und gleichzeitig wachsender Verbreitung und Nutzung von Datenbanksystemen wuchs auch das Bedürfnis nach ad-hoc-Auswertungen. Um diese Auswertungen in einfacher Nutzungsform durchzuführen und schnell zu erhalten, wollte man möglichst problemnah das gewünschte Ergebnis beschreiben (d.h. in einer eher **deklarativen** bzw. **deskriptiven Sprache**) anstatt in detaillierter Form den Weg zum Ergebnis (d.h. in einer prozeduralen Sprache). Ein Beispiel für die Auswertung der Dozentendatei unseres VHS-Beispiels nach allen Dozenten aus Bochum-Wattenscheid (mit der Postleitzahl PLZ = 44866) zeigt die Abb. 7/4 in Form einer Gegenüberstellung der Anweisungen in einer prozeduralen Form (hier in der Sprache COBOL) und in einer deskriptiven Form (hier in der DB-Sprache SQL). Die benutzerfreundlichere Form der deskriptiven Sprache SQL ist im Vergleich ersichtlich.

COBOL - PROZEDUR (prozedurale Form)	SQL - ANWEISUNG (deskriptive Form)
START. MOVE 0 TO DATEIENDE. OPEN DOZENTEN.DATEI. READ DOZENTEN.SATZ AT END MOVE 1 TO DATEIENDE. PERFORM LESEN UNTIL DATEIENDE = 1 ENDE. CLOSE DOZENTEN.DATEI. STOP RUN. LESEN. IF PLZ = 44866 DISPLAY(NAME, VORNAME). READ DOZENTEN.SATZ AT END MOVE 1 TO DATEIENDE.	SELECT NAME, VORNAME FROM DOZENTEN WHERE PLZ = 44866;

Abb. 7/4. Auswertung der Dozentendatei in prozeduraler und deskriptiver Form

Datenbanksprachen bilden wie auch die Programmiersprachen die Schnittstelle zu den Benutzern und spielen somit eine wichtige Rolle. Deskriptive Schnittstellen, z.B. durch **4GL-Systeme**, lassen sich auf einfache Art nutzen und finden somit eine breite Akzeptanz bei den Anwendungsprogrammierern und Endbenutzern. Häufig wird bei der Vermarktung kommerzieller Datenbanksysteme die DB-Sprache in den Vordergrund gestellt, d.h. der Produktname der Sprache bezeichnet oft das gesamte Datenbanksystem. Die große Nachfrage nach Datenbanken in der Praxis, die auf unterschiedlichen DV-Systemen laufen und eventuell auch untereinander kommunizieren sollen, führte zu Standardisierungsbestrebungen. Ein Standard liegt mit der **DB-Sprache SQL** seit 1989 vor. Wegen der großen Bedeutung der DB-Sprachen, insbesondere im Zusammenhang mit kommerziellen DB-Systemen, sollen sie im zweiten Band noch eingehend behandelt werden. In der folgenden Abbildung 7/5 ist die Datenbankkommunikationsschnittstelle (DBKS) als eine Komponente eines Datenbanksystems (DBS) mit ihren vielfältigen Kommunikationsmöglichkeiten dargestellt.

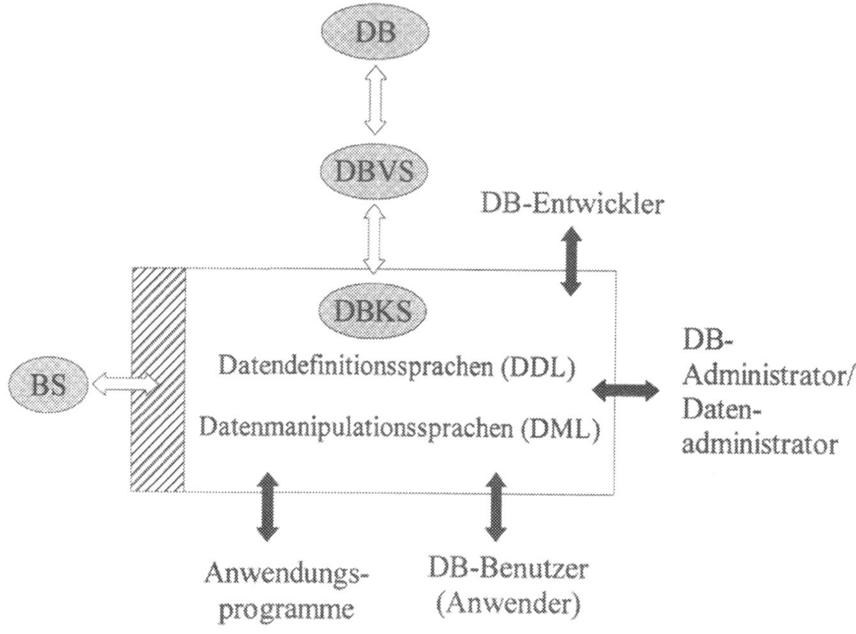

Abb. 7/5. Die Datenbankkommunikationsschnittstelle (DBKS) als Komponente eines Datenbanksystems (DBS)

7.2 Architektur einer Datenbank (Drei-Schichtenmodell)

Bei der Beschreibung der **Architektur einer Datenbank (DB)** (nicht zu verwechseln mit der Architektur des gesamten Datenbanksystems, vgl. Abschnitt 7.4) steht die Datenbasis bzw. das Datenmodell im Mittelpunkt. Das Architekturkonzept leitet sich aus dem Datenbankentwurf ab, d.h. aus den konzeptionellen Aufbauarbeiten der Datenbank (vgl. Kap. 3). Beim Entwurf ist zu unterscheiden zwischen dem bisher in Teil A des Buchs behandelten **logischen Entwurf**, der durch das **konzeptionelle Datenmodell** beschrieben wird, und dem **physischen oder physikali-**

schen Entwurf, der die rechnerinterne Datenrepräsentation (**internes Datenmodell**) festlegt.[4]

In der folgenden Abb. 7/6 ist der Teilbereich des Entwicklungsprozesses (vgl. Abb. 1/4 in Kap. 1) dargestellt, der für die oben genannten Zusammenhänge relevant ist (gleichzeitig wird auf die entsprechenden Kapitel verwiesen).

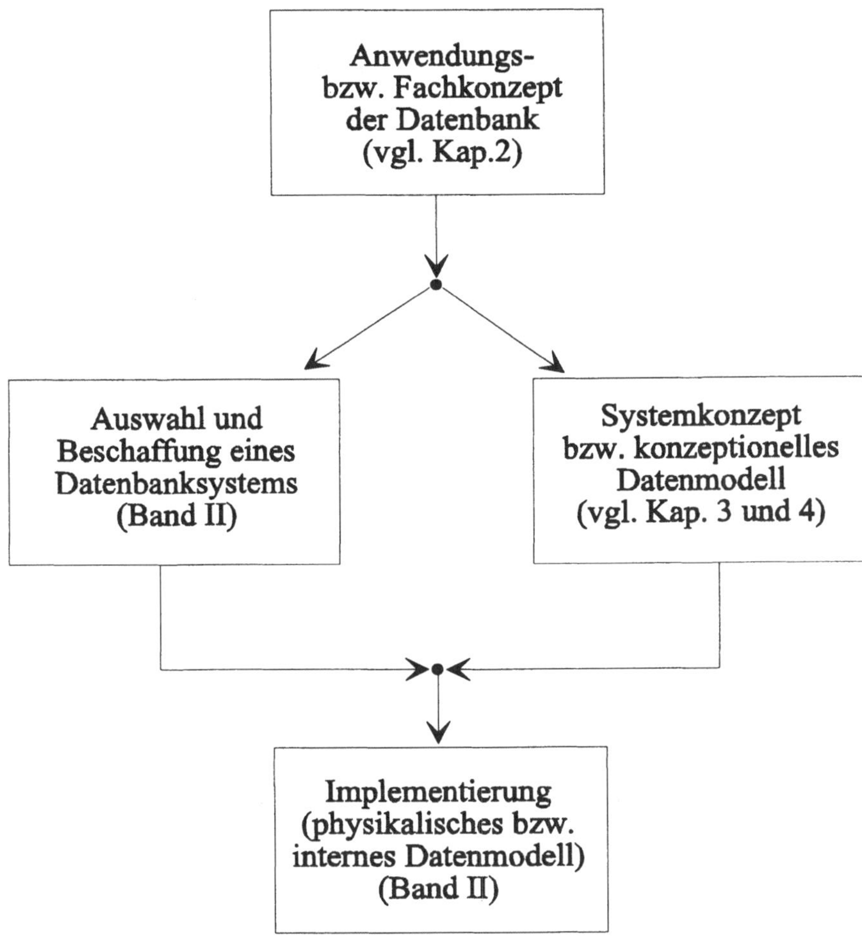

Abb. 7/6. Erstellung eines DB-Systems

---

4 Vgl. Schlageter/Stucky (1983), S. 26ff.; Lockemann/Dittrich (1987), S. 116ff.; Stucky/Krieger (1990), S. 842ff.

Zentrale **Ziele** eines Datenbanksystems sind die **Integration** der Daten in einer zentralen Datenbasis, die **Daten-Programm-Unabhängigkeit** und die Unabhängigkeit der physischen Datenspeicherung und des logischen Datenmodells. Die Datenbank soll einerseits ein Abbild der relevanten Informationen aus der ausgewählten Problemwelt (Miniwelt) sein und andererseits den verschiedenen Benutzern bzw. Programmen die von ihnen benötigten Daten in der gewünschten Form bereitstellen. Vorausgesetzt wird hierbei, daß sich alle **Anwendungsprogramme**, die die Datenbank nutzen wollen, und auch alle **DB-Benutzer** auf eine **einheitliche Beschreibung** der Daten einigen. Um obige Anforderungen zu erfüllen, wurde schon in den 70er Jahren von ANSI/SPARC (American National Standards Institute / Study Group on Database Management Systems) ein **Drei-Schichten-** bzw. **Drei-Ebenen-Konzept** vorgeschlagen, das die Beschreibung der Daten auf drei verschiedenen Schichten bzw. Ebenen vorsieht. Die drei Ebenen sind jeweils durch eine andere Sichtweise geprägt, da die Daten von den verschiedenen Personen und Systemen auf unterschiedliche Weise gesehen werden. Zur Formalisierung einer Sichtweise bzw. zu ihrer abstrakten Beschreibung dienen **Schemata** (deshalb auch **Drei-Schema-Ansatz** genannt), die auf den folgenden drei Ebenen gegeben sind:

- **konzeptionelle (oder konzeptuelle) Ebene** zur Darstellung der gesamten logischen Datenstruktur (logische Gesamtsicht aller Daten durch das **konzeptionelle Schema**);
- **interne Ebene** zur Darstellung aller implementierungsabhängigen Eigenschaften der Daten (physikalische Datenorganisation), d.h. tatsächliche Speicherung der Daten auf Datenträger (interne Sicht aller Daten durch das **interne Schema**);
- **externe Ebene**, die den verschiedenen Anwendungsprogrammen bzw. Benutzern individuelle logische Sichten als Teilsichten der logischen Gesamtsicht der Datenbank anbietet (externe logische Sichten durch **externe Schemata**).

In der folgenden Abbildung 7/7 wird das **Drei-Ebenen-Konzept** mit dem Übergang vom Modellbereich zum Schemabereich dargestellt, wobei die Ausgangsbasis das konzeptionelle Datenmodell darstellt, das in Teil A des Buchs erstellt wurde.

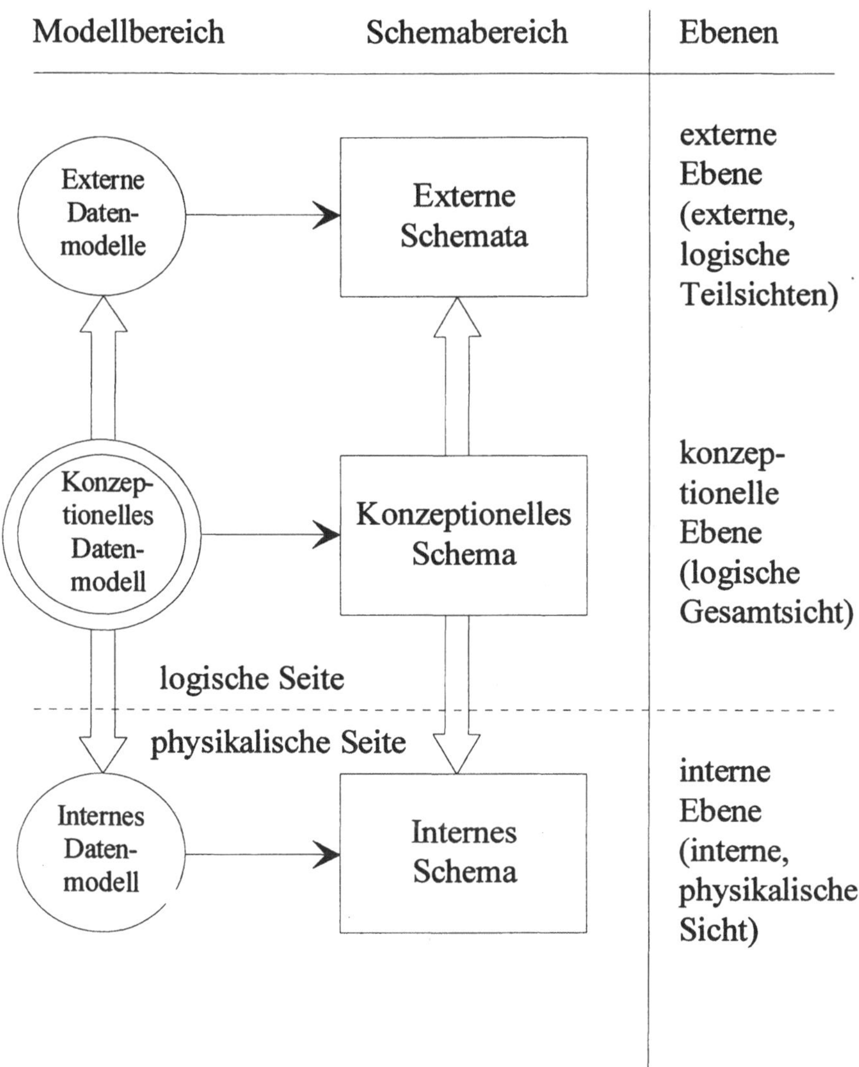

Abb. 7/7. Drei-Ebenen-Konzept einer Datenbank

Die konzeptionelle und die externe Ebene sind **logische Ebenen**, die interne Ebene ist eine **physikalische** (oder **physische**) **Ebene**. Für den Aufbau der internen Ebene und damit für die korrekte physikalische Datenorganisation, für die Koordination der drei Ebenen und damit für den korrekten Ablauf ist ein Datenbankspezialist, z.B. ein **Datenbankadministrator** (Datenbankverwalter) oder Systemprogrammierer, verantwortlich. Der Aufbau des konzeptionellen Schemas (bzw. des konzeptionellen Datenmodells) und die Ableitung der externen Schemata (bzw. der externen Datenmodelle) liegt in der Verantwortung der **Anwender**, gegebenenfalls koordiniert durch einen Datenadministrator, bzw. der **Fachabteilung**, da die beiden logischen Ebenen unabhängig vom konkreten Datenbanksystem erstellt werden sollen (vgl. Abb. 7/6). Die Benutzer bzw. Benutzergruppen arbeiten mit der Datenbank ausschließlich über ihre externen Sichten.

Ziele, die bei der Aufteilung der Datenbank in drei Ebenen bzw. drei Schichten verfolgt werden, sind die Erreichung einer höheren **Flexibilität** der drei Bereiche, die klare Trennung der Entwicklungsaufgaben aus logischer und physikalischer Sicht und der Wartungs- und Pflegeaktivitäten und damit auch die Festlegung der Verantwortungsbereiche. Der einzelne Anwender erhält über sein externes Schema eine klare Sicht auf seinen Aufgabenbereich. Die Datenunabhängigkeit auf den drei Ebenen gewährleistet, daß Änderungen auf der Speicherebene (interne, physische Ebene) keine Auswirkungen auf das logische Gesamtschema (konzeptionelle Ebene) und auf die Benutzerebene (externe Ebene) haben (diese Unabhängigkeit wird als **physische Datenunabhängigkeit** bezeichnet). Änderungen des konzeptionellen Schemas sollen auch nicht die Benutzersichten beeinträchtigen (**logische Datenunabhängigkeit**).

Die notwendigen Umsetzungen von einer externen Sicht in die logische Gesamtsicht und von dort in die interne Sicht und umgekehrt erledigt das Datenbankverwaltungssystem (DBVS). Es benötigt hierzu die Beschreibungen der drei Sichten (Schemata) und Regeln, die die Umsetzung (Transformation) von einer Sicht in die andere ermöglichen (**Transformationsregeln**). Im folgenden sollen die drei Ebenen einzeln erläutert werden.

7.2.1 Die konzeptionelle Ebene der Datenbank

Die **konzeptionelle Ebene** beinhaltet das **logische Gesamtmodell** des Problems, d.h. die Beschreibung der Eigenschaften aller relevanten Datenobjekte und ihrer Beziehungen untereinander in einem konzeptionellen Datenmodell (bzw. in einem Unternehmensdatenmodell, vgl. Kap. 3 und 4). Die konzeptionelle Ebene wird mit Hilfe der Datendefinitionssprache (DDL) (vgl. Abschnitt 7.1.3) durch das **konzeptionelle Schema (conceptual scheme)** beschrieben, das sich aus dem konzeptionellen Datenmodell ergibt. Das konzeptionelle Schema orientiert sich somit wie das konzeptionelle Datenmodell am Anwendungsproblem und muß im erforderlichen Maße die physikalische, implementierungsabhängige Datenorganisation bzw. das zur Verfügung stehende Datenbanksystem berücksichtigen. Auch die Gesichtspunkte der einzelnen Benutzer, die beim Aufbau der externen Datenmodelle berücksichtigt werden, sollen beim Aufbau des konzeptionellen Modells noch nicht, beim konzeptionellen Schema, soweit erforderlich, beachtet werden.

Zusätzlich zu den Informationen über Daten und Beziehungen zwischen den Daten beschreibt das konzeptionelle Modell auch die Bedingungen, die für die Daten gelten und die Vorschriften zur Änderung und zur Verarbeitung der Daten enthalten. Diese Informationen über Daten bezeichnet man als **Metadaten**. Sie werden, sofern vorhanden, im **Data Dictionary-System** abgelegt (vgl. Abschnitt 3.4). Die Bedingungen, die auch zur Überprüfung der Korrektheit der Daten dienen, heißen **Konsistenzbedingungen** (vgl. Abschnitt 8.2). Häufig werden sie auch als Integritätsbedingungen bezeichnet.

Im Regelfall sind das konzeptionelle Datenmodell und das konzeptionelle Schema im Aufbau und Inhalt identisch. Beim Datenmodell wird der Modellierungsaspekt betont, der unabhängig von einem konkreten Datenbanksystem ist; beim Schema wird bereits der Übergang zur Implementierung des Modells in ein Datenbanksystem verdeutlicht, die dann mit der DDL durchgeführt wird (vgl. Abb. 7/6).

Das konzeptionelle Schema sollte besonders sorgfältig durchdacht und stabil sein, da es Ausgangspunkt der anderen Schemata ist und damit die Leistungsfähigkeit des Datenbanksystems festlegt (vgl. Abb. 7/7). Das konzeptionelle Modell bzw. Schema schafft die wesentliche Voraussetzung für die Datenunabhängigkeit der Anwendungsprogramme.

7.2.2 Die interne Ebene der Datenbank

Die implementierungsabhängigen Eigenschaften der Daten, d.h. ihre interne Darstellung bzw. physikalische Organisation auf entsprechenden Datenträgern und die Organisation des Zugriffs, werden durch ein **internes Schema (internal scheme)** definiert. Transformationsregeln definieren die Beziehungen zwischen den physikalisch abgespeicherten Daten (auf der internen Ebene) und den Daten auf der konzeptionellen Ebene und unterstützen damit das DBVS bei der Verwaltung der Datenbank.

Im internen Schema werden in detaillierter softwaretechnischer Form die Datenorganisation und die Zugriffsmechanismen festgelegt. Es wird hierbei versucht, die konfliktären Ziele "minimale Zugriffszeit" und "optimale Speicherplatzausnutzung" in bestmöglicher Form zu erfüllen. Die Vorgehensweise ist sowohl von der verfügbaren Hardware und dem Betriebssystem als auch von dem Anwendungsbereich und den abgeleiteten Anforderungen aus Benutzersicht abhängig. So werden z.B. über Hashverfahren (Hashalgorithmen) die Adressen von Datensätzen aus den zugehörigen Schlüsseln errechnet, um ein effizientes Speichern und Suchen zu gewährleisten (vgl. Abschnitt 6.5). Zur Verwaltung umfangreicher, oft benutzter Datenmengen auf Massenspeichern werden häufig auch B-Baum-Datenstrukturen eingesetzt, die auch geringe Suchzeiten gewährleisten. Da die Leistungsfähigkeit des Datenbanksystems entscheidend vom Aufbau des internen Schemas abhängt, sollte dieser Ebene, für die der Datenbankadministrator bzw. Systementwickler verantwortlich ist, große Aufmerksamkeit geschenkt werden. Die Realisierung des internen Schemas ist abhängig von Informationen über die Häufigkeit von Anwendungen, von Zugriffen auf Datenobjekte, Datensätze, Relationen oder einzelne Attribute. Bei den kommerziell verfügbaren Datenbanksystemen sind eine Reihe von Entwurfsentscheidungen zum Aufbau der interne Ebene bereits festgelegt, so z.B. die Zugriffsmöglichkeiten über vorab definierte Algorithmen.

7.2.3 Die externe Ebene der Datenbank

Die **externe Ebene** entsteht durch eine bedarfsgerechte Aufteilung der konzeptionellen Ebene aus der Sicht der Benutzer bzw. Anwendungsprogramme der Datenbank. Die einzelnen Teile werden durch **externe Schemata (external scheme)** beschrieben, d.h. das gesamte logische Datenmodell wird in der Form aufgeteilt, daß die einzelnen Anwendungsprogramme bzw. Datenbankbenutzer ein eigenes logisches Datenmodell bzw. externes Schema besitzen. Dabei lassen sich **Anwendungsprogramme** bzw. **Benutzer** zu **Gruppen** zusammenfassen. Transformationsregeln dienen auch hier der Umsetzung in **Teilschemata** (Externes Schema_1, ..., Externes Schema_n).

Die einzelnen individuellen externen Schemata müssen nicht disjunkte Teilmengen des gesamten Datenmodells sein, sie können sich auch überlappen. In der folgenden Abbildung 7/8 ist ein Beispiel für die Aufteilung eines konzeptionellen Schemas in neun externe Schemata gegeben.

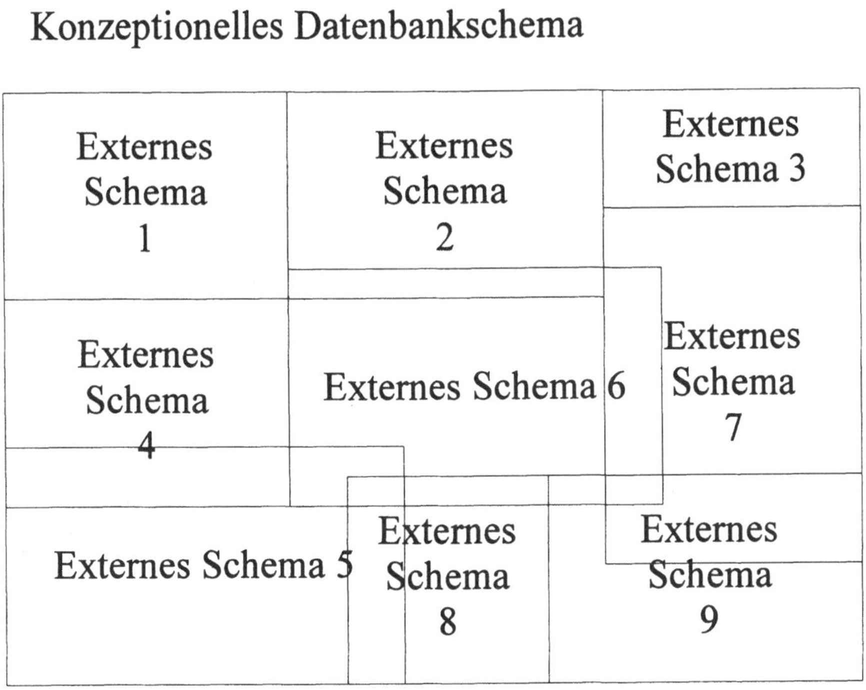

Konzeptionelles Datenbankschema

Externes Schema 1
Externes Schema 2
Externes Schema 3
Externes Schema 4
Externes Schema 6
Externes Schema 7
Externes Schema 5
Externes Schema 8
Externes Schema 9

Abb. 7/8. Aufteilung eines konzeptionellen Schemas in externe Schemata (Beispiel)

Jedes der in Abbildung 7/8 dargestellten externen Schemata ist für ein Anwendungsprogramm bzw. einen Benutzer (oder für Gruppen) definiert und kann ausschließlich von dem zugeordneten Programm bzw. von den Benutzern (oder Gruppen) genutzt werden. So kann beispielsweise eine Benutzergruppe, die dem Rechnungswesen einer Unternehmung zugeordnet ist, nur auf den für sie definierten Datenbereich zugreifen, z.B. auf das externe Schema 5, das nach obiger Festlegung in der Abb. 7/8 auch Daten der Schemata 4, 6 und 8 enthält. Der Anwender arbeitet über eine DML mit "seiner" Datenbank, d.h. mit einer Teil-Datenbank.

Die **Bildung externer Schemata** ist für eine korrekte Anwendung eine notwendige Voraussetzung, die auch Maßnahmen zur Datensicherheit und zum Datenschutz beinhalten (vgl. Kap. 8). Die externen Schemata werden auch als **Benutzersichten (views)** bezeichnet, da die entsprechenden Programme bzw. Benutzer nur den für sie relevanten bzw. vorab festgelegten Ausschnitt des gesamten konzeptionellen Schemas zu Gesicht bekommen. Da die externen Schemata direkt an der **Benutzeroberfläche** liegen, lassen sie sich für spezielle Gruppen über die

Datenbanksprache (DML) benutzerfreundlich gestalten. So können z.B. für den seltenen Datenbankbenutzer bzw. für den Datenbanklaien geeignete Unterstützungsmöglichkeiten in einer einfachen DB-Sprache eingebaut werden, z.B. über graphische Darstellungen oder über Hilfefunktionen in einer Abfragesprache (Query Language). Anspruchsvolle Benutzer, u.a. auch Anwendungsentwickler, wollen bei regelmäßigem Arbeiten mit der Datenbank mächtigere DB-Sprachen benutzen bzw. Programmiersprachen (z.B. COBOL, PASCAL, PL/1), in die DB-Operationen eingebettet werden können. Der Aufbau externer Schemata und der Benutzeroberflächen ist grundlegend wichtig für die Akzeptanz der Datenbank durch den Benutzer.

7.3 Arbeitsablauf eines Datenbanksystems

Der Arbeitsablauf eines Datenbanksystems wird, wie oben bereits erwähnt, vom **Datenbankverwaltungssystem (DBVS)** gestaltet und kontrolliert. Entsprechend dem Aufbau des Drei-Ebenen-Konzepts (vgl. Abb. 7/7) hat ein DBVS folgende **Aufgaben** wahrzunehmen:

- die **Bereitstellung der Daten** für den jeweiligen Benutzer aufgrund der Definition seiner externen Sicht als Teilschema des konzeptionellen Schemas (**externe Ebene**);
- die **Verwaltung des konzeptionellen Schemas**, die Durchführung der Integritätsprüfungen und die Sicherung der Transformationen zu der externen und internen Ebene (**konzeptionelle Ebene**);
- die **Verwaltung der gespeicherten Daten**, der Zugriffspfade und der Kommunikation mit dem Betriebssystem der EDV-Anlage auf der physikalischen Ebene (**interne Ebene**).

Ebenso hat das DBVS das **Data Dictionary-System**, falls es in integrierter Form vorliegt (vgl. Abschnitt 3.4), und die **Kommunikationsschnittstelle** (DBKS) zu Programmen und Benutzern zu verwalten.

Über die **Datenbankkommunikationsschnittstelle** (DBKS, vgl. Abschnitt 7.1.3) läßt sich das Datenbanksystem nutzen. Dies geschieht einerseits über **Anwendungsprogramme (AP)**, die auf Daten zugreifen und diese weiterverarbeiten. Andererseits kann der **Benutzer (B)** seine Wünsche über die **Datenmanipulationssprache (DML)** formulieren.

Für den korrekten Ablauf der Nutzung des Datenbanksystems ist das Datenbankverwaltungssystem verantwortlich. Das DBVS übernimmt die Interpretation der Befehle (DB-Operationen), die an das Datenbanksystem gerichtet werden. Es ermittelt die gewünschten Datenobjekte, die von den Speichern zu lesen sind, und übergibt die Daten in der entsprechenden Form an das Anwendungsprogramm (AP) bzw. an den Benutzer (B) weiter. Dabei nutzt das DBVS natürlich auch die Dienste des Betriebssystems, so z.B. beim Zugriff auf die gespeicherten Daten, die sich beispielsweise auf Magnetplatten befinden.

Umfangreiche Datenbanken sind in der Regel dadurch gekennzeichnet, daß viele Benutzer gleichzeitig mit ihnen arbeiten. Häufig handelt es sich hierbei um sogenannte **Transaktionssysteme**, auf die von zahlreichen Standorten zugegriffen werden kann. Das DBVS hat hier die wichtige Aufgabe, die gleichzeitig auf der Datenbank arbeitenden Benutzer zu koordinieren. Die parallel durchgeführten Zugriffe und die parallel arbeitenden Programme dürfen sich nicht gegenseitig stören oder gar die Integrität der Datenbank verletzen (der Themenbereich "Transaktion und Integrität" wird in Kapitel 8 behandelt).

Neben der im Vordergrund stehenden Aufgabe, die Zugriffswünsche von Anwendungsprogrammen und Benutzern zu erfüllen und zu koordinieren, hat das **DBVS** folgende wichtige **Funktionen** wahrzunehmen:

- **Gewährleistung der Integrität der Datenbank.**
  Das DBVS sollte in der Lage sein, Integritätsverletzungen zu verhindern bzw. Integritätsbedingungen einzuhalten und eventuell aufgetretene Integritätsverletzungen zu erkennen, zu lokalisieren und zu beseitigen, d.h. wieder einen korrekten Datenbankzustand herzustellen. Die Wiederherstellung eines korrekten Datenbankzustands heißt **Recovery**. Die Gründe, die zu Integritätsverletzungen führen können, sind vielfältig, so z.B. durch Eingabefehler, Programmfehler oder Hardwarefehler.
- **Schutz der Daten gegen unberechtigten Zugriff.**
  Neben den rechtlichen Vorschriften, die den Datenschutz, d.h. den Schutz personenbezogener Daten gegen unberechtigten Zugriff und Mißbrauch, garantieren sollen, gibt es eine Reihe technischer Maßnahmen, die durch das DBVS gewährleistet sein sollen. Es muß dafür sorgen, daß nur befugte Benutzer Daten lesen, löschen und verändern können.

Die große Bedeutung der **Datenintegrität** d.h. der **Datenkonsistenz**, der **Datensicherheit** und des **Datenschutzes** führt dazu, daß wir dieses Thema in einem besonderen Kapitel, und zwar im folgenden achten Kapitel, ausführlich behandeln werden.

Abschließend stellen wir die **Datenbankarchitektur** aus Benutzersicht noch einmal in Abbildung 7/9 dar. Die Anwendungsprogramme (AP_1, ..., AP_n) bzw. Benutzer (B_1, ..., B_n) greifen über die Kommunikationsschnittstelle (DBKS) auf die Datenbank (DB) zu, die sie ausschließlich über ihr externes Schema erreichen. Die Transformationsregeln gewährleisten die Übergänge zum konzeptionellen und zum internen Schema. Der Arbeitsablauf wird insgesamt vom Datenbankverwaltungssystem (DBVS) koordiniert und kontrolliert.

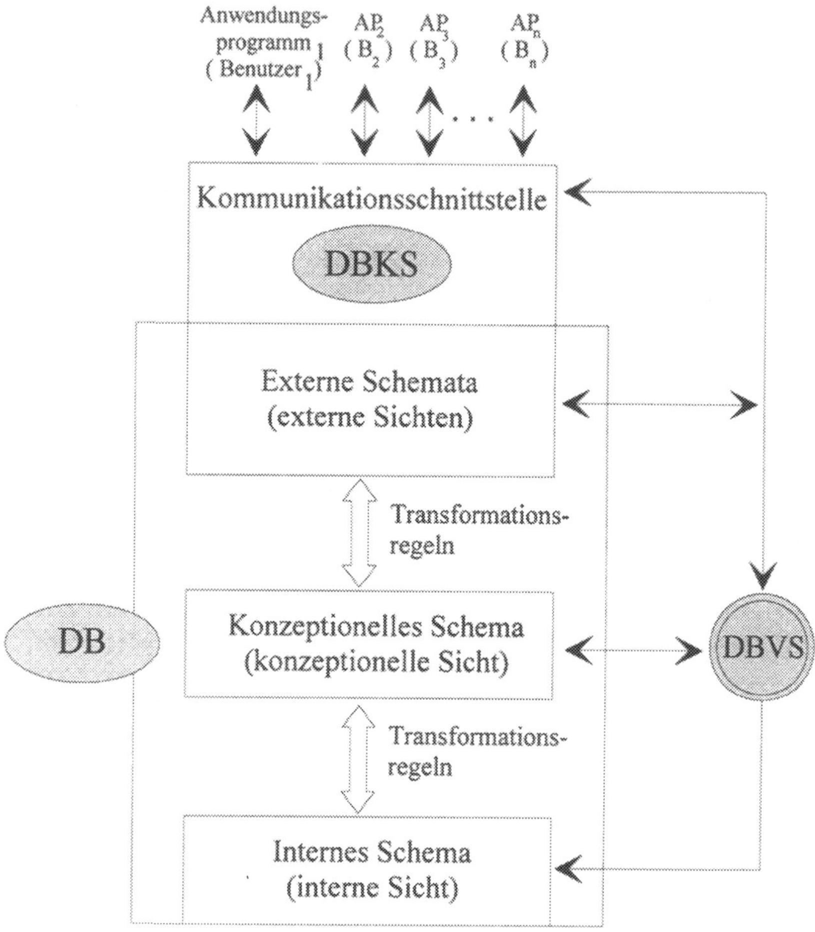

Abb. 7/9. Datenbankarchitektur aus Benutzersicht

7.4 Weitere Formen von Datenbanksystem-Architekturen

In Abschnitt 7.2 haben wir die Architektur einer Datenbank (als Komponente eines DB-Systems) behandelt und darunter das Drei-Ebenen-Konzept, d.h. die getrennte Sichtweise der Daten verstanden. Der Aufbau des gesamten Datenbanksystems (DBS), das neben der Datenbank (DB) als Datenbasis noch das Datenbankverwaltungssystem (DBVS) und die Datenbankkommunikationsschnittstelle (DBKS) enthält, wurde in Abschnitt 7.1 erläutert und in der Abb. 7/1 skizziert.

Es lassen sich unterschiedliche Datenbanksystem-Architekturen unterscheiden, so z.B. die an einer zentralen Stelle gegebene gesschlossene Architekturform, die Verteilten Datenbanksysteme und der Verbund mehrerer (selbständiger) Datenbanksysteme.

a) Datenbanksystem-Architektur in geschlossener Form

Bisher wurde das Datenbanksystem stets in einer **geschlossenen Architekturform** vorgestellt, d.h. das gesamte System mit all seinen Komponenten ist an einem zentralen Ort, wird zentral verwaltet und genutzt. Der Zugang zum System läßt sich natürlich auch dezentral von verschiedenen Standorten (Terminals) über Datenübertragungsnetze realisieren. Der Standort kann dabei in unmittelbarer Nähe des Datenbanksystems (im lokalen Bereich, z.B. innerhalb eines Gebäudes einer Unternehmung) liegen, aber auch in weiterer Entfernung (über Datenfernübertragungssysteme). In der folgenden Abbildung 7/10 wird das bisher behandelte DBS in geschlossener Form als zentrales Konzept (vgl. Abb. 7/1) vorgestellt, bei dem zentral und auch dezentral von n Benutzern (B_1, B_2, ..., B_n) zugegriffen werden kann (sowohl lokal als auch über Datenfernübertragung). So befinden sich z.B. die Benutzer B_1 und B_2 am lokalen Standort des Datenbanksystems; B_3 greift dezentral von einem entfernten Standort über ein Datenfernübertragungssystem auf die Datenbank zu.

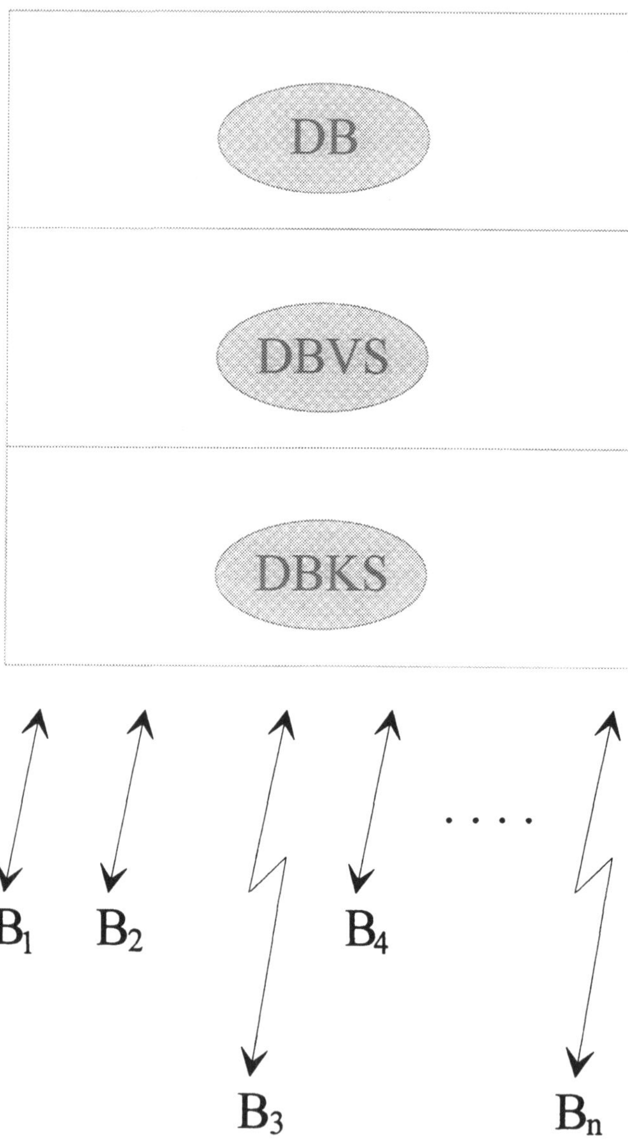

Abb. 7/10. Datenbanksystem-Architektur in geschlossener Form mit lokalen und entfernten Zugriffsmöglichkeiten

b) Verteilte Datenbanksysteme (VDBS)

Eine weitere Form einer DBS-Architektur ist die Aufteilung der physischen Datenbank, d.h. der internen Datenebene, auf mehrere Standorte bei einheitlicher Steuerung (geschlossene logische Gesamtsicht) und dezentralen Zugriffsmöglichkeiten. Voraussetzung für dieses Konzept ist ein vernetztes Kommunikationssystem (Rechnernetz). Es handelt sich hierbei um ein **Verteiltes Datenbanksystem (VDBS)**, für das eine große Nachfrage in der Praxis besteht und das deshalb später im zweiten Band eingehend behandelt werden soll.[5]

Unter einem Verteilten Datenbanksystem (VDBS) ist ein logisch integrierter Datenbestand zu verstehen, der durch ein einheitliches konzeptionelles Datenmodell definiert ist und physisch auf mehrere Knoten (Teildatenbanken) in einem Rechnernetz verteilt ist.

Die **physische Datenbank** (physische Ebene) ist bei einem VDBS in mehrere getrennte Einheiten aufgeteilt, die sich an verschiedenen Orten (Knoten) befinden und miteinander über Datennetze kommunizieren können. Auf der **logischen konzeptionellen Ebene** bleibt die Gesamtsicht erhalten. Die Aufteilung der physischen Ebene, die sich aus den Anforderungen aus Anwendersicht ergeben soll, kann sich z.B. an der Aufteilung der **externen Ebene**, d.h. an den externen Schemata bzw. Sichten orientieren. Der Ausdruck "logisch integriert" soll dabei sowohl die Erreichbarkeit der Daten von allen Stellen (Knoten) kennzeichnen als auch auf vorhandene Abhängigkeiten der verteilten logischen Dateneinheiten (z.B. entsprechend der externen Sichten) hinweisen. Die Anforderungen an ein VDBS zeigen, daß das DBVS, das hier auch ein logisch geschlossenes System darstellt, noch weitere Aufgaben zu erfüllen hat, die sich vor allem auf die Kommunikationsfähigkeiten und die Einhaltung zusätzlicher Integritätsbedingungen zwischen den einzelnen verteilten Datenbereichen beziehen. Die dabei auftretenden Probleme, die im zweiten Band detailliert behandelt werden, beziehen sich auf

- die **Datenfragmentierung**, d.h. auf den Gegenstand der Verteilung;
- die **Datenverteilung**, d.h. auf die partitionierte, voll redundante oder partiell redundante Verteilung im Netz und
- die **Datenlokalisierung**, d.h. auf den Aufbau und die Verteilung des Data Dictionary-Systems.

Der häufige Zugriff von mehreren Personen auf ein Verteiltes Datenbanksystem vergrößert auch das Transaktionsproblem, da hier knotenübergreifende Transaktionen ablaufen können.

Das **Datenbankverwaltungssystem (DBVS)** bei einem VDBS kann zentral in einem ausgewählten Knoten (Zentralknoten) gegeben sein oder auch physisch auf mehrere Knoten verteilt sein. In der Regel wird der Kern des DBVS zentral

---

5 Vgl. Zehnder (1989), S. 243ff.

gehalten. Teilbereiche des DBVS, die sich vor allem auf die vielfältigen Kommunikationsschnittstellen beziehen, lassen sich dezentral organisieren. Das DBVS stellt selbstverständlich in seiner logischen Gesamtsicht eine Einheit dar.

Verteilte Datenbanksysteme (VDBS) lassen sich in einer lokalen Umgebung (über ein Lokales Netz - LAN) oder in einer weiten bzw. öffentlichen Umgebung (Weitverkehrsnetze (WAN) bzw. öffentliche Netze) realisieren. In der folgenden Abbildung 7/11 ist ein VDBS skizziert, bei dem die Datenbank auf einzelne Knoten, die vernetzte Rechner darstellen, aufgeteilt ist (DB_1, ..., DB_6). Im Knoten, der die DB_3 enthält, soll sich auch der Kern des DBVS befinden. Geeignete Kommunikationsschnittstellen für die Benutzer (B_i) befinden sich in allen Knoten. Von jedem Knoten kann man auf alle Knoten zugreifen, d.h. der gesamte Datenbestand, der hier auf sechs Rechner verteilt ist, ist von allen Netzrechnern aus erreichbar. Die Benutzer können sich wiederum, wie beim nicht-verteilten DBS, in lokaler Umgebung befinden, als auch über Datenfernübertragungswege auf das verteilte Datenbanksystem zugreifen.

An die Datenbankverwaltungssysteme (DBVS), die eine verteilte Datenbank steuern, verwalten und kontrollieren (Software für verteilte Datenbanksysteme), werden hohe Anforderungen gestellt. Neben den Zugriffsproblemen mit den Problemen des Datenschutzes, der Datensicherheit und der Datenkonsistenz (vgl. Kapitel 8) treten noch Kommunikations-, Koordinations- und Kooperationsprobleme beim Einsatz von Anwendungsprogrammen unter Nutzung verteilter Datenbanksysteme auf (verteilte Datenverarbeitung bzw. Datenverarbeitung in verteilten Systemen). Obwohl verteilte Datenbanksysteme von einigen DB-Herstellern angeboten werden, ist ihr Einsatz aufgrund der bekannten Probleme nicht sehr verbreitet. Verteilte Datenbanksysteme (VDBS) sind nicht zu verwechseln mit einem Verbund von einzelnen Datenbanksystemen, die alle selbständig und logisch in sich geschlossen sind (vgl. folgende Ausführungen).

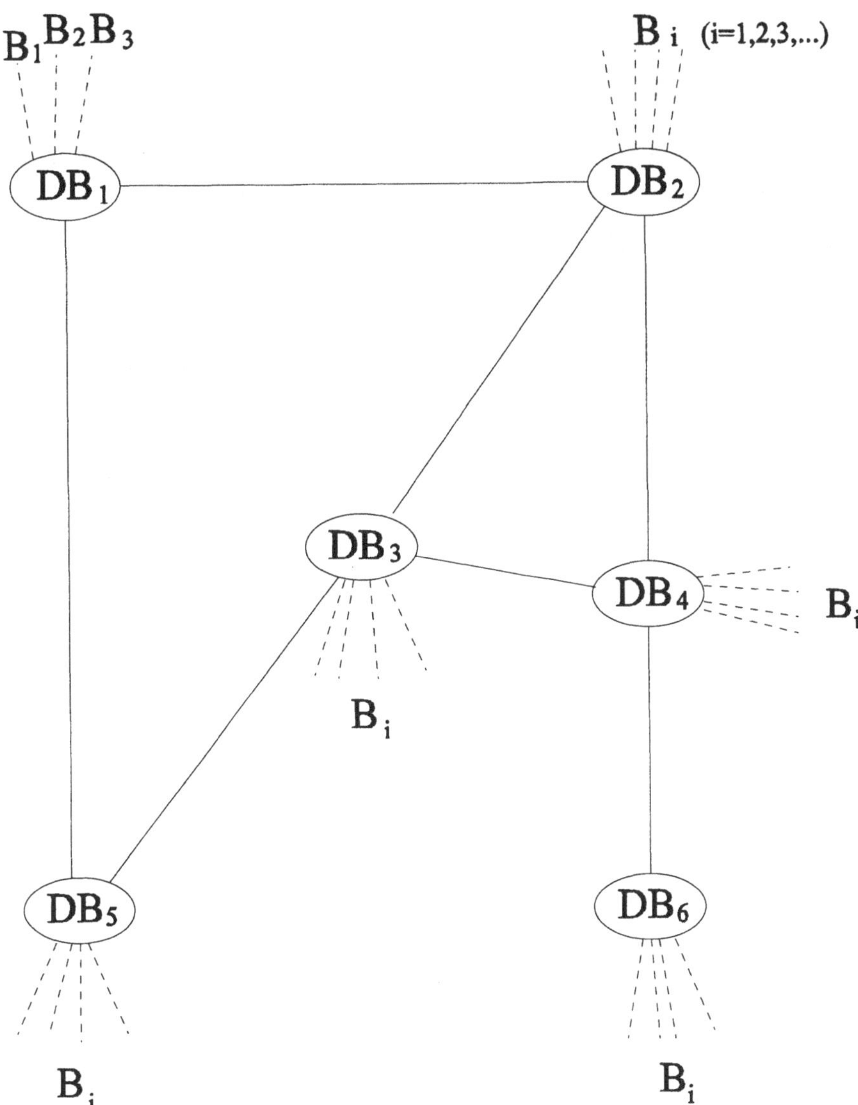

Abb. 7/11. Konzept eines verteilten Datenbanksystems (VDBS)
(Beispiel mit 6 Teildatenbanken)

c) Verbund von selbständigen Datenbanksystemen

Eine weitere Architekturform ergibt sich aus der Anforderung, daß mehrere **selbständige Datenbanksysteme**, die auf unterschiedlichen Rechnern in einem **Rechnernetz** selbständig arbeiten können, miteinander kommunizieren können. Wir haben somit hier vollständige, logisch in sich geschlossene Datenbanksysteme, die untereinander kooperieren können. Die Gründe für dieses Konzept einer **Datenbanksystem-Kopplung** liegen in verschiedenen Verbundvorteilen, wie z.B. Datenverbund, Lastverbund, Sicherheitsverbund. Die folgende Abbildung 7/12 zeigt vier **verbundene Datenbanksysteme** (DBS_1, ..., DBS_4), die alle über ihre Rechner miteinander gekoppelt sind. Die direkten Benutzer des DBS_1 ($B1_i$), das im Rechner 1 implementiert ist, können somit auch auf die Daten der Datenbanksysteme DBS_2, DBS_3 oder DBS_4 zugreifen (falls sie berechtigt sind).

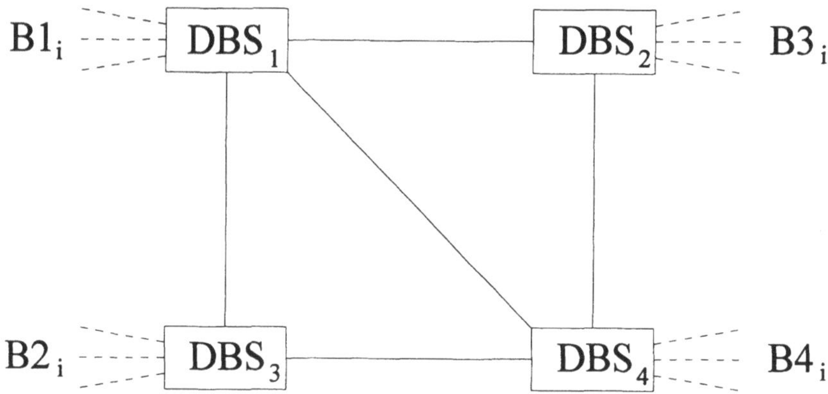

Abb. 7/12. Verbund von vier selbständigen Datenbanksystemen (Beispiel)

Zukünftige Datenbanksystemkonzepte sind stark von dezentralen Organisationsformen geprägt, die sich durch **vernetzte Rechnersysteme** realisieren lassen. Neben den Verbundmöglichkeiten selbständiger Datenbanken spielen die Nutzungsmöglichkeiten in lokalen Netzen (LAN) eine große Rolle. Hierbei haben sich **File-Server-Systeme** als eine nützliche Form herausgebildet, bei denen Daten von speziellen Servern angeboten werden (im Client-Server-Konzept). Da hier leistungsfähige Rechner genutzt werden, die auch anspruchsvolle Nutzungsmöglichkeiten für umfangreiche Datenbanken garantieren, spricht man auch von **Workstation-Server-Architekturen**. Zunehmende Bedeutung gewinnen auch Datenbanken, die in einem weiten Netz (z.B. über Internet) untereinander verbunden sind und die weltweit miteinander kooperieren können. Zukünftige Architekturen werden auch durch die Kopplung bzw. Integration von Wissensbanken bzw. von Wissensbasierten Systemen geprägt sein. Die hier kurz vorgestellten erweiterten Datenbanksystemarchitekturen werden im zweiten Band ausführlich behandelt.

7.5 Übungsaufgaben zum Aufbau und zur Arbeitsweise eines Datenbanksystems

Aufgabe 7-1: Aus welchen Komponenten besteht ein Datenbanksystem? Welche grundlegenden Aufgaben haben diese Systemkomponenten zu erfüllen?

Aufgabe 7-2: Was versteht man unter einer Datenbeschreibungssprache (DDL), was unter Datenmanipulationssprache (DML)?

Aufgabe 7-3: Erläutern Sie den Unterschied zwischen einer prozeduralen und einer deklarativen bzw. deskriptiven Sprache.

Aufgabe 7-4: Beschreiben und begründen Sie das Drei-Ebenen-Konzept einer Datenbank.

Aufgabe 7-5: Skizzieren Sie die Aufgaben eines Datenbankverwaltungssystems. Erläutern Sie vor allem die Aufgaben zur Gewährleistung der Integrität und zum Schutz der Daten gegen unberechtigten Zugriff.

Aufgabe 7-6: Wie ist ein Verteiltes Datenbanksystem (VDBS) definiert? Erläutern Sie seine Anwendungsmöglichkeiten und die Vorteile seiner Nutzung.

Aufgabe 7-7: Erörtern Sie die Vorteile beim Verbund von selbständigen Datenbanksystemen.

Aufgabe 7-8: Diskutieren Sie die Einsatzmöglichkeiten eines weltweiten Verbunds von Datenbanksystemen. Wie lassen sich solche Systeme technisch realisieren?

7.6 Ausgewählte Literatur zu Kapitel 7

Blaser, A.; Jarke, M.; Lehmann, H.; Müller, G. (1987): Datenbanksprachen und Datenbankbenutzung, in: Lockemann, P.C.; Schmidt, J.W. (Hrsg.): Datenbank-Handbuch, Berlin u.a. 1987, S. 559-635.

Date, C.J. (1982): An Introduction to Database Systems, Bonn 1982.

Ferstl, O.K.; Sinz, E.J. (1993): Grundlagen der Wirtschaftsinformatik, Band 1, München, Wien 1993, S. 337-361.

Lockemann, P.C.; Dittrich, K.R. (1987): Architektur von Datenbanksystemen, in: Lockemann, P.C.; Schmidt, J.W. (Hrsg.): Datenbank-Handbuch, Berlin u.a. 1987, S. 85-161.

Martin, J. (1987): Einführung in die Datenbanktechnik, München, Wien 1987.

Niedereichholz, J. (1992): Datenbanksysteme. Konzepte und Management, Berlin u.a. 1992.

Schlageter, G.; Stucky, W. (1983): Datenbanksysteme: Konzepte und Modelle, 2. Auflage, Stuttgart 1983, S. 21-43, S. 138-161.

Stucky, W.; Krieger, R. (1990): Datenbanksysteme, in: Kurbel, K.; Strunz, H. (Hrsg.): Handbuch Wirtschaftsinformatik, Stuttgart 1990, S. 837-856.

Zehnder, C.A. (1989): Informationssysteme und Datenbanken, 5. Auflage, Stuttgart 1989, S. 110-159, S. 210-255.

8 Datenintegrität von Datenbanksystemen

Der Begriff "Integrität" kommt aus dem Lateinischen und wird im Brockhaus-Lexikon mit dem Begriff "Makellosigkeit" erklärt. Unter Datenintegrität von DB-Systemen wollen wir entsprechend die "Makellosigkeit der Daten bzw. der Datenverwendung" verstehen, die in Datenbanken gespeichert und von einem Datenbankverwaltungssystem (DBVS) (das auch häufig als Datenbankmanagementsystem (DBMS) bezeichnet wird) verwaltet werden.[1] Dabei gehören die meisten Maßnahmen zur Sicherstellung der Datenintegrität zu den Aufgaben des DBVS (vgl. Abschnitt 7.1.2). So soll das DBVS - ggf. in Verbindung mit dem Betriebssystem des genutzten DV-Systems - dafür sorgen, daß

- die gespeicherten Daten nicht im Widerspruch zu sich selbst und/oder zu den Festlegungen in den konzeptionellen und externen Schemata (vgl. Abschnitt 7.2) stehen (diese Eigenschaft wird als **Datenkonsistenz** bezeichnet, die in Abschnitt 8.2 ausführlich behandelt wird),
- die gespeicherten Daten zu jedem beliebigen Zeitpunkt in korrekter Form vorliegen und nutzbar sind und keine unerlaubten Operationen auf der Datenbank ausgeführt werden, die beispielsweise die Daten löschen, manipulieren oder schädigen können (diese Eigenschaft wird als **Datensicherheit** bezeichnet, die in Abschnitt 8.3 erläutert wird),
- die gespeicherten Daten nur von dazu Befugten und im Rahmen der festgelegten Befugnis genutzt werden können (diese besondere Form der Datensicherheit bezeichnet man als **Datenschutz**, den wir in Abschnitt 8.4 betrachten werden).

8.1 Begriffserklärung und Ziele der Datenintegrität

An die **Drei-Schema-Architektur** von Datenbanksystemen anknüpfend (vgl. Abschnitt 7.2) kann man die **Datenintegritätsziele** in einer ersten Näherung den drei Ebenen zuordnen (vgl. Abb. 8/1).

---

[1] Vgl. hierzu z.B. Schwarze (1994), S. 199ff.; Zehnder (1989), S. 175ff.; Schlageter/Stucky (1983), S. 287ff.; Pommerening (1991).

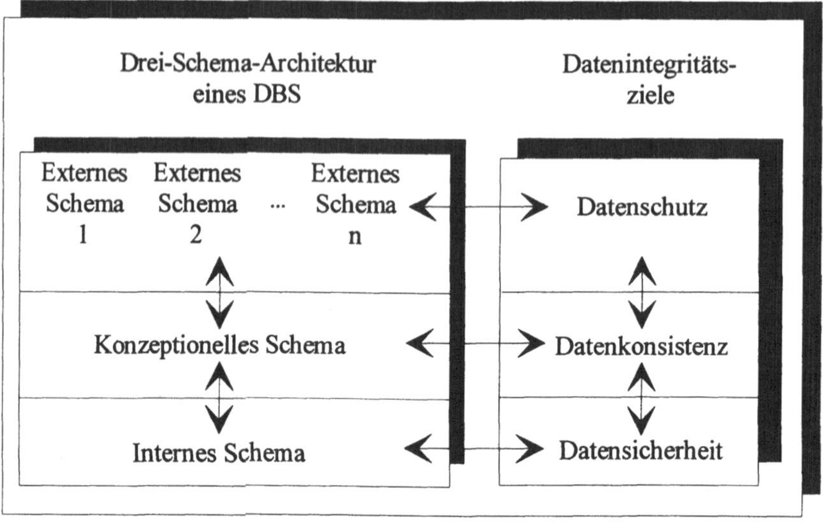

Abb. 8/1. Drei-Schema-Architektur und Datenintegrität

Die **Datenschutzproblematik** ist vor allem auf der Schnittstelle von Benutzer und Datenbank zu sehen, d.h. sie sollte durch die einzelnen **externen Schemata** gewährleistet werden. Der Datenschutz ist jedoch auch auf der konzeptionellen Ebene zu garantieren und wird letztlich auf der physischen Ebene abgesichert. Die **Datenkonsistenz** bezieht sich auf den gesamten (logischen) Datenbestand, der durch das **konzeptionelle Schema** festgelegt ist. Die **Datensicherheit** soll die physisch gespeicherten Daten sichern, für die das **interne Schema** verantwortlich ist.

Datensicherheit, Datenschutz und Datenkonsistenz beziehen sich im allgemeinen Sinne nicht nur auf die Daten, sondern auf alle gespeicherten Informationen, d.h auf die gesamte Software (Programme), bestehend aus Systemsoftware (u.a. Betriebssysteme), Anwendungssoftware und Daten. Die Sicherung von Programmen (**Programmsicherung**) soll die Programme (Software) vor Verlust und Verfälschung schützen. Hierbei sind vor allem die Probleme des Kopierschutzes (Raubkopien) und der Bedrohung durch Virenprogramme[2] zu beachten. Wir wollen uns im folgenden auf die Sicherung, den Schutz und die Konsistenz der Daten konzentrieren, die in Datenbanksystemen gespeichert sind und die von

2 Vgl. Burger (1989).

Menschen benutzt und von Programmen verarbeitet werden. Gegenstand unserer Betrachtung sind somit die gespeicherten Datenobjekte, ihre Verknüpfungen (Beziehungen) und ihre Modellstrukturen (z.B. Relationen, Objekte, Hierarchien, Netzwerke).

Die drei Begriffe Datensicherheit, Datenschutz und Datenkonsistenz lassen sich nicht scharf trennen, da sie eng zusammenhängen und sich gegenseitig beeinflussen. Diese Problematik der definitorischen Abgrenzungen ist auch in der Literatur feststellbar, wo die Begriffe abweichend erläutert werden.[3] Häufig werden die beiden Begriffe Datensicherheit und Datenintegrität beschrieben, wobei die **Datensicherheit** einen Zustand bezeichnet, bei dem Datensicherung und Datenschutz gewährleistet sind. Unter **Datenintegrität** versteht man in der Regel die Datenkonsistenz, d.h. die Widerspruchsfreiheit und Korrektheit der Daten.

Die **Datensicherung** (data security) bedeutet die Bewahrung der Daten vor Verfälschung oder Vernichtung. Eine Verfälschung liegt vor, wenn Daten in unzulässiger Weise verändert, d.h. manipuliert, aber auch gelöscht oder sogar geschädigt werden. Eine Vernichtung von Daten entsteht entweder als Ergebnis eines programmbedingten Löschvorgangs oder als Folge einer Beschädigung oder Zerstörung des Datenträgers. Die Verfälschung bzw. Vernichtung der Daten kann die Folge von unbeabsichtigten Hardware- oder Softwarefehlern (Programmfehlern) sein, aber auch das Ergebnis einer von Menschen bewußt vollzogenen strafbaren Handlung. Eine weitere Ursache kann durch Katastrophen gegeben sein, die z.B. zu Feuer-, Wasser- oder Sturmschäden an den DV-Systemen führen können.

Der **Datenschutz** (data protection) hat das Ziel, die Persönlichkeitsrechte zu sichern. Er ist vor allem im Zusammenhang mit der mißbräuchlichen Verwendung von Daten zu sehen. Häufig ist der Datenmißbrauch als Folge fehlender Datensicherheit zu sehen, so daß beide Begriffe in einem engen inhaltlichen Zusammenhang stehen. In der Regel grenzt man den Begriff Datenschutz stärker ein und versteht darunter die Sicherung der Persönlichkeitsrechte bzw. den Schutz vor mißbräuchlicher Verwendung **personenbezogener Daten**. Dieser Begriffsauslegung des Bundesdatenschutzgesetzes folgen auch wir in Abschnitt 8.4.

Die **Datenintegrität** im Sinne der Widerspruchsfreiheit und Korrektheit der Daten folgt einer engen Auslegung des Begriffs. Hierfür wird häufig auch der Begriff "**semantische Integrität**" benutzt, der die Korrektheit der Daten in dem Sinne versteht, daß sie mit der "realen Welt" übereinstimmen. In Abgrenzung hierzu spricht man von der "**operationalen Integrität**", die sich auf die Unversehrtheit der Daten bezieht, d.h. auf die Bewahrung der Daten vor Verfälschung oder Vernichtung.

Wir wollen hier die Integrität als Oberbegriff setzen (wie in der Überschrift zu Kapitel 8 bezeichnet) und darunter die Problembereiche Datenkonsistenz, Datensicherheit und Datenschutz verstehen (vgl. die Abschnitte 8.2, 8.3 bzw. 8.4). Beim

---

3 Vgl. z.B. Pressmar (1990).

Datenschutz sehen wir die enge Auslegung, d.h. den Schutz personenbezogener Daten, den wir als besonderes Datensicherheitsziel hervorheben (vgl. Abschnitt 8.4). Ein zentrales Thema ist die Datensicherheit, die durch allgemeine Datensicherungsmaßnahmen gewährleistet werden soll (vgl. Abschnitt 8.3). Die Datenkonsistenz beinhaltet die semantische Datenintegrität als spezielle Integritätsform (vgl. Abschnitt 8.2).

Die Verletzung der Integrität kann nicht nur in gezielter Absicht durch Personen verursacht werden, sondern auch in unbeabsichtigter Form, so z.B. durch falsche Bedienung des Systems oder durch Eingabe falscher Daten. Weiterhin liegen mögliche Ursachen in Programmfehlern, z.B. in einer fehlerhaften Systemoberfläche (**Softwarefehler**), und in **Hardwarefehlern**, so z.B. technische Fehler im DV-System, die Störungen bewirken, oder Speicherfehler (Fehler in Plattensystemen bzw. Diskettenfehler). Die Vielfältigkeit der auftretenden Fehler und ihrer Ursachen führt zu einer großen Anzahl von Maßnahmen zur Fehlererkennung und -beseitigung, die im folgenden vorgestellt werden.

Betrachten wir unser **VHS-Beispiel**, so haben wir bereits durch die Entwicklung des Informationsstrukturmodells (ISM, vgl. Kap. 2) und des daraus abgeleiteten **konzeptionellen Datenmodells** (vgl. Kap. 3), beispielsweise durch Anwendung der Codd'schen Normalformenlehre, Redundanzen im logischen Datenmodell konsequent vermieden. Damit sinkt zwangsläufig das Risiko, daß gespeicherte Daten im Widerspruch zu sich selbst stehen können, und es ist hier bereits ein wesentlicher Beitrag zur **Datenkonsistenz** erbracht. Denn nur wenn gleiche Daten beispielsweise über einen Dozenten an mehr als einer Stelle im konzeptionellen Schema vorgesehen sind (z.B. die Anschrift), kann es in der Datenbank zur Speicherung unterschiedlicher Werte zum selben Dozenten kommen. Ist aber z.B. die Anschrift des Dozenten in der Datenbank nur einmal vorhanden, so arbeiten automatisch alle Benutzer bzw. alle Programme mit eben dieser Anschrift (über deren Richtigkeit jedoch noch nichts ausgesagt ist). Ändert sich die Anschrift, so muß sie nur an einer Stelle korrigiert werden.

Im ISM unseres VHS-Beispiels haben wir außerdem festgelegt, daß jeder im Semesterprogramm angebotene Kurs, der eindeutig durch die Kursnummer (als identifizierende Merkmalsklasse) identifiziert ist, genau von einem Dozenten bzw. einer Dozentin, eindeutig identifiziert durch die Dozentennummer, gehalten wird (vgl. die Qualifizierung und Typisierung in Abschnitt 2.2.2). Diese Festlegung stellt gleichsam eine **Bedingung** für die in der VHS-Datenbank gespeicherten Daten dar. Widerspruchsfreiheit zwischen gespeicherten Daten und dem logischen Datenmodell, d.h. Datenkonsistenz in der VHS-Datenbank, ist also nur gegeben, wenn z.B. zu konkret gespeicherten Kursdaten auch die Dozentendaten genau eines Dozenten vorhanden sind. Das DBVS muß also zur Einhaltung der Datenkonsistenz beispielsweise verhindern, daß die Daten zu einem Dozenten gelöscht werden, wenn noch die Daten mindestens eines Kurses gespeichert sind, den der Dozent hält bzw. halten soll.

Selbstverständlich erwarten wir, daß unsere VHS-Datenbank möglichst immer, wenn damit gearbeitet werden soll, zur Verfügung steht und daß die Benutzer - im Rahmen ihrer Rechte - auf die aktuellen, korrekten und vollständig gespeicherten Daten zugreifen können. Nun kann das Datenbankverwaltungssystem (DBVS) natürlich nicht verhindern, daß im DV-System (Betriebssystem bzw. Hardware) einmal ein Fehler auftritt, der eine Nutzung der Datenbank vorübergehend ausschließt. Wir fordern jedoch vom DBVS, daß es sicherstellt, daß die gespeicherten Daten nach Wiederaufnahme des Betriebs wieder auf demselben korrekten Stand wie vor Eintritt des DV-Fehlers sind. Diese Leistung des DBVS ist ein Beitrag zur im Rahmen der Datenintegrität geforderten **Datensicherheit**.

Unsere VHS-Datenbank enthält personenbezogene Daten über Teilnehmer/-innen, Mitarbeiter/-innen und Dozenten bzw. Dozentinnen. Das DBVS muß garantieren können, daß auf diese personenbezogenen Daten nur die jeweils dazu Berechtigten zugreifen dürfen. Für die Buchhaltung ist es beispielsweise zur Aufgabenerledigung unbedingt notwendig, die Beitragsermäßigung einer Teilnehmerin zu kennen, um einen korrekten Lastschrifteinzug zu veranlassen. Ein Dozent hingegen muß beispielsweise für seine Tätigkeit nicht wissen, ob und ggf. welche Beitragsermäßigung eine Teilnehmerin erhält. Somit ist den Dozenten/-innen der Zugriff auf den Eintrag zur Beitragsermäßigung völlig zu verwehren, dem Buchhalter ein lesender Zugriff darauf zu gestatten, während allein die für die Teilnehmerverwaltung zuständige Stelle auf die Eintragung über die Beitragsermäßigung lesend und schreibend zugreifen darf. Diese Forderung an das DBVS kommt offensichtlich aus dem Bereich des **Datenschutzes**.

Um die **Ziele der Datenintegrität** zu erreichen, sind sowohl **Datenkonsistenz** als auch **Datensicherheit** und **Datenschutz** notwendig (vgl. Abb. 8/1). Gleichwohl stellen sie keine vollständig komplementären und disjunkten Subziele des Oberziels Datenintegrität dar. Die Subziele ergänzen sich einerseits, indem sie das gemeinsame Ziel der Datenintegrität verfolgen, können sich aber andererseits auch gegenseitig belasten. So kann z.B. aus Datensicherheitsgründen ein Datenbestand kopiert werden, also zweimal abgespeichert werden, was die Sicherung der Konsistenz einschränkt. Es lassen sich auch die Maßnahmen zur Gewährleistung der Datenintegrität nicht immer sauber nach den genannten Subzielen trennen. Die zur Erreichung der Datenintegrität erforderlichen Maßnahmen beeinflussen darüberhinaus in erheblichem Maße die Performance des Datenbanksystems, da zusätzliche Bedingungen das DBVS vergrößern und die Benutzung des Datenbanksystems letztlich erschweren.

So werden z.B. bei einer Normalisierung bis zur dritten Normalform Redundanzen bekanntlich weitgehend vermieden (vgl. Abschnitt 3.3.1). Eine entsprechende Umsetzung in eine konkrete Datenbank hätte jedoch i.d.R. relativ viele Relationen mit jeweils nur relativ wenig zugehörigen Attributen zur Folge. Für Auswertungsläufe - beispielsweise zum Druck des Semesterprogramms, der Teilnahmestatistik o.ä. - erfordert eine entsprechende physische Organisation jedoch viele physische Zugriffe für einen logischen Fall. Auch eine hohe Blockung wirkt sich nicht entscheidend aus, da die physische Ordnung nicht der logischen entspricht (vgl. Kapitel 6). Die Laufzeiten der Auswertungsläufe auf der Basis einer Datenbank, die auch physisch der dritten Normalform gerecht wird, sind grundsätzlich - und zum Teil erheblich - länger als sie es bei Verzicht auf entsprechende Normalisierung oder gar Verzicht auf Einsatz einer Datenbank wären. In der Praxis führt dies mitunter zwangsläufig zu Kompromißlösungen mit beispielsweise gewollter Redundanz zur Performance-Verbesserung. Redundanz jedoch ist aus Sicht der Datenkonsistenz unbedingt zu vermeiden.

Die **Zielkonkurrenz von Datenintegrität und Performance** wird bezogen auf die **Datenkonsistenz** zusätzlich deutlich, wenn wir uns klarmachen, daß natürlich jede Abprüfung einer **Konsistenzbedingung** vor Änderung eines Datenbankzustands Prozessorzeit der DV-Anlage und je nach Art der Konsistenzbedingung auch Zugriffszeit auf externe Speicher erfordert (die Klassifizierung von Konsistenzbedingungen werden wir im Abschnitt 8.2.1 behandeln). Bezüglich **Datensicherheit** und **Datenschutz** ergibt sich beispielsweise die Notwendigkeit spezieller **Berechtigungsüberprüfungen** vor einzelnen Datenzugriffen, die ebenfalls die Antwortzeit im Dialog bzw. die Laufzeit eines Batch-Programms erhöhen und somit die Performance verschlechtern (die Berechtigungsprüfungen werden detailliert im Abschnitt 8.4 dargestellt). Datensicherheit wiederum erfordert u.a. die redundante Speicherung von Datenbankinhalten zum Zweck der Wiederherstellung der Daten, beispielsweise nach der Zerstörung einer Festplatte durch einen sogenannten "Head-crash". Die Pflege der Daten zu Datensicherungszwecken erfordert selbstverständlich ebenfalls Prozessorzeit und insbesondere Zugriffe auf externe Speicher und verschlechtert damit die Performance der Anwendung (mehr dazu in Abschnitt 8.3.2).

Datensicherheit und Datenschutz ihrerseits bedingen zwar beide gewisse **Zugangs- und Zugriffskontrollen** und verfolgen insoweit komplementäre Ziele. Aus Datenschutzgründen jedoch ist die Anzahl der zu schützenden Daten zu minimieren, während die Datensicherheit die Mehrfachspeicherung von Daten gerade erfordert. In diesem Punkt liegt demnach Zielkonkurrenz zwischen Datensicherheit und Datenschutz vor.

Nachdem wir nun allgemein die Beziehungen zwischen Datenintegrität und Performance sowie die teilweise Zielkonkurrenz zwischen Datenkonsistenz, Datensicherheit und Datenschutz erkannt haben, werden wir nachfolgend die drei Integritätsziele und die Maßnahmen zu ihrer Erreichung jeweils im Einzelnen in den folgenden Abschnitten betrachten.

8.2 Datenkonsistenz

Eine Datenbank ist konsistent, wenn ihr Inhalt mit der Beschreibung im konzeptionellen Modell (und letztlich mit dem realen Anwendungsbereich) übereinstimmt und die gespeicherten Daten widerspruchsfrei sind. Die Probleme und die Maßnahmen zur Gewährleistung der Datenkonsistenz wollen wir an dem folgenden kleinen Ausschnitt aus der Datenbank zu unserem VHS-Beispiel erläutern:

Wir betrachten in Anlehnung an die ISM-Entwicklung in Kap. 2 dazu die Informationsobjektklassen FACHBEREICHE und DOZENTEN mit ihren Merkmalsklassen sowie die Verknüpfungsklasse HABEN, die eine nicht-optionale 1:N-Verknüpfung darstellt (vgl. Abb. 8/2). Bei einer Umsetzung in ein relationales konzeptionelles Schema wird die 1:N-Verknüpfung durch Aufnahme des Attributs FB_NR als Fremdschlüssel in der Relation DOZENTEN realisiert (vgl. Kapitel 3).

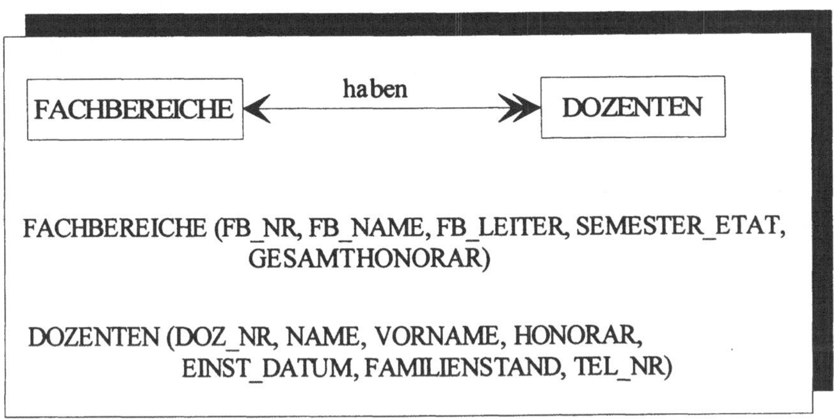

Abb. 8/2. Beispiel-ISM zur Datenkonsistenzuntersuchung

8.2.1 Klassifizierung von Konsistenzbedingungen

Die Konsistenz bezieht sich auf den logischen Inhalt der Daten, d.h. auf die logische Korrektheit. Was logisch richtig ist, muß demnach vorgegeben sein. Die Vorgabe, die sich an der "realen Welt" orientieren muß, erfolgt in Form von

Konsistenzbedingungen. Erinnern wir uns daran, daß unser VHS-Beispiel über 7 Fachbereiche verfügt, die von 1 bis 7 durchnumeriert sind (vgl. Abschnitt 0.4). In SQL-Syntax (vgl. Abschnitt 7.1.3, mehr zu dieser Datenbanksystemsprache folgt in Band II) sieht die diesen Sachverhalt repräsentierende **Konsistenzbedingung (KB)**, basierend auch auf den Angaben in Abb. 8/2, wie folgt aus:

ASSERT KB_FB_NR ON FACHBEREICHE: FB_NR BETWEEN 1 AND 7.

Dabei ist KB_FB_NR die Bezeichnung dieser Konsistenzbedingung (KB), die sich auf die Merkmalsklasse FB_NR bezieht. Sie wird bei jedem Versuch, in der Datenbank eine Fachbereichsnummer zu speichern, sofort überprüft. Eine fehlerhafte Speicherzuordnung, z.B. die Fachbereichsnummer 8, ist zu jedem beliebigen Zeitpunkt als unzulässig erkennbar. Eine Zurückweisung vor der Speicherung ist sinnvoll.

Damit haben wir in diesem kleinen Beispiel alle Komponenten, die allgemein zu einer **vollständigen Konsistenzbedingung** gehören, bereits kennengelernt:

- eine eindeutige Bezeichnung der Konsistenzbedingung,
- die Bedingung selbst,
- die Angabe der betroffenen Objektmenge,
- die Festlegung des Überprüfungszeitpunkts,
- die Bedingungsart und
- die Reaktionsform.

Damit ergibt sich gleichzeitig eine **Klassifikationsmöglichkeit** für Konsistenzbedingungen nach

- dem **Objektmengenumfang**:
  - ein Merkmal (MM),
  - mehrere MMs eines Informationsobjekts (IO),
  - mehrere IOs einer Informationsobjektklasse (IOK) oder
  - mehrere IOs aus mehreren IOKs;
- dem **Prüfungszeitpunkt**:
  - primär (unverzögert) oder
  - sekundär (verzögert);

- der **Bedingungsart**:
  - operationsunabhängig (Zustandsbedingung) oder
  - operationsabhängig (Übergangsbedingung);
- der **Reaktionsform**:
  - streng (Bedingung ist immer einzuhalten) oder
  - schwach (Bedingung ist ausnahmsweise verletzbar).

Betrachten wir dazu wieder unser Beispiel-ISM in Abb. 8/2 und die Situation, daß ein neuer Dozent bei der VHS eingestellt wird. Bei Aufnahme seiner Daten in die Dozententabelle (vgl. die Attribute der Informationsobjektklasse DOZENTEN) müssen dann u.a. folgende sechs Konsistenzbedingungen (KB) bezüglich eines neuen Dozenten (DOZ_NEU) sichergestellt werden:

KB_DOZ_NEU_1: die Dozentennummer (DOZ_NR) muß eingegeben werden und dem entsprechenden Bildungsgesetz entsprechen, sie muß also z.B. numerisch dreistellig sein;

KB_DOZ_NEU_2: die Dozentennummer muß eindeutig sein;

KB_DOZ_NEU_3: die Fachbereichnummer (FB_NR) muß gültig sein;

KB_DOZ_NEU_4: die Telefonnummer (TEL_NR) - wenn eingegeben - muß numerisch sein;

KB_DOZ_NEU_5: das Honorar (HONORAR) muß mindestens 400 DM, bei Verheirateten (FAMILIENSTAND) mindestens 480 DM betragen;

KB_DOZ_NEU_6: mit dem zusätzlichen Honorar darf die Honorar-Summe des Fachbereichs dessen Semester-Etat nicht "sprengen".

Die Klassifizierung dieser sechs Konsistenzbedingungen, die mit KB_DOZ_NEU_1 bis KB_DOZ_NEU_6 bezeichnet sind, ist in Abb. 8/3 tabellarisch im Überblick dargestellt. Im Einzelnen werden die Klassen und die Zuordnung der Beispielkonsistenzbedingung zu diesen Klassen in den folgenden Abschnitten 8.2.1.1 - 8.2.1.4 behandelt, die sich an dem oben aufgeführten Klassifikationsschema für Konsistenzbedingungen orientieren (überprüfen Sie zunächst selbst die Angaben in der Abb. 8/3).

	Objektmengen-umfang	Prüfungs-zeitpunkt	Bedingungs-art	Reaktions-form
KB_DOZ_NEU_1	ein MM	primär	Zustand	streng
KB_DOZ_NEU_2	mehrere IO's	primär	Zustand	streng
KB_DOZ_NEU_3	mehrere IOK's	primär	Zustand	streng
KB_DOZ_NEU_4	ein MM	primär	Zustand	schwach
KB_DOZ_NEU_5	mehrere MM's	primär	Zustand	streng
KB_DOZ_NEU_6	mehrere IOK's	sekundär	Zustand	streng

Abb. 8/3. Überblick über die Klassifizierung der Konsistenzbedingungen zum Bearbeitungsfall "Neuzugang eines Dozenten"

8.2.1.1 Klassifizierung nach dem Objektmengenumfang

Bei der Klassifizierung nach dem Objektmengenumfang geht es um die Frage, welche und wieviele Objekte bei der Prüfung einer Konsistenzbedingung zu berücksichtigen sind. Die Konsistenzbedingungen werden danach in eine der vier oben bereits genannten **Objektmengenumfangsklassen** eingeteilt (vgl. hierzu auch Abschnitt 2.1):

- **ein Merkmal (MM),**
- **mehrere Merkmale (MMs) eines Informationsobjekts (IO),**
- **mehrere IOs einer Informationsobjektklasse (IOK),**
- **mehrere IOs aus mehreren IOKs.**

Die Festlegung der Objektmengenumfangsklasse kann sich in erheblichem Maße auf die Performance der Datenbanksystemanwendung auswirken, denn selbstverständlich ist die Prüfung eines Merkmals eines Informationsobjekts weniger aufwendig als die Einbeziehung mindestens eines weiteren Merkmals desselben Informationsobjekts. Noch aufwendiger ist offensichtlich die Berücksichtigung mehrerer Informationsobjekte derselben Informationsobjektklasse. Den höchsten

Aufwand erfordert i.d.R. der Zugriff auf Informationsobjekte unterschiedlicher Informationsobjektklassen.

Offenbar kommen bei den sechs aufgestellten Konsistenzbedingungen unseres Bearbeitungsfallbeispiels (vgl. Abb. 8/3) alle vier Objektmengenumfangsklassen mindestens einmal vor:

Die Bedingungen 1 und 4 (KB_DOZ_NEU_1: Aufbau der Dozentennummer bzw. KB_DOZ_NEU_4: Aufbau der Telefonnummer) sind ausschließlich durch Vergleich des eingegebenen Wertes mit dem laut jeweiligem Bildungsgesetz zulässigen Wertevorrat prüfbar. Die Objektmenge umfaßt also genau ein Merkmal genau eines Informationsobjekts und ist daher aufwandsmäßig gering.

Die Überprüfung des eingegebenen Honorars auf Zulässigkeit (Bedingung 5) ist nur möglich, wenn der eingegebene Familienstand dabei berücksichtigt wird. Demnach sind hier zwei Merkmale bei einem Informationsobjekt bei der Prüfung heranzuziehen, und zwar die Merkmale in den MMKs HONORAR und FAMILIENSTAND der Informationsobjektklasse DOZENTEN.

Die Eindeutigkeit der Dozentennummer (Bedingung 2) erfordert logisch den Vergleich mit allen bereits in der Dozententabelle vorhandenen Dozentennummern. Die betroffene Objektmenge umfaßt demnach mehrere (hier sogar alle) Informationsobjekte der Informationsobjektklasse DOZENTEN. Tatsächlich wird bei konkreten Datenbanksystemen in einem solchen Fall die Eindeutigkeit - in diesem Fall der Dozentennummer - bereits bei der Tabellendefinition festgelegt. Bei der Bearbeitung eines Neuzugangs wird dann ein Leseversuch - hier mit der eingegebenen Dozentennummer - unternommen, und nur bei Mißerfolg des Leseversuchs (Return-Code: Informationsobjekt nicht vorhanden) wird die Bearbeitung fortgesetzt, weil dann natürlich die Eindeutigkeit - hier der Dozentennummer - gewährleistet ist. Vom DBVS muß jedoch sichergestellt werden, daß zwischen erfolglosem Leseversuch und Speicherung der dann zulässigen neuen Dozentennummer keine Unterbrechung der Bearbeitung erfolgen kann, um Konsistenzprobleme aufgrund des Mehrbenutzerbetriebs zu verhindern.

Bei den Bedingungen 3 und 6 sind mehrere IOKs und zwar jeweils beide im Beispiel vorhandenen Informationsobjektklassen zu beteiligen. So ist die Gültigkeit einer für die Informationsobjektklasse DOZENTEN vorgesehenen Fachbereichsnummer (Bedingung 3) nur durch Zugriff mittels genau dieser FB_NR als Suchschlüssel auf die Informationsobjektklasse FACHBEREICHE sicherzustellen. Weiterhin darf ein neuer Dozent nur dann von einem Fachbereich beschäftigt, d.h. seine Daten in die DOZENTEN-Tabelle aufgenommen werden, wenn der Fachbereichsetat die Erhöhung der Honorarsumme um das für den neuen Dozenten eingegebene Honorar zuläßt (Bedingung 6). In beiden Fällen ist vom DBVS - analog zu Bedingung 2 - dafür Sorge zu tragen, daß die Bearbeitung beider Informationsobjektklassen ununterbrochen abläuft, also beispielsweise verhindert wird, daß eine Fachbereichsnummer durch einen Bearbeitungsfall X gelöscht wird, nachdem zuvor ihre Gültigkeit gerade einem noch nicht abgeschlossenen Bearbeitungsfall Y bestätigt worden ist (mehr zur Problematik paralleler Bearbeitungsfälle aufgrund des Mehrbenutzerbetriebs folgt im Abschnitt 8.3).

8.2.1.2 Klassifizierung nach dem Zeitpunkt der Prüfung

Bei dem Kriterium Prüfungszeitpunkt unterscheiden wir

- **primäre bzw. unverzögerte** und
- **sekundäre bzw. verzögerte Konsistenzbedingungen**.

Als primär gilt eine Konsistenzbedingung dann, wenn sie nach jeder elementaren Datenbankoperation auch direkt (unverzögert) überprüfbar ist. Primäre Konsistenzbedingungen liegen demnach immer dann vor, wenn der Bearbeitungsfall, auf den sich die Konsistenzbedingung bezieht, mit nur höchstens einer (elementaren) Datenänderungsoperation verbunden ist. Sind jedoch bei einem Bearbeitungsfall Änderungen bei mindestens zwei Informationsobjekten vorzunehmen, so muß die Konsistenzprüfung verzögert werden, bis alle betroffenen Datenänderungsoperationen, die eine logische Bearbeitungseinheit darstellen, abgeschlossen sind.

Offenbar sind danach Konsistenzbedingungen, zu deren Prüfung nur Merkmale eines Informationsobjekts benötigt werden, zwangsläufig primär (im Beispiel KB_DOZ_NEU_1, KB_DOZ_NEU_4 und KB_DOZ_NEU_5). Die anderen drei Bedingungen sind zwar alle potentiell sekundär, faktisch jedoch wird nur im Fall von KB_DOZ_NEU_6 bei zwei Informationsobjekten geändert bzw. geschrieben. Konkret erfordert die Eintragung des Honorars eines neuen Dozenten nämlich die quasi-zeitgleiche Erhöhung der Honorarsumme des betroffenen Fachbereichs. Das DBVS muß demnach dem Anwender die Möglichkeit bieten, die beiden Schreiboperationen als sogenannte **Transaktion** (mehr zu Transaktionen im Abschnitt 8.2.3 und 8.3.3) und damit als ununterbrechbar so zu definieren, daß die Konsistenz erst nach Ausführung beider Schreiboperationen wieder hergestellt sein muß. Bei der KB_DOZ_NEU_3, bei der auch mehrere (zwei) IOKs betroffen sind, wird lediglich die zweite IOK überprüft. Also ist (vgl. Abb. 8/3) lediglich die Konsistenzbedingung KB_DOZ_NEU_6 sekundär.

Sekundäre Konsistenzbedingungen behindern wegen ihrer Ununterbrechbarkeit potentiell den Mehrbenutzerbetrieb des Datenbanksystems. Entscheidend ist es hierbei, daß die Zahl der Änderungsoperationen, die bei einem Bearbeitungsfall wegen einer sekundären Konsistenzbedingung zu einer Transaktion zusammengefaßt werden müssen, möglichst klein gehalten werden kann, oder der Bearbeitungsfall in einer Zeit abgewickelt wird, in der möglichst wenig Benutzer gleichzeitig mit den betroffenen Objekten arbeiten bzw. arbeiten wollen.

Ein Beispiel für einen viele Änderungsoperationen bewirkenden Bearbeitungsfall bildet die "Neunumerierung" der Fachbereiche mit mnemotechnischen

Identifikatoren (z.B. wird Fachbereich 01 zu SPR, 02 zu SPO usw.). Diese Änderungen wirken sich auf alle Informationsobjekte der FACHBEREICH-Tabelle und wegen des Fremdschlüssels auch auf alle Informationsobjekte der DOZENTEN-Tabelle aus. Ein anderes Beispiel mit gleicher Wirkung ist die Erhöhung aller Dozenten-Honorare um beispielsweise 10%.

8.2.1.3 Klassifizierung nach der Bedingungsart

Als Bedingungsarten unterscheiden wir

- **Zustandsbedingungen**, die operationsunabhängig sind, und
- **Übergangsbedingungen**, die operationsabhängig sind.

Zustandsbedingungen sind, unabhängig von einer konkreten Änderungsoperation, auch zu einem späteren Zeitpunkt überprüfbar. Offenbar handelt es sich in unserem Beispiel durchweg um derartige Zustandsbedingungen, d.h. um Konsistenzbedingungen, die auch als operationsunabhängig bezeichnet werden können. Jede Konsistenzbedingung bezieht sich gemäß ihrem Objektmengenumfang auf bestimmte Objekte. Werden diese Objekte geändert, so ist - ggf. verzögert im Sinne des Transaktionsprinzips (mehr zu Transaktionen in Abschnitt 8.2.3) - die Konsistenzprüfung möglich, aber bei Zustandsbedingungen nicht zwingend. So könnte man die Verletzung jeder der sechs Beispielkonsistenzbedingungen auch in einem entsprechenden Prüflauf, z.B. am Wochenende, feststellen.

Von dieser Möglichkeit sollte jedoch nur dann Gebrauch gemacht werden, wenn die Performance es erfordert und nachteilige Auswirkungen der vorübergehend in Kauf genommenen möglichen Inkonsistenz hinnehmbar sind. So ist beispielsweise eine vorübergehende Verletzung der Bedingung 4, die sich auf die formal korrekte Eingabe einer Telefonnummer eines Dozenten bezieht, nicht besonders schwerwiegend. Auch die fehlerhafte Eingabe eines Dozentenhonorars wirkt sich in diesem Sinn erst dann erheblich aus, wenn sie nicht nur zur Speicherung und damit ggf. Bestätigung, sondern zur Auszahlung des falschen Betrags führt. Hier könnte demnach beispielsweise die Konsistenzbedingung KB_NEU_DOZ_5 für alle Dozenten unabhängig vom sonstigen Datenbankbetrieb und rechtzeitig vor einer Nutzung der Honorardaten für Auszahlungszwecke in einer gesonderten Bearbeitung (ggf. Stapelbetrieb) erfolgen. Nicht hinnehmbar sind selbst nur vorübergehende mögliche Inkonsistenzen bei identifizierenden Merkmalsklassen, d.h. in unserem Beispiel dann, wenn die Dozentennummer betroffen ist (KB_DOZ_NEU_1, KB_DOZ_NEU_2).

Im Gegensatz zu Zustandsbedingungen ist die Verletzung einer **Übergangsbedingung** nur im Zusammenhang mit dem entsprechenden Bearbeitungsfall und der damit verbundenen Änderungsoperation erkennbar. Übergangsbedingungen gelten damit konsequenterweise als operationsabhängig. Bei Übergangsbedingungen gibt es also keine Wahlmöglichkeit wie bei den Zustandsbedingungen. Wird eine Übergangsbedingung als relevant erachtet, so ist sie unmittelbar beim entsprechenden Bearbeitungsfall zu prüfen. In unserer Beispieltabelle (vgl. Abb. 8/3) ist keine der Bedingungen operationsabhängig, alle Konsistenzbedingungen sind somit Zustandsbedingungen. Das liegt ganz einfach daran, daß es sich bei dem ausgewählten Bearbeitungsfall um die Neuaufnahme der Daten eines Informationsobjekts handelt. Übergangsbedingungen jedoch setzen die Existenz von Daten voraus und beschreiben die Regeln für die zulässigen Veränderungen. Im konkreten Fall der Dozenten-Tabelle könnten Übergangsbedingungen formuliert sein, wie z.B. in Abb. 8/4 gezeigt.

KB_DOZ_ÄND_1 — Familienstandsänderungen müssen der folgenden Tabelle entsprechen:

Vorher \ Nachher	ledig	verheiratet	verwitwet	geschieden
ledig	N	J	N	N
verheiratet	N	N	J	J
verwitwet	N	J	N	N
geschieden	N	J	N	N

KB_DOZ_ÄND_2 — Honorarminderungen sind nur in Verbindung mit dem Ende einer Ehe zulässig.

Abb. 8/4. Konsistenzbedingungen als Übergangsbedingungen

Die Übergangsbedingung KB_DOZ_ÄND_1 bezieht sich hier auf eine Änderung in der Dozententabelle und wird durch zwei Zustände ("Vorher" und "Nachher") definiert.

In beiden Änderungsfällen ist den in der Datenbank vorhandenen Werten, z.B. am Wochenende nach den Bearbeitungsfällen, nicht mehr anzusehen, ob bei der

Bearbeitung eine der Übergangsbedingungen verletzt worden ist, da der Zustand "Vorher" abgeändert und nicht mehr rekonstruierbar ist. Die Überprüfung muß demnach direkt (bei der Operation) erfolgen.

8.2.1.4 Klassifizierung nach der Reaktionsform

Dieses letzte Kriterium zur Einteilung von Konsistenzbedingungen bezieht sich auf die Wirkung, die bei Verletzung einer Konsistenzbedingung eintritt. Dabei unterscheiden wir danach, ob die Ausführung der Änderungsoperationen in Verbindung mit dem betroffenen Bearbeitungsfall

- **unterbunden (strenge Konsistenzbedingung)** oder
- **nicht unterbunden (schwache Konsistenzbedingung)** wird.

Ähnlich wie bei Zustandsbedingungen liegt es also in der Hand des Datenbanksystemanwenders, hier i.d.R. des Daten(bank)administrators, abzuwägen, ob eine Inkonsistenz hingenommen werden kann. Dabei bedeutet natürlich die Weiterführung eines Bearbeitungsfalls mit Aufnahme der bereits als fehlerhaft erkannten Daten in die Datenbank nicht zwangsläufig, daß nicht die Datenkorrektur - ggf. bis zu einem definierten Zeitpunkt - erwartet wird. So könnte die VHS im Beispiel, trotz Verletzung der KB_DOZ_NEU_4, d.h. mit einer fehlerhaften Telefonnummer eines Dozenten, "leben", denn schließlich kann man sowieso nicht bei allen Dozenten voraussetzen, daß sie telefonisch erreichbar sind. Die Verletzung der KB_DOZ_NEU_4 als schwache Konsistenzbedingung hätte dann vielleicht zur Folge, daß eine auswertbare Markierung der Telefonnummer in der Datenbank vorgenommen wird und ein Hinweis für die Personalverwaltungsstelle geschrieben wird, die korrigierte Telefonnummer bis zu einem gewissen Termin einzugeben. Wenn dann die Korrektur bis zum vorgegebenen Termin nicht erfolgt ist, könnte ein verschärfter Hinweis folgen und/oder die Telefonnummer als "nicht vorhanden" gekennzeichnet werden. Bei den weiteren Konsistenzbedingungen (vgl. Abb. 8/3) wird eine strenge Bedingung vorgegeben.

8.2.2 Realisierung von Konsistenzbedingungen

Bei der Realisierung von Konsistenzbedingungen kommt es wesentlich darauf an, möglichst viele von ihnen an zentraler Stelle zu definieren und so zu verwalten, daß sie für alle Datenbanksystembenutzer zwangsläufig verwendet werden.

Damit ist die Möglichkeit, Konsistenzbedingungen vom jeweiligen Programmierer in seinen Anwendungsprogrammen realisieren zu lassen, zweifellos die schlechteste von allen. Durch organisatorische Maßnahmen ist mindestens anzustreben, die Verwendung möglichst vieler allgemeingültiger Konsistenzprüfprogramme zu erzwingen. Diese Prüfprogramme könnten dazu in einer entsprechenden Bibliothek eingestellt und die Anwendungsprogrammierer dazu verpflichtet werden, sie in ihre Programme einzubinden. Die Prüfprogrammbibliothek kann dabei wiederum innerhalb des Datenbanksystems verwaltet werden.

Eine weitere Verbesserung ist dann erzielt, wenn ein Anwendungsprogrammierer gar nicht mehr verhindern kann, daß sein Programm allgemeingültige Prüfroutinen verwendet. Dazu werden die Anwendungsprogramme von einem Vorübersetzer auf Anweisungen zur Datenbankänderung untersucht. Zu jeder Datenbankänderungsanweisung wird dann aus der zentralen Bibliothek der Code der zugehörigen Prüfroutine oder ein Aufruf auf eine Prüfroutine in das Anwendungsprogramm hineingeneriert.

Schließlich gibt es noch die Möglichkeit der Modifikation eines die Datenbank ändernden Programms zur Laufzeit. Wieder müssen in einer zentralen, möglichst vom DBVS verwalteten Bibliothek die Konsistenzbedingungen vorhanden sein. Bei jeder Ausführung einer Anweisung zur Datenbankänderung wird dann zusätzlich die zugehörige Konsistenzbedingung geprüft. Eine konkrete Möglichkeit dazu ist die Ergänzung der Änderungsanweisung um entsprechende zusätzliche Klauseln und damit eine Verschärfung der vorhandenen Auswahlbedingung zur Konsistenzsicherung.

Bei Einsatz aktiver **Data Dictionary-Systeme** (DD-Systeme, vgl. hierzu Abschnitt 3.4) ist es üblich, die Konsistenzbedingungen im Data Dictionary zu spezifizieren. Das Data Dictionary tritt damit an die Stelle der o.g. zentralen Prüfroutinenbibliothek. Aus dem Data Dictionary werden dann Datendefinitionen für das Datenbanksystem und/oder Programmcode für die Anwendungsprogramme generiert, und/oder es steht zur Laufzeit der Anwendungsprogramme bei die Datenbank ändernden Zugriffen als Referenz zur Verfügung.

Bereits bei der **ISM-Entwicklung** ergeben sich Konsistenzbedingungen hinsichtlich der Eindeutigkeit der identifizierenden Merkmalsklassen (vgl. Abschnitt 2.1.4) und hinsichtlich Art und Typ der Verknüpfungsklassen (vgl. Abschnitt 2.2.2). Anfang der 90er Jahre wird auch verstärkt an **CASE-Produkten** (Software-Systemen zum **C**omputer **A**ided **S**oftware **E**ngineering) gearbeitet, die eine Gültigkeit dieser ISM-basierenden Konsistenzbedingungen auch für die spätere Datenbanksystemanwendung automatisch - d.h. ohne weiteren Eingriff des Menschen - sicherstellen. Einstweilen jedoch gilt es, in der für das jeweilige Datenbanksystem (DBS) nutzbaren Datendefinitionssprache (DDL, vgl. Abschnitt 7.1.3) die Eindeutigkeit und - soweit möglich - auch Art und Typ der Verknüpfungsklassen zusammen mit den Relationen (bei DBS nach dem Relationenmodell) bzw. Record- und Set-Typen (bei DBS nach dem CODASYL-Modell) zu definieren.

Für unser VHS-Beispiel mit den Fachbereichen und Dozenten (vgl. Abb. 8/2) ist in der Datenbanksprache SQL bei der CREATE TABLE-Anweisung zur Definition einer Relation (im SQL-Sprachgebrauch einer Tabelle) die Möglichkeit zur

Qualifikation der Attribute einer Relation als UNIQUE gegeben und wird für die Attribute FB_NR in der Relation FACHBEREICHE und DOZ_NR in der Relation DOZENTEN verwendet. Mit Hilfe der ASSERT-Klausel kann darüberhinaus die 1:N-Verknüpfung zwischen FACHBEREICHE und DOZENTEN vereinbart werden:

```
ASSERT KB_DOZ_NEU_3 ON DOZENTEN:
DOZENTEN.FB_NR IN (SELECT FB_NR FROM FACHBEREICHE)
```

Bei einem CODASYL-Datenbanksystem ist die Verknüpfung zwischen FACHBEREICHE und DOZENTEN durch einen SET-TYPE, beispielsweise mit dem Namen FB_DOZ, wie folgt beschreibbar:

```
SET FB_DOZ ORDER NEXT
OWNER FACHBEREICHE
MEMBER DOZENTEN MANDATORY AUTOMATIC.
```

Die Qualifikation des SET als MANDATORY AUTOMATIC sorgt dafür, daß kein Dozentensatz (MEMBER) ohne Bindung an einen Fachbereichssatz (OWNER) in die Datenbank aufgenommen werden kann.

Eine andere, zugleich zukunftsorientierte Art der Realisierung von Konsistenzbedingungen ist die Nutzung eines aktiven Data Dictionaries. In Abb. 3/43 in Kapitel 3 haben wir einen Ausschnitt aus einem Report des Data Dictionaries des Datenbanksystems PROGRESS gesehen, der auch ein FB-File für die Grunddaten der Fachbereiche und ein DOZENTEN-File (File ist der PROGRESS-spezifische Begriff für Relation) beinhaltet. Jetzt betrachten wir daran nochmal gezielt die Konsistenzbedingungen.

So kann jedes Feld typ- und formatmäßig beschrieben und bei Bedarf als "UNIQUE" (eindeutig) spezifiziert werden (in dem FB-File ist beispielsweise die FB_NR als eindeutig ("UNIQUE") spezifiziert).

Zu jedem File gibt es dann die Möglichkeit, sogenannte "Field Validation Criteria" zu spezifizieren und ihnen jeweils eine "Validation Message" zuzuordnen. Der Wertebereich der FB_NR wird so in der FB_FILE durch die Bedingung "(FB_NR > 0) and (FB_NR < 8)" auf die ganzen Zahlen von 1 bis 7 eingeschränkt. Für die DOZENTEN-File heißt es zur FB_NR:

"CAN-FIND (FB where FB.FB_NR = DOZENTEN.FB_NR)"

mit der zugeordneten Fehlermeldung "Fachbereichsnummer nicht in Fachbereichsrelation".

Solche Konsistenzbedingungen, die einen Verknüpfungsklassentyp des ISM repräsentieren und ggf. auf der Ebene der Datenbankrelationen erneut spezifiziert werden, bezeichnen wir auch mit dem Sammelbegriff "**referentielle Integrität**". In der Praxis wird die Frage der referentiellen Integrität auch als Beurteilungskriterium für Datenbanksysteme herangezogen (Beurteilungskriterien von Datenbanksystemen werden ausführlich im Band II behandelt).

Die insgesamt drei spezifizierten "Field Validation Criteria" der DOZENTEN-File lassen die Aufnahme der Daten eines neuen Dozenten nur zu, wenn alle drei Bedingungen erfüllt sind. Auch die in der Abb. 8/3 beispielhaft zusammengestellten Konsistenzbedingungen führen zum Abbruch eines Bearbeitungsfalls, sobald eine der als streng definierten Bedingungen verletzt ist.

8.2.3 Transaktionen zur Wahrung der Datenkonsistenz

Während die bisher "realisierten" Konsistenzbedingungen sich jeweils quasi an ein Datenbankfeld haben knüpfen lassen (wobei mitunter die Prüfung selbst dann weitere Felder mit einbezogen hat), gibt die Beispielbedingung KB_DOZ_NEU_6 in Abschnitt 8.2.1 einen wichtigen Hinweis auf eine derzeit bei Datenbanksystemen nur in Benutzerverantwortung lösbare Realisierung. Bei der Bearbeitung der VHS-Datenbank muß nämlich gewährleistet werden, daß mit der Aufnahme eines neuen oder Änderung eines bestehenden Dozentenhonorars (im IOK DOZENTEN) die Anpassung der Honorarsumme des betroffenen Fachbereichs (im IOK FACHBEREICHE) untrennbar verbunden ist (vgl. Abb. 8/2). Die Untrennbarkeit dieser beiden Änderungsoperationen jedoch muß dem Datenbanksystem vom Benutzer bzw. dem Datenmanipulationsprogramm des Benutzers angezeigt werden. Damit sind wir erneut beim Begriff der **Transaktion**, deren Anfang und Ende mit Mitteln der **Datenmanipulationssprache (DML)** spezifizierbar sein muß (so beispielsweise die Eröffnungs- und Endekommandos BOT - EOT in der Sprache NATURAL, READY - FINISH in der CODASYL-DML, BEGIN - COMMIT in SQL).

Allgemein wollen wir unter einer **Transaktion** eine Folge von Operationen verstehen, die eine Datenbank ununterbrechbar von einem konsistenten in einen erneut konsistenten Zustand überführt. Die Folge der Operationen bildet eine logische Bearbeitungseinheit.

Betrachten wir diese Aussage noch einmal im Detail, dann ergibt sich, daß eine Transaktion als Folge logisch zusammengehöriger Aktionen die Veränderungen der Datenbank bewirkt. Dabei muß die **Transaktionsverwaltung** durch das **DBVS** für jede Transaktion folgende Bedingung einhalten:[4]

---

[4] Vgl. Kratzer (1990).

- **Atomizität**, d.h. eine Transaktion wird entweder vollständig oder gar nicht ausgeführt;
- **Konsistenz**, d.h. eine Transaktion erzeugt immer einen konsistenten Zustand;
- **Isolation**, d.h. die von einer Transaktion benötigten Datenobjekte werden vor der konsistenzgefährdenden Nutzung durch andere, parallel laufende Transaktionen geschützt;
- **Dauerhaftigkeit**, d.h. die Ergebnisse einer abgeschlossenen Transaktion bleiben auch bei Systemausfall erhalten.

Hat also das Anwendungsprogramm das entsprechende DML-Kommando zur Eröffnung einer Transaktion gegeben, so kann es beliebig viele Datenbankoperationen, die eine geschlossene logische Einheit bilden, initiieren und durch das DML-Kommando zur Beendigung der Transaktion abschließen. Die Wirkung aller dieser Operationen tritt erst ein, wenn das Transaktionsende erreicht ist. Das bedeutet, daß die Wirkung aller Operationen rückgängig gemacht wird, wenn die Transaktion ihr Ende nicht erreicht. Dies kann entweder durch einen äußeren Fehler oder durch eine eigene Anweisung der Fall sein. Dieses Aufheben der Wirkung aller während der Transaktion bis zum Abbruch vorgenommenen Änderungen auf der Datenbank wird auch als "**Rücksetzen**" oder "**UNDO**" bezeichnet. Wird die Transaktion regulär beendet, also das DML-Kommando zur Beendigung der Transaktion ausgeführt, so werden deren Änderungen in jedem künftigen Datenbankzustand sichtbar sein. Tritt erst nach Beendigung der Transaktion ein Fehler auf, so sorgt das DBVS dafür, daß ggf. auf der Basis eines früheren, konsistenten Zustands die Änderungen automatisch nachvollzogen werden. Diese Aktion bezeichnet man als "**REDO**".

Die Serialisierung **paralleler Transaktionen** wird ausführlich im Abschnitt 8.3 im Zusammenhang mit der Datensicherheit behandelt. Ganz besonderes Augenmerk kommt der Transaktionsverwaltung außerdem bei **Verteilten Datenbanksystemen** (VDBS, vgl. Abschnitt 7.2) zu, die jedoch erst im Band II dargestellt wird. In diesem Kontext ist dann auch das sogenannte Two-Phase-Commit, eine Methode zur Transaktionssicherung bei datenbankübergreifenden Transaktionen, auf die wir hier nicht eingehen wollen, von zentraler Bedeutung.

Betrachten wir hier als Beispiel für die Transaktionsverwendung in einem Anwendungsprogramm die Erhöhung des Honorars des Dozenten mit der Dozentennummer 115 um 100 DM in der Sprache SQL (Abb. 8/5) bzw. in der CODASYL-DML (Abb. 8/6).

```
BEGIN

    UPDATE DOZENTEN
    SET HONORAR = HONORAR + 100
    WHERE DOZ_NR = '115';
    UPDATE FACHBEREICHE
    SET GESAMTHONORAR = GESAMTHONORAR + 100
    WHERE FACHBEREICHE.FB_NR =
             (SELECT DOZENTEN.FB_NR FROM DOZENTEN
               WHERE DOZ_NR = '115');

COMMIT
```

Abb. 8/5. SQL-Version einer Update-Transaktion

```
READY USAGE MODE IS UPDATE.

    FETCH DOZENTEN USING DOZ_NR = '115'.
    ADD 100 TO HONORAR OF DOZENTEN.
    MODIFY DOZENTEN.
    FETCH OWNER WITHIN FB_DOZ_SET.
    ADD 100 TO GESAMTHONORAR OF FACHBEREICHE.
    MODIFY FACHBEREICHE.

FINISH
```

Abb. 8/6. CODASYL-DML-Version einer Update-Transaktion

Auf eine Diskussion und insbesondere Bewertung der beiden Sprachkonstrukte möchten wir an dieser Stelle - da es hier ausschließlich um Fragen der Datenkonsistenz geht - verzichten. Eine ausführliche Betrachtung von Datenbanksystemsprachen erfolgt in Band II.

8.3 Datensicherheit

Datensicherheit ist das Ergebnis von erfolgreicher Datensicherung und stellt die Daten selbst sicher. So sorgt die Datensicherung durch **technische und organisatorische Maßnahmen** dafür, daß keine Datenverluste, keine Datenbeschädigungen bzw. -manipulationen und keine unerlaubten Zugriffe auf Daten vorkommen. Die Datensicherheit soll gewährleisten, daß die gespeicherten Daten zu jeder Zeit in korrekter und vollständiger Form verfügbar sind und Zugriffsschutz besteht.[5]

Wir wollen zunächst einen Überblick über die organisatorischen (Abschnitt 8.3.1) und DV-technischen Maßnahmen (Abschnitt 8.3.2) geben und danach zwei spezielle Probleme zur Datensicherung behandeln (in Abschnitt 8.3.3 und 8.3.4).

Besondere Bedeutung gewinnt das Thema Datensicherheit bei Datenbanksystemen durch den Mehrbenutzerbetrieb, d.h. durch die Tatsache, daß mehrere Benutzer gleichzeitig mit derselben Datenbank arbeiten. Es ist offensichtlich, daß dabei ähnliche Konflikte entstehen können, wie wir sie vom Mehrbenutzerbetrieb bei Betriebssystemen kennen, wenn zwei oder mehr Anwenderprozesse um dieselben Betriebsmittel konkurrieren. So kann es dabei beispielsweise dazu kommen, daß sich zwei oder mehr Prozesse gegenseitig völlig blockieren. Dies führt zu einer Situation, für die es im Deutschen die Bezeichnung "Systemverklemmung" gibt. Gebräuchlicher ist jedoch der englische Begriff "Deadlock". In den Abschnitten 8.3.3 und 8.3.4 werden wir auf das Transaktionskonzept und auf Deadlock-Situationen bei Datenbanksystemen näher eingehen.

8.3.1 Organisatorische Maßnahmen zur Datensicherung

Unter organisatorischen Maßnahmen wollen wir die vielfältigen Möglichkeiten zur Datensicherung verstehen, die nicht DV-technischer (hard- und softwaretechnischer) Art sind. Zunächst sind hier die baulichen Maßnahmen zu nennen, die in Zusammenhang mit der Aufbau- und Ablauforganisation stehen. Hierzu zählen neben den baulichen Einrichtungen vor allem die Sicherung von Gebäuden, z.B. das Abschließen von Räumlichkeiten, in denen DV-Anlagen (z.B. vernetzte Personal Computer), Terminals (Bildschirmarbeitsplätze) und Datenarchive aufgestellt sind, und die unterschiedlichen Zugangskontrollen zu diesen Organisationseinheiten bzw. Abteilungen.

Viele Möglichkeiten zur Datensicherung lassen sich in der Ablauforganisation berücksichtigen, die u.a. eine sichere Datenverarbeitung und -übertragung gewährleisten soll. Die Personalorganisation sollte so gestaltet sein, daß einerseits

---

[5] Vgl. Hansen (1992), S. 579ff.; Niedereichholz (1983), S. 199ff.

eine größtmögliche Transparenz und andererseits eine grundlegende Kontrolle des Informationsprozesses gegeben ist.

Wichtige organisatorische Maßnahmen zur Datensicherung sind beispielsweise gegeben durch:

- Herstellen von Sicherungskopien,
- Absichern von Datenträgern (z.B. Magnetplatten, Magnetbänder, Disketten),
- Überwachen der Datenträger und Kontrollieren der Datenbestände (Revisionsverfahren),
- Festlegen von Verfahrensabläufen im Notfall (Diebstahl, Anschlag, Feuer), d.h. von Handlungsanweisungen zur weiteren Absicherung und zur Rekonstruktion von Datenbeständen (Rekonstruktionsverfahren und Wiederanlaufprozeduren; vgl. Abschnitt 8.3.4).

Die Aufgabe eines Informationsmanagements ist es u.a., dafür zu sorgen, daß die organisatorischen Maßnahmen zur Datensicherung eingehalten werden. Das DV-Controlling sollte nicht nur die Wirtschaftlichkeit des DV-Einsatzes überprüfen, sondern auch den korrekten Ablauf der Datenverarbeitung und die Datensicherheit gewährleisten.

8.3.2 DV-technische Maßnahmen zur Datensicherung

Die DV-technischen Maßnahmen zur Datensicherung beinhalten sowohl hardwaretechnische als auch softwaretechnische Maßnahmen. Sie sind eng mit den organisatorischen Maßnahmen verbunden, da diese hauptsächlich Hardware und Software (incl. Daten) als Handlungsobjekte betrachten.

DV-Anlagen (Computersysteme), Übertragungsnetze (Lokale Netze und Datenfernübertragungssysteme) und auch Datenträgersysteme (externe Speichersysteme) lassen sich in vielfältiger Weise absichern. Neben der Einhaltung der allgemeinen Betriebssicherheit (z.B. geeignete Aufstellung der technischen Systeme, Klimatisierung und Stromversorgung), der fachgerechten Bedienung (durch geschultes Personal) und einer systematischen Pflege und Wartung lassen sich auch **hardwaretechnische** (gerätetechnische) Absicherungen und Kontrollmöglichkeiten einbauen. Zu nennen ist bezüglich der Datensicherheit vor allem die Bereitstellung zusätzlicher Speichermedien zur Absicherung der Daten (Tandemprinzip, Streamer tapes). Eine große Bedeutung gewinnen bei zunehmender Datenübertragung über lokale und insbesondere weite Netze die Verschlüsselungstechniken der Information (Kryptographische Verfahren).

Die Realisierung hardwaretechnischer Absicherungen ist in der Regel durch geeignete Programme gegeben. Somit ist ein fließender Übergang zu den **softwaretechnischen Maßnahmen** zu sehen. Hierbei spielt vor allem das DV-Betriebssystem eine große Rolle, das in Zusammenarbeit mit dem Datenbankverwaltungssystem (DBVS) wichtige Datensicherungs- und Kontrollaufgaben übernimmt. Grundlegende Sicherungsprozeduren sind bereits in der Systemsoftware einer DV-Anlage implementiert und werden automatisch abgearbeitet. Neben den vielfältigen syntaktischen Überprüfungen lassen sich auch logische Prüfroutinen standardisieren. Hier erwartet man auch vom Einsatz wissensbasierter Datensicherungsprogramme eine große Hilfestellung. Individuelle Sicherungsmaßnahmen lassen sich frei programmieren und nutzen. Einen bezüglich Datensicherheit sensiblen Bereich stellt die Benutzeroberfläche dar. Es soll vermieden werden, daß beim Zugriff auf Daten und bei ihrer Verarbeitung unbeabsichtigte Bedienungsfehler (z.B. irrtümliches Überschreiben und Löschen von Daten) oder absichtliche unerlaubte Operationen auftreten können. Diese Ziele stellen hohe Anforderungen an Softwaresysteme auf der Kommunikationsschnittstelle (Menü- und Dialogsystem, Abfragesprachen und allgemeine Sprachen) zur benutzerfreundlichen und gesicherten Benutzerführung. Die Kommunikationssysteme sollen auch gewährleisten, daß regelmäßige Datensicherungen durchgeführt werden, ein unkontrollierter Datenüberlauf verhindert wird und bei Bedarf Reorganisationsmaßnahmen der Datenbasis durchgeführt werden.

8.3.3 Transaktionen zur Unterstützung der Datensicherung

Bereits im Abschnitt 8.2.3 haben wir den Transaktionsbegriff eingeführt, um darzustellen, wie verzögerte Konsistenzbedingungen zur Integrität von Datenbanken beitragen. Dabei ging es jedoch in erster Linie darum, mehrere notwendigerweise aus Konsistenzgründen logisch zusammengehörige Elementaroperationen durch eine **Transaktion** untrennbar miteinander zu verbinden. Jetzt wollen wir die Situation betrachten, daß - was beim **Mehrbenutzerbetrieb** ja gerade gewollt ist - **mehrere Transaktionen** gleichzeitig, d.h. parallel ablaufen. Dann muß vom DBVS sichergestellt werden, daß jede dieser Transaktionen gleichsam vor den anderen Transaktionen und deren Wirkung "geschützt" wird.[6]

Betrachten wir dazu wieder einmal unser VHS-Beispiel mit den beiden Standorten in Kaarst und Korschenbroich, die gleichzeitig und im Dialog über ein Datenübertragungssystem Kursanmeldungen mit derselben EDV-Anlage und auf der Basis einer gemeinsamen Datenbank bearbeiten. Wie bei jedem Platzbuchungssystem darf auch bei unserer VHS jeder Platz natürlich nur einmal vergeben werden. Der Zugriff auf die aktuelle Teilnehmeranzahl im gewünschten Kurs ist demnach mit der Buchung des Teilnehmerplatzes in einer entsprechend umfassenden Transaktion so zu koppeln, daß zwischen lesendem Zugriff und schreibendem Zugriff auf die Teilnehmeranzahl kein weiterer Zugriff auf dieses Datum möglich ist. Wir stellen den Algorithmus, der dieser Transaktion zugrunde

---

6 Vgl. Schlageter/Stucky (1983), S. 294ff.

liegt, in Abb. 8/7 in Form eines Baumdiagramms vor (vgl. Erläuterung zur Baumdiagrammsyntax in Abschnitt 3.3.2.2).

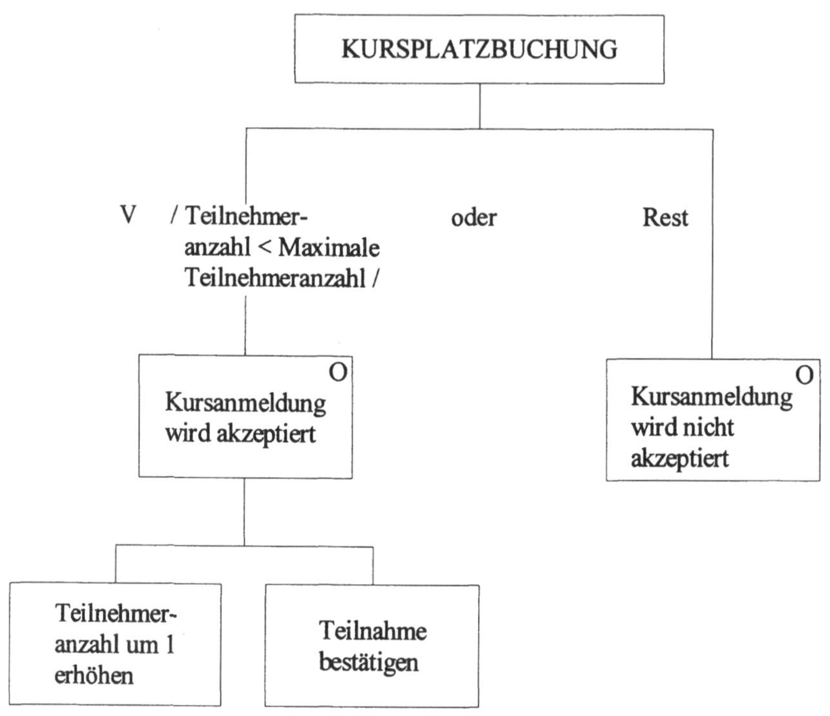

Abb. 8/7. Transaktion Kursanmeldung

Nehmen wir also nun an, unsere Transaktion gemäß Abb. 8/7 ist im Standort Kaarst gestartet worden (T1). Fast gleichzeitig (etwas zeitverzögert) startet aber eine zweite solche Transaktion im Standort Korschenbroich (T2). Beide Transaktionen beinhalten die Anmeldungsbearbeitung für denselben Kurs. Dann muß das DBVS das von T1 exklusiv benötigte Datum "Teilnehmeranzahl" beim Lesewunsch von T1 für alle weiteren Zugriffe anderer Transaktionen sperren, d.h. auch für den lesenden Zugriff von T2. T2 muß warten, bis T1 abgeschlossen ist bzw. der Zugriff auf das Datum "Teilnehmeranzahl" wieder zugelassen ist.

Für das **Sperren von Datenbereichen** wird natürlich - wie für das Aufheben der Sperre - Rechenzeit benötigt, d.h. die Performance wird durch Sperrvorgänge schlechter. Darüber hinaus wirken Sperren hinderlich für den Mehrbenutzerbetrieb, wenn Transaktionen warten müssen, bevor sie auf die von ihnen benötigten Daten zugreifen dürfen. Sperren sollten deshalb so selten wie möglich, aber so häufig wie nötig gesetzt werden.

Grundsätzlich können wir zwei Typen von Sperren unterscheiden:

- **Schreib- und Lesesperre (SL-Sperre)**:
  das gesperrte Objekt ist exklusiv der für die Sperre verantwortlichen Transaktion zugeordnet.
- **Schreibsperre (S-Sperre)**:
  das gesperrte Objekt darf von anderen Transaktionen gelesen, aber nicht verändert werden.

Da die SL-Sperre den Mehrbenutzerbetrieb am stärksten beeinträchtigt, sollte versucht werden, soweit wie möglich mit S-Sperren zu arbeiten und insbesondere den Zeitraum für SL-Sperren möglichst kurz zu halten. Die Abbildungen 8/8 und 8/9 zeigen zwei Algorithmen zur Realisierung einer Kurswechsel-Transaktion in unserem VHS-Beispiel. Im ersten Algorithmus (Abb. 8/8) werden zu Beginn alle Sperren sofort als S-Sperren gesetzt. Die zweite Lösung dagegen beschränkt den Sperrumfang zu jedem Zeitpunkt auf den unbedingt notwendigen Umfang, d.h. die SL-Sperre für den Kurs, der verlassen werden soll, wird - wenn überhaupt - erst nach der Prüfung der Belegung des angestrebten Kurses gesetzt (Abb. 8/9).

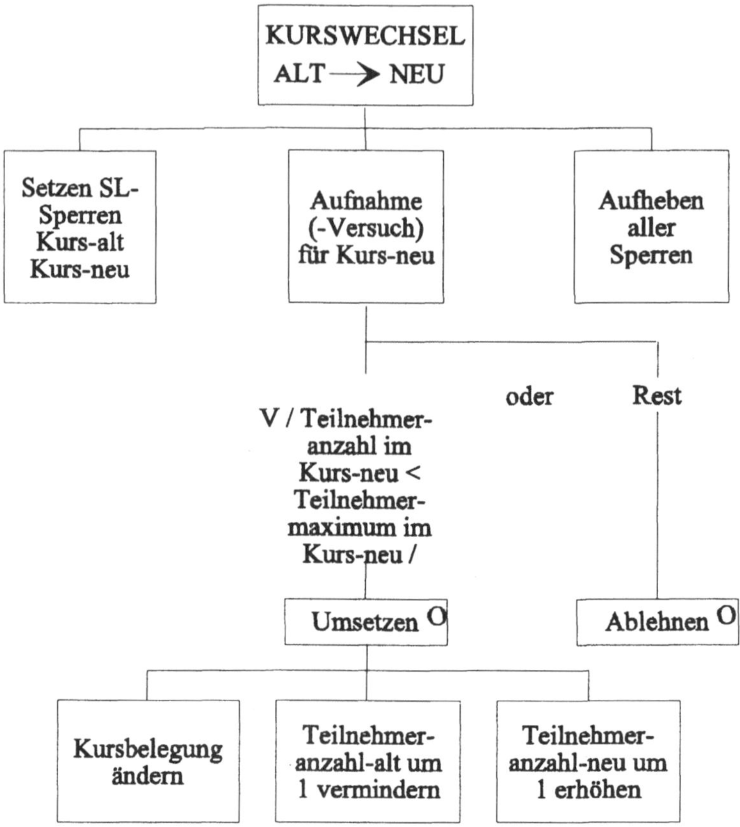

Abb. 8/8. KURSWECHSEL-Transaktion mit maximalen Sperren

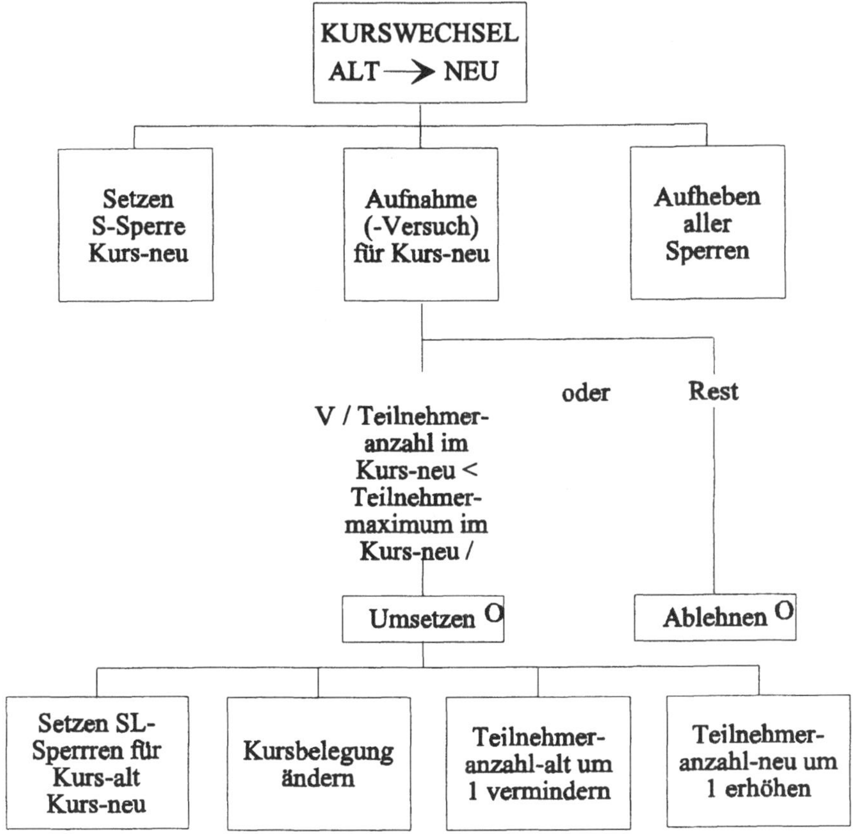

Abb. 8/9. KURSWECHSEL-Transaktion mit minimalen Sperren

Offenbar ist es für eine Transaktion T zulässig, ein Objekt, für das sie eine S-Sperre bereits besitzt, im späteren Ablauf durch eine SL-Sperre exklusiv für sich zu reservieren. Da jedoch andere Transaktionen parallel zum Ablauf von T ebenfalls S-Sperren für dasselbe Objekt gesetzt haben können, muß die von T gewünschte Sperrtypverschärfung (von S- zur SL-Sperre) vom DBVS auf Zulässigkeit geprüft werden. Der auf Unterstützung des Mehrbenutzerbetriebs ausgerichtete Algorithmus in Abb. 8/9 kann damit als Nebeneffekt die KURSWECHSEL-Transaktion selbst behindern, weil zwischen Eintragung der S-Sperre für Kurs-neu und dem Eintragsversuch der SL-Sperren für beide Kurse eine andere Transaktion erfolgreich eine S-Sperre (bei Kurs-alt ggf. sogar eine SL-Sperre) gesetzt haben kann und die KURSWECHSEL-Transaktion dann auf das Aufheben dieser Sperre(n) warten muß.

Die Eintragung einer Sperre für ein Objekt hängt grundsätzlich davon ab, ob sie mit der bereits vorliegenden Sperrsituation verträglich ist. Verträglichkeit ist jedoch ausschließlich dann gegeben, wenn entweder

- für das Objekt noch keine Sperre eingetragen ist oder
- es sich bei den neu beantragten und allen für das Objekt eingetragenen Sperren um S-Sperren handelt oder
- für das Objekt lediglich eine Sperre für die Transaktion eingetragen ist, die jetzt eine Änderung der Sperre beantragt.

Dabei ist uns die Tatsache, daß der quasi gleichzeitige schreibende Zugriff zweier Transaktionen auf denselben Datenbereich verhindert werden muß, schnell einsichtig, was auch schon das Beispiel in Abb. 8/7 zeigte. Mit der Darstellung zweier paralleler Transaktionen im Zeitablauf in Abb. 8/10, von denen eine ändernd (Transaktion S), die andere jedoch ausschließlich lesend (Transaktion L) auf denselben Datenbereich zugreift, wollen wir nun belegen, daß auch diese Art der Parallelität zu Konsistenzproblemen führen kann. Tatsächlich weist nämlich Transaktion L am Ende als Summe_Kursteilnehmer für die beiden Kurse 1020 und 1040 ein Ergebnis aus, das keinen konsistenten Zustand der Datenbank widerspiegelt, denn Transaktion S erhöht die Teilnehmeranzahl beider Kurse um 1 und Transaktion L bezieht nur die zweite der beiden Erhöhungen in die Summenberechnung mit ein. Die Summe, die Transaktion L ermittelt hat, entspricht also weder dem Zustand vor Ausführung von Transaktion S, noch dem Zustand nach dieser Ausführung. Lediglich durch die strenge Einhaltung der Verträglichkeitsregeln kann eine derartige Unkorrektheit vermieden werden.

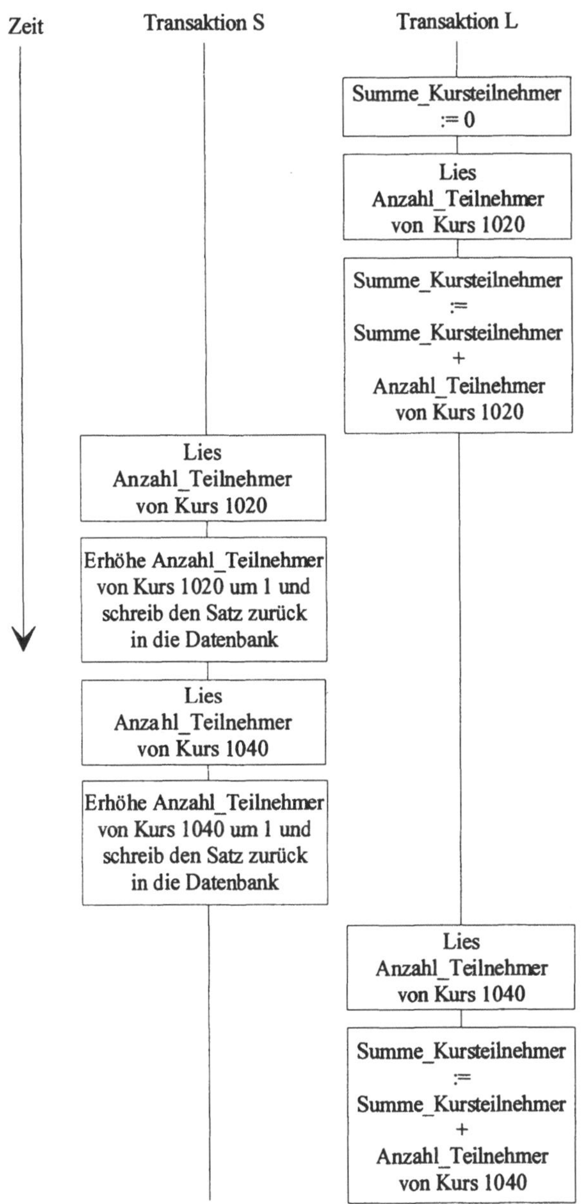

Abb. 8/10. Konsistenzgefährdung durch Parallelbearbeitung einer lesenden und einer schreibenden Transaktion

Damit können sich zwangsläufig im Mehrbenutzerbetrieb Situationen ergeben, in denen Transaktionen auf das Setzen einer von ihnen beantragten Sperre warten müssen. Daraus ergibt sich wiederum zum einen, daß Transaktionen bei Abschluß ihrer Bearbeitung alle erworbenen Sperren zurückgeben müssen, zum anderen die Gefahr des oben bereits erwähnten Deadlocks.

Ein Beispiel für einen **Deadlock** zeigt die Abb. 8/11. Die Transaktionen 1 und 2 werden parallel bearbeitet und tragen erfolgreich Sperren für Objekt A bzw. B ein. Die Aufhebung dieser Sperren ist für das Ende der jeweiligen Transaktionsbearbeitung vorgesehen.

Zuvor jedoch möchte Transaktion 1 auch auf Objekt B eine Sperre eintragen lassen, was jedoch wegen der bereits eingetragenen SL-Sperre von Transaktion 2 für dieses Objekt nicht zulässig ist. Also geht Transaktion 1 in den Wartezustand. Transaktion 2 wiederum möchte eine SL-Sperre für Objekt A eintragen lassen, was wegen der von Transaktion 1 bereits für dieses Objekt eingetragenen S-Sperre nicht zulässig ist. Also wartet auch Transaktion 2.

Ohne Einflußnahme durch das DBVS würden nun diese beiden Transaktionen offenbar endlos auf die Eintragung ihrer Sperrwünsche warten und sich damit gegenseitig blockieren. Tatsächlich ist es jedoch eine Aufgabe des DBVS im Rahmen der Organisation des Mehrbenutzerbetriebs Deadlocks aufzulösen. Zwei verschiedene Verfahren dazu wollen wir hier kurz skizzieren.

Das erste dieser Verfahren zur **Auflösung von Deadlocks** wollen wir als **Graphenverfahren** bezeichnen. Denn auf Basis der Graphentheorie lassen sich Algorithmen realisieren und implementieren, die in regelmäßigen Abständen selbständig die Sperrprotokolle auf Zyklen untersuchen, und zwar auf Zyklen, die ja auch über mehr als zwei Transaktionen gehen können. Ist dann ein Deadlock erkannt, so kann die Transaktion mit der geringsten bisherigen Verarbeitungsleistung zurückgesetzt werden, was automatisch wie ihre reguläre Beendigung zur Aufhebung aller auf sie eingetragenen Sperren führt. Daraufhin können dann die Sperrwünsche der auf die entsprechenden Objekte wartenden Transaktion(en) erfüllt werden, und diese Transaktion(en) setzt (setzen) die Bearbeitung fort. Die zurückgesetzte Transaktion beginnt wieder von vorn.

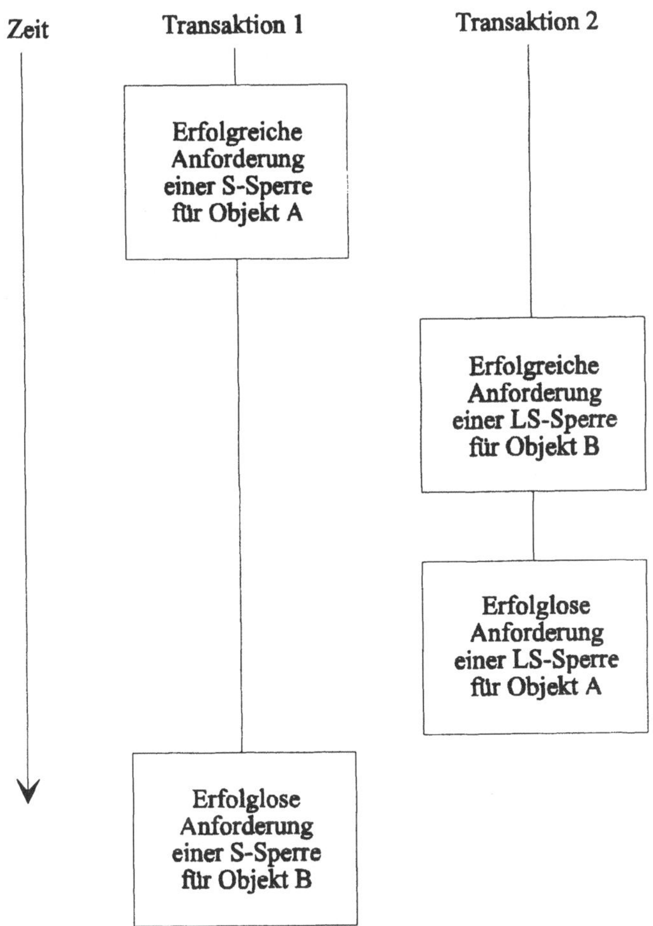

Abb. 8/11. Beispiel für einen Deadlock bei 2 Transaktionen

Diese Form der **Deadlock-Analyse und -Behebung** zeichnet sich durch gezielte Auswahl der durch Zurücksetzen am wenigsten behinderten Transaktion aus. Sie ist jedoch relativ aufwendig zu realisieren und erfordert durch die in kurzen Abständen erforderlichen graphentheoretischen Analysen Prozessorzeit, unabhängig davon, ob tatsächlich ein Deadlock vorliegt.

Deshalb gibt es in der Datenbanksystempraxis noch eine weitere Deadlock-Behebungsvariante, die sich jedoch durch eine gewisse "Ungerechtigkeit" auszeichnet, aber dafür relativ simpel ist und ohne nennenswerten Prozessorzeitverbrauch arbeitet. Wir wollen dieses Verfahren als **Zeitlimit-Verfahren** bezeichnen.

Beim Zeitlimit-Verfahren findet eine Deadlock-Analyse auf graphentheoretischer Basis nicht statt. Stattdessen wird für jede Transaktion ein einheitliches Laufzeitlimit gesetzt. Bei Überschreiten des Zeitlimits wird die Transaktion ohne weitere Analyse zurückgesetzt. Durch die Wartezustände der von einem Deadlock betroffenen Transaktionen wird nun zwangsläufig von zunächst einer Transaktion deren individuelles Zeitlimit überschritten. Allerdings führt dies dazu, daß im Gegensatz zum graphentheoretischen Vorgehen hier die bereits am längsten bearbeitete Transaktion zurückgesetzt wird.

Sofern es nur selten zu Deadlock-Situationen kommt, benötigt das Zeitlimit-Verfahren eindeutig weniger Prozessoraufwand und beeinträchtigt damit die Performance in geringerem Umfang als das Graphenverfahren.

Wir haben schon bisher erkennen können, daß die aufgrund des **Mehrbenutzerbetriebs** erforderlichen **Sperrmaßnahmen** zwangsläufig eine Beeinträchtigung der Performance des Datenbanksystems zur Folge haben. Für jedes Setzen oder Aufheben einer Sperre sind z.T. weit über 100 Instruktionen zu durchlaufen. Damit gilt es natürlich, nicht nur den Parallelitätsgrad beim Mehrbenutzerbetrieb durch möglichst kurze Sperrzeiten bei den einzelnen Transaktionen zu maximieren, sondern auch die Anzahl der Sperrvorgänge zu minimieren. Hier ergibt sich offenbar ein partieller Zielkonflikt, wie auch der Vergleich der beiden Algorithmen in Abb. 8/8 und Abb. 8/9 zeigt.

Eine weitere Einflußmöglichkeit auf Parallelitätsgrad und Anzahl der Sperrvorgänge besteht in der Festlegung des Umfangs der von einer Sperre betroffenen Daten. Theoretisch kann diese Festlegung im Extremfall die Ausprägung eines Attributs eines n-Tupels und im anderen Extremfall die ganze Datenbank in die Sperrwirkung einbeziehen, d.h. als Sperrobjekt behandeln.

Die erstgenannte Variante würde die Zahl der Sperrvorgänge und die Komplexität der Sperrenverwaltung, gleichzeitig aber auch den Mehrbenutzerparallelitätsgrad maximieren. Beim zweiten Extrem erreicht man eine genau gegenteilige Wirkung.

Tatsächlich wird im allgemeinen als Standardsperrobjekt die Ausprägung eines n-Tupels (d.h. bei CODASYL-Systemen ein Record) verwendet. Um konsistenzmäßig sicher zu sein, daß hier der Mehrbenutzerbetrieb keine Auswirkungen haben kann, müssen jedoch auch ganze Relationen (Record-Types) von einer Transaktion gesperrt werden können.

Die Frage des Objektmengenumfangs in Verbindung mit Performance-Anforderungen, die auch bereits bei den Konsistenzregeln (vgl. Abschnitt 8.2.1) eine Rolle spielte, wird auch bei den aus Datenschutzgründen notwendigen Zugriffsregelungen auf Datenbanken (Abschnitt 8.4) erneut von Bedeutung sein.

8.3.4 Wiederanlaufmechanismen

Im Abschnitt 8.2.3 haben wir den Transaktionsbegriff eingeführt. Dabei haben wir gesehen, daß - um der Forderung nach Konsistenzerhaltung gerecht zu werden - eine nicht abgeschlossene Transaktion wirkungslos bleiben muß. Dazu wiederum ist es notwendig, die durch die nicht abgeschlossene Transaktion vorgenommenen Änderungen wieder zurückzunehmen. Diese Rücksetzmaßnahme haben wir bereits als UNDO bezeichnet.

Um ein **UNDO** für eine **Transaktion** zu ermöglichen, bieten sich zwei grundsätzlich unterschiedliche Vorgehensweisen an:

Die eine Variante, die wir auch als **Schattenprinzip** bezeichnen wollen, nutzt die Pufferungsmöglichkeiten aus und nimmt bewußt redundante Zwischenspeicherungen in Kauf. Die von einer Transaktion bewirkten Änderungen werden bis zum Abschluß der Transaktion ausschließlich auf Kopien der Originaldaten vollzogen und mit erfolgreichem Abschluß der Transaktion erst in die Datenbank geschrieben. Erreicht die Transaktion ihr reguläres Ende nicht, so ist damit automatisch der alte Datenbankzustand noch gültig.

Bei der anderen Vorgehensweise werden sogenannte "Before-Images" verwendet. Ein **Before-Image** stellt allgemein einen Datenbankzustand dar, wie er vor einer auszuführenden Änderung Bestand hatte. Da jeder in der Datenbank vorhandene Datensatz vor einer Änderung sowieso gelesen werden muß, kann diese Operation benutzt werden, um diesen Satz außerdem auf die Before-Image-Log-Datei zu schreiben. Anschließend kann die Änderung des Satzes vorgenommen und in der Datenbank der neue Satzinhalt gespeichert werden. Wenn bei dieser Variante eine Transaktion ihr reguläres Ende nicht erreicht, wird die Before-Image-Log-Datei gelesen und die Before-Images werden wieder in die Datenbank rückgeschrieben.

Beide Vorgehensweisen sind geeignet, beim Wiederanlauf des Datenbanksystems, beispielsweise nach einem Systemausfall, für alle zum Ausfallzeitpunkt noch nicht abgeschlossenen Transaktionen wieder den Datenbankzustand herzustellen, wie er vor Beginn der Transaktionen bestand. Sie unterscheiden sich jedoch hinsichtlich weiterer Nutzungsmöglichkeiten für Datensicherungszwecke. Wenn beispielsweise die fehlerhafte Arbeitsweise eines Programms mit entsprechenden Datenverfälschungen in der Datenbank erst nach Ende einer oder mehrerer Transaktionen erkannt wird, so ist das Schattenprinzip wertlos. Mit Hilfe der Before-Image-Log-Datei jedoch lassen sich auch die abgeschlossenen Transaktionen wieder zu späteren Zeitpunkten rückgängig machen.

Die Before-Image-Log-Datei wiederum genügt allein den Datensicherheitsanforderungen auch nicht. So muß beispielsweise aufgrund einer Zerstörung der Festplatte, auf der die Datenbank oder Teile der Datenbank residieren, eine Rekonstruktion dieser Datenbank möglich sein. Im Abschnitt 8.2.1 haben wir dies, bezogen auf eine Transaktion, bereits als **REDO** bezeichnet. Ausgangspunkt für die Datenbank-Rekonstruktion ist eine **Sicherungskopie**, wie sie vorsorglich in für jede Datenbank individuell festlegbaren durch Zeitablauf bestimmten oder ereignisabhängigen Zeitpunkten geschrieben werden muß, um den Datensicherheitsanforderungen insgesamt zu genügen. Dabei bieten Datenbanksysteme i.d.R. Hilfsprogramme an, die physische oder logische Sicherungen bzw. Teilsicherungen nur der seit der letzten Sicherung geänderten Daten ermöglichen. Es empfiehlt sich, ggf. mehrere Versionen der Datenbanksicherungskopien zu halten und ggf. zusätzlich datenträgerabhängig Kopien der Kopien anzulegen, um beispielsweise auch bei einem hardwaremäßigen Datenträgerfehler (z.B. "Magnetband läßt sich nicht lesen") dann mit dem anderen Datenträger weiter zu arbeiten.

Ist es durch Einspielen einer Sicherungskopie möglich, einen alten Datenbankzustand wiederherzustellen, so ist damit natürlich nur ein Teil der Arbeit zur Wiederherstellung des zum Zeitpunkt des Plattenfehlers aktuellen Datenbankzustands geleistet. Zweifellos sollte man insbesondere seinen Dialogbenutzern nicht zumuten, die seit dem Zeitpunkt, als die Sicherungskopie erstellt wurde, von ihnen vorgenommenen Datenbankänderungen nochmals vorzunehmen. Aber auch die Wiederholung von Batch-Verarbeitungsprogrammen ist wegen des damit auch verbundenen Rechenzeitaufwands für Arbeitsschritte, die mit den Datenbankänderungen unmittelbar gar nichts zu tun haben, nicht erstrebenswert. Somit genügt es offenbar nicht, die Eingabedaten für Batch-Verarbeitungsläufe bzw. die Eingaben der Dialognutzer aufzubewahren. Das von den DBVS hier angebotene Instrumentarium beruht auf After-Images. Unter **After-Image** wird allgemein der Datenbankzustand unmittelbar nach einer Datenbankänderung verstanden. Eine Datenbankänderung endet damit nicht mit dem Schreiben des geänderten Satzes auf die Festplatte und damit in die Datenbank, sondern der geänderte Satz wird außerdem in die After-Image-Log-Datei geschrieben. Zum Wiederherstellen des zum Zeitpunkt des Plattenfehlers aktuellen Datenbankzustands wird also nach Einspielen der Sicherungskopie die After-Image-Log-Datei ausgewertet. Alle Eintragungen in dieser Log-Datei, die seit dem Zeitpunkt, als die Sicherungskopie erstellt wurde, dort eingetragen sind, werden in die Datenbank übernommen. Damit fällt Aufwand für die bereits einmal vollzogene fachliche Bearbeitung der Geschäftsvorfälle nicht erneut an, und die Datenbank kann wesentlich früher wieder zur Nutzung freigegeben werden.

Die Konzepte und Verfahren zur Sicherung des Wiederanlaufs von Datenbanksystemen werden vielfach auch unter dem Begriff "**Recovery**" zusammengefaßt. Der interessierte Leser sei auf die seit Anfang der 80er Jahre zahlreich erschienene Spezialliteratur zu Recovery-Konzepten verwiesen.[7]

---

7 Vgl. Reuter (1987), S. 337ff.; Schlageter/Stucky (1983), S. 325ff.

8.4 Datenschutz

Während Datensicherheit die Daten selbst sicher stellt, ist mit Datenschutz der Schutz der personenbezogenen Daten vor unbefugter Nutzung gemeint, d.h. die Personen sollen letztlich geschützt werden. Die gespeicherten Daten sollen nur von den dazu befugten Personen und im Rahmen der festgelegten Befugnis genutzt werden. Um diese Bedingung zu gewährleisten, lassen sich die bereits in Abschnitt 8.3 diskutierten organisatorischen und technischen Maßnahmen ergreifen. Damit wird der oben diskutierte enge Zusammenhang von Datensicherheit und Datenschutz auch hier sichtbar. Wir wollen hier den Begriff **Datenschutz**, wie oben bereits erwähnt, enger fassen und nur die **personenbezogenen Daten** betrachten.[8] Neben den personenbezogenen Daten existieren auch **personenbeziehbare Daten**, aus denen sich durch geeignete Auswertungen personenbezogene Daten ableiten lassen.

Der Datenschutz dient demnach eigentlich denjenigen Personen, über die Daten gespeichert sind, und damit dem **informationellen Selbstbestimmungsrecht** der Person. Die Personen, über die schutzwürdige Informationen gespeichert sind, werden als **Betroffene** bezeichnet. Eine Person ist von Daten betroffen, wenn die Daten (richtige oder falsche) Einzelangaben über die persönlichen und sachlichen Verhältnisse dieser Person enthalten. Aufgabe des Datenschutzes ist es, den Betroffenen davor zu schützen, daß er durch den Umgang mit seinen Daten in seinem **Persönlichkeitsrecht** beeinträchtigt wird. Das Problem liegt häufig in der Festlegung der schutzwürdigen Belange. Die kontroversen Diskussionen zur Einführung eines bundesweiten Personenkennzeichens und zur Durchführung der Volkszählung in der BRD sind Beispiele hierfür. Unbestritten ist, daß das Persönlichkeitsrecht und das Recht auf informationelle Selbstbestimmung gelten sollen.

8.4.1 Datenschutzgesetze

Die rasante Entwicklung in der Datenverarbeitung und vor allem der Einsatz von Datenbanksystemen, die u.a. umfangreiche personenbezogene Daten speichern, haben bei den Bürgern und bei den Arbeitnehmern das Gefühl aufkommen lassen, daß unkontrolliert und für den einzelnen nicht mehr überprüfbar und nachvollziehbar personenbezogene Daten gespeichert werden. Die Bedenken und auch die Angst vor einer Verwendung der Daten gegen die eigenen Interessen sind gestiegen, sei es durch Mißbrauch beim Umgang mit den Daten oder durch fehlerhafte Behandlung der Daten selbst.

---

8 Vgl. Hansen (1992), S. 587ff.; Schlageter/Stucky (1983), S. 335ff.; Stucky/Krieger (1990), S. 853; Schmidt (1990); Thome (1979).

Um zu verhindern, daß bei der Verarbeitung personenbezogener Daten schutzwürdige Belange der Bürger als Privatpersonen oder als Arbeitnehmer beeinträchtigt werden, wurde daher mit Wirkung zum 1. 1. 1978 das **Bundesdatenschutzgesetz (BDSG)** in Kraft gesetzt. Nach langjähriger Diskussion, die u.a. durch die im Jahre 1983 beabsichtigte und 1987 durchgeführte Volkszählung in der Bundesrepublik Deutschland stark beeinflußt wurde, fand das BDSG in novellierter Form Eingang in das am 20. 12. 1990 verabschiedete Gesetz zur Fortentwicklung der Datenverarbeitung und des Datenschutzes. Dieses Gesetz, das seit dem 1. 6. 1991 in Kraft ist, enthält als weitere wesentliche Bestandteile das Bundesverfassungsschutzgesetz, das Gesetz über den Militärischen Abschirmdienst, das Gesetz über den Bundesnachrichtendienst und Änderungen des Zehnten Buches des Sozialgesetzbuches.[9]

Das **Bundesdatenschutzgesetz (BDSG)**[10] vom 20.12.1990 besteht aus fünf Abschnitten:

Erster Abschnitt:	Allgemeine Bestimmungen (§1 - §11)
Zweiter Abschnitt:	Datenverarbeitung der öffentlichen Stellen (§12 - §26)
Dritter Abschnitt:	Datenverarbeitung nicht-öffentlicher Stellen und öffentlich rechtlicher Wettbewerbsunternehmen (§27 - §38)
Vierter Abschnitt:	Sondervorschriften (§39 - §42)
Fünfter Abschnitt:	Schlußvorschriften

Der zweite und dritte Abschnitt sind jeweils in drei Unterabschnitte eingeteilt, die die Rechtsgrundlagen der Datenverarbeitung, die Rechte der Betroffenen und den Bundesbeauftragten für den Datenschutz bzw. Beauftragten für den Datenschutz und die Aufsichtsbehörden behandeln.

Das BDSG beginnt mit einer Umschreibung seines Zwecks:

"Zweck dieses Gesetzes ist es, den einzelnen davor zu schützen, daß er durch den Umgang mit seinen personenbezogenen Daten in seinem Persönlichkeitsrecht beeinträchtigt wird" (§1 Abs. 1 BDSG).

---

9 Vgl. Bundesdatenschutzgesetz (1991); Schmidt (1990a).

10 Vgl. Bundesdatenschutzgesetz (1991).

Das Persönlichkeitsrecht gehört zu den höchsten vom Grundgesetz geschützten Werten. Personenbezogene Daten sind Einzelangaben über persönliche oder sachliche Verhältnisse einer bestimmten oder bestimmbaren Person (Betroffener). Das BDSG gilt für die Erhebung (Beschaffen von Daten), Verarbeitung (Speichern, Verändern, Übermitteln, Sperren und Löschen von Daten) und Nutzung (Verwenden von Daten) personenbezogener Daten.

Man unterscheidet automatisierte und nicht automatisierte Dateien. Aber auch der Umgang mit Daten in Akten ist nach dem Gesetz "Datenverarbeitung" (dazu gehören auch Bild- und Tonträger).

Maßnahmen zum Datenschutz betreffen wie diejenigen zur Datensicherheit die gesamte EDV-Organisation und haben sich zu orientieren an den jeweils gültigen **Datenschutzgesetzen**. Der Datenschutz und damit auch das BDSG stellen einen immer wichtigeren Bereich in einer zunehmend durch Informations- und Kommunikationstechnologien bestimmten Gesellschaft dar.

Datenschutzgesetze haben die Aufgabe, den Ausgleich zwischen den Interessen der datenverarbeitenden Stellen (z.B. Unternehmen, öffentliche Verwaltungen) und den Rechten der Betroffenen (z.B. Angestellte, Kunden bzw. Lieferanten eines Unternehmens, Patienten, Bürger) zu regeln.

In der Bundesrepublik Deutschland gelten

- das **Bundesdatenschutzgesetz (BDSG)** vom 1.6.1991,
- Landesdatenschutzgesetze in den einzelnen Bundesländern (für die Behörden und öffentliche Stellen des jeweiligen Landes und seiner Kommunen) und
- bereichsspezifische Bestimmungen für abgegrenzte Sachbereiche (z.B. Meldegesetze).

Die Datenschutzgesetze beziehen sich nur auf personenbezogene Daten, die in Dateien verarbeitet werden. Sie beziehen sich sowohl auf automatisiert verarbeitete Daten als auch auf manuell geführte Karteien.

Allgemein fordern die Datenschutzgesetze, daß

- der Umgang mit personenbezogenen Daten zulässig sein muß,
- Ziel und Zweck jeder Datenverarbeitung klar erkennbar sind,
- die Speicherung kritischer Daten auf das Notwendigste zu beschränken ist,
- die Datenweitergabe nur nach besonderen Vorkehrungen erfolgen darf,
- die Sammlungen von personenbezogenen Daten zu registrieren sind und von den Betroffenen eingesehen werden dürfen (Recht auf Auskunft),
- falsche Daten zu berichtigen, nicht mehr benötigte Daten zu löschen sind.

Neben den **Rechten der Betroffenen** sind auch die **Pflichten der datenverarbeitenden Stellen** im Bundesdatenschutzgesetz geregelt. So haben diese Stellen u.a. die erforderlichen technischen und organisatorischen Maßnahmen zu treffen, um den Datenschutz zu gewährleisten. Weiterhin sind Übersichten darüber zu führen, welche personenbezogene Daten und zu welchem Zweck sie gespeichert werden. So müssen auch Unternehmen einen **Datenschutzbeauftragten**[11] bestellen, wenn personenbezogene Datenverarbeitung automatisiert mit mehr als vier oder manuell mit mehr als neunzehn Mitarbeitern erfolgt (falls sie Datenverarbeitung für eigene Zwecke betreiben). Unternehmen, die für fremde Zwecke Datenverarbeitung betreiben, müssen stets, unabhängig von der Anzahl der Mitarbeiter, einen Datenschutzbeauftragten einsetzen. Als Datenschutzbeauftragter kann ein fachkundiger Mitarbeiter ausgewählt werden (der auch weiterhin seine ursprüngliche eigentliche Arbeit ausführen kann), der verpflichtet ist, die Ausführung des Gesetzes sicherzustellen. Speziell werden im Gesetz folgende Aufgaben hervorgehoben:

- Führen von Übersichten,
- Überwachen der ordnungsgemäßen Anwendung der Datenverarbeitungsprogramme und
- Schulen der mit der Verarbeitung personenbezogener Daten betrauten Personen (zur Schaffung des Problembewußtseins).

Neben allgemeinen Kenntnissen über das Unternehmen und der Datenverarbeitung sollte der Datenschutzbeauftragte auch über juristische Kenntnisse verfügen. Er ist organisatorisch direkt der Betriebsleitung zu unterstellen. Es kann auch ein externer Datenschutzbeauftragter bestellt werden, der über einen Dienstvertrag verpflichtet wird.

---

[11] Vgl. Brossmann (1990).

Besondere Instanzen kontrollieren die Einhaltung der Datenschutzgesetze und beraten die Betroffenen und auch die datenverarbeitenden Stellen. Dies sind

- der **Bundesbeauftragte für den Datenschutz** für die öffentlichen Stellen des Bundes,
- die **Landesbeauftragten für den Datenschutz** für die öffentlichen Stellen der Länder und
- die **Aufsichtsbehörden der Länder**, i.d.R. die Innenministerien, für die nicht-öffentlichen Stellen (Unternehmen).

8.4.2 Maßnahmen zur Gewährleistung des Datenschutzes

Auf die rechtlichen Aspekte der Datenschutzproblematik wollen wir in diesem Buch nicht näher eingehen. Es sollen die Maßnahmen, die den unberechtigten Zugriff auf die Datenbank verhindern sollen, erläutert werden. Damit werden wir kryptographische Verfahren zur Verschlüsselung von Daten hier ebenfalls nicht betrachten, da sie zwar von einigen DBVS angeboten werden, aber auch unabhängig von der Nutzung von Datenbanksystemen von Bedeutung sind.

Die **Zugriffskontrolle** beginnt mit der Forderung an jeden Benutzer des Datenbanksystems, sich zu identifizieren, d.h. in der Regel in Form einer Benutzerkennung **(Identifikation)** anzugeben, wer er ist. Anschließend prüft das DBVS die **Authentizität** der Benutzerkennung. Dafür wird in den meisten Fällen die Angabe eines **Paßworts** verlangt. Allerdings gibt es für sicherheitskritische Datenbanksystemanwendungen auch noch darüber hinaus gehende Authentifikationsmaßnahmen, die hier jedoch nicht betrachtet werden sollen.

Selbstverständlich ist mit der Identifikation und der Authentifikation nur der generelle "Einstieg" in die Datenbanksystemanwendung absicherbar. Zugriffskontrolle bei Datenbanksystemen muß aber weiter gehen, denn wie im EDV-losen Büro auch nicht jeder an jeden Karteikasten darf, so haben auch beim Einsatz von Datenbanksystemen nicht alle Benutzer dieselbe Zugriffsberechtigung. Entsprechend den Regelungen in der realen Welt muß für die Informationssysteme, die einen Ausschnitt daraus modellieren, die Möglichkeit bestehen, einen Benutzer in der Anzahl der Objekte, mit denen er arbeiten darf, und/oder in der Art und Weise, in der er mit den Objekten arbeiten darf, zu beschränken.

Bezogen auf unser VHS-Beispiel heißt das, daß beispielsweise

- die Nutzer außerhalb der VHS, die sich für das Kursangebot interessieren, über ein Bildschirmtextsystem (BTX-System) lesend auf dieselben, jetzt auf einer Datenbank gespeicherten Daten zugreifen dürfen, die auch im Kursverzeichnis aufgeführt sind (die also öffentlich zugänglich sind);
- die Dozenten darüber hinaus lesend auf die Planungsdaten aller und schreibend auf die Planungsdaten ihrer Kurse für das Folgesemester zugreifen dürfen;
- die VHS-Anmeldungsbearbeiterin in Kaarst die Teilnehmergrunddaten, die sich aus dem Anmeldeformular ergeben, lesend und schreibend bearbeiten darf, sofern die Anmeldung einen Kurs betrifft, der in der Stadt Kaarst stattfindet (der Zugriff auf die Teilnehmerleistungsdaten sollte ihr jedoch völlig verwehrt werden; die Teilnehmergrunddaten der Kurse des anderen Standorts sollte sie nur lesen dürfen);
- der für die Zahlungen zuständige Buchhalter die Honorarangaben der Dozenten zwar lesen, aber nicht ändern darf.

Die meisten Datenbankverwaltungssysteme (DBVS) führen zur Verwaltung der Zugriffsberechtigungen eine **Berechtigungsmatrix**, in der für jedes Objekt und jeden Nutzer eingetragen ist, welche Berechtigung der Nutzer bezogen auf das Objekt besitzt. Ein Beispiel für eine derartige Berechtigungsmatrix auf Basis der obigen Sachverhalte zeigt die Abb. 8/12.

Offensichtlich ist diese Berechtigungsmatrix bezogen auf die VHS-Datenbank und das VHS-Informationssystem weder hinsichtlich der Objekte noch bezogen auf die Nutzer vollständig. Dennoch enthält sie einige typische Zugriffsberechtigungstypen.

Objekte / Nutzer	Vorlesungs-verzeichnis	Kurspla-nungsdaten	Teilnehmer-grunddaten	Teilnehmer-leistungsdaten	Dozenten-honorare
Kurs-interessent	lesen	—	—	—	—
Dozent	lesen	lesen; schreiben für eigene Kurse	—	schreiben für eigene Kurse	—
Anmeldungs-bearbeiterin in Kaarst	lesen	—	schreiben für Kurse Kaarst	—	—
Buchhalter	lesen	—	lesen	—	lesen

Abb. 8/12. Beispiel für eine Berechtigungsmatrix

Bei einer nutzerorientierten Betrachtung sehen wir, daß keiner der aufgeführten Nutzer unserer VHS-Datenbank Zugriff zu allen Objekten besitzt. Darüberhinaus sind die **Rechte** mal ausschließlich **objektabhängig** (Buchhalter darf alle Teilnehmergrunddaten lesen und auf keine Teilnehmerleistungsdaten zugreifen) und mal zusätzlich **wertabhängig** (Dozenten dürfen nur auf die Leistungsdaten der Kurse zugreifen, für die sie zuständig sind; d.h. es gibt eine Abhängigkeit vom Wert der Dozentennummer). Eine objektorientierte Betrachtung zeigt, daß im Beispiel Kursplanungsdaten nur einem Nutzer zugeordnet sind, alle anderen Objekte von mehreren Nutzern bearbeitet, aber jeweils nur von einem Nutzer geändert werden dürfen.

Offensichtlich wächst der Aufwand für die Berechtigungsprüfung zum einen mit der Anzahl der Objekte, die in der Berechtigungsmatrix zu verwalten sind, zum anderen ist die wertabhängige Prüfung aufwendiger als die wertunabhängige Prüfung, denn wertunabhängige Prüfungen können beispielsweise zur Übersetzungszeit von Programmen einmalig vorgenommen werden, während wertabhängige Prüfungen zur Laufzeit bei jedem Zugriffsversuch stattfinden müssen. Eine Zugriffsberechtigung nur auf der Basis "großer" Objekte, d.h. beispielsweise bezogen auf ganze Relationen, und der Verzicht auf wertabhängige Prüfungen ist daher aus Performance-Sicht günstig. Auf der anderen Seite ist eine Zugriffsberechtigungsorganisation umso wirklichkeitsnäher gestaltbar, je mehr Möglichkeiten zur Differenzierung potentiell gegeben sind. Dazu gehört auch eine weitere Verfeinerung bei den Berechtigungstypen, wo zusätzlich zu lesendem und schreibendem Zugriff auch die Berechtigung zur Einrichtung und/oder zum Löschen von Objekten, zur Ausführung ausführbarer Objekte und zur Weitergabe eigener Rechte an andere Nutzer berücksichtigt werden können.

Die **Vergabe von Zugriffsberechtigungen** und natürlich auch deren Entzug sind typischerweise privilegierte Operationen, die beispielsweise dem Datenbankadministrator oder - insbesondere bei Nutzung von Data Dictionary-Systemen - dem Datenadministrator vorbehalten sind. Die Sprachmittel zur Vergabe und Pflege von Zugriffsberechtigungen sind in den Datendefinitionssprachen oder in den Datendefinitionsteilen allgemeiner Datenbanksystemsprachen wie SQL gegeben. Dabei bietet SQL mit dem GRANT-Befehl zusätzlich die Möglichkeit, Zugriffsrechte weiterzugeben. Weiter wollen wir an dieser Stelle darauf jedoch nicht eingehen (Datenbanksystemsprachen werden ausführlich erst im Band II behandelt).

Betrachten wollen wir jedoch noch den sogenannten **Schlüssel-Schloß-Mechanismus** zur Realisierung der Berechtigungsorganisation. Für jedes Objekt wird jede darauf mögliche Operation mit einem "Schloß" versehen, und ein Nutzer kann die Operation nur ausführen, wenn er den passenden "Schlüssel" besitzt.

Dieser Mechanismus wird z.B. beim Datenbanksystem ADABAS[12] verwendet, allerdings zusätzlich in Form hierarchischer Schutzgrade und hierarchischer Berechtigungen. Ein Beispiel für die Realisierung unserer VHS-Datenbank in ADABAS ist in Abb. 8/13 veranschaulicht. Dort sehen wir eine **Paßworttabelle**, wie sie vom Datenbankadministrator eingerichtet und gepflegt wird.

	Sicherheitsstufe	
Paßwort	lesen	schreiben
ADMIN	15	15
DOZDOZ	5	5
LENI	4	3
LEITER	8	2
OTTO	3	1

Teilnehmer-relation	Lesen: 3	Schreiben: 3
Attribut	Lesen	Schreiben
Name		
Telefon		
Kurs_Note	5	5

Abb. 8/13. Schlüssel-Schloß-Mechanismus beim Datenbanksystem ADABAS für einige VHS-Teilnehmerdaten

Der Datenbankadministrator selbst (Paßwort ADMIN) hat für Lesen und Schreiben die höchste Sicherheitsstufe 15, d.h. er darf auf alle Relationen und alle Attribute lesend und schreibend zugreifen. Der Dozent mit dem Paßwort DOZDOZ darf alle Objekte lesen und schreiben, für die maximal die Stufe 5 verlangt wird.

12 ADABAS ist ein Datenbanksystem-Produkt der Firma Software AG

Analog sind die Rechte der Anmeldungsbearbeiterin mit Paßwort LENI, des VHS-Leiters mit dem Paßwort LEITER und des Buchhalters mit dem Paßwort OTTO zu interpretieren.

Zum Lesen oder Schreiben der Teilnehmerrelation genügt gemäß Tabelle 2 grundsätzlich die Sicherheitsstufe 3. Im Beispiel dürfen demnach alle eingetragenen Nutzer die Relation lesen, der VHS-Leiter und der Buchhalter dürfen jedoch nicht ändern. Die grundsätzliche Lese-/Schreibberechtigung wird dann für das Attribut KURS_NOTE weiter eingeschränkt. Hier bedarf es der Schutzstufe 5, um die Werte lesen oder ändern zu können. Damit ergibt sich, daß die KURS_NOTE lediglich vom zuständigen Dozenten geschrieben und von ihm wie vom VHS-Leiter gelesen werden darf (der DB-Administrator darf jedoch stets lesen und schreiben).

Eine weitere wichtige Möglichkeit zur Gewährleistung des Datenschutzes liegt in der Bildung **externer Datenschemata** (vgl. Abb. 8/1). Für die einzelnen Benutzer bzw. Benutzergruppen der Datenbank lassen sich Datenausschnitte bilden (sogenannte Sichten bzw. Views), die für sie erreichbar sind. Auf Daten der Datenbank, die nicht ihrem externen Schema angehören, haben sie keinen Zugriff (vgl. auch die Ausführungen zur Drei-Schemen-Architektur in Abschnitt 7.2). So lassen sich beispielsweise für die unterschiedlichen Angestellten und Dozenten einerseits und für die Kursteilnehmer und Kursinteressenten unserer VHS andererseits verschiedene externe Schemata definieren.

Die Integrität von Daten und Informationen und von Wissen hat in unserer Gesellschaft eine hohe Bedeutung erreicht. Bei zunehmendem Einsatz leistungsfähiger Informations- und Kommunikationstechniken und -systeme entstehen vielfältige Probleme der Datenkonsistenz, der Datensicherheit und des Datenschutzes. Die Bewältigung dieser Probleme stellt eine hohe Herausforderung an die Informatik, vor allem an die Wirtschaftsinformatik, die auch die Auswirkungen der Informationsverarbeitung auf die Gesellschaft behandeln muß.[13]

[13] Vgl. Hansen (1992), S.82 - 93.

8.5 Übungsaufgaben zur Datenintegrität von Datenbanksystemen

Aufgabe 8-1: Begründen Sie die besondere Bedeutung der Datenintegrität bei Datenbanksystemen.

Aufgabe 8-2: Diskutieren Sie das Verhältnis, das die folgenden Anforderungen an Datenbanksysteme untereinander auszeichnet:
- Datenkonsistenz
- Daten-Programm-Unabhängigkeit
- Datenschutz
- Datensicherheit
- Redundanzarmut

Aufgabe 8-3: Nehmen Sie Stellung zu der Behauptung: "Eine Verknüpfung im ISM stellt eine Konsistenzbedingung dar".

Aufgabe 8-4: Diskutieren Sie, wie die Datenintegrität durch Verteilte Datenbanksysteme beeinflußt wird.

Aufgabe 8-5: In unserem VHS-Beispiel gibt ein Teilnehmer bekannt, daß er eine Teilnehmerin geheiratet hat. Erläutern und klassifizieren Sie betroffene Konsistenzbedingungen, die Ihrer Meinung nach gegeben sind.

Aufgabe 8-6: Erläutern Sie allgemein und anhand eines Beispiels, warum es zu Inkonsistenzen kommen kann, wenn neben einer Transaktion mit eingetragener LS-Sperre eine andere Transaktion mit S-Sperre für denselben Datenbereich zugelassen wird.

Aufgabe 8-7: Eines von mehreren Programmen zur Änderung einer Datenbank hat vom Zeitpunkt t1 bis zum Zeitpunkt t2 fehlerhaft gearbeitet und dabei auch falsche Ergebnisse in der Datenbank abgelegt. Stellen Sie die Maßnahmen zur Behebung der dadurch entstandenen Inkonsistenz dar.

Aufgabe 8-8: Diskutieren Sie die Möglichkeiten zur Beeinflussung der Anzahl von Sperren und deren Auswirkungen auf den Mehrbenutzerbetrieb.

Aufgabe 8-9: Erläutern Sie Aufbau und Wirkungsweise einer Berechtigungsmatrix und diskutieren Sie die Auswirkungen unterschiedlicher Objektgranularitäten.

Aufgabe 8-10: Diskutieren Sie die Aufgaben des Bundesdatenschutzgesetzes (BDSG).

Aufgabe 8-11: Erläutern Sie die Funktionen des Datenschutzbeauftragten.

Aufgabe 8-12: Welche Maßnahmen lassen sich zur Gewährleistung des Datenschutzes einsetzen?

Aufgabe 8-13: Geben Sie für die Personaldatenbank eines Unternehmens konkrete Beispiele für eine Verletzung der Datenkonsistenz, der Datensicherheit und des Datenschutzes. Diskutieren Sie die notwendigen Maßnahmen zur Beseitigung der Verletzunugen und zur Gewährleistung der Datenintegrität.

Aufgabe 8-14: Diskutieren Sie die Auswirkungen des zunehmenden Einsatzes von leistungsfähigen Informationssystemen bzw. Datenbanksystemen in der öffentlichen Verwaltung (bei Bund, Land und Kommunen) auf die Gesellschaft.

8.6 Ausgewählte Literatur zu Kapitel 8

Brossmann, M. (1990): Datenschutzbeauftragter, in: Mertens, P. (Hrsg.): Lexikon der Wirtschaftsinformatik, 2. Auflage, Berlin u.a. 1990, S. 136-137.

Bundesdatenschutzgesetz (1991): Text und Erläuterung, Info 1, herausgegeben vom Bundesbeauftragten für den Datenschutz, Bonn 1991.

Burger, R. (1989): Das große Computervirenbuch, Düsseldorf 1989.

Hansen, H.R. (1992): Wirtschaftsinformatik I, 6. Auflage, Stuttgart, Jena 1992, S. 579-593.

Heilmann, W.; Reusch, G. (Hrsg.) (1984): Datensicherheit und Datenschutz, Wiesbaden 1984.

Kratzer, K. (1990): Transaktion, in: Mertens, P. (Hrsg.): Lexikon der Wirtschaftsinformatik, 2. Auflage, Berlin u.a. 1990, S. 434-436.

Niedereichholz, J. (1983): Datenbanksysteme. Aufbau und Einsatz, 3. Auflage, Würzburg, Wien 1983, S. 199-224.

Pommerening, K. (1991): Datenschutz und Datensicherheit, Mannheim, Wien, Zürich 1991.

Pressmar, D. (1990): Datensicherung, in: Mertens, P. (Hrsg.): Lexikon der Wirtschaftsinformatik, 2. Auflage, Berlin u.a. 1990, S. 139-142.

Reuter, A. (1987): Maßnahmen zur Wahrung von Sicherheits- und Integritätsbedingungen, in: Lockemann, P.C.; Schmidt, J.W. (Hrsg.): Datenbank-Handbuch, Berlin u.a. 1987, S. 337-479.

Schlageter, G.; Stucky, W. (1983): Datenbanksysteme. Konzepte und Modelle, 2. Auflage, Stuttgart 1983, S. 287-353.

Schmidt, W. (1990): Datenschutz, in: Mertens, P. (Hrsg.): Lexikon der Wirtschaftsinformatik, 2. Auflage, Berlin u.a. 1990, S. 134-135.

Schmidt, W. (1990a): Datenschutzgesetze, in: Mertens, P. (Hrsg.): Lexikon der Wirtschaftsinformatik, 2. Auflage, Berlin u.a. 1990, S. 137-139.

Schwarze, J. (1994): Einführung in die Wirtschaftsinformatik, 3. Auflage, Herne, Berlin 1994, S. 199-203.

Stucky, W.; Krieger, R. (1990): Datenbanksysteme, in: Kurbel, K.; Strunz, H. (Hrsg.): Handbuch Wirtschaftsinformatik, Stuttgart 1990, S. 853.

Thome, R. (1979): Datenschutz, München 1979.

Zehnder, C.A. (1989): Informationssysteme und Datenbanken, Stuttgart 1989, S. 175-209.

9 Einsatz der Datenbanksysteme und ihre Nutzungspotentiale - ein Überblick

Auf die Bedeutung des Einsatzes von Datenbanksystemen in der betrieblichen Praxis und auf die Anwendungsbreite, aufgezeigt anhand mehrerer Beispiele, wurde bereits in der Einleitung des Buchs (Kapitel 0) eingegangen. Ein größeres Anwendungsbeispiel für eine Volkshochschule (VHS) wurde ausgewählt, um die Lehrinhalte besser zu veranschaulichen und auch die Vorteile des Einsatzes von Datenbanksystemen aufzuzeigen. Im folgenden werden die **universellen Einsatzmöglichkeiten** und **Nutzungspotentiale** der Datenbanksysteme zusammenfassend dargestellt, wobei das bisher erworbene Wissen über Datenmodellierung (Teil A) und Datenbankarchitekturen (Teil B) zugrunde gelegt wird. Im zweiten Band werden Anwendungsbeispiele in ausführlicher Form vorgestellt und die Nutzungspotentiale diskutiert. Dieses Kapitel gibt lediglich einen Überblick.

Die Notwendigkeit des Einsatzes von Datenbanksystemen in Industrie und Verwaltung ist bereits schon aufgrund der vorhandenen umfangreichen Informationsmengen, die in diesen Organisationsformen vorliegen, und der notwendigen vielfältigen Auswertungsmöglichkeiten gegeben. Der starke Konkurrenzkampf in der freien Marktwirtschaft verstärkt die Bedeutung des Ziels, eine stets funktionsfähige Informationsverarbeitung zu gewährleisten und dafür effektive und effiziente Datenbanksysteme einzusetzen. In Kapitel 1 wurde das Unternehmen als informationsverarbeitendes System dargestellt, wobei vor allem die Informations- und Kommunikationssysteme im Bürobereich behandelt wurden. Die Basis betrieblicher Anwendungs- und Informationssysteme bilden große Datenbestände, die im allgemeinen längerfristig benötigt werden und im Zeitablauf auch veränderbar und auswertbar sein sollen.[1]

Der **Aufbau** bzw. die **Gestaltung eines Datenbanksystems** bringt bereits im Vorfeld seines Einsatzes große **Vorteile**, die sich durch die Entwicklung eines Datenmodells ergeben:

- **Systematische Aufarbeitung des Informationswesens** (vgl. Kapitel 2): Darstellung der Informationsobjekte und ihrer Beziehungen (Informationsanalyse), Beschreibung der Kommunikationspartner und der Kommunikationsbeziehungen (Kommunikationsanalyse), Erklärung der Informationsverarbeitungsfunktionen (Funktionsanalyse), systematische Zusammenstellung in einem Informations- und Kommunikationsstrukturmodell (IKSM);

[1] Vgl. z.B. Dürr/Rademacher (1990); Härder (1989); Neumaier (1989); Schek/Stucky (1987); Sinzig (1990).

- **Darstellung eines geschlossenen Konzepts der Informationsverarbeitung und der Kommunikation** (IKS) für große Unternehmensbereiche bzw. für das Gesamtunternehmen als Basis für ein **erfolgreiches strategisches Informationsmanagement** (vgl. Abschnitt 2.3.5);[2]
- **Gewährleistung einer formalen Beschreibung von Daten- und Kommunikationsstrukturen durch die konzeptionelle Datenmodellierung** (vgl. Kapitel 3):
  Verfügbarkeit unterschiedlicher Datenmodelle mit ihren Techniken und Methoden, Aufbau eines Metadatenmodells (Data Dictionary System);
- **Entwicklung eines Unternehmensdatenmodells** (vgl. Kapitel 4).

Ziel der **Informationsstrukturierung** und **Datenmodellierung** (vgl. Teil A: Kapitel 1 bis 4) ist der Aufbau eines Datenbanksystems. Nur eine systematische Vorgehensweise in dieser Arbeitsphase kann zu einem erfolgreichen Datenbanksystem führen (vgl. Abb. 1/4 in Kap. 1). Das relativ kleine Anwendungsbeispiel der Datenbank einer Volkshochschule (VHS-Beispiel) zeigte, daß bereits hier zahlreiche Informationsobjekte mit vielfältigen Beziehungen auftreten und daß mehrere Benutzer unterschiedliche Funktionen auf der Datenbank ausführen. Das Ziel, ein VHS-weites Datenbanksystem aufzubauen, stellt hohe Anfordereungen an die Entwickler. Hierbei sind auch die Integritätsbedingungen zu berücksichtigen, so vor allem die Gewährleistung des Datenschutzes.

Der gesamte Entwicklungsprozeß eines Datenbanksystems (data base engineering) ist u.a. Gegenstand des zweiten Bandes. Die im vorliegenden ersten Band behandelte Informationsstrukturierung und Datenmodellierung sind Kernbereiche dieses Prozesses, der sich auf den gesamten Lebenszyklus eines Datenbanksystems bezieht.

Die **Vorteile des konkreten Einsatzes eines Datenbanksystems** können wie folgt zusammengefaßt werden, wobei die systematische Durchführung der Aufbau- und Modellierungsarbeiten (siehe oben) vorausgesetzt wird:

- Verwaltung und Kontrolle großer Datenbestände in einer Datenbank (DB) mit Hilfe des Datenbankverwaltungssystems (DBVS);
- Basis zur Datenintegration (Integriertes System);
- klare Abgrenzung der Sichten auf die Datenbank (DB) aufgrund der Drei-Ebenen-Architektur;
- Formulierung von Richtlinien zur Beschreibung der Datenschemata (konzeptionelle und externe Schemata) mit Hilfe geeigneter Datendefinitionssprachen (DDL);
- Verfügbarkeit benutzerfreundlicher Schnittstellen zur Verarbeitung der Daten über Datenmanipulationssprachen (DML), die von verschiedenen Benutzergruppen (z.B. DV-Laien, DV-Experten) genutzt werden können;

---

[2] Vgl. Biethahn/Muksch/Ruf (1991).

- Koordination des mehrfachen, parallelen Zugriffs (Synchronisation) vieler Benutzer auf denselben Datenbestand;
- Gewährleistung der Korrektheit der Daten, d.h. Einhaltung der Integritätsbedingungen (semantische Integrität);
- Gewährleistung der Unversehrtheit der Daten in dem Sinne, daß nicht aufgrund technischer Fehler Daten verlorengehen oder verfälscht werden (operationale Integrität bzw. Datensicherung);
- Wiederherstellung eines korrekten (konsistenten) Datenbestands (Recovery);
- Vorhandensein von Techniken und Methoden zum Schutz der Daten vor unberechtigtem Zugriff (Datenschutz);
- gute Pflege- und Wartungsmöglichkeiten der Datenbank;
- einfache Ausbaumöglichkeiten der Datenbank und Anpaßbarkeit an neue Anforderungen (Flexibilität);
- schneller gezielter Zugriff auf Daten (kurze Antwortzeiten);
- benutzerfreundlicher Zugriff auf Daten über definierte externe Schemata mittels geeigneter Sprachschnittstellen (z.B. graphische Oberflächen);
- gute Nutzungsmöglichkeiten der Datenbank durch Programme;
- Programmunabhängigkeit der Daten;
- integrierte Datenverwaltung durch das Datenbankverwaltungssystem;
- Kostenvorteile im Vergleich zu konventionellen Methoden, die sich bei den Datenbanksystemen durch das Abspeichern umfangreicher Datenbestände, durch die schnellen Zugriffsmöglichkeiten und gezielte Verarbeitungsmöglichkeiten ergeben;
- flexible Instrumente für administrative Aufgaben zur Planung und Entscheidungsunterstützung, da Datenbanksysteme die Basis zahlreicher Anwendungssysteme darstellen;
- Nutzungsmöglichkeiten zur strategischen Planung (strategisches Management).

Die Einsatzmöglichkeiten und vor allem die Nutzungspotentiale werden im zweiten Band ausführlich anhand eines Anwendungsbeispiels erläutert. Hierbei wird auch auf die in der Praxis auftretenden Probleme eingegangen. Die möglichen Chancen und Risiken werden aus strategischer Sicht betrachtet. Der vorliegende erste Band beinhaltet mit den beiden Schwerpunkten "Datenmodellierung" und "Datenbanktechnologie" das notwendige Wissen für den erfolgreichen Aufbau und Einsatz von Datenbanksystemen in der betrieblichen Praxis.

9.1 Übungsaufgaben zum Einsatz der Datenbanksysteme und zu ihren Nutzungspotentialen

Aufgabe 9-1: Diskutieren Sie die Anwendungsbeispiele von Datenbanksystemen, die im Abschnitt 0.2 zu Beginn des Buches vorgestellt wurden, wobei Sie Ihr erworbenes, nun nach der Lektüre vorhandenes Wissen nutzen.

Aufgabe 9-2: Skizzieren Sie den gesamten Entwicklungsprozeß eines Datenbanksystems (life cycle), wobei Sie sich an ein Software Engineering-Konzept (falls bekannt) anlehnen. Welche Bedeutung haben Ihrer Meinung nach die Informationsstrukturierung und die Datenmodellierung innerhalb des Prozesses?

Aufgabe 9-3: Diskutieren Sie die oben gegebenen Vorteile des Einsatzes von Datenbanksystemen anhand konkreter Anwendungsbeispiele. Versuchen Sie dabei auch die Begriffe, die die Vorteile beschreiben, zu erklären.

Aufgabe 9-4: Welche strategischen Vorteile werden Ihrer Meinung nach durch den Einsatz von Datenbanksystemen erreicht? Welche Aufgaben hat hierbei das Informationsmanagement zur Erreichung der Ziele zu erfüllen?

9.2 Ausgewählte Literatur zu Kapitel 9

Biethahn, J.; Muksch, H.; Ruf, W. (1991): Ganzheitliches Informationsmanagement, Band II: Daten - und Entwicklungsmanagement, München, Wien 1991.

Dürr, M.; Rademacher, K. (1990): Einsatz von Datenbanksystemen. Ein Leitfaden für die Praxis, Berlin u.a. 1990.

Härder, T. (Hrsg.) (1989): Datenbanksysteme in Büro, Technik und Wissenschaft, Berlin u.a. 1989.

Neumaier, H. (Hrsg.) (1989): Relationale Datenbanken, München, Wien 1989.

Schek, H.J.; Stucky, W. (Hrsg.) (1987): Datenbanksysteme in Büro, Technik und Wissenschaft, Berlin u.a. 1987.

Sinzig, W. (1990): Datenbankorientiertes Rechnungswesen, Berlin u.a. 1990.

10 Zusammenfassung und Ausblick

Der vorliegende Band über **Datenbanksysteme** beschäftigt sich schwerpunktmäßig, wie der Titel des Buchs bereits aussagt, mit der "**Konzeptionellen Datenmodellierung**" und den "**Datenbankarchitekturen**".

Voraussetzung für eine **erfolgreiche Nutzung** eines Datenbanksystems ist eine **systematische Einsatzplanung und Datenbankentwicklung**, die sich vom gegebenen "Problem der Realität" bis hin zur "implementierten Datenbank" und zum "lauffähigen Datenbanksystem" erstreckt (vgl. Abb. 1/4 in Kap. 1). Schwerpunkte dieses Entwicklungsprozesses wurden in Teil A, den Kapiteln 1 bis 4, behandelt. Nach einer allgemeinen Darstellung des Problemfelds, d.h. der **Unternehmung als informationsverarbeitendes System** im ersten Kapitel, wurde die Datenbank-Modellierung in zwei Arbeitsbereiche aufgeteilt und getrennt behandelt. Zunächst wurden Richtlinien zu einer **systematischen Informations- und Kommunikationsstrukturierung** im zweiten Kapitel gegeben, die vor allem für einen grundlegenden Neuaufbau eines Datenbanksystems in einem umfangreichen Anwendungsfeld wichtig sind. Ziel war dabei die Erstellung eines Fach- bzw. Anwendungskonzepts eines Informations- und Kommunikationssystems, wobei das Informationsstrukturmodell (ISM) als Basis der zu erstellenden Datenbank im Vordergrund steht. In einem zweiten Arbeitsbereich, der sich fließend an den ersten anschließt, wurde das logische Datenmodell im dritten Kapitel erstellt. Im Rahmen der **konzeptionellen Datenmodellierung** wurde eine brauchbare Vorlage geschaffen, die in Form eines Relationenmodells, eines Netzwerkmodells oder eines objektorientierten Datenmodells direkt in ein konkretes Datenbanksystem umgesetzt (implementiert) werden kann. Die Normalisierungsschritte führen beim Relationenmodell zu einer logisch "optimalen" Gestaltung der Datenbank und unterstützen ein korrektes Arbeiten. Ein wichtiges Unterstützungssystem bei der Datenmodellierung und beim späteren Einsatz des Datenbanksystems bieten **Data Dictionary-Systeme**, die in Abschnitt 3.4 erläutert wurden. Ziel ist die Entwicklung eines **Unternehmensdatenmodells (UDM)**, das für das gesamte Unternehmen die Basis eines **integrierten Informationssystems** darstellen soll.

Im Teil A des Buchs steht der Faktor "**Information**" im Vordergrund, d.h. Aufbau und Definition, Verknüpfungsarten, Strukturierungs- und Modellierungsmöglichkeiten der "Informationswelt", die eine sinnvolle Ablage bzw. ein Abspeichern, ein Verwalten, einen schnellen Zugriff und gute Verarbeitungsmöglichkeiten der Information gewährleisten sollen. Funktionen, Abläufe, Prozesse und Kommunikation (z.B. im Sinne der Analyse und Gestaltung von Geschäftsprozessen) stehen im Hintergrund. Die Behandlung der Informationsstrukturierung und -modellierung ist unabhängig von einem konkreten Datenbanksystem. Das Ziel, ein Fachkonzept für ein Datenbanksystem zu erstellen, soll jedoch beim Entwicklungsprozeß beachtet werden.

Im Teil B des Buchs wurde das **Datenbanksystem** behandelt, d.h. die Softwaretechnik, mit der sich das geplante Informations- und Kommunikationssystem realisieren läßt. Nach einer Einführung in die DB-Technologie, in der u.a. auf die historische Entwicklung eingegangen wurde und die grundlegenden Begriffe der Datenorganisation erklärt wurden, stehen hier der Aufbau und die Arbeitsweise der Datenbanksysteme im Mittelpunkt. Erläutert wurden vor allem die DB-Architektur und die Probleme der Datensicherheit und des Datenschutzes. Anschließend wurde eine Zusammenfassung der Einsatzmöglichkeiten und der Vorteile der Datenbanksysteme gegeben.

Der vorliegende erste Band zu den "Datenbanksystemen in der betrieblichen Praxis", bestehend aus den logischen Einheiten "Teil A" und "Teil B", enthält die wichtigsten Lehrinhalte über den Untersuchungsgegenstand "Datenbanksysteme". Sie bilden die Grundlagen für ein geschlossenes Entwicklungskonzept und für Erweiterungen der Datenbanksysteme, die im zweiten Band vorgestellt werden.

Im folgenden zweiten Band werden in Teil C die Entwicklung und die Auswahl eines konkreten Datenbanksystems im Rahmen eines **Data Engineering-Prozesses** behandelt (vgl. Abb. 1/4). Ähnlich wie beim Software Engineering zur Entwicklung von Anwendungsprogrammsystemen oder beim Knowledge Engineering zum Aufbau Wissensbasierter Systeme sollen hier unterschiedliche Entwicklungsansätze vorgestellt werden. Da die detaillierten Modellierungskonzepte, die ohne Zweifel Schwerpunkte im Entwicklungsprozeß darstellen, bereits im ersten Band (Teil A) behandelt wurden, stehen hier die allgemeine Vorgehensweise, die Implementierung und Einführungsstrategien im Mittelpunkt. Diskutiert werden die strategischen Nutzungspotentiale der Datenbanksysteme und auch die Probleme, die bei der Entwicklung, bei der Auswahl und beim Einsatz von Datenbanksystemen auftreten können.

Im Teil D sollen die **modernen Konzepte von Datenbanksystemen**, wie z.B. Verteilte Datenbanksysteme, Workstation-Server-Datenbanken, Non-Standard-Datenbanksysteme, Objektorientierte und Wissensbasierte Datenbanksysteme behandelt werden. Ausführlich werden Kommerzielle Datenbanksysteme und DB-Sprachen vorgestellt und die Möglichkeiten des Zugriffs auf externe Datenbanken erläutert. Anhand von Anwendungsbeispielen, die auch zur Durchführung von Fallstudien genutzt werden können, sollen die Sachzusammenhänge erklärt werden. Abschließend sollen im zweiten Band zukünftige Konzepte von integrierten und offenen Informations- und Kommunikationssystemen diskutiert werden.

Die Verfasser achteten stets darauf, daß die zwei Bände und ihre Teile A-D unabhängig voneinander gelesen und bearbeitet werden können.

Literaturverzeichnis

Balzert, H. (1992): Die Entwicklung von Software-Systemen, Mannheim u.a. 1992.

Batini, C. (1992): Conceptual Database Design, Redwood City 1992.

Biethahn, J.; Muksch, H.; Ruf, W. (1991): Ganzheitliches Informationsmanagement, Band II: Daten - und Entwicklungsmanagement, München, Wien 1991.

Biethahn, J.; Muksch, H.; Ruf, W. (1994): Ganzheitliches Informationsmanagement, Band I, 3. Auflage, München, Wien 1994.

Biethahn, J.; Rohrig, N. (1990): Datenmanagement, in: Kurbel, K.; Strunz, H. (Hrsg.): Handbuch Wirtschaftsinformatik, Stuttgart 1990, S. 737-755.

Blaser, A.; Jarke, M.; Lehmann, H.; Müller, G. (1987): Datenbanksprachen und Datenbankbenutzung, in: Lockemann, P.C.; Schmidt, J.W. (Hrsg.): Datenbank-Handbuch, Berlin u.a. 1987, S. 559-635.

Brossmann, M. (1990): Datenschutzbeauftragter, in: Mertens, P. (Hrsg.): Lexikon der Wirtschaftsinformatik, 2. Auflage, Berlin u.a. 1990, S. 136-137.

Bundesdatenschutzgesetz (1991): Text und Erläuterung, Info 1, herausgegeben vom Bundesbeauftragten für den Datenschutz, Bonn 1991.

Burger, R. (1989): Das große Computervirenbuch, Düsseldorf 1989.

Busse von Colbe, W.; Laßmann, G. (1991): Betriebswirtschaftstheorie, Band 1, 5. Auflage, Berlin u.a. 1991.

Chen, P.P.S. (Hrsg.) (1980): Entity-Relationship Approach to System Analysis and Design, Amsterdam, New York 1980.

Chen, P.P.S.; Knöll, H.-D. (1991): Der Entity-Relationship-Ansatz zum logischen Systementwurf, Mannheim u.a. 1991.

CODASYL (1971): CODASYL Data Base Task Group, Report, April 1971.

Codd, E.F. (1970): A relational model for large shared data banks, in: Comm. ACM, Vol. 13 (1970), No. 6, S. 377-387.

Codd, E.F. (1971): Further normalisation of the data base relational model, in: Rustin, R. (Hrsg.): Data Base Systems, New York 1971, S. 33-64.

Date, C.J. (1982): An Introduction to Database Systems, Bonn 1982.

Dittrich, K.R. (1990): Objektorientierte Datenbanken, in: Mertens, P. (Hrsg.): Lexikon der Wirtschaftsinformatik, Berlin u.a. 1990, S. 305-306.

Dittrich, K.R. (1990a): Objektorientierte Datenmodelle als Basis komplexer Anwendungssysteme, in: Wirtschaftsinformatik, 32. Jg. H. 3, 1990, S. 228-237.

Dittrich, K.R.; Kotz, A.M. (1989): Objektorientierte Datenbanksysteme, in: HMD 145, 1989, S. 94-105.

Dürr, M.; Rademacher, K. (1990): Einsatz von Datenbanksystemen. Ein Leitfaden für die Praxis, Berlin u.a. 1990.

Dworatschek, S. (1986): Grundlagen der Datenverarbeitung, 7. Auflage, Berlin, New York 1986.

Ferstl, O.K.; Sinz, E.J. (1990): Objektmodellierung betrieblicher Informationssysteme im Semantischen Objektmodell (SOM), in: Wirtschaftsinformatik, 32. Jg., H. 6, 1990, S. 566-581.

Ferstl, O.K.; Sinz, E.J. (1991): Ein Vorgehensmodell zur Objektmodellierung betrieblicher Informationssysteme im Semantischen Objektmodell (SOM), in: Wirtschaftsinformatik, 33. Jg., H. 6, 1991, S. 477-491.

Ferstl, O.K.; Sinz, E.J. (1993): Grundlagen der Wirtschaftsinformatik, Band 1, München, Wien 1993.

Ferstl, O.K.; Sinz, E.J. (1993a): Geschäftsprozeßmodellierung, in: Wirtschaftsinformatik, 35. Jg., Heft 6, 1993, S. 589-592.

Fischer, J. (1992): Datenmanagement, Datenbanken und betriebliche Datenmodellierung, München, Wien 1992.

Gabriel, R. (1990): Software Engineering, in: Kurbel, K.; Strunz, H. (Hrsg.) (1990): Handbuch Wirtschaftsinformatik, Stuttgart 1990, S. 257ff.

Gabriel, R. (1992): Wissensbasierte Systeme in der betrieblichen Praxis; Hamburg, New York u.a. 1992.

Gabriel, R.; Begau, K.; Knittel, F.; Taday, H. (1994): Büroinformations- und -kommunikationssysteme, Heidelberg 1994.

Göpfert, J. (1993): Objektorientierte Datenbanksysteme, in: HMD 170, 1993, S 24-34.

Grill, E. (1988): Relationale Datenbanken. Vom logischen Konzept zur physischen Realisierung, München, 1988.

Hammer, M. Champy, J. (1994): Business Reengineering, Frankfurt, New York 1994.

Hansen, H.-R. (1992): Wirtschaftsinformatik I, 6. Auflage, Stuttgart, Jena 1992.

Härder, T. (Hrsg.) (1989): Datenbanksysteme in Büro, Technik und Wissenschaft, Berlin u.a. 1989.

Harmon, P.; King, D. (1986): Expertensysteme in der Praxis, München, Wien 1986.

Hars, A.; Scheer, A.-W. (1991): Datenstrukturierung - Grundlagen der Gestaltung betrieblicher Informationssysteme, in: Information Management 1, 1991, S. 38-46.

Hasenkamp, U.; Kirn, S.; Syring, M. (Hrsg.) (1994): CSCW - Computer Supported Cooperative Work, Bonn, Paris 1994.

Heilmann, H. (Hrsg.) (1989): Handbuch der modernen Datenverarbeitung (HMD), Heft 145, Objektorientierte Systementwicklung, 26. Jg., 1989.

Heilmann, H. (Hrsg.) (1993): Theorie und Praxis der Wirtschaftsinformatik (HMD), Heft 170, Objektorientiertes Software Engineering, 30. Jg., 1993.

Heilmann, H. (Hrsg.) (1994): Theorie und Praxis der Wirtschaftsinformatik (HMD), Heft 176, Workflow Management, 31. Jg., 1994.

Heilmann, H.; Gebauer, A.; Simon, M. (1993): Objekorientiertes Software Engineering, in: HMD 170, 1993, S. 11-23.

Heilmann, W.; Reusch, G. (Hrsg.) (1984): Datensicherheit und Datenschutz, Wiesbaden 1984.

Heinrich, L.J. (1990): Der Prozeß der Systemplanung und -entwicklung, in: Kurbel, K.; Strunz, H. (Hrsg.): Handbuch Wirtschaftsinformatik, Stuttgart 1990, S. 199ff.

Heinrich, L.J. (1992): Informationsmanagement, 4. Auflage, München, Wien 1992.

Heinrich, L.J.; Lehner, F., Roithmayr, F. (1988): Informations- und Kommunikationstechnik, München 1988.

Hoffmann, F. (1984): Computergestützte Informationssysteme, München 1984.

IBM (o.J.): IBM-Corporation: Information Management System, Virtual Storage General Information Manual, IBM Form No. GH 20-1260.

Jackson, G. (1990): Entwurf relationaler Datenbanken, München, Wien 1990.

Jacob, H.; Becker, J.; Krcmar, H. (1991): Integrierte Informationssysteme, Wiesbaden 1991.

Kauffels, F.-J. (1988): Lokale Netze, 3. Auflage, Pulheim 1988.

Kemper, A.; Moerkotte, G. (1993): Basiskonzepte objektorientierter Datenbanksysteme, in: Informatik-Spektrum, Bd. 16, Heft 2, 1993, S. 69-80.

Knittel, F. (1995): Technikgestützte Kommunikation und Kooperation im Büro, Entwicklungshindernisse, Einsatzstrategien, Gestaltungskonzepte, Wiesbaden 1995.

Krallmann, H. (1990): Büroinformations- und Kommunikationssysteme (BIKOS), in: Kurbel, K.; Strunz, H. (Hrsg.): Handbuch Wirtschaftsinformatik, Stuttgart 1990, S. 543 ff.

Kratzer, K. (1990): Transaktion, in: Mertens, P. (Hrsg.): Lexikon der Wirtschaftsinformatik, 2. Auflage, Berlin u.a. 1990, S. 434-436.

Krcmar, H. (1988): Computerunterstützung in Gruppen, Neue Entwicklungen bei Entscheidungsunterstützungssystemen, in: Information Management 3, 1988, S. 8-14.

Kurbel, K. (1989): Entwicklung und Einsatz von Expertensystemen, Berlin, Heidelberg 1989.

Kurbel, K; Strunz, H. (Hrsg.) (1990): Handbuch Wirtschaftsinformatik, Stuttgart 1990.

Laske, O.E. (1989): Ungelöste Probleme bei der Wissensakquisition, in: KI - Künstliche Intelligenz, H. 4, 1989, S. 4-12.

Lausen, G.; Marx, B. (1990): Das Relationenmodell und die Normalisierung, in: HMD 152, 1990, S. 30-42.

Lockemann, P.C.; Dittrich, K.R. (1987): Architektur von Datenbanksystemen, in: Lockemann, P.C.; Schmidt, J.W. (Hrsg.): Datenbank-Handbuch, Berlin u.a. 1987, S. 88-161.

Lockemann, P.C.; Radermacher, K. (1990): Konzepte, Methoden und Modelle zur Datenmodellierung, in: HMD 152, 1990, S. 3-16.

Luft, A.L. (1990): Datenmodelle, in: Mertens, P. (Hrsg.) (1990): Lexikon der Wirtschaftsinformatik, Berlin u.a. 1990, S. 132-133.

Mag, W. (1995): Unternehmungsplanung, München 1995.

Martin, J. (1987): Einführung in die Datenbanktechnik, München, Wien 1987.

Mayr, H.C.; Dittrich, K.R.; Lockemann, P.C. (1987): Datenbankentwurf, in: Lockemann, P.C.; Schmidt, J.W. (Hrsg.) (1987): Datenbank-Handbuch, Berlin u.a. 1987, S. 481-557.

Meier, A. (1995): Relationale Datenbanken - Eine Einführung für die Praxis, Berlin, Heidelberg 1995.

Mertens, P. (1988): Industrielle Informationsverarbeitung 1, 7. Auflage, Wiesbaden 1988.

Mertens, P. (1991): Integrierte Informationsverarbeitung 1, 8. Auflage, Wiesbaden 1991.

Mertens, P.; Bodendorf, F.; König, W.; Picot, A.; Schumann, M. (1991): Grundzüge der Wirtschaftsinformatik, Berlin u.a. 1991.

Mertens, P.; Griese, J. (1991): Integrierte Informationsverarbeitung 2, 6. Auflage, Wiesbaden 1991.

Misselbauer, H. (1991): Datenmodellverdichtung: Vom Projektdatenmodell zur Unternehmens-Datenarchitektur, in: Wirtschaftsinformatik, 33. Jg., H. 4, 1991, S. 289-299.

Mumford, E.; Welter, G.: Benutzerbeteiligung bei der Entwicklung von Computersystemen, Berlin 1984.

Neumaier, H. (Hrsg.) (1989): Relationale Datenbanken, München, Wien 1989.

Neumann, K. (1987): Graphen und Netzwerke, in: Gal, T. (Hrsg.): Grundlagen des Operations Research 2, Berlin u.a. 1987, S. 1-164.

Niedereichholz, J. (1983): Datenbanksysteme. Aufbau und Einsatz, 3. Auflage, Würzburg, Wien 1983.

Niedereichholz, J. (1992): Datenbanksysteme. Konzepte und Management, Berlin u.a. 1992.

Noltemeier, H. (1976): Graphentheorie, Berlin, New York 1976.

Noltemeier, H. (1982): Informatik III, Einführung in Datenstrukturen, München, Wien 1982.

Olle, T.W. (1978): The CODASYL-Approach to Data Base Management, New York 1978.

Ortner, E. (1991): Unternehmensweite Datenmodellierung als Basis für integrierte Informationsverarbeitung in Wirtschaft und Verwaltung, in: Wirtschaftsinformatik, 33. Jg., H. 4, 1991, S. 269-280.

Österle, H. (1981): Entwurf betrieblicher Informationssysteme, München, Wien 1981.

Österle, H. (1995): Business Engineering, Prozeß- und Systementwicklung, Berlin u.a. 1995.

Pietsch, W.; Steinbauer, D. (1994): Business Process Reengineering, in: Wirtschaftsinformatik, 36. Jg., Heft 5, 1994, S. 502-505.

Pomberger, G. (1990): Methodik der Softwareentwicklung, in: Kurbel, K.; Strunz, H (Hrsg.): Handbuch Wirtschaftsinformatik, Stuttgart 1990, S. 215 ff.

Pomberger, G.; Blaschek, G. (1993): Software Engineering, Prototyping und objektorientierte Software-Entwicklung, München, Wien 1993.

Pommerening, K. (1991): Datenschutz und Datensicherheit, Mannheim, Wien, Zürich 1991.

Pressmar, D. (1990): Datensicherung, in: Mertens, P. (Hrsg.): Lexikon der Wirtschaftsinformatik, 2. Auflage, Berlin u.a. 1990, S. 139-142.

Rauh, K.-H.; Stickel, E. (Hrsg.) (1992): Daten- und Funktionsmodellierung, Wiesbaden 1992.

Reusch, P.J.A. (1984): Aufbau und Einsatz betrieblicher Informationssysteme, Mannheim u.a. 1984.

Reuter, A. (1987): Maßnahmen zur Wahrung von Sicherheits- und Integritätsbedingungen, in: Lockemann, P.C.; Schmidt, J.W. (Hrsg.): Datenbank-Handbuch, Berlin u.a. 1987, S. 337-479.

Schäffer, B.; Zimmermann, P. von (1990): Objektorientierte Programmierung, in: Mertens, P. (Hrsg.): Lexikon der Wirtschaftsinformatik, Berlin u.a. 1990, S. 306-308.

Scheer, A.-W. (1988): Wirtschaftsinformatik - Informationssysteme im Industriebetrieb, 2. Auflage, Berlin u.a. 1988.

Scheer, A.-W. (1988a): Entwurf eines Unternehmensdatenmodells, in: Information Management 1, 1988, S. 14-23.

Scheer, A.-W. (1990): Konzept für ein betriebswirtschaftliches Informationsmodell, in: ZfB, 60. Jg., H. 10, 1990, S. 1015-1030.

Scheer, A.-W. (1990a): Modellierung betriebswirtschaftlicher Informationssysteme, in: Wirtschaftsinformatik, 32. Jg., H. 5, 1990, S. 403-421.

Scheer, A.-W. (1990b): EDV-orientierte Betriebswirtschaftslehre, 4. Auflage, Berlin u.a. 1990.

Scheer, A.-W. (1990c): Unternehmensdatenmodell, in: IBM Nachrichten, 40, Heft 302, 1990.

Scheer, A.-W. (1990d): Unternehmensdatenmodell, in: Mertens, P. (Hrsg.): Lexikon der Wirtschaftsinformatik, Berlin u.a. 1990, S. 438-440.

Scheer, A.-W. (1990e): CIM - Computer Integrated Manufacturing, 4. Auflage, Berlin u.a. 1990.

Scheer, A.-W. (1991): Architektur integrierter Informationssysteme, Berlin u.a. 1991.

Scheer, A.-W. (1994): Wirtschaftsinformatik, Referenzmodelle für industrielle Geschäftsprozesse, 4. Auflage, Berlin u.a. 1994.

Schek, H.J.; Stucky, W. (Hrsg.) (1987): Datenbanksysteme in Büro, Technik und Wissenschaft, Berlin u.a. 1987.

Schlageter, G.; Stucky, W. (1983): Datenbanksysteme: Konzepte und Modelle, 2. Auflage, Stuttgart 1983.

Schmidt, J.W. (1987): Datenbankmodelle, in: Lockemann, P.C.; Schmidt, J.W. (Hrsg.): Datenbank-Handbuch, Berlin u.a. 1987, S. 4-83.

Schmidt, W. (1990): Datenschutz, in: Mertens, P. (Hrsg.): Lexikon der Wirtschaftsinformatik, 2. Auflage, Berlin u.a. 1990, S. 134-135.

Schmidt, W. (1990a): Datenschutzgesetze, in: Mertens, P. (Hrsg.): Lexikon der Wirtschaftsinformatik, 2. Auflage, Berlin u.a. 1990, S. 137-139.

Schreier, U. (1990): Data Dictionary, in: Mertens, P. (Hrsg.): Lexikon der Wirtschaftsinformatik, Berlin u.a. 1990, S. 111-112.

Schumann, M.; Schüle, H.; Schumann, U. (1994): Entwicklung von Anwendungssystemen, Berlin u.a. 1994.

Schwarze, J. (1994): Einführung in die Wirtschaftsinformatik, 3. Auflage, Herne, Berlin 1994.

Sinz, E.J. (1991): Unternehmensweite Datenmodellierung: Probleme und Lösungsansätze, in: Wirtschaftsinformatik, 33. Jg., H. 4, 1991, S. 267-268.

Sinzig, W. (1990): Datenbankorientiertes Rechnungswesen, Berlin u.a. 1990.

Stahlknecht, P. (1993): Einführung in die Wirtschaftsinformatik, 6. Auflage, Berlin u.a. 1993.

Stoyan, H. (1989): Objektorientierte Systementwicklung, in: HMD 145, 1989, S. 3-12.

Strunz, H. (1990): Zur Begründung einer Lehre von der Architektur informationstechnikgestützter Informations- und Kommunikationssysteme, in: Wirtschaftsinformatik, 32. Jg., H. 5, 1990, S. 439-445.

Stucky, W.; Krieger, R. (1990): Datenbanksysteme, in: Kurbel, K.; Strunz, H. (Hrsg.): Handbuch Wirtschaftsinformatik, Stuttgart 1990, S. 837-856.

Thome, R. (1979): Datenschutz, München 1979.

Vetter, M. (1990): Konzeptionelle Datenmodellierung, in: Kurbel, K.; Strunz, H. (Hrsg.) Handbuch Wirtschaftsinformatik, Stuttgart 1990, S. 383 ff.

Vetter, M. (1990a): Strategie der Anwendungssoftware-Entwicklung, 2.Auflage, Stuttgart 1990.

Vetter, M. (1993): Strategie der Anwendungssoftware-Entwicklung, Methoden, Techniken, Tools einer ganzheitlichen objektorientierten Vorgehensweise, 3.Auflage, Stuttgart 1993.

Vinek, G.; Rennert, P.F.; Tjoa, A.M. (1982): Datenmodellierung, Würzburg, Wien 1982.

Wedekind, H. (1972): Datenorganisation, 2. Auflage, Berlin, New York 1972.

Wedekind, H. (1976): Systemanalyse, München 1976.

Wedekind, H. (1981): Datenbanksysteme I, 2. Auflage, Mannheim u.a. 1981.

Wiederhold, G. (1989): Dateiorganisation in Datenbanken, Hamburg 1989.

Zehnder, C.A. (1989): Informationssysteme und Datenbanken, 5. Auflage, Stuttgart 1989.

Zimmermann, G. (1989): Praktische Erfahrungen beim Einsatz von Data Dictionary Systemen, in: Angewandte Informatik, 31. Jg., H. 11/12, 1989, S. 478-484.

Abbildungsverzeichnis

Abkürzungsverzeichnis

ADABAS	Adaptierbares Datenbanksystem (Software AG)
ANSI	American National Standards Institute
AP	Anwendungsprogramm
ARIS	Architektur integrierter Informationssysteme
B	Benutzer
BDSG	Bundesdatenschutzgesetz
BIKOS	Büro-Informations- und Kommunikationssystem
BIKS	Betriebliches Informations- und Kommunikationssystem
BS	Betriebssystem
BTX	Bildschirmtext
CA x	Computer Aided x
CASE	Computer Aided Software Engineering
CIB	Computer Integrated Business
CIE	Computer Integrated Enterprise
CIM	Computer Integrated Manufacturing
CIO	Computer Integrated Office
CIS	Computergestütztes Informationssystem
CNC	Computer Numerical Control
CODASYL	Conference on Data System Languages
CSCW	Computer Supported Cooperative Work
DB	Datenbank

DBKS	Datenbankkommunikationsschnittstelle
DBMS	Datenbankmanagementsystem
DBS	Datenbanksystem
DBTG	Data Base Task Group
DBVS	Datenbankverwaltungssystem
DD	Data Dictionary
DD/DS	Data Dictionary /Directory-System
DDL	Data Definition Language (Data Description Language)
DDMS	Data Dictionary Management System
DIN	Deutsches Institut für Normung (Deutsche Industrie Norm)
DM	Datenmodell
DML	Data Manipulation Language
DOS	Disk Operating System
DR	Definitionsregel
DSS	Decision Support System
DV	Datenverarbeitung
EDV	Elektronische Datenverarbeitung
EIS	Executive Information System
ER	Entity Relationship
FB	Fachbereich
FSM	Funktionsstrukturmodell
G	Graph
I/O	Input/Output

ICN	Information Control Net
IKS	Informations- und Kommunikationssystem
IKSM	Informations- und Kommunikationsstrukturmodell
IMS	Information Management System (IBM)
IO	Informationsobjekt
IOK	Informationsobjektklasse
IS	Informationssystem
ISAM	Indexed-Sequential Access Method
ISM	Informationsstrukturmodell
ISp	Informationsspeicher
IuK	Information und Kommunikation
IV	Informationsverarbeitung
KB	Konsistenzbedingung
KI	Künstliche Intelligenz
KK	Kommunikationskanal
KSM	Kommunikationsstrukturmodell
LAN	Local Area Network
LSI	Large Scale Integration
MIS	Management Information System
MMK	Merkmalsklasse
NF	Normalform
OOP	Objektorientierte Programmierung
OR	Operations Research

OS	Operating System
OSA	Open System Architecture
PC	Personal Computer
PPS	Produktionsplanungs- und Steuerungs(system)
R	Relation
SA	Strukturierte Analyse
SAA	Systemanwendungsarchitektur
SADT	Structured Analysis and Design Technique
SL	Schreiben und Lesen
SQL	Structured Query Language (IBM)
UDM	Unternehmensdatenmodell
UDS	Universelles Datenbanksystem (Siemens)
V	Knotenmenge eines Graphen
VDBS	Verteiltes Datenbanksystem
VHS	Volkshochschule
VI	Verarbeitungsinstanz
VLSI	Very Large Scale Integration
VSAM	Virtual Storage Access Method
WBS	Wissensbasiertes System
XPS	Expertensystem
4GL	Fourth Generation Language

Stichwortverzeichnis

C

D

E

F

N

O

P

T

U

Ü

V

W

Z

4